CAPITAL LIBRARY OF CHINA
首都图书馆
1913 - 2013
100th ANNIVERSARY

首都圖書館藏
國家珍貴古籍圖錄

首都圖書館　編

國家圖書館出版社

圖書在版編目（CIP）數據

首都圖書館藏國家珍貴古籍圖錄／首都圖書館編.—北京：國家圖書館出版社，2013.10

ISBN 978-7-5013-5148-0

Ⅰ.①首… Ⅱ.①首… Ⅲ.①古籍—圖書館目錄—北京市 Ⅳ.①Z838

中國版本圖書館CIP數據核字（2013）第208402號

書　　名	首都圖書館藏國家珍貴古籍圖錄
編　　者	首都圖書館　編
責任編輯	耿素麗　王燕來
裝幀設計	九雅工作室

出　　版　國家圖書館出版社（100034　北京市西城區文津街7號）
　　　　　（原書目文獻出版社　北京圖書館出版社）

發　　行　（010）66114536　66126153　66151313　66175620
　　　　　66121706（傳真），66126156（門市部）

E-mail　cbs@nlc.gov.cn（郵購）

Website　www.nlcpress.com→投稿中心

經　　銷　新華書店

印　　裝　北京信彩瑞禾印刷廠

版　　次　2013年10月第1版　2013年10月第1次印刷

開　　本　889×1194毫米　1/16

印　　張　30.5

字　　數　300千字

印　　數　1—1500冊

書　　號　ISBN 978-7-5013-5148-0

定　　價　480.00圓

編委會名單

主　編：倪曉建

副主編：肖維平　鄧菊英　陳　堅　胡啓軍　李冠南　周心慧

編　委（按姓氏筆劃排列）：

王玉平　王松霞　王海茹　王　梅　田　峰　朱　丹

朱悅梅　仲愛紅　李念祖　李海虹　李　誠　宋豔萍

宋治國　林　岫　姚雪霞　段瑞林　馬文大　袁　豔

高　瑩　陳建新　張利中　張　昊　張　娟　張　皖

張震宇　董占華　楊國湧　賈　薔　趙雪鋒　劉乃英

韓　濱　謝　鵬

執行編委：王玥琳　劉乃英　張　昊　楊之峰　邸曉平

撰稿人：范　猛　史麗君　李晶瑩　王玥琳　楊之峰　張　昊

郭　芳　牛小燕　喬雅俊　劉乃英　邸曉平　楊曉煒

編　務：紀　鳴　王　萌　張曉梅　張　利　劉　琳

目　録

前言…………………………………………………………………………………………… 1

凡例…………………………………………………………………………………………… 1

宋紹興十八年福州開元禪寺刻毗盧藏本《阿毗達磨順正理論》……………………… 1

宋兩浙轉運司刻本《大方廣佛華嚴經疏》………………………………………………… 4

宋刻本《晦菴先生文集》…………………………………………………………………… 8

元刻明修本《晉書》………………………………………………………………………… 11

元刻明弘治正德嘉靖遞修本《資治通鑑》………………………………………………… 14

元至正九年謝池刻本《晦菴先生朱文公行狀》………………………………………… 18

元建安余志安勤有堂刻本《故唐律疏議》………………………………………………… 22

元建安余氏勤有堂刻本《刑統賦》………………………………………………………… 25

元杭州大街棗安橋北沈七郎經鋪刻本《藥師瑠璃光如來本願功德經》……………… 29

元至大四年刻本《藥師琉璃光王七佛本願功德經念誦儀軌》………………………… 33

明嘉靖元年刻本《周易旁註》……………………………………………………………… 36

明成化十年晉府刻本《書經章句訓解》…………………………………………………… 40

明趙府味經堂刻本《詩緝》………………………………………………………………… 43

明正統十二年司禮監刻本《春秋胡傳》…………………………………………………… 46

明嘉靖吉澄刻本《四書章句集註》………………………………………………………… 49

明萬曆四十三年吳繼仕熙春樓刻本《六經圖》…………………………………………… 53

明嘉靖洪梗刻本《路史》…………………………………………………………………… 58

明嘉靖四十年刻本《二史會編》…………………………………………………………… 61

明嘉靖二十三年馮煥刻本《唐餘紀傳》…………………………………………………… 64

明嘉靖刻本《宋史新編》…………………………………………………………………… 67

明范氏天一閣刻本《司馬溫公稽古録》…………………………………………………… 70

明嘉靖三十五年趙府居敬堂刻本《資治通鑑綱目》……………………………………………… 73

明嘉靖三十六年吉澄刻本《資治通鑑綱目前編》………………………………………………… 76

明正德十四年慎獨齋刻本《歷代通鑑纂要》……………………………………………………… 79

明弘治十二年施槃刻本《新集分類通鑑》………………………………………………………… 82

明嘉靖四十四年高思誠刻本《鴻猷録》…………………………………………………………… 85

明嘉靖三十三年張佳胤雙柏堂刻本《越絕書》…………………………………………………… 88

明成化元年內府刻本《貞觀政要》………………………………………………………………… 91

明隆慶五年張佳胤、王叔杲刻本《盡言集》……………………………………………………… 94

明嘉靖刻張鯤重修本《江西奏議》………………………………………………………………… 97

明嘉靖八年高賁亨刻本《伊洛淵源録》…………………………………………………………… 100

明嘉靖刻本《三遷志》……………………………………………………………………………… 103

明弘治十三年刻本《岩鎮汪氏重輯本宗譜》……………………………………………………… 106

明弘治十四年刻本《新安黃氏會通譜》…………………………………………………………… 109

明正德十三年劉弘毅慎獨齋刻本《十七史詳節》………………………………………………… 112

明嘉靖四十年胡宗憲刻本《歷代史纂左編》……………………………………………………… 115

明萬曆凌稚隆刻朱墨套印本《史記纂》…………………………………………………………… 118

明嘉靖三十七年黃魯曾刻本《兩漢博聞》………………………………………………………… 121

明刻朱墨套印本《歐陽文忠公五代史抄》………………………………………………………… 124

明初刻本《大明清類天文分野之書》……………………………………………………………… 127

明天順五年內府刻本《大明一統志》……………………………………………………………… 130

明嘉靖四十一年自刻清補刻本《華嶽全集》……………………………………………………… 133

明嘉靖刻本《廬山紀事》…………………………………………………………………………… 136

明隆慶三年清風堂刻本《泉河紀畧》……………………………………………………………… 139

明嘉靖馮天馭刻本《文獻通考》…………………………………………………………………… 143

明萬曆十五年內府刻本《大明會典》……………………………………………………………… 146

明嘉靖七年内府刻本《明倫大典》……………………………………………………… 149

明嘉靖刻本《鹽政志》…………………………………………………………………… 152

明嘉靖十二年顧春世德堂刻本《六子書》……………………………………………… 155

明嘉靖六年司禮監刻本《大學衍義》…………………………………………………… 159

明正德元年宗文堂刻本《大學衍義補》………………………………………………… 162

明嘉靖三十八年吉澄、樊獻科等刻本《大學衍義補》………………………………… 164

明隆慶六年廣信府刻本《大學衍義補纂要》…………………………………………… 166

明嘉靖三十一年余氏自新齋刻本《新刊憲基釐正性理大全》………………………… 169

明嘉靖三十八年樊獻科刻本《性理大全書》…………………………………………… 173

明刻本《性理群書大全》………………………………………………………………… 176

明正統十二年内府刻本《五倫書》……………………………………………………… 178

明嘉靖四年刻本《讀書録》……………………………………………………………… 181

明嘉靖三十四年沈維藩刻本《讀書録》………………………………………………… 184

明閔齊伋刻朱墨套印本《三子合刊》…………………………………………………… 187

明嘉靖刻本《塞語》……………………………………………………………………… 191

明隆慶二年林潤刻本《江南經畧》……………………………………………………… 194

明天啓七年自刻本《緯㲉》……………………………………………………………… 197

明嘉靖二十九年顧從德影宋刻本《重廣補註黃帝内經素問》………………………… 200

明趙府居敬堂刻本《補註釋文黃帝内經素問》………………………………………… 203

明隆慶三年衡府刻本《攝生衆妙方》《急救良方》…………………………………… 206

明嘉靖刻本《原機啓微集》……………………………………………………………… 210

明隆慶四年獨醒居士刻本《酒史》……………………………………………………… 213

明弘治元年張文昭刻本《霏雪録》……………………………………………………… 216

明嘉靖三十年刻本《濯舊》……………………………………………………………… 220

明隆慶五年李氏思敬堂刻本《推篷寤語》……………………………………………… 223

明萬曆三十九年周傳誦刻本《認字測》 …………………………………………………………… 226

明嘉靖四十一年王穀祥刻本《野客叢書》 ………………………………………………………… 229

明嘉靖二十九年何氏清森閣刻本《何氏語林》 …………………………………………………… 232

明永樂五年內府刻本《大明仁孝皇后勸善書》 …………………………………………………… 235

明永樂十八年朱高熾刻本《彌陁往生淨土懺儀》 ………………………………………………… 238

明嘉靖二十三年潘藩朱胤杉刻本《初學記》 ……………………………………………………… 243

明刻本《唐宋白孔六帖》 …………………………………………………………………………… 247

明正統十二年閻敬刻本《事物紀原集類》 ………………………………………………………… 250

明嘉靖十五年秦汴繡石書堂刻本《錦繡萬花谷》 ………………………………………………… 253

明初刻本《新編事文類聚翰墨全書》 ……………………………………………………………… 256

明嘉靖潘蔓刻本《楮記室》 ………………………………………………………………………… 259

明刻本《目前集》 …………………………………………………………………………………… 262

明凌濛初刻朱墨套印本《選詩》 …………………………………………………………………… 265

明凌氏鳳笙閣刻朱墨套印本《選賦》 ……………………………………………………………… 268

明刻本《新刊迂齋先生標註崇古文訣》 …………………………………………………………… 271

明正德十五年馬卿刻本《西山先生真文忠公文章正宗》 ………………………………………… 274

明嘉靖四十三年蔣氏家塾刻本《西山先生真文忠公文章正宗》《續文章正宗》 ……… 277

明安正書堂刻本《西山先生真文忠公文章正宗》 ………………………………………………… 280

明蕭氏古翰樓刻本《妙絕古今》 …………………………………………………………………… 283

明成化十一年刻本《古文精粹》 …………………………………………………………………… 287

明嘉靖十五年王潼谷刻本《絕句博選》 …………………………………………………………… 290

明嘉靖三十八年包檉芳刻本《苑詩類選》 ………………………………………………………… 293

明嘉靖十六年姚芹泉刻本《唐詩品彙》 …………………………………………………………… 296

明隆慶四年刻本《十二家唐詩類選》 ……………………………………………………………… 299

明萬曆二十八年凌毓枏刻朱墨套印本《楚辭》 …………………………………………………… 302

明嘉靖七年內府刻本《明倫大典》……………………………………………………… 149

明凌毓柟刻朱墨套印本《唐駱先生集》…………………………………………… 305

明嘉靖十五年玉几山人刻本《集千家註杜工部詩集》…………………………… 309

明凌濛初刻朱墨套印本《孟東野詩集》…………………………………………… 312

明正統十三年善敬堂刻遞修本《增廣註釋音辯唐柳先生集》…………………… 315

明嘉靖十一年太原府刻本《重刊嘉祐集》………………………………………… 318

明嘉靖二十八年安如石刻本《南豐曾先生文粹》………………………………… 321

明天啓元年凌濛初刻朱墨套印本《東坡禪喜集》………………………………… 324

明天啓元年刻朱墨套印本《蘇長公密語》………………………………………… 328

明凌啓康刻朱墨套印本《蘇長公小品》…………………………………………… 332

明閔氏刻朱墨套印本《東坡文選》………………………………………………… 335

明嘉靖三十三年晁氏寶文堂刻本《具茨晁先生詩集》…………………………… 338

明正統五年劉謙、何灊刻天順六年重修本《梅溪先生廷試策》《奏議》
　　《文集》《後集》……………………………………………………………… 341

明嘉靖三十五年程元昞刻本《程端明公洺水集》………………………………… 344

明正德三年何歆、羅緝刻本《雲峰胡先生文集》………………………………… 347

明隆慶六年謝廷傑、陳烈刻本《太師誠意伯劉文成公集》……………………… 350

明嘉靖四十年王可大刻本《遜志齋集》…………………………………………… 353

明正德三年吳奭刻本《匏翁家藏集》……………………………………………… 356

明正德二年何歆刻本《篁墩程先生文集》………………………………………… 359

明正德元年張九逵刻本《篁墩程先生文粹》……………………………………… 362

明嘉靖十七年文三畏刻本《馬東田漫稿》………………………………………… 365

明嘉靖二十五年翁萬達刻本《渼陂續集》………………………………………… 368

明嘉靖杭洵刻本《杭雙溪先生詩集》……………………………………………… 370

明閔齊伋刻朱墨套印本《空同詩選》……………………………………………… 373

明嘉靖刻本《壽梅集》……………………………………………………………… 377

明嘉靖義陽書院刻本《何氏集》…………………………………………………… 380

明嘉靖四十四年王同道吳中刻明末補修本《夢澤集》…………………………… 383

明嘉靖二十四年刻三十一年張鐸續刻本《胡蒙谿詩集》《文集》《胡蒙谿續集》…… 386

明嘉靖八年刻本《林屋集》………………………………………………………… 389

明隆慶五年邵廉刻本《遵巖先生文集》…………………………………………… 392

明隆慶四年趙鴻賜玄對樓刻本《無聞堂稿》……………………………………… 395

明嘉靖三十九年林朝聘、黃中等刻本《宗子相集》……………………………… 398

明萬曆三十五年葉長坤刻本《縫掖集》…………………………………………… 401

明嘉靖二十四年結緑囊刻本《名家詩法》………………………………………… 404

明嘉靖二十九年至三十年袁氏嘉趣堂刻本《金聲玉振集》……………………… 407

明末刻本《海隅集》………………………………………………………………… 410

清抄本《祁氏家傳外科大羅》……………………………………………………… 413

清乾隆內府銅版印本《平定伊犁回部戰圖》……………………………………… 416

清乾隆內府銅版印本《御題平定臺灣全圖》……………………………………… 420

稿本《冰雪携三選》………………………………………………………………… 424

清康熙五十二年內府刻朱墨套印本《御選唐詩》………………………………… 429

稿本《闕里孔氏詩鈔》……………………………………………………………… 432

清活字印本《臨川吳文正公集》…………………………………………………… 435

稿本《圓沙文集》…………………………………………………………………… 438

清乾隆五十四年舒元煒序抄本《紅樓夢》………………………………………… 441

清康熙活字印本《東齋詞畧》……………………………………………………… 445

附録：北京市屬藏書單位入選第一至四批《國家珍貴古籍名録》名單…………… 448

前　言

　　首都圖書館是我國較早成立的公共圖書館之一，其前身可追溯至1913年，迄今已有百年歷史。歷經滄桑變遷，一代代首圖人孜孜以求，館藏古籍日益豐富，至今已擁有古籍藏書近50萬冊（件），其中善本6000多部，97000餘冊（件）。

一、館藏古籍收藏溯源

　　首都圖書館的前身是京師圖書分館、京師通俗圖書館和中央公園圖書閱覽所。1913年6月，京師圖書分館開館，館址在琉璃廠西門外前青廠武陽會館夾道。同年10月，教育部籌建的京師通俗圖書館開館，館址在宣武門內大街。1917年8月，中央公園圖書閱覽所成立。1925年12月，中央公園圖書閱覽所率先改名為京師第三普通圖書館；1926年10月，經教育部批准，京師圖書分館、京師通俗圖書館分別更名為京師第一、第二普通圖書館，此即著名的“京師三館”。此後三館經歷沿革改併，至1948年，合併為北平市立圖書館；1949年，更名為北平市圖書館；1956年10月，正式定名為首都圖書館，遷入國子監新址。

　　京師圖書分館創建之初，藏書多為古籍，原係京師圖書館、教育部圖書室、國子監南學等處擇復本撥交，約2000種傳統典籍，內容豐富。京師通俗圖書館創建時，曾購入圖書10000餘冊，亦多是綫裝古籍，內容以市民喜聞樂見的通俗讀物為主，其中戲曲小說類圖書多達1000餘種，為全市之冠。中央公園圖書閱覽所成立時，也由京師圖書館、京師圖書分館等單位調入不少古籍，以實館藏。三館舊藏古籍，奠定了今日首都圖書館館藏古籍的堅實基礎，即現在首都圖書館古籍的"丙"字號藏書。

新中國成立以來，首都圖書館重視古籍藏書工作，古籍藏量日益增長，質量不斷提升。其中，市政府大力支持、社會各界捐贈和本館自行採購，可謂首都圖書館古籍藏量不斷增長的三個重要途徑。

首先，首都圖書館的古籍藏書工作，一直以來都得到北京市政府的大力支持，其中不乏意義深遠的重要入藏。

上世紀50年代，首都圖書館先後接收了法文圖書館和孔德學校的藏書。法文圖書館（The French Book Store）原是一所由外國人在京經營的書店，一方面收購中國古籍，作為文物賣給外國人；一方面從海外採購圖書，售予國內文化和收藏機構，故所存古籍的版本、藝術價值均較高。後因經營者法國人亨利·魏智（Henri Vetch）參與1950年"炮轟天安門"事件，書店被查沒。1953年，市政府將法文圖書館全部中外文藏書移交首都圖書館（時名北京市圖書館），其中有古籍綫裝書84203冊，即今"乙"字號藏書。法文圖書館的每部古籍均附有該書的英文說明，這些文字至今還保存在原書函套內。

1954年，北京市政府又將孔德學校藏古籍綫裝書47159冊（其中包括部分外文書和舊平裝書）轉歸首都圖書館（時名北京市市立第一圖書館）收藏。孔德學校圖書館成立於1924年，著名學者馬廉先生曾任該館館長。孔德學校圖書館小說、戲曲文獻收藏宏富，多有珍稀善本，其中包括學界矚目的《清蒙古車王府藏曲本》。孔德學校藏書即現在首都圖書館的"甲"字號藏書。

1953年至1954年，經北京市文委批准，首都圖書館（時名北京市圖書館）先後四次接收文物組移送的中外圖書35263冊，其中包括相當數量的古籍、經卷、碑帖，不乏珍善之本。

1988年，北京市政府又將原香山教育圖書館和熊希齡先生藏書贈與首都圖書館。熊希齡先生係前清翰林，1913年當選民國政府第一任民選總理，後致力於慈善和教育事業，於上世紀20年代創辦了著名的香山慈幼院，附設香山教育圖書館。這批藏書共計3523

種，36691冊，以清末民國間刊本居多，也有一定數量的清早期刻本，不少本子都鈐有熊希齡私人藏印"明志閣藏書"或"慈幼院院長熊希齡捐入"印記。

上述幾次重要的市政府贈撥，對於首都圖書館古籍文獻的數量與品質，都具有相當深遠的意義。

其次，建館以來，社會各界人士熱心捐贈，也是首都圖書館古籍的重要來源之一。

1988年，首都圖書館入藏了馬彥祥先生的部分藏書。馬彥祥先生是中國現當代著名的戲劇導演、戲劇活動家、理論家，同時也是著名的藏書家。首都圖書館接受捐贈的這部分馬彥祥藏書，主要是明清小說戲曲的刻本和抄本，計208種，1707冊（合此前先生所贈共計250餘種）。現在首都圖書館以"戊"字號編排珍藏。

首都圖書館历史上接受的數量最多的私人捐贈古籍，是2000年所得的吳曉鈴先生藏書。吳曉鈴先生在中國古典文學、版本學、語言學等方面都有高深造詣，對古代戲曲、小說的研究更是聲名卓著，同時也是海內外知名的藏書家，所藏圖書特色鮮明，為學界稱道。吳氏所贈古籍、綫裝書共計2272種，6362冊，其中既不乏明清善本，亦有大量戲曲、俗曲及子弟書、寶卷等抄本，一些未經刊梓的珍善稿本，更是彌足珍貴。吳氏贈書現以"己"字號入藏首都圖書館。

馬彥祥先生和吳曉鈴先生的慷慨捐贈，不僅豐富了首都圖書館古籍收藏，而且為首都圖書館在小說、戲曲、曲藝類方面的藏書特色，增添了濃重而亮麗的一筆。

曾向首都圖書館無私捐贈古籍的，除一些著名學者、藏書家外，也不乏社會上的普通讀者。如1949年，市民高師杜就曾向首都圖書館（時名北平市立圖書館分館）捐贈家藏古籍164種、碑帖282種之多，北平市人民政府特為此頒發獎狀，以資鼓勵。

再次，首都圖書館館藏古籍約有四分之一是上世紀50年代之後通過自行採購而陸續補充的。首都圖書館主要從古舊書店購入古籍，儘管數量增長不多，但目的性、針對性較強，對於完善收藏建設十分重要。採進之書不乏善本，上至敦煌卷子，下至明清刊本，多有較高的文獻價值與版本價值，如唐晚期（827—907）兩部敦煌寫本、宋本《晦菴先生文集》《古史》等。近年來，首都圖書館也通過古籍拍賣會的途徑，購買所需古籍，加強館藏。這些通過採訪而來的文獻今在首都圖書館主要以"丁"字號珍藏。

二、首都圖書館古籍收藏特色

首都圖書館自建館伊始，就以滿足大衆閲讀為宗旨，重在搜集常用必備之書。如前館長馮秉文先生概括所説，"經部的各經及解經著作和小學類的文字訓詁著作；史部的歷代史書、明清實録、地方志書等；子部的各家著述、中醫典籍及小説；集部明清文集及戲曲作品等"，在中國的傳世古籍中，舉凡經世致用之典與常備實用之書，大多可在首都圖書館典藏中找到它們的身影。

首都圖書館古籍收藏，雖不刻意追求版本，然在百年的搜集訪求過程中積聚多方，諸家珍秘匯集於此。其中版本最早的當屬唐人寫經，如唐晚期（827—907）敦煌寫本《維摩詰所説經》與《金剛般若波羅蜜多經》。宋元珍本以佛教典籍居多，如宋兩浙轉運司刻本《大方廣佛華嚴經疏》、元杭州大街衆安橋北沈七郎經鋪刻本《藥師瑠璃光如來本願功德經》、元至大四年（1311）刻本《藥師琉璃光王七佛本願功德經念誦儀軌》。宋元兩朝曾刊刻過幾部重要的大藏經：兩宋之際福州開元禪寺刻《毗盧藏》、宋末元初刻《磧砂藏》、元刊《普寧藏》等，這幾部大藏經的零種，首都圖書館都有一定數量的入藏，雖非完帙，但傳承近千載，亦彌足珍貴。佛教典籍以外的宋元本如南宋咸淳五年（1269）《古史》、宋刻本《晦菴先生文集》、元刻本《資治通鑑》《刑統賦》《故唐律疏議》《晦菴先生朱文公行狀》等，都是世所罕見的善本。至於明清佳刻，更是充盈鄴架。僅明刊善本就在千種以上，其中不乏海内外稀見的珍本、孤本。

小説、戲曲、俗文學收藏宏富，是首都圖書館古籍藏書的突出特色。

小説收藏淵源有自，早在京師通俗圖書館時期，主要創辦人魯迅先生就非常重視搜集小説；馬氏、吳氏贈書也都大大豐富了首都圖書館的小説收藏。據統計，館藏清以前刻本、抄本小説500餘種，善本在百部之上，如明嘉靖刻本《古今説海》、明富春堂本《搜神記》、楊定見本《忠義水滸傳》、明末刻本《新刊徐文長先生評隋唐演義》、清康熙緑蔭堂本《李卓吾先生批評三國志》等等，都是中國小説出版史上著名的版本。四大奇書之一的《金瓶梅》有明崇禎刊本、清康熙刊本、康熙抄本等七種，該書問世之後的主要版本均有收藏。舒元煒序抄本《紅樓夢》，是《紅樓夢》這部偉大著作的衆多傳世版本中，唯一含有確切抄寫年份的早期本子，對於判定《紅樓夢》的成書年代，意義十分重要。

　　戲曲文獻是首都圖書館館藏古籍的另一大特色。內容涵蓋宋元南戲、元明雜劇、明清傳奇、近代京劇和其他亂彈種類，臧懋循輯《元曲選》、沈泰輯《盛明雜劇》、毛晉輯《六十種曲》等大型戲曲作品總集都有入藏。

　　俗文學方面，藏有寶卷、變文、彈詞、鼓詞、民歌民謠、雜曲、唱本、謎語、酒令等十八類文獻，其中比較稀見的有清乾隆五十一年（1786）視履堂刻本《二十一史彈詞》、清道光二十九年（1849）抄本《英台寶卷》、清同治九年（1870）抄本《習法救母》變文、清抄本《犀釵記》彈詞、清道光十一年（1831）史韻蘭抄本《新編玉鴛鴦全傳》彈詞、清乾隆四十五年（1780）雜曲抄本《西調黃鸝調集抄》等。

　　館藏戲曲和俗文學方面最重要的文獻是備受學界矚目的《清蒙古車王府藏曲本》。《清蒙古車王府藏曲本》是清代北京蒙古車臣汗王府所藏的戲曲、曲藝手抄本的總稱，成書於清道光至光緒年間，是研究中國戲曲與說唱藝術史的珍貴資料。民國年間，這批曲本自車王府流散出來，分兩批被北京孔德學校購得，後分別入藏北京大學圖書館與首都圖書館。20世紀60年代，首都圖書館從北大圖書館錄製副本，合成《曲本》全璧。《清蒙古車王府藏曲本》是傳世規模最大的戲曲、俗文學總集，堪稱首都圖書館鎮館之寶。

三、新時期首都圖書館古籍工作

　　2007年，文化部正式啓動了國家級重點文化工程——"中華古籍保護計劃"。同年，首都圖書館被評選爲第一批"全國古籍重點保護單位"，並作爲北京市古籍保護中心所在地，負責開展全市古籍保護工作。首都圖書館積極發揮中心職能，有效促進了北京地區各項古籍工作的開展，取得了豐碩的成果。

1. 古籍普查和修復工作

截止2013年6月，北京市共有23家市屬單位開展了古籍普查工作，共完成古籍普查登記64831種，618340冊。其中，首都圖書館已全部完成館藏古籍文獻的普查登記工作。數據已上傳至全國古籍普查平臺。同時，首都圖書館積極履行保護中心職能，派工作人員協助中共北京市委黨校圖書館、北京市社科院圖書館等專業人員缺乏的單位完成了該館的古籍普查工作。

首都圖書館古籍修復工作室面積144平方米，現有專業修復人員4人，在修復中堅持科學的理念，嚴格執行《古籍修復技術規範與質量要求》等國家標準。首都圖書館（北京市古籍保護中心）在持續修復本館破損古籍之外，也開展了面向市屬藏書單位的古籍修復工作，已累計修復60種。

2. 《國家珍貴古籍名録》申報與入選情況

《國家珍貴古籍名録》是"中華古籍保護計劃"的重要内容，是國家為珍貴古籍建立完備檔案、確保其安全、推動古籍保護工作、提高公民古籍保護意識、促進國際文化交流合作，而由文化部擬定、國務院審批的名録。2008年至2013年，國務院先後頒佈了一至四批《名録》，共11375部珍貴古籍入選。首都圖書館響應號召，積極組織市屬單位開展《名録》申報工作。2008年至今，共有首都圖書館、中國書店、北京市文物局、首都師範大學圖書館、中共北京市委圖書館等5家單位的196部珍稀善本先後入選了第一至四批《名録》。

其中，首都圖書館有145部珍貴古籍入選了《名録》。這些古籍從内容而言，涵蓋了經史子集叢諸部類；從版本而言，時代由宋迄清，包羅了刻本、抄稿本、套印本、活字本、銅版印本等諸類型，每一部都具有獨特的文獻與文物價值。可以説，這批文獻既是首都圖書館館藏古籍的縮影，也是首都圖書館古籍百年傳承的生動寫照。首都圖書館為入選《名録》的145部古籍統一製作了楠木書盒，以加強對國家級珍貴古籍的保護。同時，對這些古籍進行了數字化加工，成果現已加入"首都圖書館古籍珍善本圖像數據庫"，供廣大讀者閱覽使用。

首都圖書館（北京市古籍保護中心）積極配合文化部、國家古籍保護中心舉辦的歷次

"國家珍貴古籍特展"，應邀選送首都圖書館藏元余志安勤有堂刻本《故唐律疏議》、明隆慶四年（1570）獨醒居士刻本《酒史》、元至大四年（1311）刻本《藥師琉璃光王七佛本願功德經念誦儀軌》、明嘉靖六年（1527）司禮監刻本《大學衍義》、明隆慶四年（1570）趙鴻賜玄對樓刻本《無聞堂稿》等5部古籍參展。

3. 古籍出版與數字化建設

20世紀90年代以來，首都圖書館陸續整理出版了70餘種古籍文獻，如《清車王府藏曲本》《傅惜華藏古本戲曲珍本叢刊》《綏中吳氏藏抄本稿本戲曲叢刊》《北京市古籍善本集萃》《首都圖書館藏稀見方志叢刊》等，其文獻價值之高、校勘整理之精，受到學界一致好評。

同時積極利用館藏特色資源，開展古籍數字化建設工作。2002年以來，首都圖書館自主開發建成"古籍插圖圖像數據庫"，目前共包含古籍插圖資料15000餘條。2011年以來，又遴選館藏珍善古籍，開發建成"首都圖書館古籍珍善本圖像數據庫"，目前總數據量達到35萬拍。

首都圖書館還為國家古籍保護中心《中華再造善本》工程提供元余氏勤有堂刻本《刑統賦》、明嘉靖二十四年（1545）結綠囊刻本《名家詩法》等底本共計6種，為國家古籍保護中心"中華珍貴典籍資源庫"項目提供底本56種。

這些珍貴文獻必將隨着整理出版與數字化的完成，更好更廣泛地發揮其學術價值。

時值首都圖書館建館一百周年，我們特編撰《首都圖書館藏國家珍貴古籍圖録》一書。追慕前賢，故紙堆中蒐得斷篇殘簡，常感創業不易；砥礪後進，芸香架上庋藏典冊琳琅，必當薪火相傳。

謹為首都圖書館百年獻禮。

編 者

2013年9月

凡　例

一、本圖録收書範圍為首都圖書館入選第一至四批《國家珍貴古籍名録》之書，共計145部。

二、本圖録編排依照版本年代，按宋、元、明、清劃分，各朝代之下再以經史子集叢部類為序。

每書皆甄選能夠反映該書版本特徵與內容特色的書影數幅，以供讀者賞鑒。

三、每書著録卷端題名、卷數、責任者、版本、函冊、入選《國家珍貴古籍名録》批次及編號、存缺卷、版式行款等信息，並撰寫提要，簡要介紹該書作者、文獻概要、版本源流及價值等。

提要內容間涉引用原書序跋、史傳、方志、歷代公私藏書目録提要等文獻資料及他人研究著作，一律隨文註釋其出處，不再另附參考書目。

歷代收藏者所留批校題跋及鈐印，一般僅作客觀著録。

四、凡版本相同皆入《名録》之書，合併為一篇介紹，以名録號相區別。

宋紹興十八年福州開元禪寺刻毗盧藏本
《阿毗達磨順正理論》

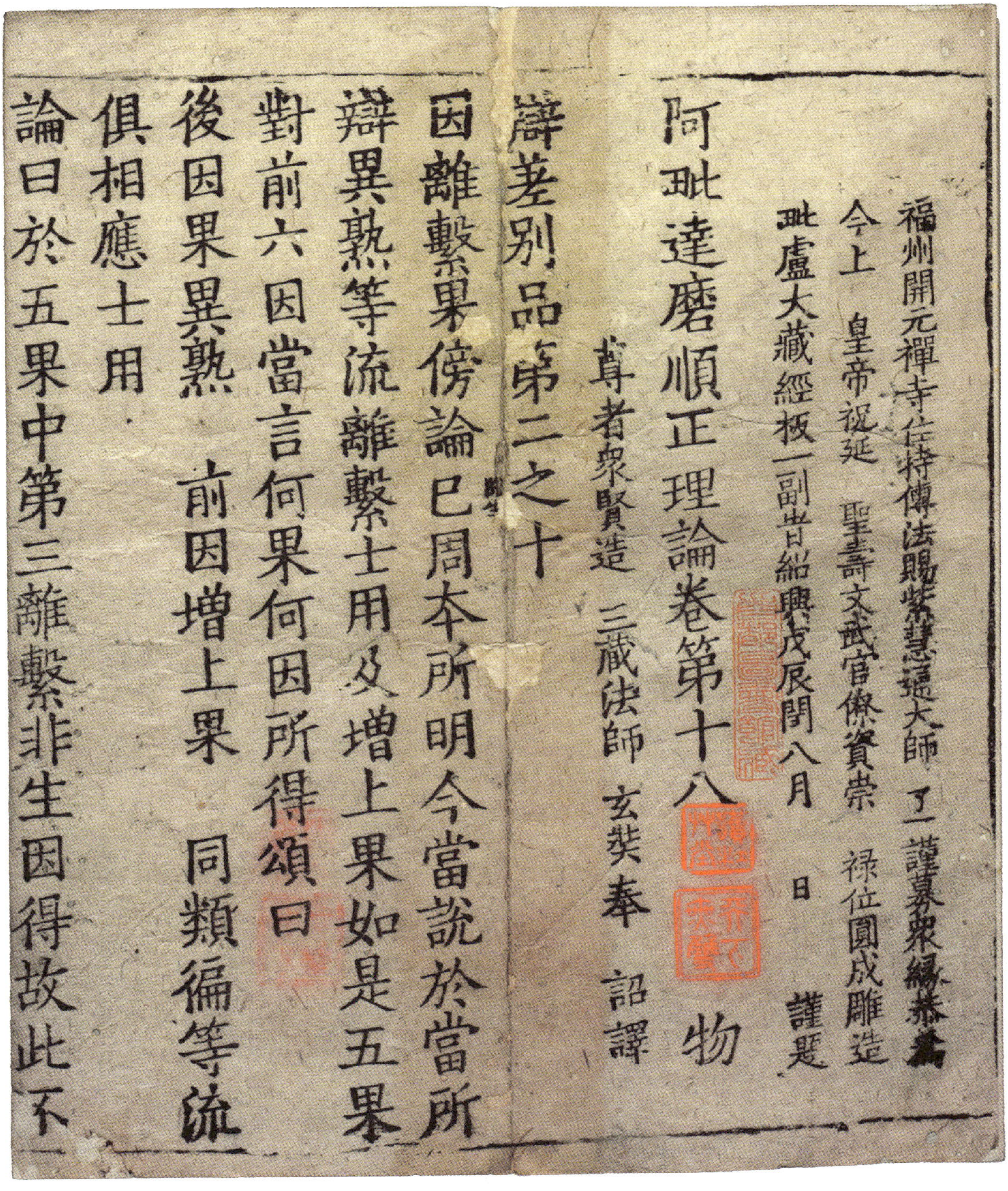

阿毗達磨順正理論卷第十八 物

尊者眾賢造 三藏法師 玄奘 奉 詔譯

辯差別品第二之十

因離繫果傍論已周本所明今當說於當所

辯異熟等流離繫士用及增上果如是五果

對前六因當言何果何因所得頌曰

後因果異熟 前因增上果

俱相應士用 同類徧等流

論曰於五果中第三離繫非生因得故此不

福州開元禪寺住持傳法賜紫慧通大師了 謹募眾緣恭鋟

毗盧大藏經板一副冀紹興戊辰閏八月 日 謹題

今上 皇帝祝延 聖壽文武官僚資崇 祿位圓成雕造

阿毗達磨順正理論八十卷　　（天竺）釋衆賢撰　　（唐）釋玄奘譯　　南宋紹興十八年（1148）福州開元禪寺刻毗盧大藏經本　　一函一册　　第三批《國家珍貴古籍名録》第07158號

　　存一卷（卷十八）。一版五個半葉，半葉六行十七字，上下單邊，框高25.2釐米，寬11.3釐米。

　　衆賢，音譯僧伽跋陀羅，北印度迦濕彌羅國人。4世紀或5世紀的說一切有部論師。時有世親菩薩造《阿毗達磨俱舍論》，述一切有部《大毗婆沙論》之義，間以經部義理破毗婆沙論師所執。衆賢頗為不滿，潛心鑽研十二年，作《俱舍雹論》，欲持以破世親之說。行至秣底補羅國一寺廟，忽覺氣衰，遂裁書以謝世親。世親菩薩覽書閱論，謂"理雖不足"，卻"發明我宗"，遂改論題為《順正理論》。後衆賢命終，弟子焚屍收骨，起塔於其寺西北（見《大唐西域記》卷三）。唐太宗貞觀年間玄奘西遊時，其塔尚存。玄奘取回此論，唐高宗永徽四年（653）正月至五年七月，於長安大慈恩寺譯出。

　　全書共二萬五千頌，八十萬言，分為八品：一、辯本事品，二、辯差別品，三、辯緣起品，四、辯業品，五、辯隨眠品，六、辯賢聖品，七、辯智品，八、辯定品。本論以一切有部之立場，論破世親

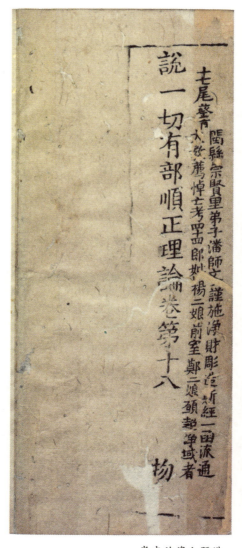

卷末施資人題識　　金紙書籤

之《俱舍論》，為宣揚有部宗義，亦為研究《俱舍論》所不可或缺之著作。

　　《毗盧藏》又稱"開元寺版大藏經"，由福州開元寺僧人本明、本悟、行崇等發起勸募，當地信眾蔡俊臣、陳詢、陳靖、劉漸等贊助，北宋政和二年（1112）至南宋紹興二十一年（1151）刊雕。首都圖書館藏《阿毗達磨順正理論》第十八卷，《千字文》編號為"物"，卷端有紹興戊辰年題記，紹興戊辰即宋高宗紹興十八年（1148），版心有刻工陳生、潘元等，卷末為潘師文施資題識。

　　《毗盧藏》存世不多，僅中國圖家圖書館、北京大學圖書館、天津圖書館、南京圖書館、山西省圖書館、湖北省圖書館和旅順博物館等單位藏有零本殘帙，日本現藏十餘部殘本。首都圖書館藏本鈐"天下無雙"、"讀杜草堂"二印，為日本明治、大正年間著名藏書家寺田盛業舊藏。

（楊之峰）

生數故無等比色身令一切衆生滅倒

見故無量種色身隨衆生心種種現故

無邊相色身普現種種諸形相故普對

現色身以大自在而示現故化一切色

身隨其所應而現前故恒示現色身盡

衆生界為無盡故無去色身於一切趣

無所滅故無來色身於諸世間無所出

故不生色身無生起故不滅色身離語

大方廣佛華嚴經䟽卷第一百一十四 卷第六紙 入七十六

清涼山沙門澄觀述　晉水沙門淨源錄䟽注經

二見友正報二。初結前標後　爾時善財見如是座復有無量衆座圍繞摩耶夫人在彼座上於一切衆生前現淨色身前但明主座今雙結主伴。二別顯身雲二初身相二初萬類難思身二。初顯別相所謂超三界色身已出一切諸有趣故隨心樂色身於一切世間無所著故普周徧色身等於一切衆

宋兩浙轉運司刻本《大方廣佛華嚴經疏》

大方廣佛華嚴經疏一百二十卷　　（唐）釋澄觀撰　　（宋）釋淨源録疏注經　宋兩浙轉運司刻本　一函一冊　第三批《國家珍貴古籍名録》07188號

存一卷（卷一百一十四）。一版五個半葉，半葉四行十五字，小字雙行二十字，上下單邊，框高23.3釐米，寬10.9釐米。

釋澄觀，俗姓夏侯，號清涼國師、華嚴疏主，越州山陰（今浙江紹興）人。十一歲出家，遍學天台、華嚴等各宗教義，及經史、小學、秘咒儀軌等。歷遊五臺、峨眉諸山，仍駐錫五臺山大華嚴寺。在本寺、崇福寺及皇宮多次講解《華嚴經》。元和年間卒，壽七十餘，被尊為華嚴宗四祖。著有《華嚴經行願品疏》十卷等。

釋淨源（1011—1088），俗姓楊，泉州晉水（今福建晉江）人。曾從名僧學《華嚴經》《新華嚴經論》《楞嚴經》《起信論》等。先後任泉州清涼寺、蘇州報國寺、杭州祥符寺、錢塘慧因寺住持。一生努力弘揚華嚴教義，被尊為華嚴宗七祖。

《大方廣佛華嚴經》有東晉譯六十卷本、唐譯八十卷本和四十卷本。華嚴三祖法藏曾撰《新譯華嚴經略疏》，至第十九卷而圓寂，由弟子慧苑繼承遺志，編成《續華嚴略疏刊定記》，但其說與法藏原意相左。澄觀從興元元年（784）到貞元三年（787），撰成《華嚴經疏》二十卷，破斥慧苑異說，恢復法藏大義。此書與《華嚴經》單獨流通，經唐武宗會昌滅佛，在中土失傳。宋元祐元年（1086），高麗僧統義天入宋求法，被送到慧因寺從淨源受學。他帶來由中國傳入高麗的《華嚴經》章疏，淨源得以録疏配經，編成本書。

　　宋兩浙轉運司最早刻印此書。兩浙轉運司設在杭州，掌管一路財賦，南宋分兩浙東路、兩浙西路。國家圖書館藏第七十一、八十三、八十五、九十四、九十九、一百一十四卷，其中一卷接紙處有"兩浙轉運司"字樣。上海圖書館藏卷四十一。上海博物館藏卷五十四、一百零一，蘇州博物館藏卷一百零九。近年北京德寶、上海國際拍賣會上又出現第一、二、三十七、三十八、九十五卷。

　　首圖藏本鈐"十無盡院"、"錢德培海外訪古印章"、"固始張氏所收"等印記。十無盡院在日本，錢德培在清朝光緒年間曾任駐日使館參贊，將此書購回。

（楊之峰）

宋刻本《晦菴先生文集》

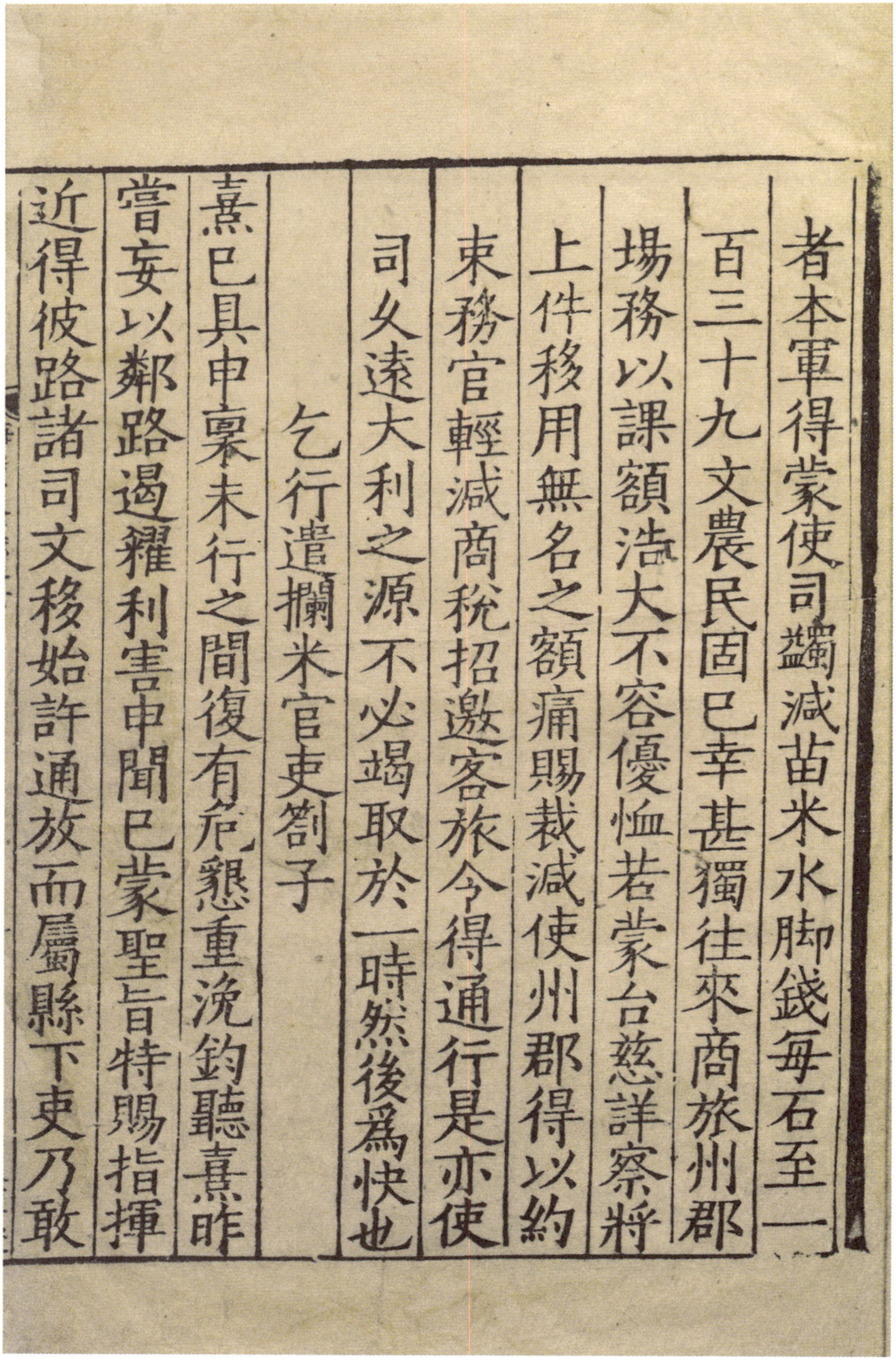

者本軍得蒙使司蠲減苗米水脚錢每石至一
百三十九文農民固巳幸甚獨往來商旅州郡
場務以課額浩大不容優恤若蒙台慈詳察將
上件移用無名之額痛賜裁減使州郡得以約
束務官輕減商稅招邀客旅令得通行是亦使
司久遠大利之源不必竭取於一時然後爲快也

乞行遣攔米官吏劄子

熹巳具申稟未行之間復有危懇重瀆鈞聽熹昨
嘗妄以鄰路過糴利害申聞巳蒙聖旨特賜指揮
近得彼路諸司文移始許通放而屬縣下吏乃敢

晦菴先生文集一百卷目録二卷 　（宋）朱熹撰　宋刻本　一函一冊　第三批《國家珍貴古籍名録》07220號

存三卷（卷二十、四十四、六十八殘葉）。半葉十行十九字，白口，左右雙邊，單黑魚尾，框高23.8釐米，寬17.9釐米。

朱熹（1130—1200），字元晦，一字仲晦，晚號晦菴、晦翁、考亭先生、滄州病叟等，世稱"朱子"。祖籍徽州婺源（今江西婺源）。南宋高宗紹興十八年（1148）進士，曾任同安主簿、秘閣修撰、煥章閣待制等。歷高、孝、光、寧四朝，是南宋著名的理學家、教育家、詩人，閩學代表人物。朱熹的哲學思想在繼承二程（程頤、程顥）"洛學"的基礎上，博採周敦頤、張載、邵雍思想之精華，又融入佛、道思辨哲學，建立了南宋"閩學"學派以及完整的"朱學"思想體系，為宋代理學集大成者，其地位和對後世的影響之深遠，在中國理學發展史上，首屈一指。曾主持白鹿洞、嶽麓書院，講學五十餘年，弟子衆多。著有《四書章句集注》《楚辭集注》《詩集傳》等。

朱熹文集，自宋末至明清，刊刻較多，今宋刻《晦菴先生文集》傳於世者，有宋寧宗時浙江官刻本和宋度宗咸淳元年（1265）福建建安書院刻本。寧宗浙江官刻本又稱"浙本"，凡一百卷，為朱熹三子朱在編輯。入元後書版藏於杭州西湖書院，明代後又修補印行。建安書院刻本又稱"閩本"，除文集一百卷外，附王遂所輯續集十一卷與余師魯所輯別集十卷。明嘉靖十一年（1532），福建按察司以閩刻為主並校以浙本重刊，即成現今通行的版本。另有刊於朱子生前，較之前述版本皆早的宋淳熙、紹熙刻本。該版僅見《天禄琳瑯續目》著錄，未經朱子刪定，所載詩文與浙、閩本頗有異同，不乏二本未著錄之詩文。此本現藏於臺北故宮博物院。

首都圖書館所藏宋刻《晦菴先生文集》，為浙本一百卷之殘葉，墨色濃黑，版心刻"晦菴文集"及卷數，下有刻工姓名"范秀"、"董澄"等。此書另有佚名朱筆斷句與補字。

（喬雅俊）

元刻明修本《晉書》

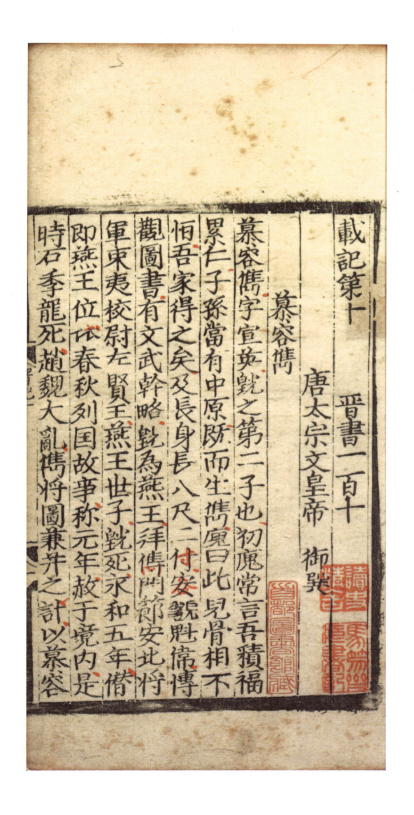

載記第十

晋書一百十

唐太宗文皇帝 御撰

慕容儁

慕容儁字宣英皝之第二子也初廆常言吾積福
累仁子孫當有中原皝而生儁寢曰此兒骨相不
恒吾家得之矣及長身長八尺二付安皝常傳
觀圖書有文武幹略皝為燕王拜傳門節安此將
軍東夷校尉左賢王燕王世子皝死永和五年僣
即燕王位以春秋列国故事称元年放于覺內是
時石季龍死趙魏大亂儁將圖兼并之計以慕容

晉書一百三十卷　（唐）房玄齡等撰　**音義三卷**　（唐）何超撰　元刻明修本　一函二册　第三批《國家珍貴古籍名録》07046號

存四卷（卷一百十至一百十三）。半葉十行十九字，粗黑口，左右雙邊，雙對黑魚尾間雙順黑魚尾、單黑魚尾、三黑魚尾，有書耳，框高20.7釐米，寬13.5釐米。

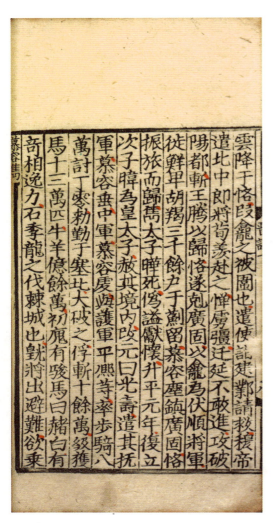

元版書耳

房玄齡（579—648），名喬，字玄齡（一說名玄齡，字喬松），齊州臨淄（今山東章丘）人。隋開皇中舉進士，後投李世民軍中，為秦王府記室。唐武德九年（626）參與策劃“玄武門之變”。貞觀元年（627）為中書令，封邢國公，後改封梁國公，掌相權二十餘年。二十二年（648）病逝，年七十，冊贈太尉、并州都督，謚文昭，賜陪葬昭陵。《舊唐書》卷六十六、《新唐書》卷九十六有傳。

《晉書》是一部唐代官修的紀傳體斷代史。記事上起晉宣帝司馬懿，下迄晉恭帝元熙二年（420），有十紀、二十志、七十列傳、三十載記，涵蓋了兩晉的全部歷史，並以“載記”形式敘述了十六國時各割據政權的興亡。此書編纂於唐太宗貞觀二十至二十二年（646—648），以南朝齊臧榮緒《晉書》為底本，參詳各家舊傳彙編而成。參與編纂者計有二十一位，其中房玄齡、褚遂良、許敬宗為監修，總負其責，另有令狐德棻、敬播、李淳風等十八

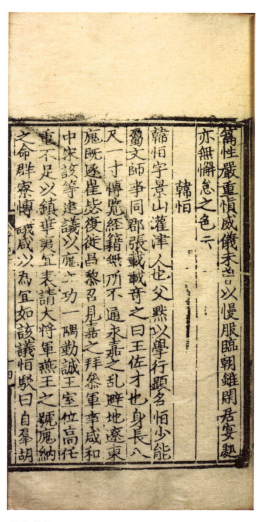

明代補版

人參與編纂。因書中有唐太宗為晉宣帝、武帝兩紀及陸機、王羲之兩傳書寫史論，故題為"御撰"。此書編成後，"言晉史者，皆棄其舊本，競從新撰"，"然史官多是文詠之士，好採詭謬碎事以廣異聞，又所評論競為綺豔，不求篤實，由是頗為學者所譏"（《舊唐書·房玄齡傳》）。因此，"正史之中，惟此書及《宋史》，後人紛紛改撰"。但由於"十八家之書并亡，考晉事者舍此無由，故歷代存之不廢耳"（《四庫全書總目》卷四十五）。

《晉書音義》三卷，一名《晉書音》，唐處士何超撰。超字令升，天寶間東都（今洛陽）人。因"訝晉室之典，未昭其音，思欲發揮前人，啓迪後進"（楊齊宣《〈晉書音義〉序》），於天寶六載（747）前後撰成此書。書中以紀、志合為一卷，列傳、載記各自成卷，初為單行，宋以後始與《晉書》合刻。此書保存了大量前代已經亡佚的文獻，對於研究魏晉至唐代的語音具有非常重要的意義。

　　《晉書》現存最早者為宋刻本，存世較少，又有元刻明修本，即為此書。書中元版部分多有書耳，內書傳主姓名。而明代補版部分字體風格與元版差異較大，且未鐫書耳，較易辨識。版心下有"東"、"樂"等刻工姓名。

　　本書有佚名圈點。鈐"馬笏齋藏書記"、"讀史精舍"、"並軒藏書之印"等印記。

（張昊）

元刻明弘治正德嘉靖遞修本《資治通鑑》

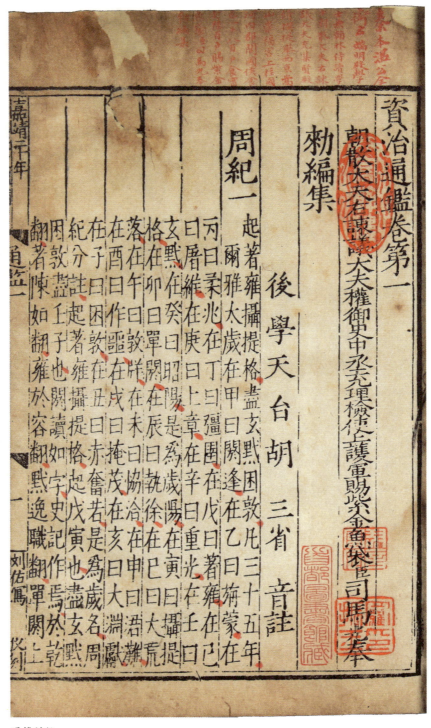

明補刻版

資治通鑑二百九十四卷　通鑑釋文辨誤十二卷　（宋）司馬光撰　（元）胡三省音註並撰辨誤　元刻明弘治正德嘉靖遞修本（有抄配）　第二批《國家珍貴古籍名録》02785號　羅振玉跋　二十四函二百冊　第四批《國家珍貴古籍名録》09947號　二十四函一百九十二冊

半葉十行二十字，小字雙行字同，黑口，四周雙邊，雙順黑魚尾，框高22.2釐米，寬14.9釐米。

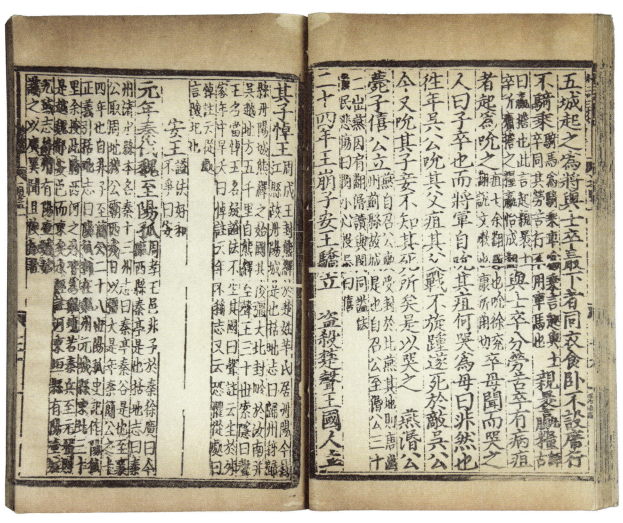

　　司馬光（1019—1086），字君實，號迂叟，陝州夏縣（今山西夏縣）涑水鄉人，世稱涑水先生。司馬池之子。少聰穎好學。宋仁宗寶元元年（1038）進士。累官知諫院、翰林學士、權御史中丞，復為翰林兼侍讀學士，歷仕仁宗、英宗、神宗、哲宗四朝，卒贈太師、溫國公，謚文正。初編戰國至秦二世史為《通志》八卷，英宗命設局續修，神宗改書名為《資治通鑑》，元豐七年（1084）成書。司馬光平生著作甚多，有《溫國文正公文集》《稽古錄》《涑水記聞》《潛虛》等傳世。

　　胡三省（1230—1302），字身之，又字元魯，號梅磵，台州寧海（今浙江寧海）人。

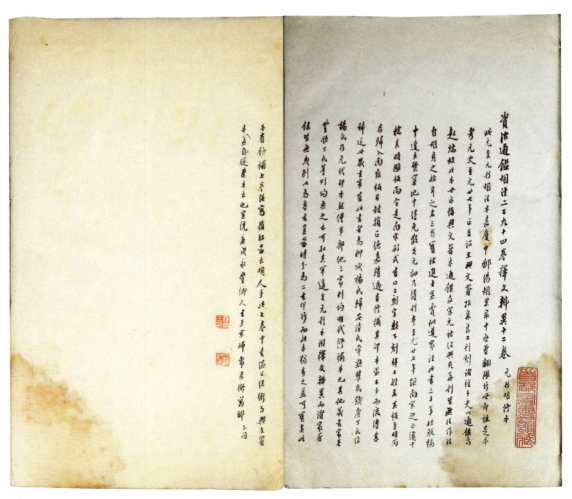

羅振玉跋

　　南宋理宗寶祐四年（1256）進士。歷任縣令、府學教授等職。應賈似道召，從軍至蕪湖，屢有建言，賈似道專橫不用。宋亡，隱居不仕。博學能文，尤篤於史學。自寶祐四年（1256）始著述《資治通鑑廣註》，得九十七卷，論十篇。臨安（今浙江杭州）失陷後，手稿在流亡途中散失。後重新撰寫，於至元二十二年（1285）完成，即《資治通鑑音註》二百九十四卷及《釋文辨誤》十二卷，對《通鑑》作校勘、考證、解釋，為前人《釋文》作辨誤，並對史事有所評論，內容多寓興亡之感。

　　《資治通鑑》是中國第一部編年體通史，記錄上自周威烈王二十三年（前403），下迄後周顯德六年（959）共一千三百六十二年之歷史，歷時十九年完成。胡三省歷時三十年為此書作註，又作《通鑑釋文辨誤》十二卷。二書於元代合刻。胡三省註文字數幾乎與司馬光原書字數相等，對原書中典章制度、地理名物等註釋詳細，考證精詳，訂謬殊多。並始將原為單行的司馬光之《考異》散入《資治通鑑》各文之下，與以前所刻各本不同，具有極高的學術與史料價值。

　　現存宋本《資治通鑑》僅為司馬光原文，且多為殘帙。此元刻明修版《資治通鑑》則非常完整，且為《資治通鑑》胡註的最早刻本。此本保存了南宋版刻形式，書口上方為字數，下方為刻工姓名，而使用趙字，又體現了元代版刻風格。書版入明後歸入國子監，後經弘治、正德、嘉靖多次補刻並重印。明代補版與元代原版有明顯區別，補修部分版心註有“弘治三年”、“正德九年重刊”、“嘉靖二十年刊”、“監生汪文瑄補刊”等補刻註記。

　　此版本首圖藏有兩部，其中02785號書首有近人羅振玉題跋，詳述此書版本源流，卷首鈐“羅叔言”、“羅振玉印”、“殷禮在斯堂”、“宸翰樓”等藏印。

（劉乃英）

元至正九年謝池刻本《晦菴先生朱文公行狀》

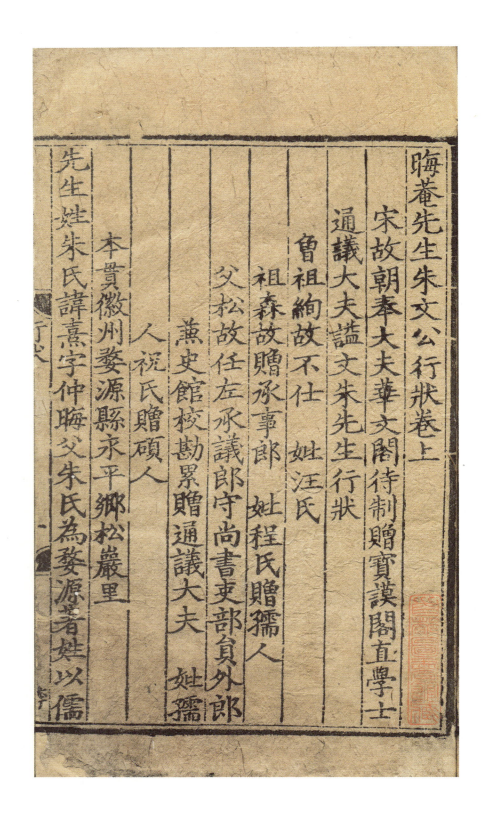

晦菴先生朱文公行狀卷上

宋故朝奉大夫華文閣待制贈寶謨閣直學士

通議大夫諡文朱先生行狀

曾祖絢故不仕　姓汪氏

祖森故贈承事郎　姓程氏贈孺人

父松故任左承議郎守尚書吏部員外郎

萧史館校勘累贈通議大夫　姓孺

人祝氏贈碩人

本貫徽州婺源縣永平鄉松巖里

先生姓朱氏諱熹字仲晦父朱氏為婺源著姓以儒

晦菴先生朱文公行狀二卷　　（宋）黃榦輯　元至正九年（1349）謝池刻本　一函一冊　第一批《國家珍貴古籍名録》00515號

存一卷（卷上）。半葉十行二十字，細黑口，四周雙邊，雙對黑魚尾，框高20.8釐米，寬14.3釐米。

黃榦（1152—1221），字直卿，號勉齋，福州閩縣（今福建福州）人。少受業於朱熹，深為器重，為朱門四弟子之一。朱熹稱其"志堅思苦"，後又以女妻之；及熹病篤，特以所著書授榦，言"吾道之託在此"（《宋史》卷四百三十）。黃榦歷監台州

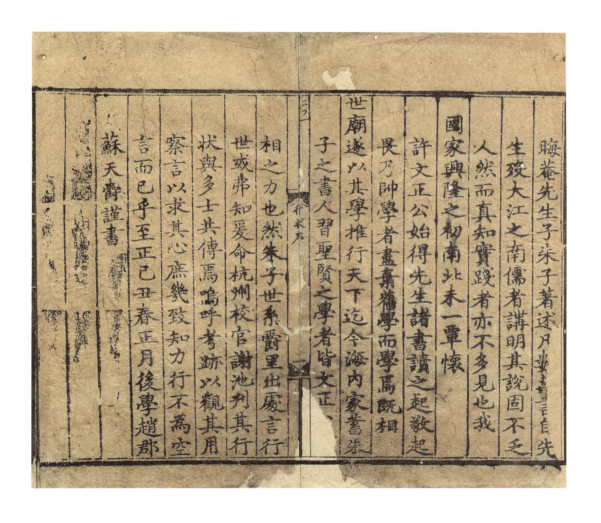

酒務，知新淦縣，通判安豐軍，知漢陽軍、安慶府等，為政廉明多績，重庠序教養。因直言邊事，且軍民之心嚮之，為在位者所忌，遂歸鄉里，專事著述講學。聲名遠播，巴蜀江湖之士皆來受學，質疑請益如熹時。諡文肅，有《勉齋文集》四十卷、《經解》傳世。《宋史》卷四百三十有傳。

宋寧宗嘉定十四年（1221），黃榦撰寫了《朝奉大夫華文閣待制贈寶謨閣直學士通議諡文朱先生行狀》，以弟子、女婿的雙重身份，詳盡描述了朱子一生言行事蹟，為後人研究朱熹生平、學術思想，提供了寶貴的史料。特別是其所標舉的"紹道統，立人極，為萬事宗師"的觀點，高度評價了一代理學大師的功績，為不易之論。

據卷首蘇天爵序文可知，首圖藏本為元至正九年杭州校官謝池刻本。蘇天爵（1294—1352），字伯修，號滋溪先生，真定（今河北正定）人。元代文學家、史學家。至正九年，蘇天爵在江浙行省參知政事任上，有感於當時朱子之學雖已推行天下，"然朱子世系爵里出處言行，世或弗知"，故命"杭州校官謝池刊其行狀"，欲"考跡以觀其用，察言以求其心"。《晦菴先生朱文公行狀》在宋代已有刊印，《袁本昭德先生郡齋讀書志》附志即著錄有"《朱文公行狀》一卷，右門人黃榦所作也"，惜今不傳。因此，元至正九年杭州校官謝池刻本，就成為該書現存的最早刻本。

此本卷前有費寅所作跋文一葉。費寅字景韓，號復齋，又號自怡居士，海

費寅題跋

寧（今浙江海寧）人。清末民國間名士、藏書家。其跋文曰："余閱蕘翁《題識》有松雪齋殘本《行狀》一卷，跋云："嘉慶庚申秋得元刊本《行狀》十二葉，手勘一過，正誤字如右。蕘圃。'據此見古人抱殘守闕之意，百十年前已重元刊殘本。今得《朱文公行狀》上卷，為蘇天爵序刻，宷屬元槧元印，紙墨俱古。佗日儻蒐獲下卷，如延津雙劍，終久必合，非尤書林快事歟？謹識其末，以為左券。旹癸亥清和月下澣復齋費寅澐記。"時至今日，黃丕烈當年所藏趙松雪殘本已不知下落，國內唯存此卷上一卷，版本價值彌足珍貴。

（王玥琳）

元建安余志安勤有堂刻本《故唐律疏議》

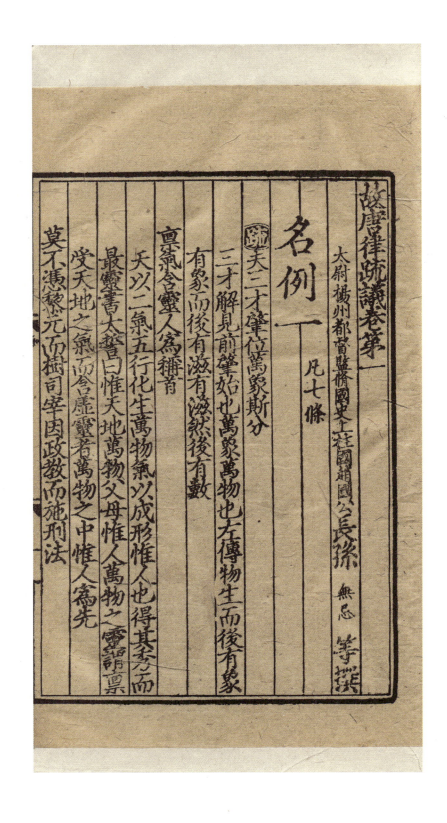

故唐律疏議三十卷　（唐）長孫無忌等撰　佚名釋文　**纂例十二卷**　（元）王元亮撰　元建安余志安勤有堂刻本　二函二十三冊　第一批《國家珍貴古籍名録》00544號

半葉十二行二十四字，小字雙行字同，細黑口，四周雙邊，雙順花魚尾，框高19.6釐米，寬13.1釐米。

長孫無忌（？—659），字輔機，洛陽（今河南洛陽）人，官至太尉、檢校中書令，封齊國公，博涉書史，嘗與撰《隋書》諸志。《舊唐書》卷六十五、《新唐書》卷一〇五有傳。王元亮，字長卿，汴梁（今河南開封）人，元泰定間在世，仕為江西行省檢校官，精刑名之學，事蹟見元柳貫《故唐律疏議序》。

唐律為唐太宗詔房玄齡等增損隋律而成，高宗時又命長孫無忌等撰為義疏行之。律文凡名例、衛禁、職制、戶婚、廄庫、擅興、賊盜、鬥訟、詐偽、雜律、捕亡、斷獄十二篇三十卷。長孫無忌等義疏有三目，曰疏議、問答、註，俱次於律文每節之下，其疏議條分縷別，句推字解，闡發詳明，能補律文之所未備；其設為問答，互相辯難，精思妙意，層出不窮，剖析疑義，毫無疑剩。元泰定間江西儒學提舉柳貫命校刊此書，每篇末附以佚名《釋文》及王元亮《纂例》。王氏《纂例》體例精良，正如元劉有慶《故唐律疏議序》所云"以唐律析為橫圖，用太史公諸表式，經緯錯綜成文，五刑三千如指諸掌"，頗便觀覽。《四庫全書總目》對此書評價甚高，稱上稽歷代之制，其節目備具，足以沿波而討源者，要惟唐

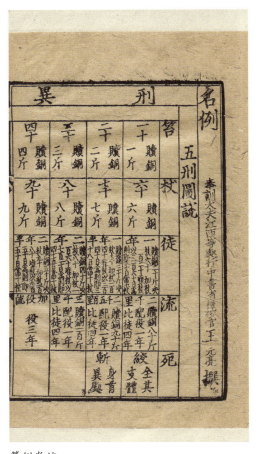
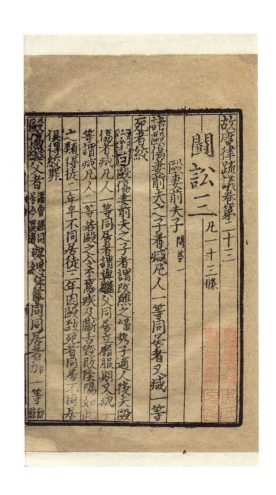

纂例卷端

律為最善，此本所附之釋文及纂例亦頗可以資參訂也。

　　此本為元余志安勤有堂刻本，柳貫序後有"至順壬申五月印"條記，可知為至順三年（1332）印本。建安（今福建建陽）余氏經營書業長達五六百年，至元代以余志安勤有堂影響最大。勤有堂所刻之書受到官私各家推重，被視為建陽坊刻的典型代表，其書今可考者有二十餘種，此即其一。

　　書中鈐明代嘉靖年間藏書家周良金的"毗陵周氏九松迂叟藏書記"、"周氏允元"、"周良金印"等印章。

（史麗君）

元建安余氏勤有堂刻本《刑統賦》

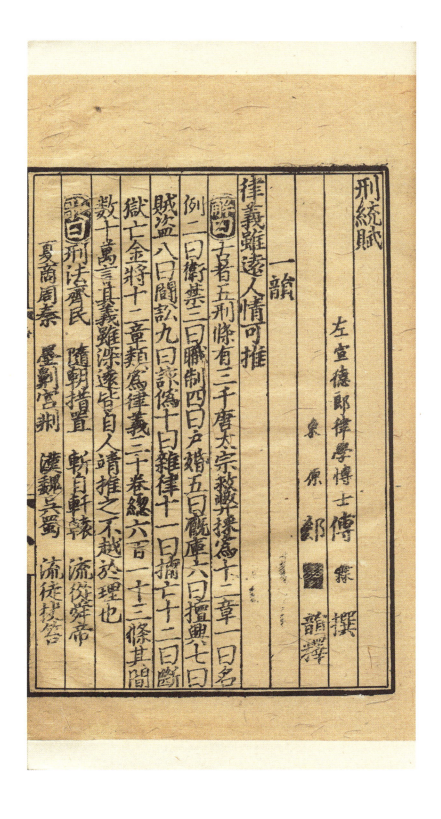

刑統賦

左宣德郎律學博士傅霖 撰

泉源郎□□□ 韻釋

一韻

律義雖遠人情可推

古者五刑條有三千唐太宗救刪挾為十二章一曰名
例二曰衛禁三曰職制四曰戶婚五曰廄庫六曰擅興七曰
賊盜八曰鬭訟九曰詐偽十曰雜律十一曰捕亡十二曰斷
獄亡金將十一章類為律義三十卷總六百一十三條其間
數十萬言其義雖深遠皆自人情推之不越於理也

刑法威民 隨朝措置 斬自軒轅 流後舜帝

夏商周秦 墨劓宮剕 漢魏吳蜀 流徒杖笞

刑統賦一卷　（宋）傅霖撰　（元）郤□韻釋　元建安余氏勤有堂刻本　一函一冊
第一批《國家珍貴古籍名録》00622號

半葉十二行二十四字，細黑口，四周雙邊，雙順黑魚尾，框高19.5釐米，寬13.2釐米。

傅霖，青州（今山東北部）人。《四庫全書總目》稱其"生卒籍里不詳"。本書卷首題"左宣德郎律學博士傅霖撰"。"宣德郎"初設於隋，唐宋因之，北宋初年為正七品下文散官，政和三年（1113）改名"宣教郎"，元朝未置此官。由此推測，傅霖為官當在北宋政和三年以前，且大約生活於此時代前後。有關傅霖生平，《宋史·張詠傳》

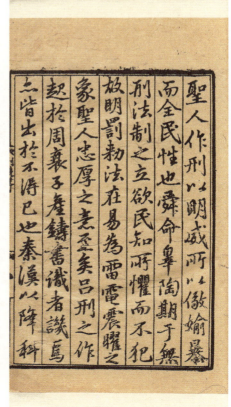

述及：“初，詠與青州傅霖少同學。霖隱不仕。”傅霖與張詠有詩往還。據此推測，傅霖似曾歸隱。《［嘉靖］青州府志》卷十五載“宋傅霖”小傳，內容亦為轉錄《宋史・張詠傳》所記。

本書韻釋者郶某，未知其名，卷首題“東原郶□韻釋”，“郶”字後為墨釘。據書中內容可見關於金代律令變化的解說推測，郶某應為南宋末年至元代人。

《刑統賦》之內容是以歌賦形式將《宋刑統》要義編為歌訣。《宋刑統》頒行於宋太祖建隆四年（963），是一部統括性成文法典，也是中國歷史上第一部刊印頒行的法典。由於《宋刑統》科條繁浩，難於通讀和記憶，於是傅霖將全部律文的要旨用韻文撰為《刑統賦》，並自行作註，解說韻文含義。全賦共八韻，每韻少者數語，多者數十語，皆用對偶駢體。書首有元延祐三年（1316）趙孟頫所書序亦云：“是書流行，搢紳得之，罔有輕重出入之失。黎庶得之，自無抵冒觸犯之辜。”此書內容確實起到解讀《宋刑統》，使之廣為流傳的作用，因而具有很高的文獻價值。

《宋史・藝文志》未見著錄《刑統賦》，僅載有“《刑統賦解》一卷”，但“不知作者”。《四庫全書總目》法家類存目著錄“《刑統賦》二卷，宋傅霖撰”，與此元刻本不同。《刑統賦》於當時和後世都曾有較大影響，很多人為之作注。據清代法學家沈家本（1840—1913）統計，金、元之間的《刑統賦》注本有九、十種之多，分別為《刑統賦》作解、增注、作疏。流傳至今的主要有三種，即元人王亮增注的《刑統賦解》二卷、元人孟奎的《粗解刑統賦》一卷、元人沈仲緯的《刑

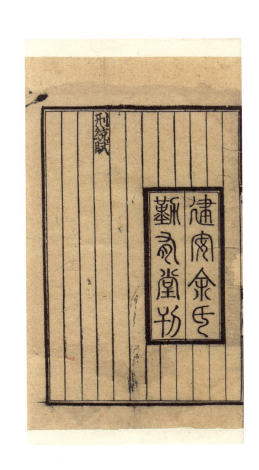

統賦疏》一卷。

　　此元刻本是《刑統賦》現存最早的傳本，為元代建安余氏勤有堂刊刻。"建安余氏勤有堂"為宋元兩代著名雕版印刷書坊，初建於北宋，是北宋政和年間建陽人余靖安及其後裔元代余志安等人累世經營。書坊位於福建建安崇化坊，自宋至元末，世代相傳，從事雕版印刷。余氏勤有堂曾刻印過許多部著名的文獻，如元刻本《國朝名臣事略》、《故唐律疏議》等。流傳存世的勤有堂刻本僅數十種，此為其一。

　　此書後鈐蓋"毗陵周氏九松迂叟藏書記"、"周良金印"兩枚朱印。

（劉乃英）

元杭州大街衆安橋北沈七郎經鋪刻本
《藥師瑠璃光如來本願功德經》

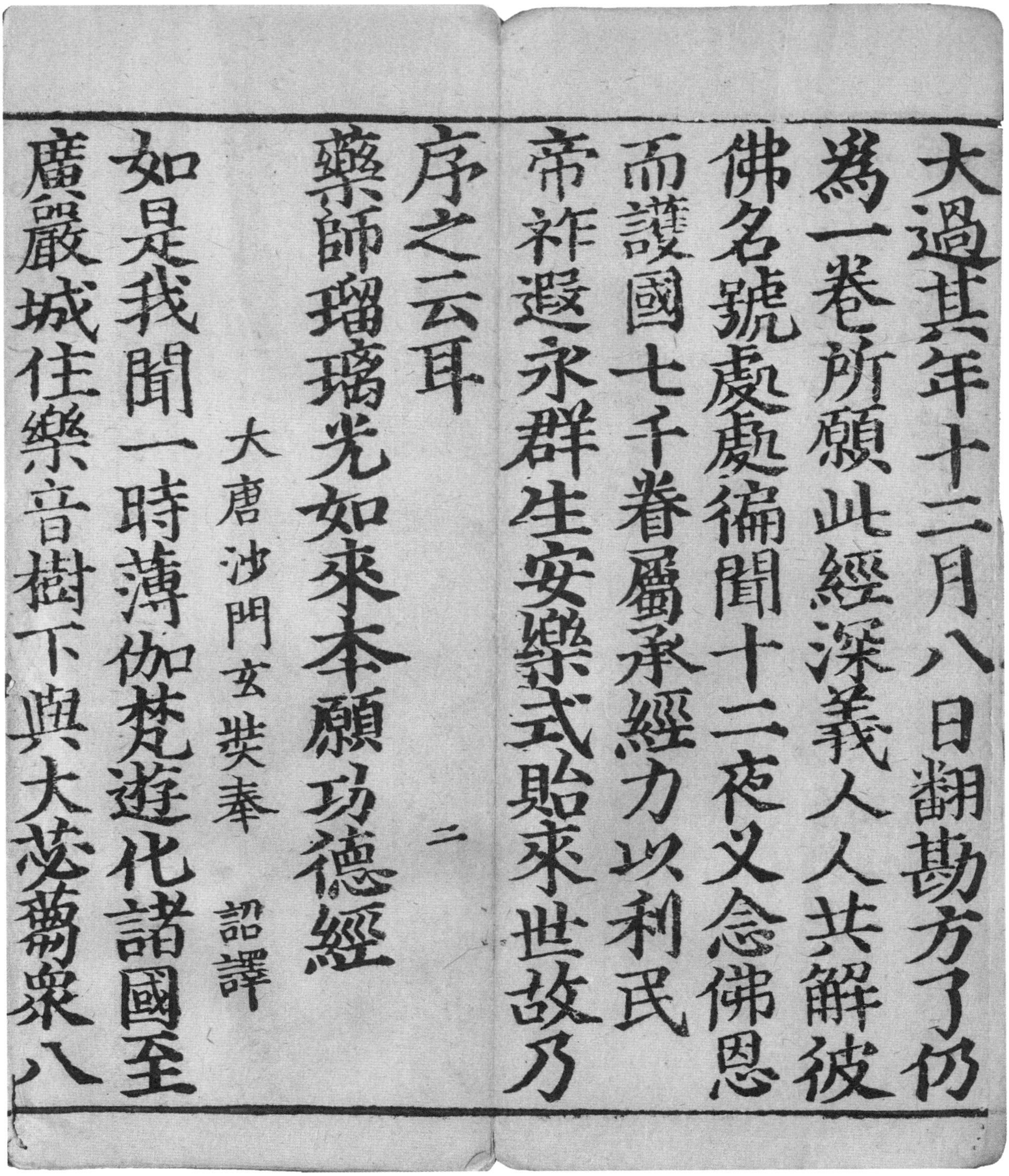

大過其年十二月八日翻勘方了仍
為一卷所願此經深義人人共解彼
佛名號處處徧聞十二夜义念佛恩
而護國七千巻屬承經力以利民
帝祚遐永群生安樂式貽來世故乃

序之云耳

藥師瑠璃光如來本願功德經

　　大唐沙門玄奘奉　詔譯

如是我聞一時薄伽梵遊化諸國至
廣嚴城住樂音樹下與大苾芻衆八

藥師瑠璃光如來本願功德經一卷 （唐）釋玄奘譯　元杭州大街衆安橋北沈七郎經
鋪刻本　一函一冊　第二批《國家珍貴古籍名録》03024號

一版五個半葉，半葉五行，行十四字，小字雙行字數不等，上下單邊，框高25.6釐
米，寬12.3釐米。

玄奘（600—664），俗名陳禕，洛州緱氏縣（今河南偃師）人。幼年出家，先後在
洛陽、長安、成都、荆州、趙州、揚州等地參學。由於各地所講異說紛紜，為求總賅三
乘學說的《瑜伽師地論》，決心往印度求法。貞觀三年（629），從長安西行，經蘭州、

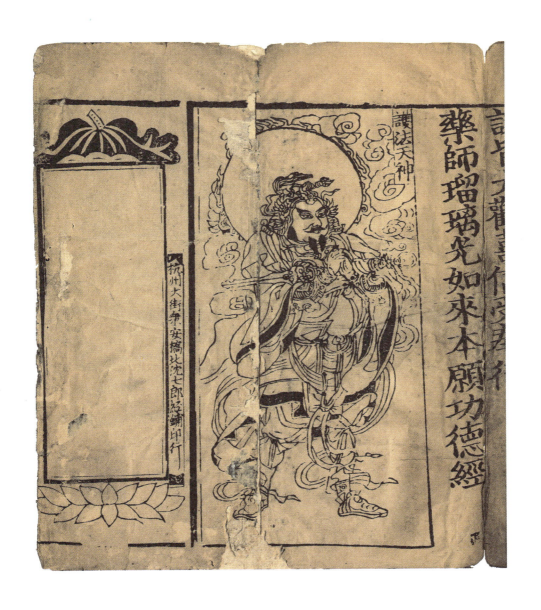

瓜州、玉門關，在高昌王、西突厥葉護可汗幫助下，從迦畢試國（在今阿富汗境內）進入北印度，到當時佛教中心那爛陀寺學習五年，又到東印度、南印度等地遊學四年。後攜數百部梵本和各種佛像，啓程東歸，貞觀十九年（645）抵達長安。先後在弘福寺、大慈恩寺、西明寺、玉華宮主持譯經，共譯出經論七十五部，一千三百三十五卷，開闢中國譯經史上的一個新紀元。

　　本經從東晉至唐共有五個漢譯本，玄奘譯本最為流行。此經講述佛在廣嚴城樂音樹下，對曼殊室利菩薩敘說東方藥師佛之十二大願及其淨瑠璃世界之功德莊嚴。若墮惡道者，聞此如來名號，則得生人間；願生西方極樂世界而心未定者，聞此如來名號，命終時將有八大菩薩來示其道徑。經文又敘述救脫菩薩對阿難說續命幡燈之法，且謂遭逢人衆疾疫、他國侵逼、自界叛逆、星宿變怪、非時風雨等各種災難時，如能供養藥師如來，則國界得以安穩，自身可免於九種橫死。本來玄奘譯本未標八菩薩名，後人依《大灌頂經》第十二經添入，又據義淨譯本補入說咒一段。諸家注本皆沿用之，此本亦同，序文則係挪用隋朝行矩法師為大業十一年（615）達磨笈多譯本所作之序。

　　元杭州衆安橋北沈七郎經鋪刻本是現存較早的刻本。此本行疏字大，字體質樸，插圖有十二願圖、八菩薩圖、十二藥叉大將圖、護法天神圖，版畫水準前後懸殊較大，總體而言，仍堪稱當時坊刻精品。該書已成孤本，第八、九願插圖已佚，第九、十願經文為抄配。

（楊之峰）

元至大四年刻本
《藥師琉璃光王七佛本願功德經念誦儀軌》

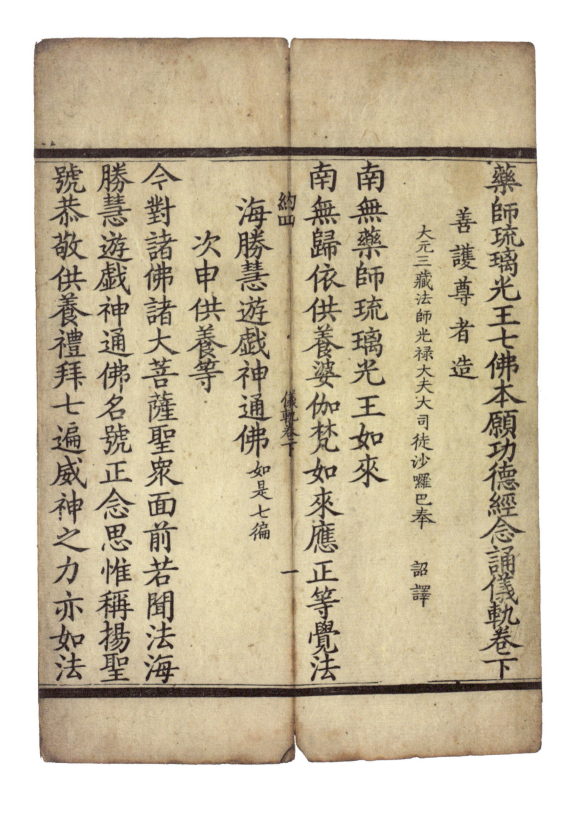

藥師琉璃光王七佛本願功德經念誦儀軌卷下

善護尊者造

大元三藏法師光祿大夫大司徒沙囉巴奉　詔譯

南無藥師琉璃光王如來

南無歸依供養婆伽梵如來應正等覺法

約四　　儀軌卷下　一

海勝慧遊戲神通佛　如是七徧

次申供養等

今對諸佛諸大菩薩聖衆面前若聞法海

勝慧遊戲神通佛名號正念思惟稱揚聖

號恭敬供養禮拜七徧威神之力亦如法

33

藥師琉璃光王七佛本願功德經念誦儀軌二卷　善護尊者造　（元）釋沙囉巴譯　元至大四年（1311）刻本　一函一冊　第三批《國家珍貴古籍名録》07187號

存一卷（卷下）。一版五個半葉，半葉五行十六字，上下雙邊，框高24.1釐米，寬11.1釐米。

善護尊者事蹟不詳。沙囉巴（1259—1314），俗姓積寧，名沙囉巴，意譯為吉祥慧，號雪巖，河西（今屬甘肅）人。幼依帝師發思巴出家，習諸部灌頂法；又從著栗赤上師學大小乘。善吐番語，兼解西域諸國文字。被薦於元世祖，命譯中國未備顯密諸經，得賜"大辯廣智"之號。選授江浙等處釋教總統，務從寬大，僧人得安。轉任福建等處釋教總統，認為官多事煩，十羊九牧，苦害僧人。建言以聞，大德三年（1299）朝廷盡罷諸路總統。元武宗至大年間復召至燕京，拜光禄大夫、大司徒。皇太子、諸王嘗問法要。延祐元年（1314）病逝。

此書是沙囉巴從藏文翻譯的六部佛經之一，譯文參録了唐代義淨所譯的《藥師琉璃光王七佛本願功德經》，詞旨曉暢。內容為念誦這部經的儀法軌式，包括沐浴、更衣、齋戒，建道場，召請善名稱吉祥王佛、寶月智嚴光音自在王佛、金色寶光妙行成就佛、無憂最勝吉祥王佛、法海雷音佛、法海勝慧遊戲神通佛、藥師琉璃光王佛等東方七佛和本師釋迦牟尼佛，大梵天、帝釋天等護法，宮毗羅等十二大將，用功德水、香、花、音樂等依次供養七佛，念其大願。又供養釋迦牟尼佛、曼殊室利菩薩、藥又大將等，最後奉送諸佛菩薩回歸本土。

此本是至大四年七月江浙等處行中書省奉聖旨刊刻，沙囉巴親自主持的。沙囉巴所譯諸經，一部於大德十年（1306）刻入《磧砂藏》，五部分別於至大三年（1310）和皇慶元年（1312）刻入《普寧藏》，江浙行省這次有一部分係重刻。首圖藏本祇存下卷，有刻工：益、袁和卿，《千字文》編號為"約四"；《普寧藏》本祇標"四"，版框大小相同，半葉六行十七字，上下單邊，字號略小。因《普寧藏》存世極少，明清諸藏又未收錄此經，且此本略早於《普寧藏》本，孤本單傳，故極為珍貴。

（楊之峰）

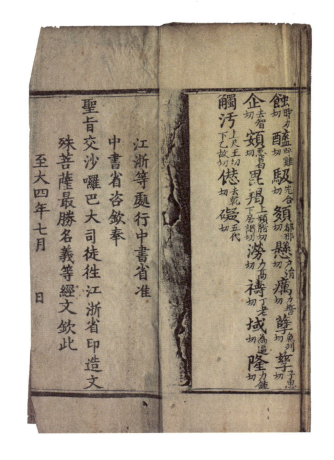

明嘉靖元年刻本《周易旁註》

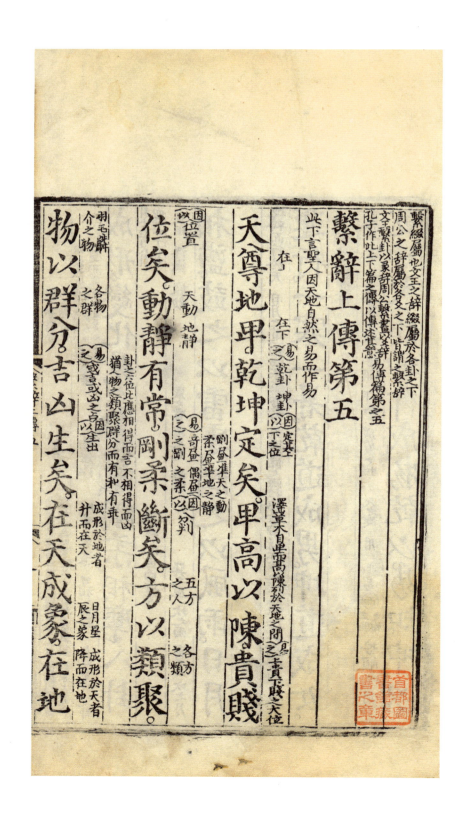

周易旁註二卷前圖二卷卦傳十卷　（明）朱升撰　明嘉靖元年（1522）刻本　一函四冊　第四批《國家珍貴古籍名録》10038號

半葉九行十四字，前圖半葉十行二十字，卦傳半葉十二行十四字，小字雙行字數不等，粗黑口，四周雙邊，雙順黑魚尾，框高19.5釐米，寬13.7釐米。

朱升（1299—1370），字允升，元明間徽州府休寧（今安徽休寧）人。元順帝至正五年（1345）舉鄉薦，為池州學正，避亂棄官隱居石門，學者稱楓林先生。朱元璋克徽州，召見問時務，獻策："高築牆，廣積糧，緩稱王。"（《明史·朱升傳》）明初為

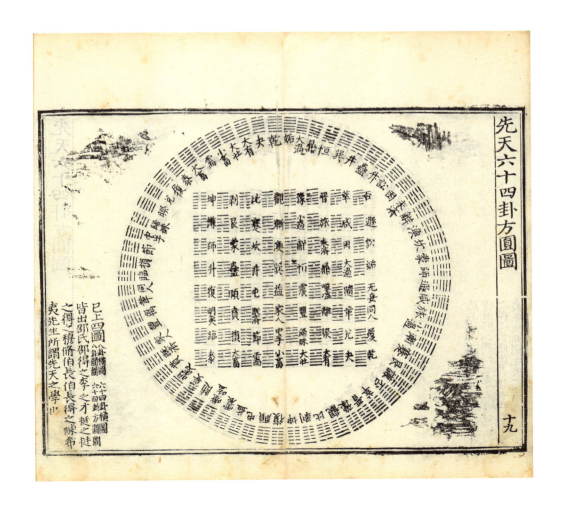

翰林學士，於五經皆有旁註，而《易》尤詳。有《楓林集》。《明史》卷一百三十六有傳。

　　書名據卷端與序文著録為"周易旁註"，唯目録頁原題"周易傍註"。朱升認為"《易》之為《易》，其本也圖像而已"，故"明此經者，不得不求其本也"，成《周易旁註》前圖二卷，包括河圖洛書合一圖、先天後天合一圖、周易卦序圖、六圖、三陳九卦圖、蓍卦變占圖、蓍七卦八圖、三十六宮圖說八圖。旁註二卷和卦傳十卷部分，是朱升多年研讀《周易》所做的註釋，作者自序其内容說："每於本文之旁着字以明其意義。其有不相連屬者，則益之於兩字之間；苟又有不明不盡者，則又益之於本行之外。

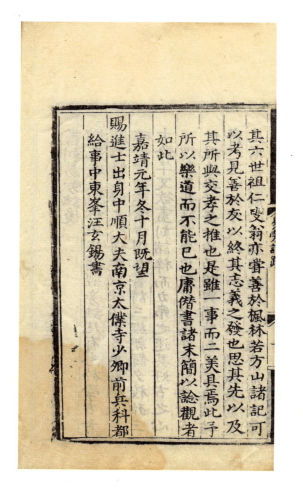
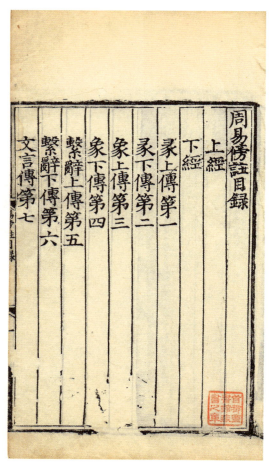

學者讀本文而覽旁註，不見其意義之不足也。"（朱升《周易旁註前圖序》）該書是研究朱升《周易》學術思想的重要文獻，在易學發展史上佔有重要地位。

首圖藏本是明嘉靖元年刻本。卷末有嘉靖元年前兵科都給事中東峰汪玄錫《書刻易旁註後》，述是書刊刻經過。其文曰"鄉先達朱楓林先生諸經旁註，凡有志於學古者靡不好之"，後"程碻齋旁搜遠索"，得《易》《書》《詩》三經，"欲盡刻諸梓而力弗之逮"，其族友東程君世綱等"乃相與捐資刻《易旁註》，成碻齋之志"。嘉靖元年刻畢，東峰汪玄錫"樂道而不能已"，遂作文以記之。《四庫全書存目叢書》即是以首圖藏本為底本影印，具有重要的版本價值。

（范猛）

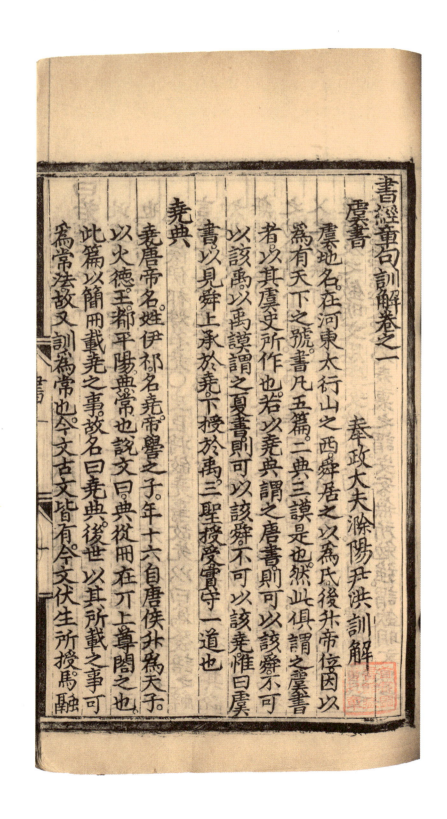

書經章句訓解卷之一

奉政大夫滁陽丹洪訓解

虞書

虞舜地名在河東太行山之西舜居之以為氏後升帝位因以為有天下之號書凡五篇二典三謨是也然此俱謂之虞書者以其虞史所作也若以堯典謂之唐書則可以該舜不可以該禹以禹謨謂之夏書則可以該舜不可以該堯惟曰虞書以見舜上承於堯下授於禹三聖授受實守一道也

堯典

堯唐帝名姓伊祁名放勳帝嚳之子年十六自唐侯升為天子以火德王都平陽典常也說文曰典從冊在丌上尊閣之也此篇以簡冊載堯之事故名曰堯典後世以其所載之事可為常法故又訓為常也今文古文皆有今文伏生所授馬融

書經章句訓解十卷 （明）尹洪撰　明成化十年（1474）晉府刻本　一函五冊　第二批《國家珍貴古籍名録》03250號

半葉十二行十八至二十二字不等，小字雙行二十五字，粗黑口，四周雙邊，雙順黑魚尾，框高21.2釐米，寬13.8釐米。

尹洪，滁陽（今安徽滁州）人。明景泰癸酉（1453）中鄉試，初授井陘縣學諭，成化初遷晉府紀善、長史。《〔萬曆〕滁陽志》有傳。

尹洪典教井陘時，慮及《尚書》古文奇字，佶屈聱牙，遂以南宋蔡沈《書集傳》為基礎，對《尚書》逐句逐字訓解，成"章句訓解"。據凡例載，此書"對《傳》無明

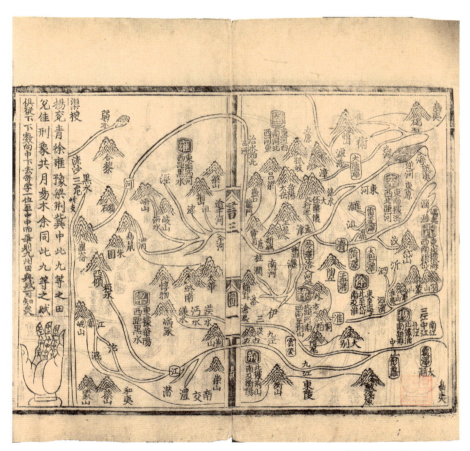

《夏書·禹貢》卷首圖

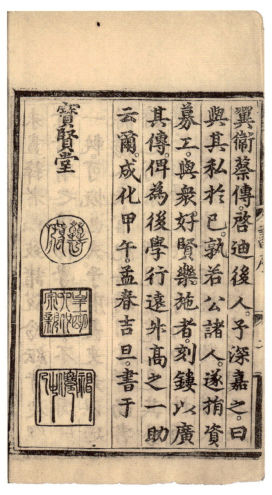

晉莊王朱鍾鉉序

釋者，參考上下文義，比類引證，可通者通之，諸儒所說紛紜處，合經者取之，否則不取。但繁者歸於約，簡者發其意"。

據書前朱鍾鉉、胡謐、沈鍾三序，可知此書刊刻緣起及過程大致如下："尹洪遷晉府長史後，遠近庠生之業是經者，日踵其門請肄焉，尹氏憚傳録之煩，謀鋟梓以行，間進是編於晉府莊王朱鍾鉉，王覽而嘉之，稱此書：'泛而歸之於切，博而約之於簡，如《禹貢》"杶幹栝柏"，《盤庚》"鞠人謀人"等諸章，參詳引證，頗為明順，足以翼衛蔡傳，啓迪後人'，亟捐資募工，刻鏤以廣其傳。"

明代藩府刻書為各代所無，所用紙墨，多選上料，印刷裝背，比較講究，故近人或稱為明刊之精品。此本為成化十年晉府刻本，時藩王為晉莊王鍾鉉。有明一代晉府刻書現可考者十餘種，大多刻於嘉靖以下；此本刊成時間較早，版本價值較高。另，此書版心間有刻工郝奉、呂宣等。

（史麗君）

明趙府味經堂刻本《詩緝》

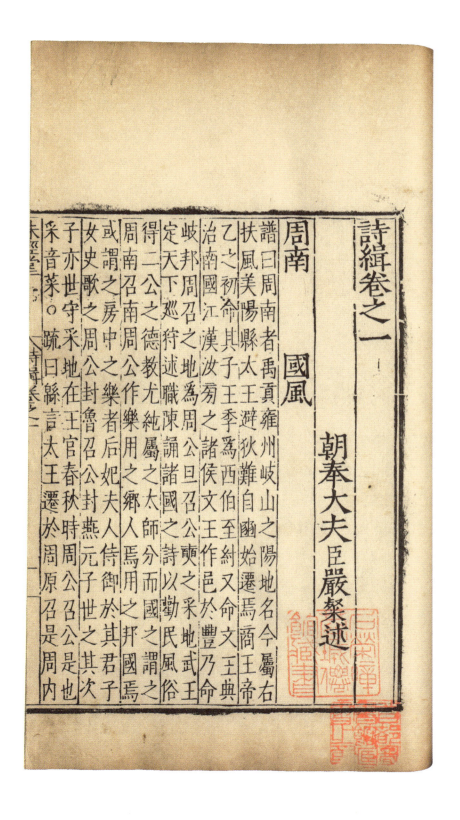

詩緝卷之一

朝奉大夫臣嚴粲述

周南　國風

周南者禹貢雍州岐山之陽地名今屬右
扶風美陽縣太王避狄難自邠始遷焉商王帝
乙之初命其子王季為西伯至紂又命文
王之諸侯文王作邑於豐乃命
治南國江漢汝旁

譜曰周南召公之德教尤純屬之鄉人焉而國
周南召南周公之樂者后妃夫人侍御於其君子
得二公之德化作樂用之鄉人焉而國焉
岐邦周召之詩以勤民風俗
定天下巡狩述職陳誦諸國之頌之謂之

或謂之房中公之樂者后妃夫人侍御於其君子
女史歌之周公之樂者世子次
子亦世守采地在王官春秋時周公召公是也周內
采音菜○疏曰縣言太王遷於周原召是周內

詩緝三十六卷 （宋）嚴粲撰　明趙府味經堂刻本　四函二十四冊　第二批《國家珍貴古籍名錄》03262號

半葉九行十八字，小字雙行字同，白口，四周雙邊，單白魚尾，框高20.0釐米，寬14.0釐米。

嚴粲，字坦叔，一字明卿，號華谷，邵武（今福建邵武）人，約南宋嘉定至淳祐間在世。據清王琛《［光緒］重纂邵武府志》載，嚴粲由進士歷官全州清湘令，善為詩，清迴絕俗，而經學尤深邃，本呂祖謙《呂氏家塾讀詩記》作《詩緝》。

是書凡三十六卷，卷前有條例、清濁音圖、十五國風地理圖及毛詩綱目。嚴氏自

序記此書緣起曰："二兒初為《周南》《召南》，受東萊義，誦之不能習，余為輯諸家說，句析其訓，章括其旨，使之瞭然易見。既而友朋訓其子若弟者，競傳寫之，困於筆劄，胥命鋟之木。此書便童習耳。"此書以呂祖謙《呂氏家塾讀詩記》為基礎，並雜採諸家之說而成，舊說有未妥者則斷以己意。其體例為字訓句義插註在經文各句之下；各章之後又概括解釋章義，明白易曉，便於初學。此書雖雜採舊說，而時有新義。宋林希逸在《詩緝序》中贊此書："鈎貫根葉，疏析條緒，或會其旨於數章，或發其微於一字，出入窮其機綜，排布截其幅尺，辭錯而理，意曲而通。逆求情性於數千載之上，而興寄所在，若見其人而得之。至於音訓疑似、名物異同、時代之後前、制度之纖悉，訂證精密，開卷瞭然。"四庫館臣對此書也評價甚高，稱："宋代說《詩》之家，與呂祖謙書並稱善本，其餘莫得而鼎立，良不誣矣。"（《四庫全書總目》卷十五）

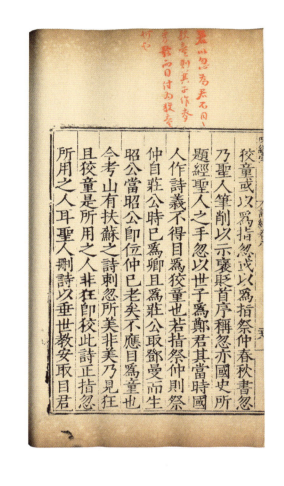

　　此書嚴粲自序有"命鋟之木"之語，可見當時已有刻本，最早見諸《宋史·藝文志》。此本版心刻"味經堂"，為明嘉靖趙府味經堂刻本，時藩王為康王朱厚煜。《明史》記載康王厚煜"嗜學博古，文藻弘麗，又折節愛賓客，戶屨恒滿，名譽蔚然。"《天祿琳琅書目後編》稱此本從宋版重刻，"雖明刻而猶存宋本之舊"，為明代藩刻之佳品。

　　有佚名批點。鈐"石榮暲蓉城仙館藏書"等印章。

（史麗君）

明正統十二年司禮監刻本《春秋胡傳》

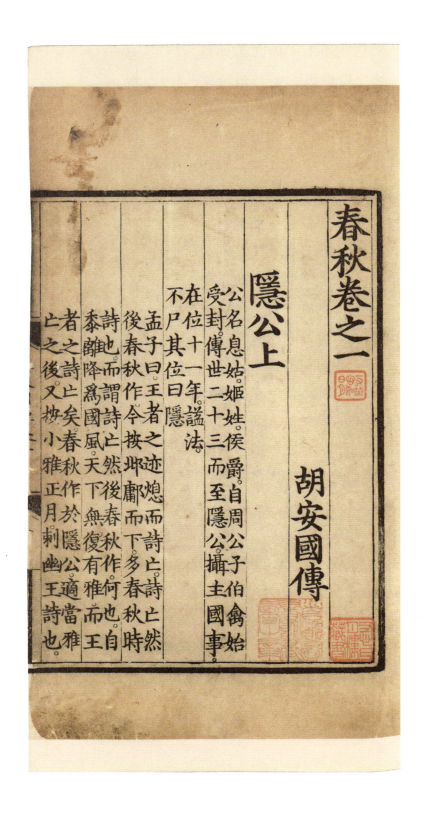

春秋卷之一

胡安國傳

隱公上

公名息姑。姬姓。侯爵。自周公子伯禽始受封傳世二十三而至隱公攝主國事。

在位十一年。諡法。不尸其位曰隱。

孟子曰王者之迹熄而詩亡詩亡然後春秋作。今按郟鄏而下多春秋時後無復有雅而王自降為國風天下無復有雅而王自後春秋謂詩亡然後春秋作何也。

黍離降為國風天下無復有雅而小雅正作於隱公適當雅亡者之後又按小雅正作於隱公適當雅亡之後詩亡矣。王適當雅亡者之後也。

春秋胡傳三十卷　（宋）胡安國撰　明正統十二年（1447）司禮監刻本　二函八冊 第四批《國家珍貴古籍名録》10099號

半葉八行十四字，小字雙行十八字，粗黑口，四周雙邊，雙順黑魚尾，框高23.0釐米，寬16.3釐米。

胡安國（1074—1138），字康侯，諡文定，建州崇安（今福建武夷山）人。宋哲宗紹聖四年（1097）進士。歷太學博士，提舉湖南、成都學事，以不肯阿附，為蔡京、耿南仲所惡。高宗即位，為給事中、中書舍人，上《時政論》二十一篇，力陳恢復方略。旋以疾求去，不允，兼侍讀，專講《春秋》。因反對重用朱勝非去職，提舉宮觀。後遷居衡陽南嶽，從事學術研究，創辦碧泉、文定書院講學，開創"湖湘學派"。著有《春秋傳》《資治通鑑舉要補遺》等。《宋史》卷四百三十五有傳。

胡安國畢生致力於"春秋學"，從宋徽宗崇寧四年（1105）至宋高宗紹興六年（1136），歷時三十餘年，完成了歷史上享有盛譽的《春秋傳》三十卷，共十餘萬字。此書自撰成後，受到歷代統治者高度重視，宋高宗把它列為經筵讀本，元代時更把它列為科舉取士的標準解釋。明代的科舉考試承元舊式，宗法程、朱，但程頤《春秋》僅成兩卷，朱子無《春秋》，朝廷以胡安國之學出自程子，張洽之學出自朱子，故考讀《春秋》衹用胡、張兩家之書。以後張著也漸漸不用，而獨用胡安國所作的《春秋傳》。胡安國及其所著《春秋傳》直接影響了中國社會生活達五六百年之久，而其間接的影響，直到近代還在發生作用。《四庫全書》收入經部春秋類，云其書"感激時事，往往借《春秋》以寓意，不必一一悉合於經旨。朱子《語錄》曰，胡氏《春秋傳》有牽強處，然議論有開合精神。亦千古之定評也"（《四庫全書總目》卷二十七）。

　　首都圖書館藏本為明正統十二年司禮監刻本。前有正統十二年司禮監親奉聖旨一道，云"五經四書經註，書坊刊本字有差訛"，遂命司禮監將《春秋胡安國傳》等"重新刊印，便於觀覽"。司禮監，明內廷十二監之首，明代內府最有名的刻書機構，下設經廠庫，刻印過大量內府圖書。

　　此本鈐有"寸心日月樓藏書"、"一寸英心如日月"、"寸心日月樓所藏"、"澄心堂朱"、"曾藏在吳郡朱枕薪家"、"朱華"等印記。

（范猛）

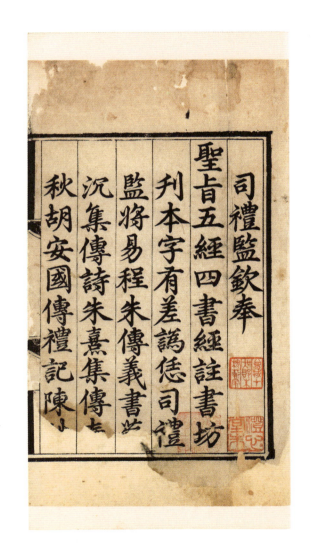

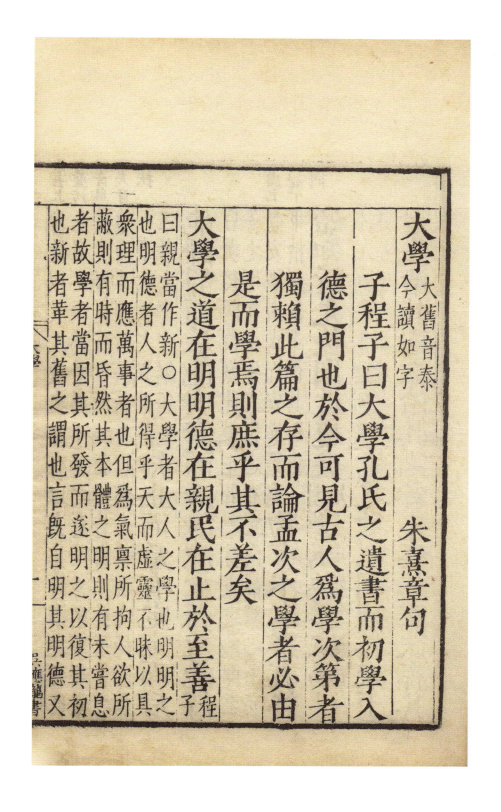

大學　大舊音泰　今讀如字

朱熹章句

子程子曰大學孔氏之遺書而初學入

德之門也於今可見古人爲學次第者

獨賴此篇之存而論孟次之學者必由

是而學焉則庶乎其不差矣

大學之道在明明德在親民在止於至善　程子

曰親當作新○大學者大人之學也明明之

也明德者人之所得乎天而虛靈不昧以具

衆理而應萬事者也但爲氣稟所拘人欲所

蔽則有時而昏然其本體之明則有未嘗息

者故學者當因其所發而遂明之以復其初

也新者革其舊之謂也言既自明其明德又

大學章句一卷大學或問一卷中庸章句一卷中庸或問一卷論語集註十卷孟子集註七卷

（宋）朱熹撰　明嘉靖吉澄刻本　二函十冊　第三批《國家珍貴古籍名録》07398號

半葉九行十七字，小字雙行字同，有眉欄，行二字，白口，左右雙邊，單白魚尾，框高20.2釐米，寬14.5釐米。

漢唐以前，尚無"四書"之稱，僅《論語》列為官學，有博士傳授，《大學》《中庸》仍各為《禮記》之一章，而《孟子》則與先秦諸子並稱，不得經典之尊崇。至唐代韓愈、李翱倡導古文運動，對《孟子》乃發生興趣，不斷闡發和宣傳其中的儒家思想。兩宋之際，程頤、程顥等人繼續推波助瀾，逐步將《大學》《中庸》與《論》《孟》相提並論，共同尊奉為經典。至南宋紹熙元年（1190），朱熹首次將《大學》《中庸》《論語》《孟子》四書彙集在一起，以章句、集註的形式加以註釋訓解，而後刊刻出版，後人將這套書合稱為《四書章句集註》，"四書"之名自此而成。

朱熹的四書研究創建頗多。在研究內容上，"《大學》古本為一篇，朱子則分別經、傳，顛倒其舊次，補綴其闕文；《中庸》亦不從鄭註分節，故均謂之'章句'。《論語》《孟子》融會諸家之說，故謂之'集註'。""復以諸家之說紛錯不一，因設為問答，明所以去取之意"，是為"或問"（《四庫全書總目》

卷三十五）。在研究方法上，朱熹一改漢唐學者注重經典原本，追求文字訓詁和名物考證的治學方法，轉而注重闡發"四書"中的"義理"，並加以引申和發揮，其註釋往往超出"四書"原典之外。因此說，朱熹註"四書"，並不單是為解釋字詞，更重要的目的是借"四書"闡述其理學思想，將"四書"中的哲理作為構建其思想體系的框架。經朱熹整理註釋過的"四書"，已經成為一整套體系完備、條理貫通、無所不包的儒家理學體系大成。南宋以後，伴隨理學的興盛，"四書"地位逐步上升，至元仁宗皇慶二年（1313），政府首定以"四書"為題開科取士，確立了"四書"在科舉中的經典地位，並為後代沿襲。

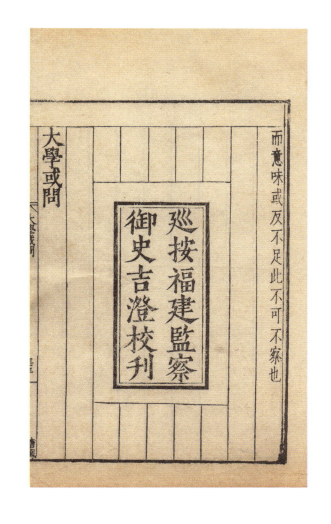

《四書章句集註》歷代皆有刻印，此本為明嘉靖間吉澄刻本，每書末皆有"巡按福建監察御史吉澄校刊"牌記。版心下端多有"吳應龍書唐麟刻"、"吳應龍書章意刻"等字樣，由此可知當年寫樣、鏤刻人姓名，此外尚有袁宸、夏文德、陳國祥等多人。

吉澄，字靜甫，號山泉，明嘉靖間直隸開州（今河南濮陽）人，"開州八都"之一。嘉靖二十三年（1544）進士，歷任雒南知縣、右僉都御史巡撫遼東等職。吉澄居官清正，輕徭薄賦，恤民困苦，在職期間不畏權相當國，獨持風裁。吉澄不但是一位政績卓著的官員，同時還是明代中後期較為知名的刻書家。從明代成化年間（1465—1487）

起，福建福州、建陽等地的地方官員很多都主持過書籍的刻印出版工作。他們在案牘勞形之餘，醉心梨棗鉛槧之中，刊刻了大量的經史文獻，而吉澄正是他們中的代表人物之一。吉澄任福建巡按期間，曾廣泛參與出版刻印事業，目前已知由他主持刊刻的書籍有《春秋四傳》《詩經集傳》《大學衍義補》等九種，都是較有代表性的閩刻精品。

（張昊）

明萬曆四十三年吳繼仕熙春樓刻本《六經圖》

　　六經圖六卷　（宋）楊甲撰　（宋）毛邦翰補　明萬曆四十三年（1615）吳繼仕熙春樓刻本　一函六冊　第三批《國家珍貴古籍名錄》07418號

　　半葉十二行二十三字，白口，四周單邊，框高35.9釐米，寬24.7釐米。

　　楊甲（約1110—1184），字嗣清（一字鼎卿），昌州（今四川大足）人。宋孝宗乾道二年（1166）進士。楊甲與弟楊輔同年考中進士。楊輔官至四川宣撫使、總領四川財賦、兵部尚書，《宋史》卷三百九十七有傳。而楊甲因對策中指摘時事，孝宗覽對不悅，僅授文職散官"文林郎"。曾官國子學錄，後又貶為"嘉陵教授"，未得大用，終以坐事罷官。晚年寓居四川遂寧靈泉山中，死後葬於遂寧。楊甲工詩文，著有《棣華館小集》一卷，收入《兩宋名賢小集》《宋百家詩存》和《四庫全書》中。

　　楊甲一生人品清高，不甚得志，最大成就不在詩文，而在撰成《六經圖》。古人以圖書並稱，有左圖右書之制，索像於圖，索理於書，可見圖與書自古即相輔相成。以圖釋解儒家諸經，大約始自兩漢，昌盛於兩宋。宋代重經取士，紹興二十七年（1157）令國子監生及科舉取士習詩賦者，皆習經義。作為經學指南的經圖，趨於興盛。將六經經圖合輯一處，編為群經總義圖本，則始於宋代。因教導生員廣為習經，各州官學往往立有石經圖，以為習經指南。楊甲《六經圖》大約成於紹興年間；

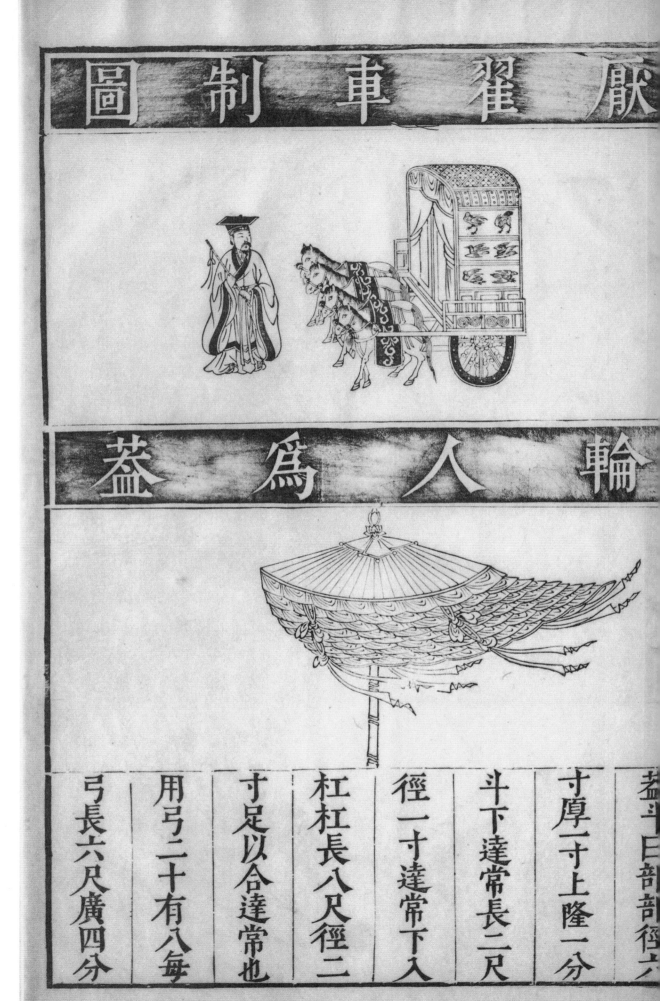

輪人為蓋

蓋斗曰部首徑□

寸厚一寸上隆一分

斗下達常長二尺

徑一寸達常下入

杠杠長八尺徑二

寸足以合達常也

用弓二十有八每

弓長六尺廣四分

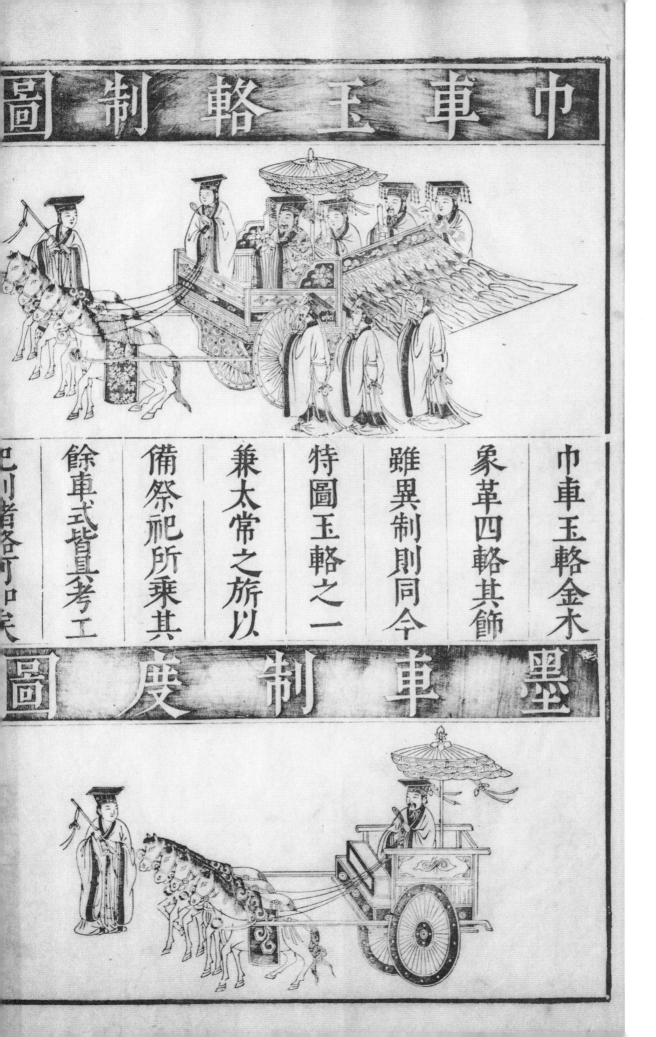

巾車玉輅金木
象革四輅其飾
雖異制則同今
特圖玉輅之一
兼太常之所以
備祭祀所乘其
餘車式皆具考工

毛邦翰所增補刻印本則告成於乾道中。據王象之《輿地記勝·碑目》載，楊氏之《六經圖》曾勒石於昌州郡學，但無拓本傳世，已難詳考其圖目。乾道元年（1165），撫州知州陳森、通判劉濤令州學教授毛邦翰等增補楊甲的《六經圖》，並刻木本成書，二年功成，共為圖三百零九幅，其中"大易象數鉤深圖"七十幅、"尚書軌範撮要圖"五十五幅、"毛詩正變指南圖"四十七幅、"春秋筆削發微圖"二十九幅、"周禮文物大全圖"六十五幅、"儀禮制度示掌圖"四十三幅。監丞苗昌言為此本作序。

　　陳森刻本六卷，是《六經圖》最早的書籍本，實為官修之本。據苗昌言《序》云，陳森為撫州知州期年，取《六經圖》命為書，刊之於學。可見，陳森主持了由石本"編

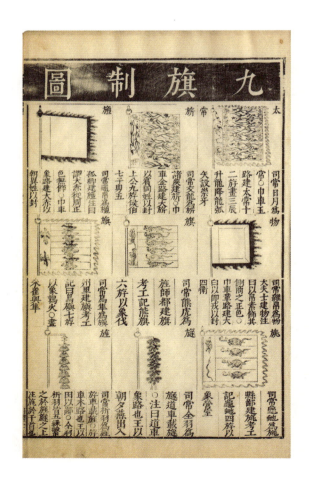

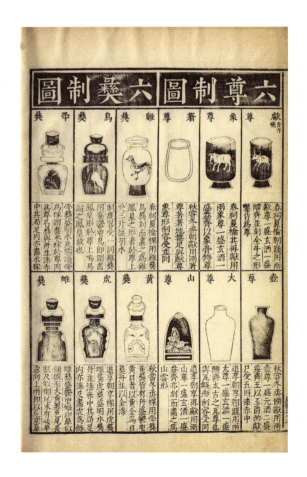

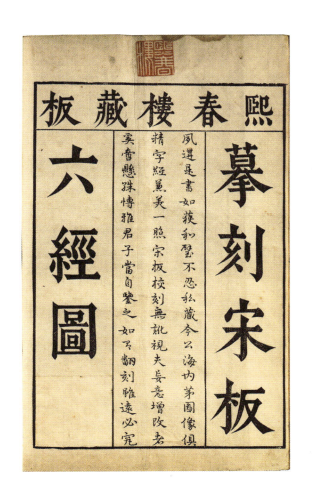

類為書"之事。主要增補者毛邦翰，衢州江山（今屬浙江）人，宋紹興二十七年（1157）進士，乾道初年官撫州州學教授，《浙江通志》有載。

自宋代以後，《六經圖》雖屢經傳刻，但至明代宋本已經十分罕見。明萬曆四十三年（1615），新安吳繼仕購得陳森刻本，並予摹刻。牌記中鎸小字"夙遘是書，如獲和璧，不忍私藏，今公海內"等數語，署"熙春樓藏板"。吳繼仕仿宋刻本，摹刻極真，版畫精美，幾與宋版莫辨，使宋本《六經圖》面貌得以傳及後世。首圖所藏此本是目前所存《六經圖》最早的刻本。吳繼仕為明代萬曆年間徽州鹽商，開設書坊熙春樓，并研究經學，撰有音韻學專著《音聲紀元》等，并刻印過多部經史文獻。

（劉乃英）

明嘉靖洪楩刻本《路史》

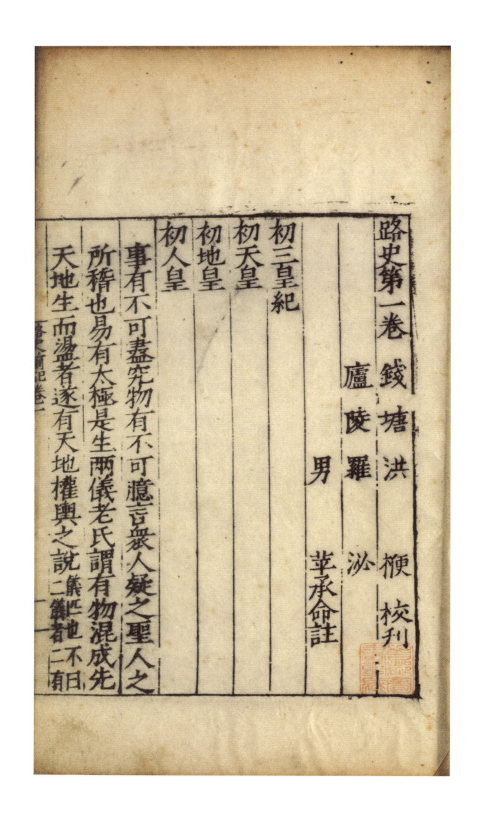

路史第一卷　　錢塘洪楩校刊

廬陵羅泌

男　苹承命註

初三皇紀

初人皇

初地皇

初天皇

事有不可盡究物有不可臆言衆人疑之聖人之
所稽也易有太極是生兩儀老氏謂有物混成先
天地生而溫者逐有天地權輿之說二儀匪天匪地不曰二儀者二有
羅史前記卷一

路史四十七卷　（宋）羅泌撰　（宋）羅苹註　明嘉靖洪楩刻本　二函十六冊　第三批《國家珍貴古籍名録》07728號

半葉十行二十字，小字雙行字同，白口，四周單邊，框高18.1釐米，寬14.0釐米。

羅泌，其名不登《宋史》，考清陸心源《宋史翼》有傳。泌，字長源，南宋孝宗時廬陵（今江西吉安）人。自幼力學，識博才宏，窮畢生之力侈遊墳典，搜集百家，成《路史》四十七卷，其子羅苹，能世其學，嘗為之註。然四庫館臣有疑，"核其詞義，與泌書詳略相補，似出一手，殆自註而嫁名於子與？"（《四庫全書總目》卷五十）

羅泌嘗惜孔子"刪書"斷自唐堯，上古之事茫昧少知，後代史書如"皇甫謐之《世紀》、譙周之《史考》、張惜之《系譜》、馬總之《通歷》、諸葛耽之《帝録》、姚恭年之《歷帝紀》、小司馬之《補史》、劉恕之《通鑑外紀》，亦粗詳矣，其學淺狹，不足取信"（《自序》），遂博採衆說，於乾道年間著成《路史》。其名取自《爾雅》"訓路為大"，"路史"即大史也。書中詳述了有關上古時期的歷史、地理、風俗、氏族等方面的史事和傳說，內分《前紀》九卷，述初三皇至無懷氏止；《後紀》十四卷，述太昊至夏桀事；《國名紀》八卷，分列上古及三代至漢末諸國姓氏地理，並加以疏證；《發揮》六卷、《餘論》十卷，皆辨難考證之文。此書雖詞富膏腴，引據浩博，然四庫館臣卻評其："無益經典，而

有助文章，是以後來詞人，採摭英華之用。泌之是書，殆於此類。"（《四庫全書總目》卷五十）

　　此本為明嘉靖洪楩刻本。洪楩，字子美，錢塘西溪（今屬浙江杭州）人，明代文學家、藏書家、刻書家。洪氏家族是明清時期著名的錢塘望族。楩繼先祖書香門第之業，勤於耕讀，更多地購書藏書，並築藏書樓"清平山堂"，後成為明嘉靖年間杭州著名的刻書坊。洪楩深於嗜古，餘閑專事校刊，既精且多，尤重宋元珍本。其所刊《路史》依宋本重刊，校讎精緻，刻印精美，是後代傳世刻本中較好的版本之一。

（李晶瑩）

明嘉靖四十年刻本《二史會編》

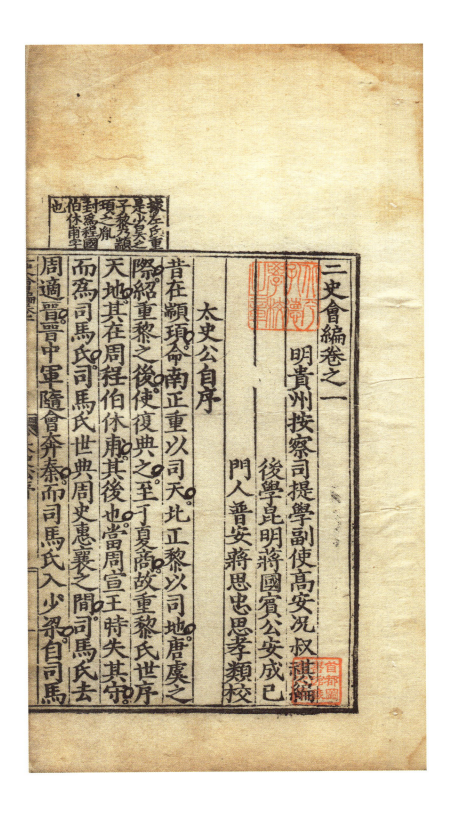

二史會編十六卷　（明）況叔祺輯　明嘉靖四十年（1561）刻本（卷十抄配）　四函三十二冊　第三批《國家珍貴古籍名録》07934號

半葉十行二十字，小字雙行字同，書眉鐫批，行二至五字不等，白口，四周雙邊，單黑魚尾，框高18.9釐米，寬13.0釐米。

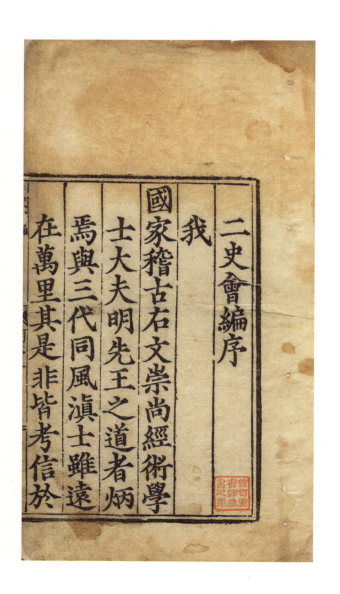

況叔祺，字吉夫，江西高安人。幼穎異，喜讀書。明嘉靖二十九年（1550）進士，授刑部主事。以公務清閑，得肆力學問。《江西通志》稱，"是時王、李之學盛行，有後五子、廣五子等目，而不及叔祺"。歷禮部郎中，官至貴州提學僉事。貴州僻遠，士多質魯。祺至，日為諸生講經義，文風始振。後棄官家居，捐金修橋，邑人德之。著有《大雅堂集》《考古詞宗》《丹湖督學稿》等。

該書選取《史記》《漢書》之文，抄撮以成書。書凡十六卷，一百七十三篇。時祺官任貴州，故輯之以淑貴之士。後雲南巡撫蔣宗魯得此書，囑人校刻，亦為惠及滇之諸生。侯一元稱，該書"獵二子之菁華，既不苦於浩汗，而又具著其全文，無割裂殽雜之病，是其書之善也"（侯一元《二史會編後序》）。

此本為明嘉靖四十年（1561）刻

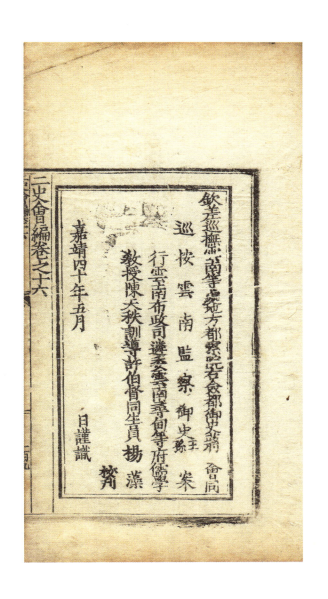

本。書前有雲南巡撫普安蔣宗魯序，後有江西布政使樂清侯一元後序，雲南按察副使錢塘陳善後序。版心下有刻工姓名。卷十六末有牌記題蔣宗魯、陳天秩、許伯督、楊藻等人校刊。此本卷十雖係抄配，但並無缺卷，不影響文獻內容的完整，具有較高的版本價值。

該書文中有佚名圈點。鈐"北平孔德學校之章"印。

（郭芳）

明嘉靖二十三年馮煥刻本《唐餘紀傳》

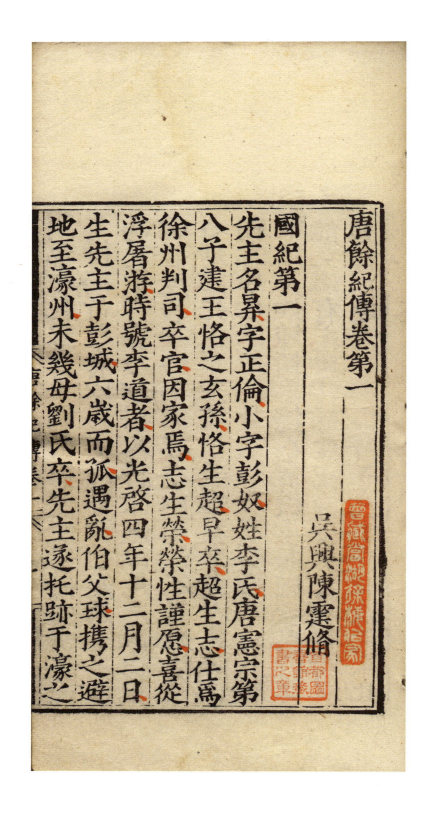

唐餘紀傳卷第一

吳興陳霆修

國紀第一

先主名昇字正倫小字彭奴姓李氏唐憲宗第
八子建王恪之玄孫恪生超早卒超生志為
徐州判司卒官因家焉志生榮榮性謹愿喜從
浮屠游時號李道者以光啟四年十二月二日
生先主于彭城六歲而孤遇亂伯父球攜之避
地至濠州未幾母劉氏卒先主遂托跡于濠之

唐餘紀傳十八卷　（明）陳霆撰　明嘉靖二十三年（1544）馮煥刻本　一函四冊
第三批《國家珍貴古籍名録》07555號
半葉九行十八字，黑口，四周雙邊，雙順綫魚尾，框高18.3釐米，寬12.2釐米。

陳霆（約1477—1550），字聲伯，號水南居士，後更號渚山真逸，晚號可仙道人，浙江德清人。明弘治十五年（1502）進士，授刑科給事中，正德初以忤劉瑾謫判六安，瑾誅復起，官至山西提學僉事，抵任兩月，命領敕提督學校。未幾，以言路有言詔忤，致仕歸，隱居約四十載。嘉靖中，屢徵不起，進階朝議大夫。博洽多聞，工詩、詞、古文，留心風教，著述頗豐，有《水南稿》《唐餘紀傳》《兩山墨談》《山堂瑣語》《渚山堂詩話》《渚山堂詞話》等。

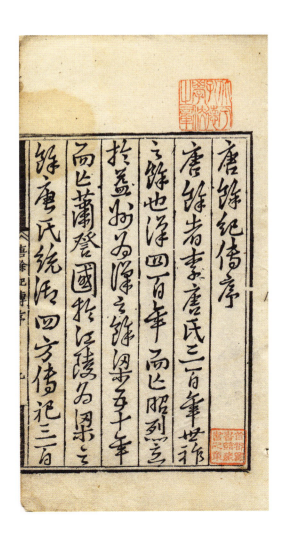

"唐餘"即李唐王朝之餘，在此指南唐。《唐餘紀傳》凡十八卷：《國紀》三卷、《列傳》十五卷。《國紀》分別為南唐先主李昪、中主李璟、後主李煜傳；《列傳》於別傳之外又有《家人傳》《忠節傳》《義行傳》《隱逸傳》《藩附傳》《列女傳》《方技傳》《伶人傳》等，每傳之後均有論贊，抒發一己之見，卷末有陳霆跋。是書取朱熹《通鑑綱目》帝蜀之意，大旨以南唐承唐之正統，體例多學步《新五代史》，雜採稗官編纂而成。

南唐三世社會經濟、文化之盛，在五代十國甚至中國歷史上所有的割據政權中

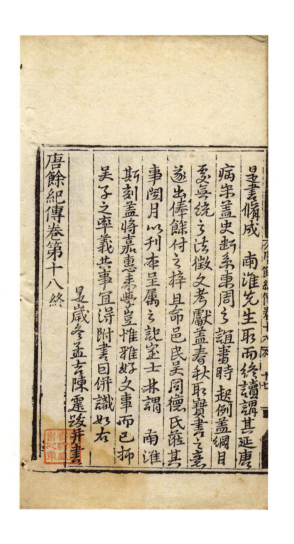

都是較為少見的，然而南唐史料稀缺，傳世文獻屈指可數，《唐餘紀傳》便是現存較為完整的南唐史著之一。該書所記內容豐富詳備，能補南唐史料之匱乏，為研究南唐歷史提供了不可或缺的資料，具有較高的文獻價值。

此本鈐有"曾藏當湖徐梅似家"、"北平孔德學校之章"等印記。

（牛小燕）

明嘉靖刻本《宋史新編》

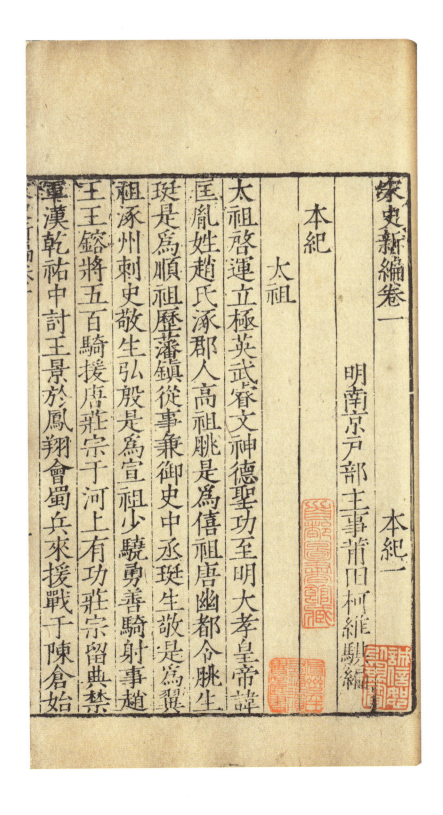

宋史新編二百卷　（明）柯維騏編　明嘉靖刻本（卷五十二至五十三、一百五十四至一百六十、一百九十二至一百九十三抄配）　八函八十冊　第二批《國家珍貴古籍名録》03571號

半葉十行二十一字，白口，四周單邊，框高18.7釐米，寬13.0釐米。

柯維騏，字奇純，福建莆田人，明嘉靖癸未（1523）進士，授南京戶部主事，未任事而引疾歸。後謝賓客，專心讀書，著有《史記考要》《續莆田文獻志》等。《明史》卷二百八十七有傳。

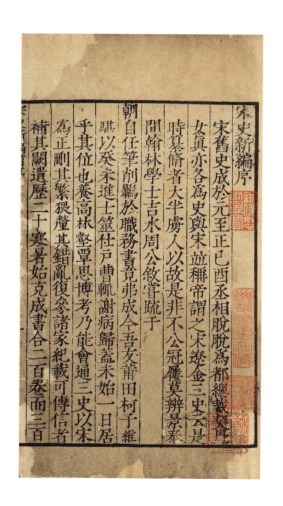

據卷前黃佐序云："吾友莆田柯子維騏，以癸未進士筮仕戶曹，輒謝病歸，蓋未始一日居乎其位也。養高林壑，覃思博考，乃能會通三史，以宋為正，刪其繁猥，釐其錯亂，復參諸家紀載可傳信者，補其闕遺，歷二十寒暑，始克成書。合二百卷，而三百二十年行事，粲然悉備，名之曰《宋史新編》，示不沿舊本也。"據此可知，元人修宋、遼、金三史，維騏合之為一，以宋為正統，遼金附之，成《宋史新編》二百卷。卷前《凡例》言此書之大旨甚詳："以宋為正，遼、金與宋之交聘、交兵，及其卒、其立，附載本紀，仍詳君臣行事為傳，列於外國，與西夏同，庶幾《春秋》外夷狄之義云。"此書凡本紀十四卷、志四十卷、表四卷、列傳一百四十二卷，對舊史糾謬補遺，頗有所考訂。《鄭堂讀書記》稱是書："本紀則正大綱而詳詔令，志表則略細務而舉

要領，列傳則崇勳德而誅亂賊。而論贊之文，並非因襲，簡而詳，贍而精，嚴而不刻，直而有體，駸駸乎有兩漢風格焉。”然強援蜀漢，增以《景炎》《祥興》二紀，另又以遼、金二朝置之外國，與西夏、高麗並列，故其體例多受後世批評。

鈐有“蘇象乾藏書記”、“真州吳氏有福讀書堂藏書”等印章。

（史麗君）

明范氏天一閣刻本《司馬溫公稽古録》

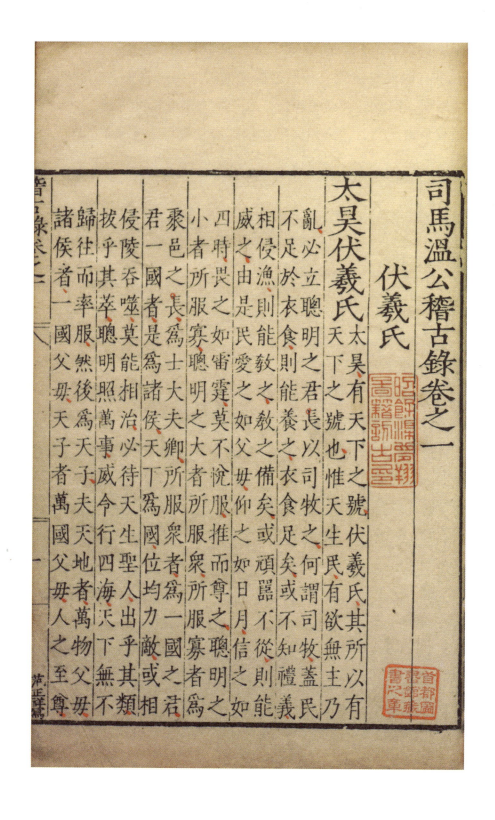

司馬溫公稽古録二十卷　　（宋）司馬光撰　明范氏天一閣刻本　一函六冊　第三批
《國家珍貴古籍名録》07605號

　　半葉九行十九字，小字雙行字同，白口，四周單邊，單白魚尾，框高20.5釐米，寬
15.6釐米。

　　《稽古録》是司馬光於元祐元年（1086）呈進給宋哲宗的一本書，他在《乞令校定
〈資治通鑑〉所寫〈稽古録〉劄子》中寫到："治天下者，安可以不師古哉？……所宜
提其綱目，撮其精英，然後可以見治
亂存亡之大略也。臣先於英宗皇帝時嘗
採獵經史，上自周威烈王二十三年，下
盡周世宗顯德六年，略舉每年大事，編
次為圖……謂之《歷年圖》，上之，以
省煩文，便觀覽。臣又於神宗皇帝時，
受詔修《國朝百官公卿表》。臣依司馬
遷法，自建隆元年至治平四年，各記大
事於上方，書成上之，有詔附於國史。
臣今更討論經史，上自伏羲，下至周威
烈王二十二年，略序大要，以補二書之
闕，合為二十卷，名曰《稽古録》。"

　　《稽古録》由三部分組成，全書體
例不一。第一部分，卷一至九敘述共和
（前841）前歷史，是紀傳體形式；卷
十至十一前半，起於共和（前841），
迄至周威烈王二十二年（前404），逐
年記載事略，為編年形式。第二部分，
從卷十一中部周威烈王二十三年（前

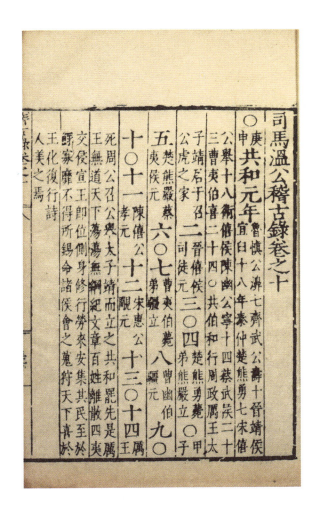

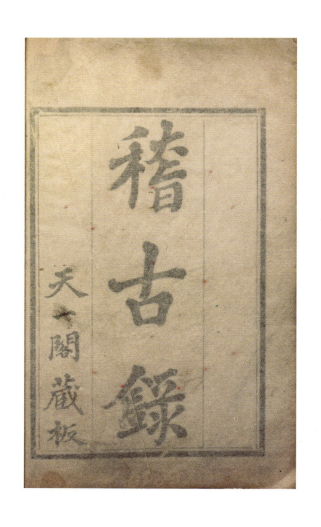

403）始，至卷十五後周世宗顯德六年（959），逐年簡記大事，並於各朝各國覆亡，皆有“臣光曰”的評論；卷十六則為總論。第三部分為卷十七至二十，逐年記述從宋太祖建隆元年（960）至英宗治平四年（1067）的朝廷大事。全書略遠詳今，重點在宋朝歷史，第三部分史料價值頗高。歷代對於此書的評價也都較高，如《朱子語録》曰：“《稽古録》一書，可備講筵官僚進讀，小兒讀六經了，令讀之，亦好。”《四庫全書》中《稽古録》書前提要言：“觀其諸論於歷代興衰治亂之故，反覆開陳，靡不洞中得失，其言誠不悖於六經。《通鑑》文繁，猝不易究，是編言簡而義該，洵讀史者之圭臬也。”

明弘治十四年（1501）楊璋刻本是《稽古録》現存最早刻本，惜刻印粗糙，訛字較多。稍後的明正德二年（1507）陳晦刻本依據楊璋刻本，與之大同小異。而再後的天一閣刻本雖稍晚於陳本，但刻印清楚，內容也與楊璋刻本有異，之後的其他版本，多是脫胎於天一閣本。

首都圖書館所藏明天一閣本《稽古録》，書名頁有“天一閣藏板”字樣，版心有寫、刻工，如范正祥、徐昇等，正文前有司馬光《進〈稽古録〉表》一文，以及“朱文公與鄭知院書”、“朱文公語録中語”兩條摘録性文字。

鈐“昭餘渠夢翔圖籍訪古印”。

（邸曉平）

明嘉靖三十五年趙府居敬堂刻本
《資治通鑑綱目》

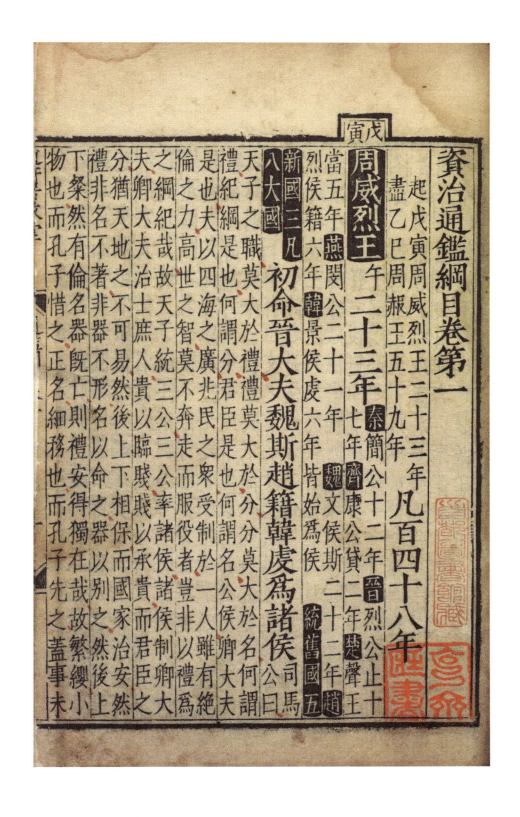

資治通鑑綱目五十九卷　　（宋）朱熹撰　　明嘉靖三十五年（1556）趙府居敬堂刻本

六函三十冊　　第二批《國家珍貴古籍名錄》03632號

半葉十行二十字，小字雙行字同，白口，四周雙邊，雙對黑魚尾，框高20.4釐米，寬14.8釐米。

司馬光的編年體史著《資治通鑑》問世之後，一時被視為名山之作，但因其篇幅過大，內容繁富，難以披閱，讓人望而生畏。故此，朱熹及其門人趙師淵以《資治通鑑》為依據，刪繁就簡，改作《資治通鑑綱目》。

內容上，該書基本取材於《資治通鑑》，兼採胡安國《資治通鑑舉要補遺》等書，即"有溫公所立之言，所取之論；有胡公所收之說，所著之評；而兩公所遺，與夫近世大儒先生折衷之語，今亦頗採以附於其間"（朱熹《資治通鑑綱目序例》）。體例上，該書首易編年為綱目，創立了綱目體這一新的史學體裁。書中以大字為提要，即"綱"，仿《春秋》以明"書法"；小字為敘事，即"目"，仿《左傳》敘評史事。書前附有凡例百餘條，分統系、歲年、名號、即位、改元、尊立、崩葬、篡賊、廢徙、祭祀、行幸、恩澤、朝會、封拜、征伐、廢黜、罷免、人事、災祥十九門，門下有目，目下有類，詳著義例，述褒貶之旨。朱熹自言："此書無他法，但其綱欲謹嚴而無脫落，目欲詳備而不煩冗耳。"（朱熹《與趙訥齋論綱目書》）

　　較之卷帙浩繁的《資治通鑑》，該書的內容更為簡要，條理更加明晰，綱舉目張，使人一目瞭然，易讀易記，是一部適合一般讀者閱讀的通俗史著，對我國通俗史學的發展產生了重要影響。

　　此本為明嘉靖三十五年（1556）趙府居敬堂刻本。書首有"資治通鑑綱目序例"，序後有牌記"嘉靖歲在柔兆執徐吉月皇明趙府居敬堂重校刊"，版心上刻"趙府居敬堂"，下有刻工姓名。居敬堂是明藩趙康王朱厚煜的堂號。明代藩府刻書，多以宋元舊刻為底本，所刻既多且精，被後人視為明刻之善本。作為藩府刻書的一種，此本校刻精審，刊印精良，是該書較為重要的傳世刻本之一，具有很高的版本和藝術價值。

　　該書鈐有"仲英珍藏"、"阮元"等印記。

　　　　　　　　　　（郭芳）

明嘉靖三十六年吉澄刻本《資治通鑑綱目前編》

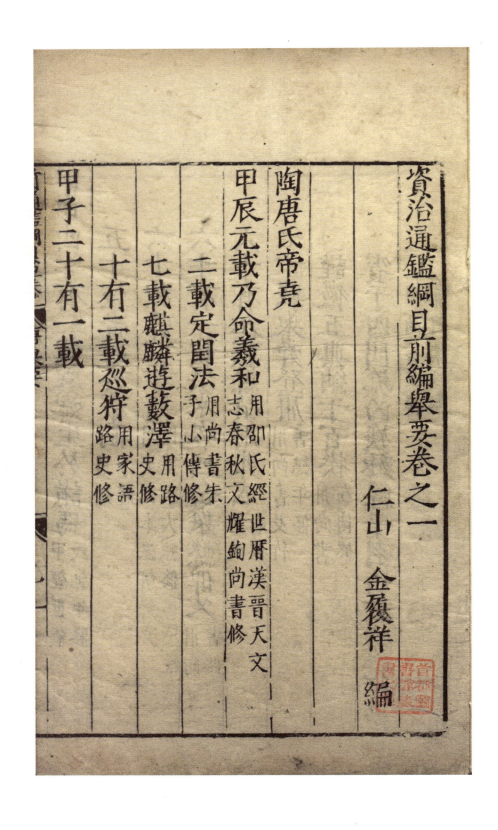

資治通鑑綱目前編十八卷舉要三卷　（宋）金履祥撰　外紀一卷　（明）陳桱撰

明嘉靖三十六年（1557）吉澄刻本　二函十九冊　第三批《國家珍貴古籍名録》07607號

　　半葉九行二十字，小字雙行字同，白口，四周單邊，雙順黑魚尾，框高20.6釐米，寬14.0釐米。

　　金履祥（1232—1303），字吉父，號次農，自號桐陽叔子，宋元間婺州蘭溪（今浙江蘭溪）人。少時即有經世致用之志，博覽群書，於天文、地理、曆法、兵書等無不精研。成年後初受學於同郡王柏，後受學於朱熹二傳弟子何基，專治朱熹之學，造詣頗深。德祐

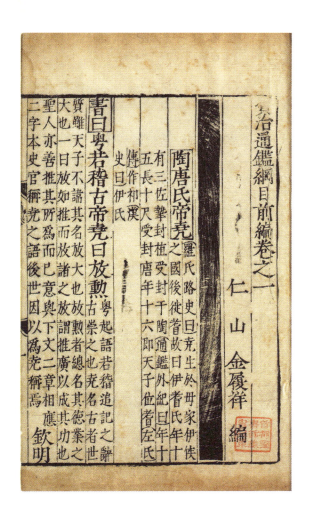

初年，朝廷召為史館編修，堅辭不就。後應嚴州知州聘，主講釣臺書院。宋亡後，隱居金華山中，專意於講學著述，訓迪後學。晚居仁山下，為浙東金華學派中堅，學者稱仁山先生，卒謚文安。

　　宋司馬光所撰編年體史書《資治通鑑》，記事始於周威烈王二十三年（前403）之“三家分晉”，止於五代之末（959），於“三家分晉”之前的歷史並沒有觸及。北宋劉恕撰《資治通鑑外紀》記周威烈王二十三年之前事，以補司馬氏所未備。金履祥認為劉氏《通鑑外紀》“不本於經，而信百家之說，不足傳信”，於是採用邵氏《皇極經世書》、胡氏《皇王大紀》之例，“損益折衷，一以《尚書》為主。下及《詩》《禮》《春秋》，旁採舊史、諸子，表年繫事，復加訓釋”（柳貫《金仁山先生行狀》），

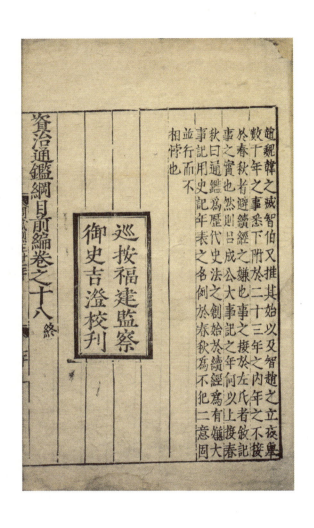

成《資治通鑑綱目前編》。《綱目前編》記事始於唐堯以下，止於《資治通鑑》所記之周威烈王二十三年之前。金氏門人許謙序稱該書"廣博精密，凡帝王經世之大猷，聖賢傳道之微旨，具在是焉"，評價極高。四庫館臣對比劉氏、金氏之書後，認為劉恕《外紀》確有"頗為不經"、"殆如戲劇"之處，金履祥所論，"未可謂之吹求"，但《資治通鑑綱目前編》引經據典，雖然矯正了《外紀》之失，然亦不乏"好持新說"、"臆斷"、"附會"之病，至於典籍徵引失當，"未必遽在恕書之上，然援據頗博，其審定群說，亦多與經訓相發明。在講學諸家中，猶可謂究心史籍，不為遊談者矣"。（《四庫全書總目》卷四十七）書成後，金履祥又別為《舉要》三卷，對書中所引經傳子史之文及訓釋、案語作註，便於對此書之翻檢。該書正文十八卷外，另有陳桱撰《綱目前編外紀》一卷置於正文之前。陳桱，字子經，元末明初浙江奉化（今屬浙江寧波）人，入明為翰林院編修。《綱目前編外紀》由"三皇紀"、"五帝紀"兩部分組成，記事始於盤古氏，止於帝舜有虞氏，是一部較為完整的上古史。

首都圖書館所藏《資治通鑑綱目前編》為明嘉靖三十六年（1557）吉澄刻本。卷七有六葉係補配，卷十、十八卷末有刊記"巡按福建監察御史吉澄校刊"。

（喬雅俊）

明正德十四年慎獨齋刻本《歷代通鑑纂要》

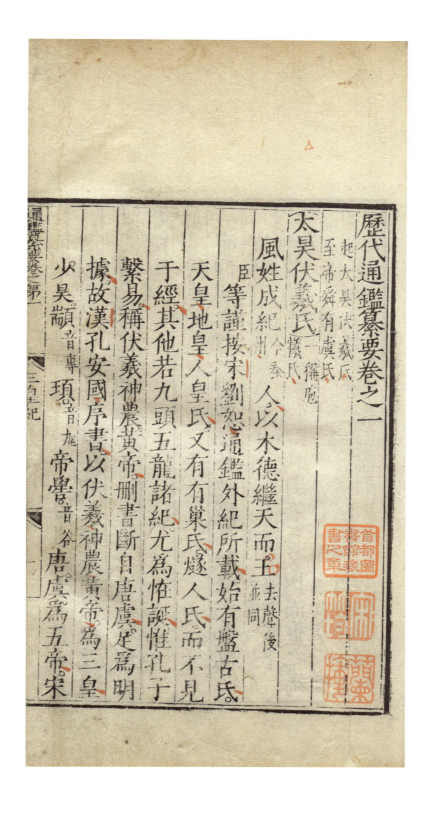

歷代通鑑纂要卷之一

起太昊伏羲氏
至帝舜有虞氏

太昊伏羲氏 懷氏一作雷庖

風姓成紀 今秦州

臣等謹按宋劉恕通鑑外紀所載始有盤古氏

天皇地皇人皇氏又有有巢氏燧人氏而不見

于經其他若九頭五龍諸紀尤為怪誕惟孔子

繫易稱伏羲神農黃帝刪書斷自唐虞足為明

據故漢孔安國序書以伏羲神農黃帝為三皇

少昊顓頊帝嚳唐虞為五帝宋

人以木德繼天而王 去辭後

歷代通鑑纂要九十二卷　（明）李東陽、劉機等撰　明正德十四年（1519）慎獨齋刻本　六函四十冊　第二批《國家珍貴古籍名録》03743、03744號

半葉十行二十字，小字雙行字同，白口，四周雙邊，雙順黑魚尾，框高18.4釐米，寬13.0釐米。

李東陽（1447—1516），字賓之，號西涯、壽村逸叟，湖南茶陵人。明天順八年（1464）進士，選庶吉士，授編修。孝宗時官至文淵閣大學士，參預機務，閣中疏草多出其手。武宗朝劉瑾專權，忠直之士放逐殆盡，東陽依附周旋，為氣節之士所譏，然潛移默奪，保全善類，天下陰受其庇。劉瑾誅，東陽上書責己請黜，帝慰留之。卒諡文正。東陽善詩，為茶陵詩派領袖，又工書，擅長篆、隸。著《懷麓堂集》等，並主持編纂《大明會典》《憲宗實録》《孝宗實録》。事蹟見《明史》卷一百八十一，又《懷麓堂集》附録其傳紀、年譜。

據卷前正德二年（1507）明武宗《御製歷代通鑑纂要序》載，孝宗好觀《通鑑綱目》，苦其繁多，特敕內閣李東陽等纂撮其要略，輯《綱目》及《續編》切於治道者，以備觀覽，賜名《纂要》。是書之作，創始於弘治之末，而竣於正德二年。書凡九十二卷，前序，次李東陽等進書表及編纂儒臣銜名，次凡例，次引用書目，次先儒姓氏。正文起自三皇，終於元末，仿《通鑑綱目》體例，周威烈王之前，參用《通鑑前編》《皇王大紀》等書，宋以後則以《續資治通鑑綱目》貫穿，

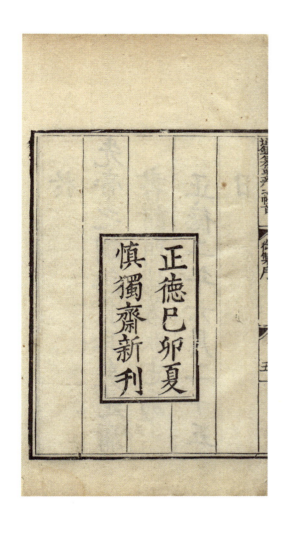

備載古今數千年之事。每朝代之後，皆有論斷，有東陽之作，亦有引用前人之說。對史實有所考訂者，附各句之下，凡奇字發聲及隱義僻事，略加音註，附於字句之下，頗便閱讀。

此書序後有"正德己卯夏慎獨齋新刊"牌記，有刻工之、易等，為明正德十四年福建建陽書林劉氏慎獨齋刊本。慎獨齋，為明弘治間建陽人劉洪及其後嗣的書坊名。洪字宏毅，亦作弘毅，號石木山人，以刻印書籍著稱。葉德輝《書林清話》稱"劉洪慎獨齋刻書極夥，其版本校勘之精，亦頗為藏書家所貴重"。

03743號有佚名圈點，鈐有"蘭揮"、"宋筠"、"無竟先生獨志堂物"、"北平孔德學校之章"等印。03744號有佚名圈點。

（史麗君）

明弘治十二年施槃刻本《新集分類通鑑》

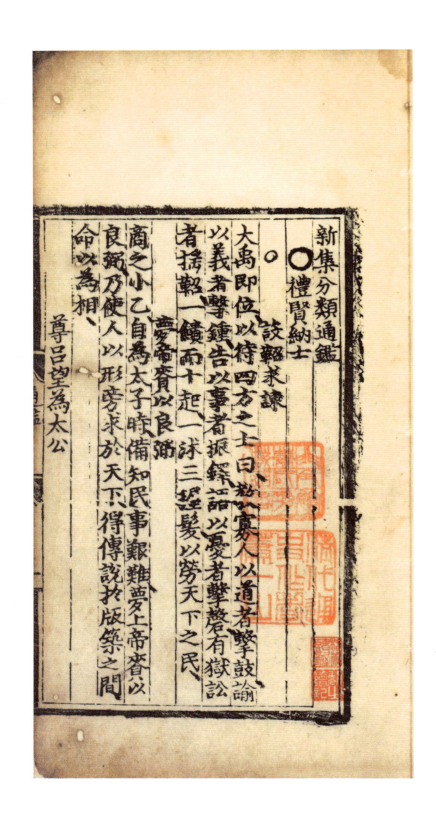

新集分類通鑑不分卷 明弘治十二年（1499）施槃刻本 一函六冊 第四批《國家珍貴古籍名録》10292號

半葉十一行二十字，粗黑口，四周雙邊，雙順花魚尾，框高19.0釐米，寬11.4釐米。

宋司馬光撰《資治通鑑》，宋朱熹撰《通鑑綱目》，皆"直詞奧旨，褒善貶惡，後學無容議者"，然卷帙浩繁，觀者不免望洋之嘆。為便於觀覽，於是有人以《資治通鑑》為基礎，重新構架，精心編排，始有《新集分類通鑑》一書。該書"事以類比，目以條分，一展卷而數千百載政治之得失、人物之賢否、時變之隆替，舉在心目"，閱之一目瞭然（顧佐《分類通鑑引》）。

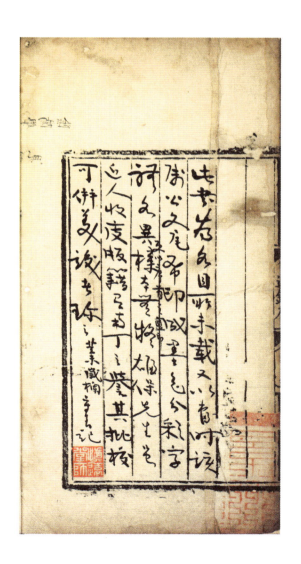

弘治年間，曾任河間知府的顧佐，發現一部"不著編集者名氏"的《分類通鑑》，認為"其所載事實，不論世代先後，唯以類而相從，最便學者之觀覽"，遂抄録帶回，欲刊刻以廣其傳。後因離任，將之留於官邸，繼任者謝道顯付之梨棗。謝氏離任後，施槃因公來到該郡。施槃，字彥器，號新齋，台州府黃巖縣（今浙江黃巖）人，明成化二十年（1484）進士，官至山東按察副使，工草書。施氏"因閱此書，病其魯魚帝虎之未正"，於是"手自研校，復捐俸資翻刻"，於弘治十二年刻成（見顧佐《分類通鑑引》）。

　　此本用當時的公文紙刷印而成，十分獨特。有佚名批校題跋。鈐有"錢塘丁氏臧書"、"瀋陽師守玉勉之甫珍藏善本圖書印信"、"勉之讀記"、"慎遠堂師"、"椿宣書屋藏書"、"清代通史作者蕭一山"、"北平館蕭氏珍藏圖書"、"劉氏圖書"等印記。

（范猛）

明嘉靖四十四年高思誠刻本《鴻猷録》

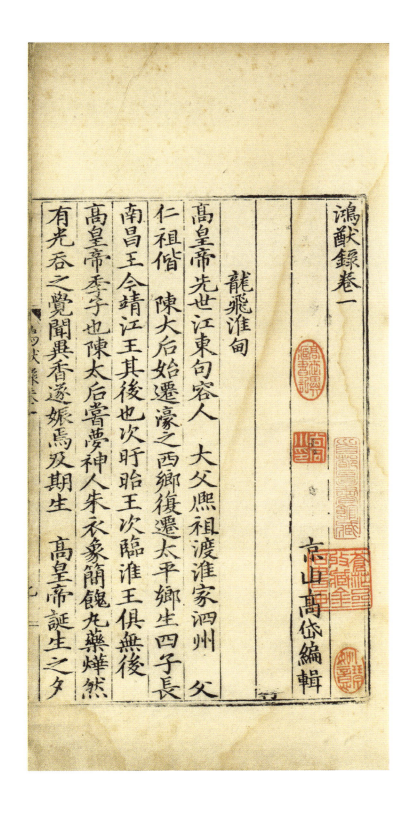

鴻猷録卷一

龍飛淮甸

高皇帝先世江東句容人　大父熙祖渡淮家泗州　父

仁祖偕　陳大后始遷濠之西鄉復遷太平鄉生四子長

南昌王今靖江王其後也次盱眙王次臨淮王俱無後

高皇帝季子也陳太后嘗夢神人朱衣象簡餽九藥燁然

有光吞之覺聞異香遂娠焉及期生　高皇帝誕生之夕

鴻猷錄十六卷　（明）高岱撰　明嘉靖四十四年（1565）高思誠刻本　二函十六冊
第四批《國家珍貴古籍名錄》10220號
　半葉九行二十二字，白口，四周雙邊，單黑魚尾，框高22.2釐米，寬14.3釐米。

　　高岱（1507—？），字伯宗，號鹿
坡居士，京山（今湖北京山）人。明嘉靖
二十九年（1550）進士，累官刑部郎中。
時董傳策、張翀、吳時來疏劾嚴嵩父子不
法，嵩欲置之死，岱力言於尚書鄭曉，傳
策等得以遣歸，岱為治行裝，送之出郊。
嵩父子深恨之，竟以此出為景王府長史。
高岱工詩，為李攀龍等“後七子”之前
茅。任刑部郎中期間，高岱用心輯錄明開
國以來用兵事，於嘉靖三十六年（1557）
纂成《鴻猷錄》。又有《樵論》《楚漢餘
談》《西曹集》《居郎稿》等。

　　《鴻猷錄》凡十六卷，六十目，採
紀事本末體，四字為題，取材以刑部檔案
為主，雜取稗官野史，敘述明自太祖開國
至世宗嘉靖間二百餘年軍政大事。其內
容大致由“太祖開創丕基”、“成祖肅清
內難”、歷代“誅戮權奸”、“剪除盜
賊”、“討伐蠻夷”五部分組成，目的在
於通過記述明朝歷代“鴻猷”，激勵當政
者。書中對太祖建國之戰、成祖靖難北伐
之戰、統治者內部爭鬥及明政權與少數民

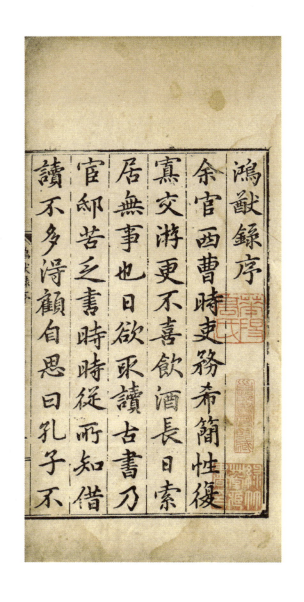

族和戰等主要史實都有詳細記述。一事一卷，內容有多有少，詳略懸殊，每篇末尾都附有史論，系統闡述作者對史事人物的看法。

高思誠乃高岱之子，於嘉靖四十四年（1565）刻成《鴻猷録》，一經刊行即受到時人重視。該書材料豐富，取舍得法，作者的論述和評價頗有可取之處，是明人記載本朝歷史書籍中的佼佼者，其所據多為當時人的傳志、奏疏、案牘，史料比較可靠，保留了許多官書不載或不詳的歷史事實，還有不少記載異於正史，向為治明史者所重，對後代史家研究明前期歷史具有很高的參考價值。有刻工仁、八等。

此本鈐有"綠竹草堂藏書印"、"王懿榮印"、"翰林供奉"、"小琴如意"、"華陽高氏"、"華陽高氏鑒藏"、"蒼茫齋收藏精品"、"尚同小印"、"高世異藏書記"等印記。

（牛小燕）

明嘉靖三十三年張佳胤雙柏堂刻本《越絕書》

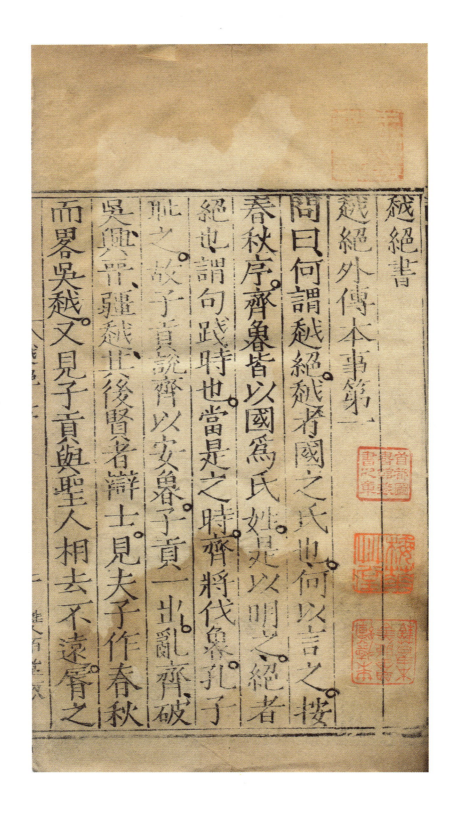

越絕書十五卷 （漢）袁康撰　明嘉靖三十三年（1554）張佳胤雙柏堂刻本　一函四冊　第三批《國家珍貴古籍名録》07751號

半葉八行十七字，白口，四周雙邊，單白魚尾，框高19.9釐米，寬14.1釐米。

該書著者，歷來說法不一。《隋書·經籍志》認為乃子貢撰；《崇文總目》以為伍子胥作；楊慎《丹鉛總録》等認為作者是東漢初期的袁康；陳振孫《直齋書録解題》以為是漢人附益戰國後人而成。《四庫全書總目》則根據原書《敘外傳記》之隱語，判定此書乃會稽人袁康所作，同郡吳平校定。今人經研究認為，該書非一時一人之作，戰國時期即已有之，後經袁、吳二人增益刪定以成書。袁康，會稽（今浙江紹興）人，東漢初期史學家，生平事蹟不詳。吳平，字君高，袁康同鄉，生平亦無考。

該書原二十五篇，《崇文總目》稱其"舊有内記八、外傳十七"，北宋之初已有亡佚，今存十九篇。是書以春秋末年至戰國初期吳、越爭霸的史事為主，上溯夏禹，下迄兩漢，旁及諸侯列國，對這一時期吳越地區的政治、經濟、軍事、天文、地理、曆法、社會習俗等多有所涉及，其中有些記述，鮮見於正史記載，而為此書所獨詳。如：該書所記以越為主，又兼及吳楚之地，既述吳越爭霸，也言吳越共俗，而越滅吳後徙琅琊一事，亦為正史失載；又如：書中載吳越兩國山川地勢、城池道路、宮殿陵墓、農田水利、生產發展等情況，亦較正史尤詳；再如：該書述計倪、范蠡諸謀臣治國之術，敘歐冶子、干將鑄劍之事等，皆可補正史之不足，具有很高的史料價值。

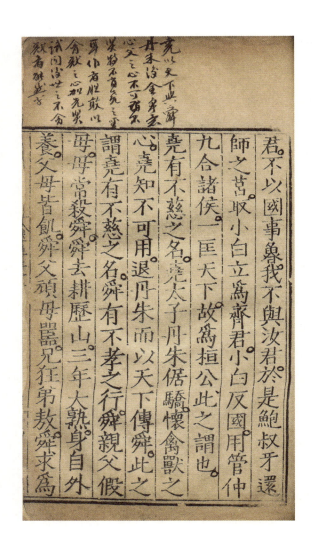

此本為明嘉靖三十三年（1554）張佳胤雙柏堂刻本，版心下刻"雙柏堂板"。書前有明進士白馬令西蜀張佳胤刻書序，後有無名氏跋一篇，嘉定庚辰（1220）冬徐丁黼跋一篇。該書最早版本為宋刻，後有元刻，但均已失傳，現存明刻本有：明正德四年（1509）吉水劉恒刻本，嘉靖二十四年（1545）孔天胤刻本及嘉靖二十六年（1547）陳塏刻本等。此本亦為明刻，且傳本極少，各家志目皆鮮有記載，是該書較為珍貴的傳世刻本之一，具有很高的版本價值。

該書有佚名圈點及清道光十二年（1832）佚名題識。鈐有"王士品印"、"葉德輝鑒藏善本書籍"、"梅花草堂"等印記。

（郭芳）

明成化元年内府刻本《貞觀政要》

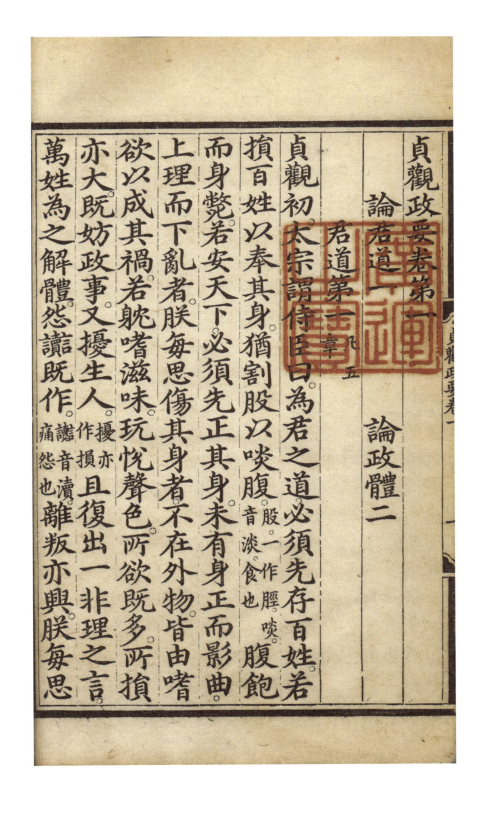

貞觀政要卷第一

論君道一

君道第一十章 廿五

論政體二

貞觀初太宗謂侍臣曰為君之道必須先存百姓若損百姓以奉其身猶割股以啖腹 股音淡。啖音。食也。腹飽而身斃若安天下必須先正其身未有身正而影曲上理而下亂者朕每思傷其身者不在外物皆由嗜欲以成其禍若躭嗜滋味玩悦聲色所欲既多所損亦大既妨政事又擾生人 擾亦作損。且復出一非理之言。萬姓為之解體怨讟既作 讟音瀆。怨讟也。離叛亦興朕每思 痛怨怨也。

貞觀政要十卷 （唐）吳兢撰 （元）戈直集論 明成化元年（1465）內府刻本
二函十二冊 第二批《國家珍貴古籍名録》03831號

半葉十行二十字，小字雙行字同，粗黑口，四周雙邊，雙對黑魚尾，框高27.1釐米，
寬19.0釐米。

吳兢（670—749），汴州浚儀（今河南開封）人。武周時入史館，累官太子左庶
子，貶荊州司馬，歷洪、舒二州刺史，入為恒王傅。史稱兢敘事簡核，號良史。事蹟見
《舊唐書》卷一百二、《新唐書》卷一百三十二。戈直，元末臨川（今江西臨川）人，
初字以敬，師事吳澄，澄為之改字伯敬。

《貞觀政要》為唐太宗時期君臣議政之言論集，全書凡十卷，分君道、政體、任
賢、求諫、君臣鑒戒、擇官、封建、太子諸王定分、尊敬師傅等四十篇。戈直因本書流

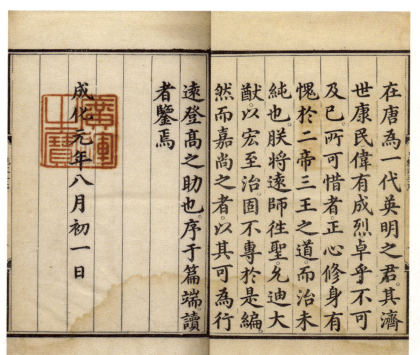

傳至元時，傳寫謬誤頗多，故“薈萃衆本，參互考訂，而其義之難明，音之難通，字為之釋，句為之述，章之不當分者合之，不當合者分之。自唐以來，諸儒之論莫不採而輯之，間亦斷以己意，附於其後”（戈直自序），成“集論本”。此書採唐代柳芳，後晉劉昫，宋代宋祁、孫甫、歐陽修、曾鞏、司馬光、孫洙、范祖禹、馬存、朱黼、張九成、胡寅、呂祖謙、唐仲友、葉適、林之奇、真德秀、陳惇修、尹起莘、程奇及呂氏《通鑑精義》二十二家之說附之，後為戈直所作之註，卓然可觀。

此本為明成化元年（1465）內府刻本，首有成化元年（1465）《御製貞觀政要序》，云：“顧傳刻歲久，字多訛謬，因命儒臣重訂正之，刻梓以永其傳。”此本開本寬大，墨色濃潤，書法仿趙體，方正圓潤，為內府刻書之上佳者。

鈐有“廣運之寶”、“王懿榮印”等印章。

（史麗君）

明隆慶五年張佳胤、王叔杲刻本《盡言集》

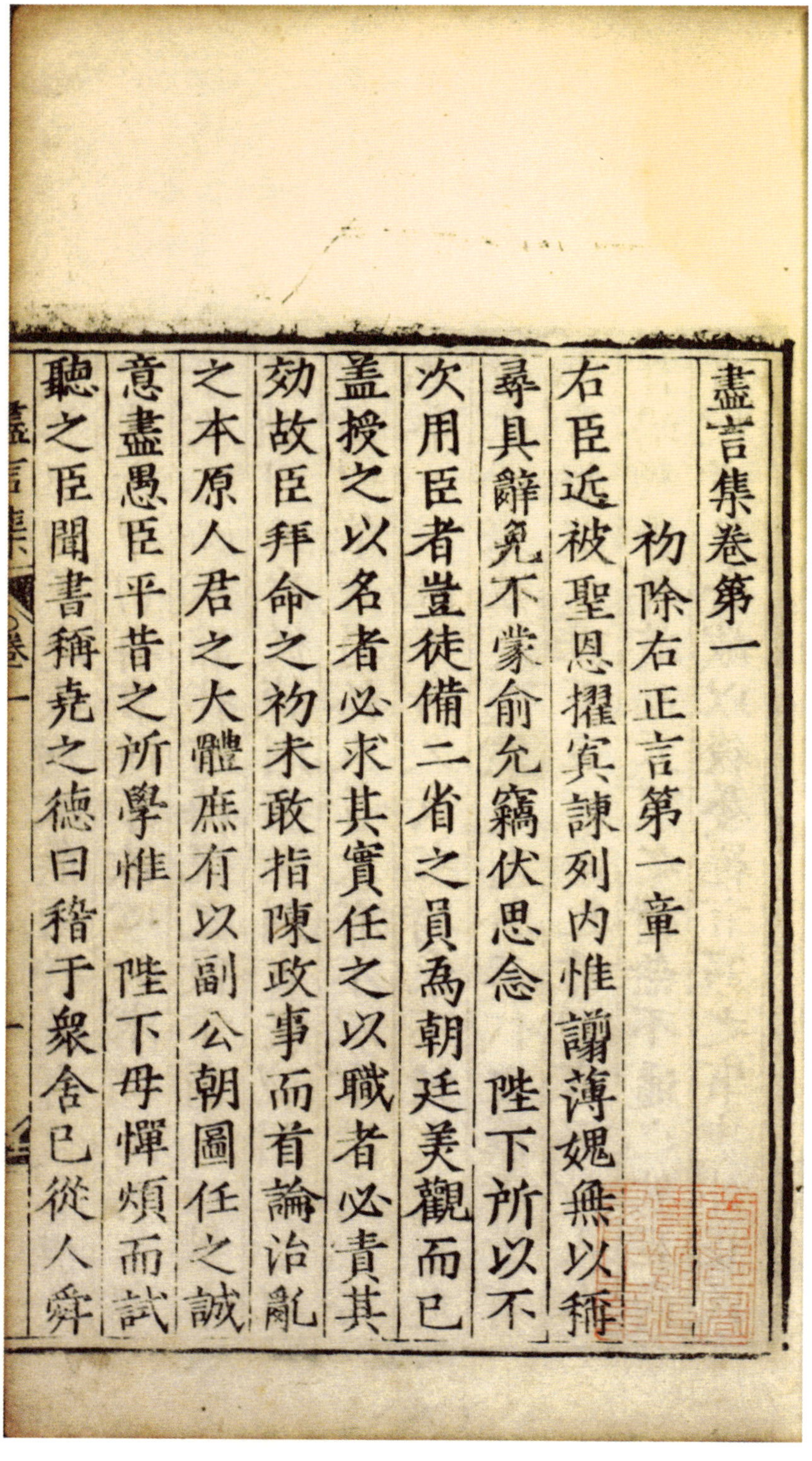

盡言集卷第一

初除右正言第一章

右臣近被聖恩擢寘諫列內惟譾薄媿無以稱

尋具辭免不蒙俞允竊伏思念　陛下所以不

次用臣者豈徒備二省之員為朝廷美觀而已

蓋授之以名者必求其實任之以職者必責其

効故臣拜命之初未敢指陳政事而首論治亂

之本原人君之大體庶有以副公朝圖任之誠

意盡愚臣平昔之所學惟　陛下毋憚煩而試

聽之臣聞書稱堯之德曰稽于衆舍巳從人舜

盡言集十三卷 （宋）劉安世撰　明隆慶五年（1571）張佳胤、王叔杲刻本　一函五冊　第三批《國家珍貴古籍名錄》07805號

半葉十行十八字，白口，四周雙邊，雙對黑魚尾，框高18.2釐米，寬13.3釐米。

劉安世（1048—1125），字器之，號元城，魏（今河北大名）人，劉航之子。北宋神宗熙寧六年（1073）進士，不就選，從學於司馬光。元祐初年，司馬光入相，薦劉安世為秘書省正字。元祐三年（1088），又以呂公著薦，擢為右正言，論事剛直，盡言不諱，歷劾章惇、蔡確、范純仁。累遷左諫議大夫，進樞密都承旨。章惇用事，累貶應州安置，徙梅州，欲置之死，會徽宗立得赦，歷知衡、鼎、鄆州及鎮定府。蔡京為相，連謫至峽州羈管。著有《盡言集》《元城集》等。《宋史》卷三百四十五有傳。

《盡言集》皆劉安世奏劄，不知何人所編，共收錄奏議一百九十三篇，分屬七十四篇目，編為十三卷。是書編排上的最大特點是"一題多奏"，劉安世履行言責，往往"直須要見起倒及至得罪"（胡珵《劉先生護道錄》）方才罷論，所以集中同題多論比比皆是，如卷九之《論蔡確作詩譏訕草》論至十二章，卷三、四之《論胡宗愈除右丞不當》則多達二十一章，但一題多奏又並非簡單的重複議論，其間涉及的人和事或有不同，亦有因事態發展而變化者。

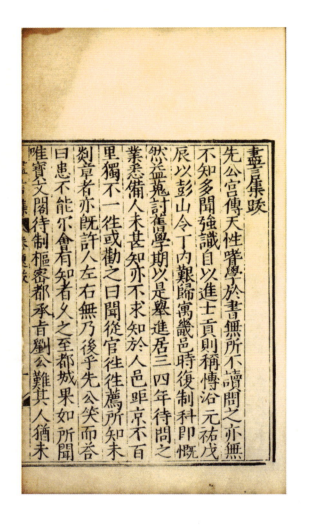

《盡言集》今存明刻為隆慶五年張佳胤等所刊。佳胤字肖甫，四川銅梁人，隆慶間飭兵大名，好古崇賢，又以劉安世為當地名賢，遂刻其集。是集為存世極少并幾近宋時舊貌的宋人單刻奏議集之一，集中所論諸事，史不具載，頗足以考見時政，宋人王銍評曰：「諏訪審訂，咸有根據，嚴而恕，簡而不苛，氣平守固，辭直事核，皇皇乎仁義之說也。」（王銍《題鈔本盡言集》）《續資治通鑑長編》等史書大都援引其文，其史料價值可見一斑。同時《盡言集》又是劉安世唯一的存世作品集，是殊為寶貴的歷史文獻，對研究劉安世生平及其學術思想具有較高的參考價值。有刻工孝、第、川等。

此本鈐有「華山馬仲安家臧善本」印記。

（牛小燕）

明嘉靖刻張鯤重修本《江西奏議》

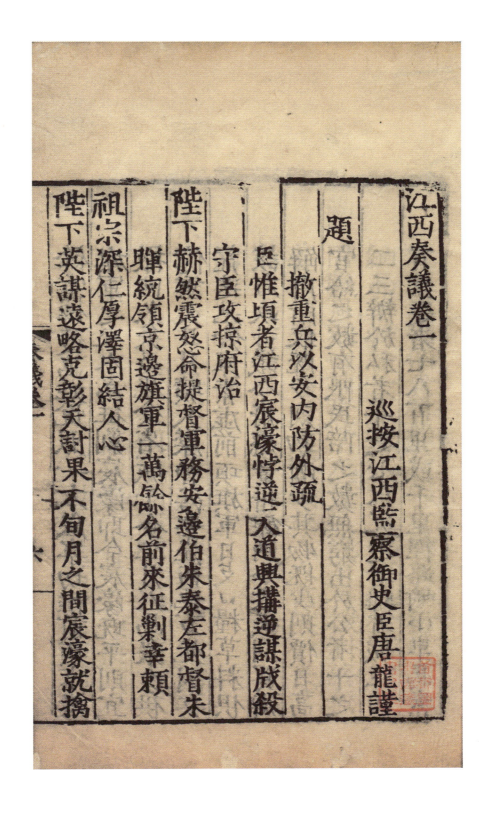

江西奏議二卷　　（明）唐龍撰　**附録一卷**　　（明）陳金等撰　明嘉靖刻張鯤重修本
一函二冊　第四批《國家珍貴古籍名録》10248號

半葉十行二十字，白口，四周單邊，單黑魚尾，框高19.2釐米，寬14.1釐米。

唐龍（1477—1546），字虞佐，號漁石，謚文襄，金華府蘭溪縣（今浙江蘭溪）人。明正德三年（1508）進士，歷任陝西提學副使，山西按察使，太僕寺卿，吏部左、右侍郎，兵部、刑部尚書等職，為官三十八年，政聲卓著。所著有《易經大旨》《漁石集》等。《明史》卷二百二有傳。陳金（1446—1528），字汝礪，號西軒，湖廣武昌（今湖北武昌）人。明成化八年（1472）進士，歷任江西婺源知縣、南京御史、山西按察使副使、都察院左都御史等職。《明史》卷一百八十七有傳。

朱元璋締造明朝的同時，正式確立封藩制，將諸子和個別宗室封為藩王，拱衛大明天下。初封寧獻王於大寧（今屬內蒙古寧城），後遷江西南昌。至第四代寧王朱宸濠時，"寧藩之肆狡虐也，聚江右赤子置之猛獸爪牙之間，積十餘年而荼毒既極，繼之以叛亂，因之以寇攘，重之以水旱非常之災"，有識之士頗為憂慮。後寧藩之亂甫平，唐龍"以監察御史推按其地"，上奏議三十五篇，均是切中當時江西時弊之文，以圖救災彌變、固本善後。後，張汝功等人"有事其地，得見公奏議"，於是"謀鋟梓以傳"（張邦奇《刻

漁石唐公奏議序》），是為《江西奏議》
二卷。《江西奏議附録》一卷則是陳金等
所上《優免稅糧差官賑濟急救殘民疏》一
道，因事關江西，故附於卷末。

　　首圖藏本是明嘉靖刻本，卷前依次有
張邦奇《刻漁石唐公奏議序》、嘉靖八年
（1529）呂柟奏議序、嘉靖元年（1522）
姜麟奏議引，卷末有嘉靖八年王邦瑞後
叙、陸杰跋，述是書撰、刻之事。卷二末
葉有"嘉靖十四年春二月三日彌教堂災奏
議板告殘闕崧少山人張鯤補校"牌記，可
見，該本曾由張鯤重修。

　　此本鈐有"曾臧章武高氏小椇庵"、
"高澤畬收藏金石書畫"、"澤畬長
壽"、"初齋秘笈"等印記。

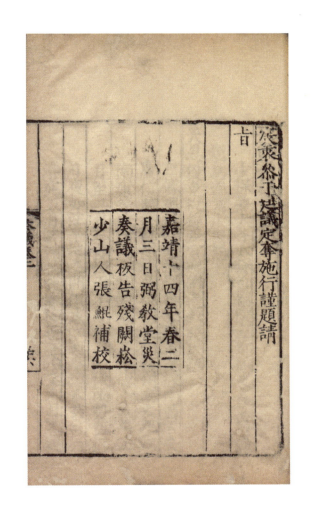

（范猛）

明嘉靖八年高賁亨刻本《伊洛淵源録》

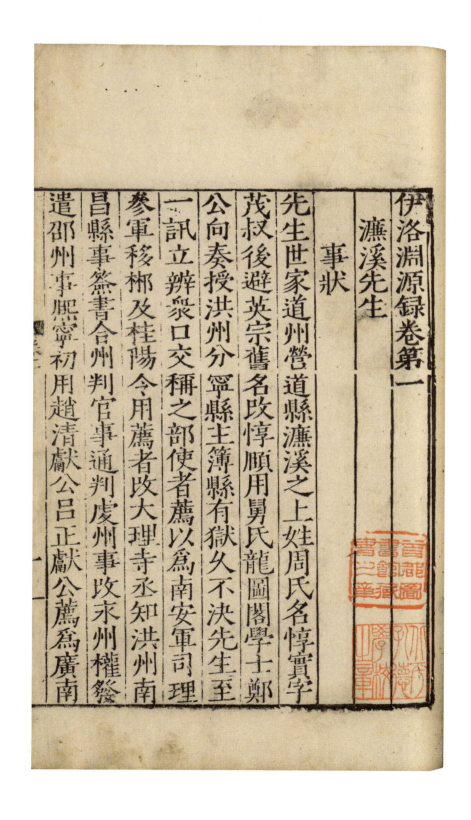

伊洛淵源録卷第一

濂溪先生

事狀

先生世家道州營道縣濂溪之上姓周氏名惇實字
茂叔後避英宗舊名改惇頤順用舅氏龍圖閣學士鄭
公向奏授洪州分寧縣主簿縣有獄久不決先生至
一訊立辨衆口交稱之部使者薦以爲南安軍司理
參軍移郴及桂陽令用薦者改大理寺丞知洪州南
昌縣事簽書合州判官事通判虔州事改永州權發
遣邵州事熙寧初用趙清獻公呂正獻公薦爲廣南

伊洛淵源録十四卷　（宋）朱熹撰　**續録六卷**　（宋）謝鐸撰　明嘉靖八年（1529）高賁亨刻本　一函八冊　第二批《國家珍貴古籍名録》03936號

半葉十行二十字，白口，左右雙邊，單黑魚尾，框高19.3釐米，寬14.6釐米。

朱熹（1130—1200），字元晦，一字仲晦，號晦庵，晚號遁翁等，後人尊其為紫陽夫子、考亭先生。祖籍安徽婺源（今屬江西），後定居福建建陽。高宗紹興十八年（1148）中進士，後歷官泉州同安主簿，累知南康軍、漳州、潭州，至任煥章閣待制兼侍講止。淳祐元年（1241），奉詔從祀孔廟。主要著作有《周易本義》《詩集傳》《四書章句集註》《資治通鑑綱目》《宋名臣言行録》《伊洛淵源録》《近思録》等。《宋史》卷四百二十九有傳。

謝鐸（1445-1510），字鳴治，號方石，浙江太平（今浙江溫嶺）人。天順八年（1464）進士，官至禮部侍郎，兼國子監祭酒，謚文肅。經術湛深，為文有體要，著有《桃溪淨稿》《國朝名臣事略》及《朝陽閣書目》等，《明史》卷二百十五有傳。

《伊洛淵源録》凡十四卷，全書以首倡道學的程顥、程頤為中心，所記學者上起北宋中葉周敦頤、邵雍、張載，下迄南宋紹興初胡安國、尹焞，通過輯録二程及兩宋間與程氏有學術淵源的諸多學者傳記資料，勾勒出程氏道學的傳承源流。書中所録共四十九人，大致依時間先後為序，

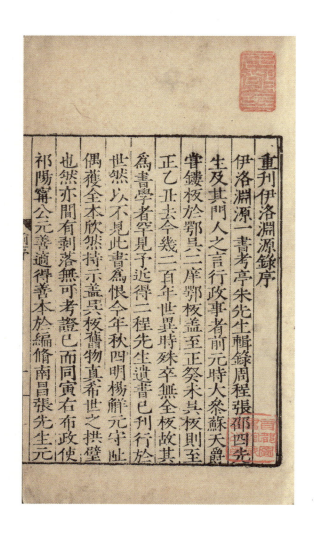

各以學術地位區分類聚，或人自一卷，或數人合卷。其後《宋史》之《道學》《儒林》諸傳多據此為之，而宋人談道學宗派，亦自此書始。謝鐸之書繼《伊洛淵源錄》而作，凡六卷，共錄二十一人，以朱熹為宗主，上錄朱熹之師承者羅從彥、李侗等，而佐以朱熹之友張栻、呂祖謙等，後錄黃榦、何基、王柏等；辨其授受源委，考其道統源流。

此二書最早合刻本即為明嘉靖八年（1529）高賁亨刻本。高賁亨，字汝白，明浙江臨海人。著有《臺學源流》。高賁亨《重刊伊洛淵源二錄跋》中論及此書刊刻緣起曰："嘉靖己丑，予董學事於閩。懼弗德，無以率先諸士，乃取《伊洛淵源錄》及《續錄》合而刻之，咸俾觀焉，庶幾有所興起而自得師。"明嘉靖三十四年（1555）刊鄭廷鵠《白鹿洞志·鏤版》載，其時白鹿洞書院藏有高賁亨所刻《伊洛淵源錄》版片。

鈐有"居敬齋"、"北平孔德學校之章"等印。

（史麗君）

明嘉靖刻本《三遷志》

孟子危坐圖

三遷志六卷　（明）史鶚撰　明嘉靖刻本　一函四冊　第二批《國家珍貴古籍名録》04214號

半葉十行二十一字，上白口下粗黑口，四周雙邊，雙對黑魚尾，框高22.1釐米，寬13.5釐米。

史鶚，字鼎山，四川蒼溪人，明嘉靖二十年（1541）進士。官奉政大夫、山東按察司僉事、奉敕整飭沂州等處兵備。嘉靖三十一年（1552）"觀兵東魯，幸睹孟子廟"，得知孟氏尚無志書，"乃命教官費子增遍考群籍，刪繁存要，集為全帙。予又重加修訂"，"蓋取孟子作聖之功，由於母氏蒙養之正云耳"（見史鶚《三遷志序》）。遂以"三遷"命名。此書實際執筆者是費增，時任兗州府滋陽縣儒學教諭。

《三遷志》卷一刊圖。卷二列出處事蹟、史記列傳、宗子世系、歷代授官恩澤、歷代聞達子孫、廟宇、林墓、戶役、封號、章服、祀典、給田、免役、門弟子封爵。卷三録詔敕、恩賜、表。卷四為奏疏、文移、祭文、贊、詩。卷五為碑記一。卷六為碑記二、墓誌。卷首有史鶚作《三遷志序》及《凡例》九條，正文後有費增所作《後序》及孟子五十八代孫、前翰林院世襲五經博士孟公肇《三遷志後語》。嘉靖本《三遷志》是孟氏第一部專志，此前祇有孔、顏、孟三家合志，而孔氏有《闕里志》、顏氏有《陋巷志》。此書奠定了孟氏家志的規制，後世修孟氏志

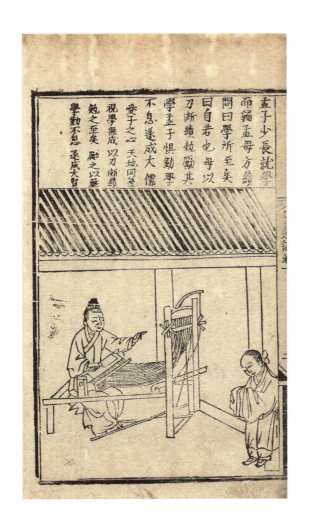

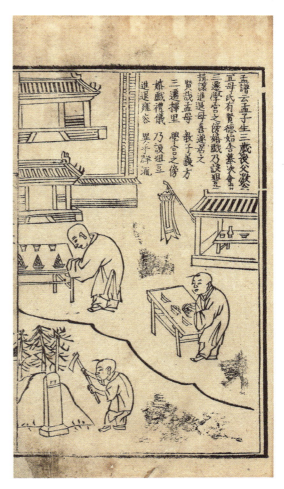

書者，皆感念其創始之功。

　　此後，《三遷志》經過六次續修，明萬曆、崇禎和清雍正、道光、光緒年間，均有續修本梓行。但明嘉靖本傳世不多，《四庫全書》僅列崇禎本於存目中。

（劉乃英）

明弘治十三年刻本《岩鎮汪氏重輯本宗譜》

岩鎮汪氏重輯本宗譜

七十七世孫　淵重輯

昂校正

事畧

一世

潁川侯諱汪魯成公黑肱次子始夫人姒氏夜夢白兔復虹繞

其身居期而生有文在手曰汪遂以名之之長而敦敏有功於

魯為上大夫食采潁川號汪侯後世子孫因以汪為氏卒葬

潁川之城南即晉初陳郡陽夏縣西鄉之靖仁里墓銘見後

敘述下一子曰挺

周定王十七年辛未魯成公即位稱元年十三年逆夫人

齊姜于齊齊姜無子十六年奏定似生襄公十八年戊子

八月成公薨則汪之生當在十八年間襄公立似氏始稱

夫人四年夫人似氏薨諡曰定○周世尚徵手文為異如

仲弓鉤文子貢執雅公冶長擢輔老聃把十宋仲子之生

文曰為魯夫人唐叔之生文在手曰虞成季之生文在手

106

岩鎮汪氏重輯本宗譜四卷　（明）汪淵輯　明弘治十三年（1500）刻本　一函一冊
第三批《國家珍貴古籍名録》07893 號

半葉十六行二十四字，白口，四周雙邊，雙對白魚尾，框高29.2釐米，寬24.9釐米。

宗譜的產生與發展源於中國傳統的文化特質，它明脈傳，辨血緣，具有凝聚民族親和力的作用，作為一種獨特的文獻形式，它還承擔了記録與保存中國宗親文化的特殊使命，其功能與價值難以替代。

“汪”姓主源有兩支，其一出自春秋時魯國。東漢末年，汪文和遷居新安（今安徽歙縣），發展成為新安一帶望族，宋代以後，汪姓迅速繁衍，成為中國南方的一個大姓。岩鎮，是新安的一個小鎮，明中葉時經濟發展迅速，所居者以汪姓為主。

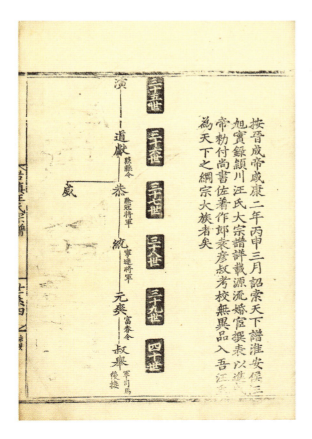
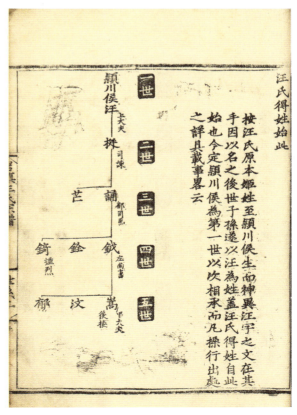

　　汪淵生於岩鎮，弘治三年（1490）進士，官儒林郎後，"恒念宗族日蕃，支流彌遠，不能無塗人相視之嘆，於是遂與從弟仲衡因先世所藏會譜……重加彙正，詳審精密，紀載有法"（費宏《岩鎮汪氏重輯宗譜序》），輯刊了《岩鎮汪氏重輯本宗譜》。此譜除一般宗譜必有世系、内宗、外宗、事略外，在正文之前有十八篇序言以及兩封相關書信：《朱晦庵先生答吾祖汪會之書》《宗老汪立信與平章賈似道書》。序言爲之前歷代汪氏宗譜序言，多是主編者主筆或當時名人、族中名人所寫，如袁喬、朱熹、周必大、汪澤民、費宏等，或簡述汪氏淵源、故事，或介紹譜牒知識，或教化後輩兒孫，或駁斥錯誤言論，亦是研究汪氏歷史、汪氏文化、汪氏譜牒和歷代汪氏人物的有益參考。

　　首都圖書館所藏此書目錄標明全書由序記跋書、世系、内宗、外宗、事略、附錄組成，但遍閱全書，未見附錄，疑爲殘缺，《國家珍貴古籍名錄》著錄此書爲"岩鎮汪氏重輯本宗譜四卷"，亦未及附錄，不知何據。或附錄並未刊刻？尚待考。

　　此書版框、開本寬大，版心有刻工姓名。

（邸曉平）

明弘治十四年刻本《新安黄氏會通譜》

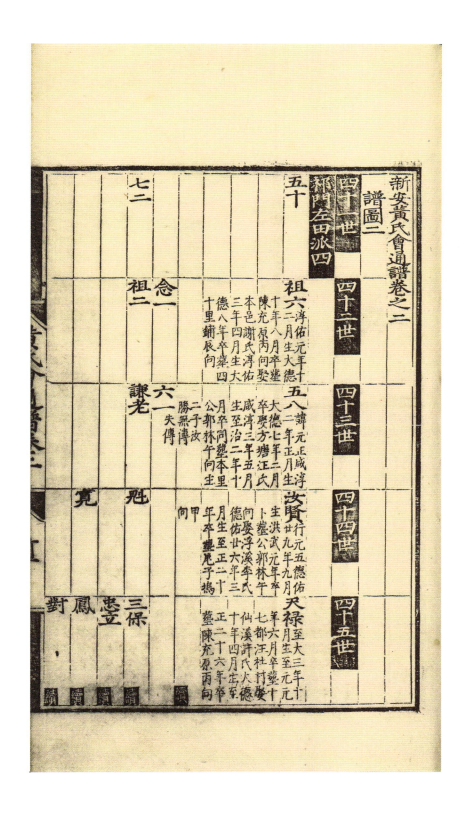

新安黃氏會通譜十六卷新安黃氏文獻録二卷新安黃氏文獻録外集三卷　　（明）黃禄
程天相纂修　　明弘治十四年（1501）刻本（有抄配）　　二函八冊　第三批《國家珍貴古籍
名録》07904號

　　半葉十四行二十七字，譜為表格式，五柱，十四行，粗黑口，四周雙邊，雙順黑魚
尾，框高27.9釐米，寬19.0釐米。

　　黃禄，安徽休寧人，新安黃氏一族。與其族兄黃雲蘇“如浮梁，如樂平，如德興，
如鄱陽，如婺源……以考其支派之所由分。既探其本而獲其源，遂舉十邑之族統而一
之，以為會通之譜”（俞芳《集成會通譜叙》）。程天相，黃禄同鄉，助黃氏編輯
《會通譜》若干卷。

　　譜牒具有增強本族凝聚力的獨特作用，而家族文獻則具有豐富的社會內容。明代徽州宗族制度發達，世家大族普遍纂修族譜。然會通族譜的家族卻為數不多，程敏政《新安黃氏會通譜序》云：“自宗法不明於後世，凡通都大邑之間，號巨室能僅譜其家者，蓋不多得矣，若進而能譜其族，則加鮮焉，況又能推而譜其所同原異流者哉……若五城黃氏，其一焉。”《新安黃氏會通譜》作為徽州通譜的代表，以江夏黃香為一世祖，“會千萬人於一家，統千百世於一人，世次有圖，支系有派，同異有辨，文獻有録”（俞芳《集成會通譜叙》）。

　　《會通譜》首歷代序文、次文原、次考、次凡例、次圖、次正文，層次分明地記

述了新安黄氏自一世祖東漢黄香至明代弘治年間一千四百餘年間，五十四世九十九派的宗族演變情況。《文獻錄》《外集》則是黄氏家族文獻的合集，包括傳記、詩辭、銘誌、遺文等，不僅展示了新安黄氏家族文化，也從多個側面反映了明初地域社會文化。該書對研究黄氏宗族演變情況具有重要價值，也為譜牒文化研究提供了詳實的資料。

首圖藏本為明弘治十四年刻本，首程敏政《新安黄氏會通譜序》前有殘缺。該書"倡於弘治庚戌，成於庚申"，書成後，"鳩金鋟梓，三復校正，裒為卷帙，題曰《新安黄氏會通譜》"（黄巒《新安黄氏會通譜後叙》）。新安黄氏以刻書聞名遐邇，刻工輩出，從明正統間一直延續到清道光年間，對中國刻書事業做出了重要貢獻。本書有刻工淳、方等。

此本鈐有"子孫永寶"等印記。

（范猛）

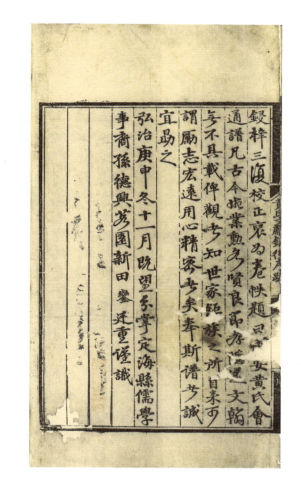

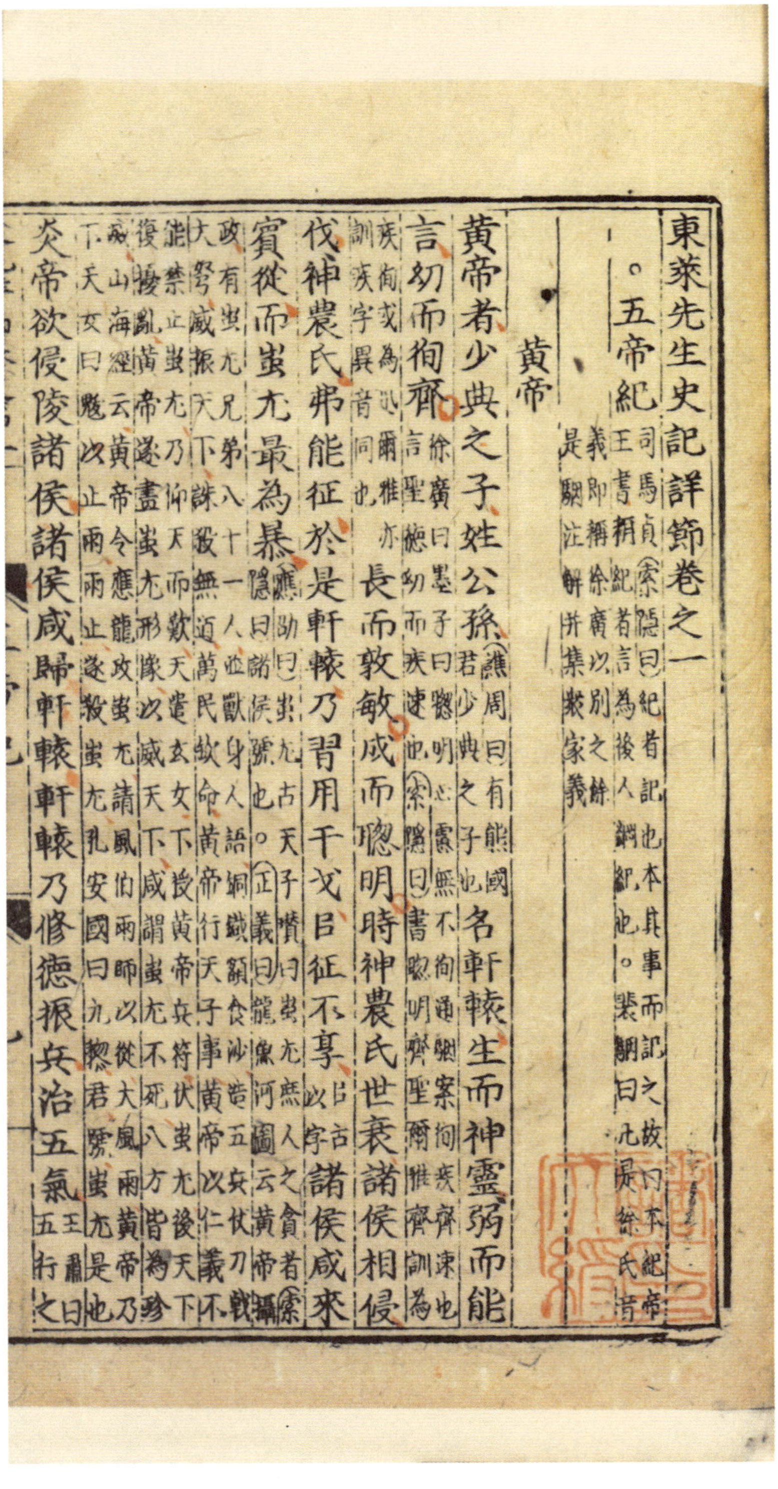

東萊先生史記詳節卷之一

。五帝紀 王書司馬貞（索隱曰）紀者記也本其事而記之也捄廣言以黃帝以下別集為之義辭裴駰曰兀諸紀皆帝皆紀諸侯事實即補紀也

黃帝

黃帝者少典之子姓公孫名軒轅生而神靈弱而能言幼而徇齊長而敦敏成而聰明時神農氏世衰諸侯相侵伐神農氏弗能征於是軒轅乃習用干戈以征不享諸侯咸來賓從而蚩尤最為暴隱日古天子行正義曰征不享不朝享者諸侯相侵伐暴虐百姓蚩尤兄弟八十一人並獸身人語銅頭鐵額食沙石子造五兵之器仗刀戟大弩威振天下誅殺無道萬民欽命黃帝以仁義不能禁止蚩尤乃仰天而歎天遣玄女下授黃帝兵信神符制伏蚩尤帝因使之主兵以制八方蚩尤歿後天下復擾亂黃帝遂畫蚩尤形像以威天下天下咸謂蚩尤不死八方萬邦皆為殄滅

炎帝欲侵陵諸侯諸侯咸歸軒轅軒轅乃修德振兵治五氣五王相之曰五行之

十七史詳節二百七十四卷 （宋）呂祖謙輯　明正德十三年（1518）劉弘毅慎獨齋刻本（有抄配）　十二函八十冊　第二批《國家珍貴古籍名録》04020號

半葉十三行二十六字，小字雙行字同，細黑口，四周雙邊，雙順黑魚尾，框高18.3釐米，寬11.8釐米。

呂祖謙（1137—1181），字伯恭，婺州（今屬浙江金華）人。南宋隆興元年（1163）進士，歷官著作郎、國史院編修、實録院檢討官。呂氏為宋代理學大師，與朱熹、張栻齊名，時稱"東南三賢"，為學主明理躬行，經世致用，開浙東派先聲。又熟諳史學，精提要鈎玄之義，曾參與編修《徽宗皇帝實録》。另有《東萊博議》《歷代制度詳說》《古周易》等多部著作傳世。《宋史》卷四百三十四有傳。

《十七史詳節》是一部極具影響的史著。所謂"十七史"即指《史記》《漢書》《後漢書》《三國志》《晉書》《宋書》《南齊書》《梁書》《陳書》《魏書》《北齊書》《周書》《南史》《北史》《隋書》、新舊《唐書》、新舊《五代史》。這十七部史書，篇帙浩繁，有的文詞艱澀難懂，初涉史學者不足以領其要義。呂祖謙在書院授講《新唐書》時，"患新史難閲，摘要抹出，而門人鈔之，蓋節本之有倫理者也。"（陳振孫《直齋書録解題》）繼之，呂氏及其弟子將上述十七史刪薙擷菁，嚴加校正，各史前冠《地理》《世系》《紀年》之圖。四庫館臣評曰："用功之深至……雖不能盡諸史之全，而足以為宋儒不廢

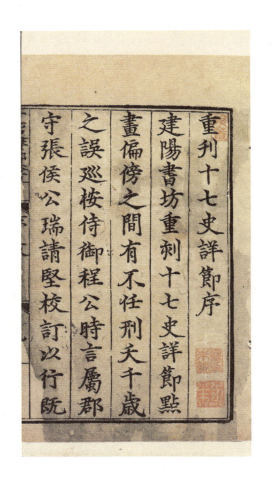
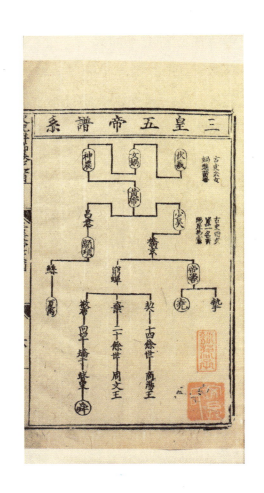

史學之明證也。"（《四庫全書總目》卷六十五）此外，由於吕祖謙節選十七史時所用底本均為宋本，史料記載更接近原本面目，少了很多後代的誤作或訛傳，使得該書史料價值頗高。

　　是刻出自明代建陽著名的慎獨齋書坊。主持者劉洪，字弘毅，號木石山人。慎獨齋刻書以史籍、類書為主，多為巨帙，刻書之精頗受藏家所貴重。《十七史詳節》正是該坊刻書的重要代表作之一。觀其版刻，秀雅精整，密行細字，頗具古風。

　　此本有佚名圈點、批校。鈐有"諸大綬印"、"夏來緩印"、"悦菴"、"清白吏子孫"、"長宜"、"文長氏"、"瓠落子"等印章。

（李晶瑩）

明嘉靖四十年胡宗憲刻本《歷代史纂左編》

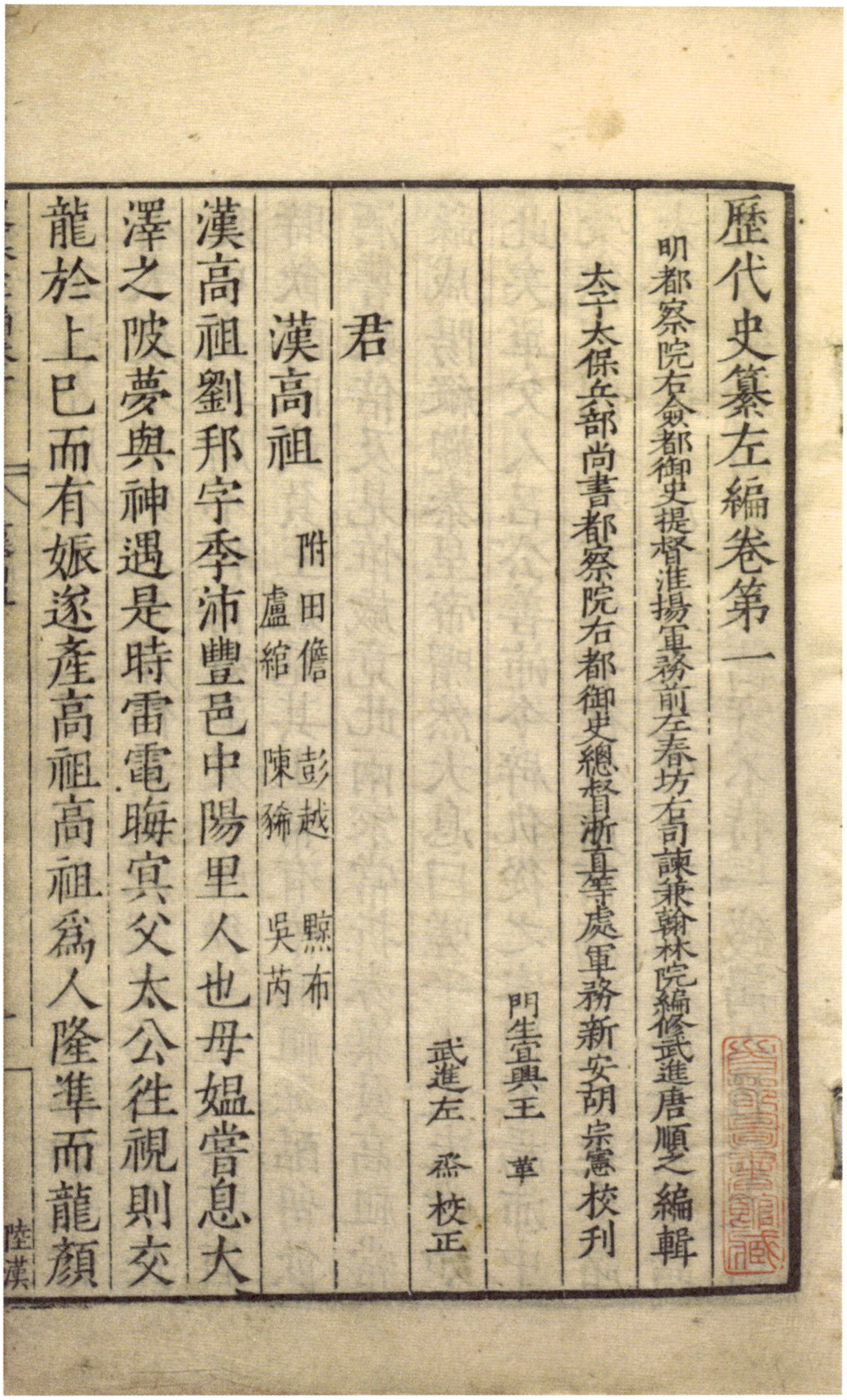

歷代史纂左編卷第一

明都察院左僉都御史提督淮揚軍務前左春坊右司諫兼翰林院編修武進唐順之編輯

杢十太保兵部尚書都察院右都御史總督浙直等處軍務新安胡宗憲校刊

門生宜興王 革

武進左 崈 校正

君

漢高祖

漢高祖劉邦宇季沛豐邑中陽里人也母媼嘗息大

澤之陂夢與神遇是時雷電晦宴父太公往視則交

龍於上巳而有娠遂產高祖高祖爲人隆準而龍顏

附田儋 彭越 黥布 盧綰 陳豨 吳芮

歷代史纂左編一百四十二卷 （明）唐順之輯 明嘉靖四十年（1561）胡宗憲刻本

十函一百零一册 第二批《國家珍貴古籍名録》04030號

半葉十行二十字，白口，四周單邊，單白魚尾，框高20.9釐米，寬14.5釐米。

唐順之（1507—1560），字應德，一字義修，號荆川，常州武進（今江蘇常州）人。明代著名軍事家、散文家。嘉靖八年（1529）會試第一，官翰林編修，後調兵部主事。時倭寇屢犯沿海，其以兵部郎中督師浙江，曾親率兵船於崇明破倭寇於海上。以功升右僉都御史、鳳陽巡撫。順之學問廣博，通曉天文、數學、兵法、樂律等，兼擅武藝，提倡唐宋散文，與王慎中、茅坤、歸有光等同為明代重要文學流派"唐宋派"的代表。著有《荆川先生文集》。《明史》卷二百零五有傳。

該書為求治法而纂，取歷代諸史所載君臣事蹟，旁及諸子百家、稗官野史，擇其有關於治者，類輯成編。順之選輯此書，歷時二十餘年，先後七易其稿，初名《史大紀》，後更名《史纂左編》。是書一百四十二卷，分為君、相、名臣、謀臣、將、后、公主、戚、儲、宗、宦、幸、奸、篡、亂、莽、鎮、夷、儒、隱逸、獨行、烈婦、方技、釋、道，凡二十五門。其意欲取千古興衰治亂之大者，切著其所以然，故其體與他史稍異。四庫館臣品評此書，多責其去取失當，褒貶失平，顛倒乖錯之處，不可勝言。然今人研究認為，作者以史為鑒，輯史求治，選文之立意應予以肯定。又於君臣史事之外，別輯"方技"一門，提出："諸子百家之異說，農圃、工賈、醫卜、堪輿、占氣、星曆、方技之小道，與夫六藝之節脈碎細，皆儒者所宜究其說而折衷之，未可以為賾而惡之。"（王畿《歷代史纂左編凡例并引》）亦有可取之處。

此本為明嘉靖四十年（1561）胡宗憲刻本。書前有唐順之自序、王畿撰《歷代史纂左編凡例并引》，目錄後有滁上胡松撰《史纂左編後序》。版心下有刻工姓名。胡宗憲（1512—1565），字汝貞，號梅林，明代抗倭名將。生平多著述，喜刻書。所刻之書，皆校勘審慎，刊印精良，多為善本。此本所刻係該書第七稿，為順之子家藏，後由宗憲購得，委順之子同窗王革、左柔鼇正校讎，付梓以傳於世，是該書最為重要的傳世刻本之一，版本價值頗高。

（郭芳）

明萬曆凌稚隆刻朱墨套印本《史記纂》

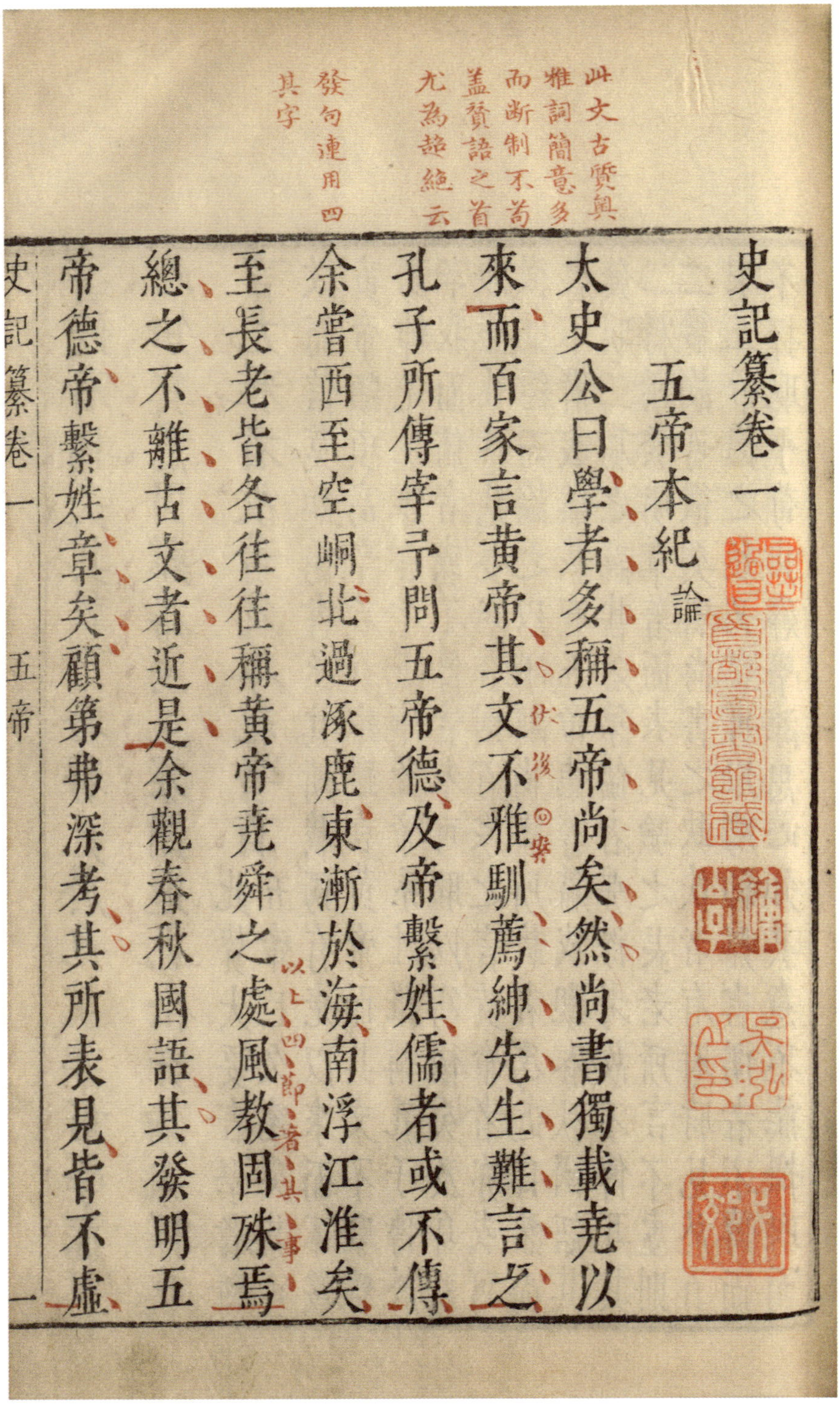

此文古賢與
雅詞簡意多
而斷制不尚
蓋質語之省
尤為辭絕云
發句連用四
其字

史記纂卷一

五帝本紀　論

太史公曰學者多稱五帝尚矣然尚書獨載堯以
來而百家言黃帝其文不雅馴薦紳先生難言之
孔子所傳宰予問五帝德及帝繫姓儒者或不傳
余嘗西至空峒北過涿鹿東漸於海南浮江淮矣
至長老皆各往往稱黃帝堯舜之處風教固殊焉
總之不離古文者近是余觀春秋國語其發明五
帝德帝繫姓章矣顧第弗深考其所表見皆不虛

史記纂卷一

五帝

史記纂二十四卷　（明）凌稚隆輯　明萬曆凌稚隆刻朱墨套印本　二函十二冊　第二批《國家珍貴古籍名録》04055號

半葉九行十九字，書眉鐫評，行字數不等，白口，四周單邊，無界行，框高20.5釐米，寬14.7釐米。

凌稚隆，本名遇知，更名稚隆，字以棟，一字際叔，號磊泉，明嘉靖間湖州烏程（今浙江湖州）人，邑庠生，以例貢入太學，官鴻臚寺署丞，時人敬稱"凌太學"。凌稚隆自幼"博覽群書，蹇修自好……於《左氏傳》，班、馬二史，自取註釋，評論其言，膾炙人口"（宗源瀚《［同治］湖州府志》卷七十五）。在編纂著述的同時，凌氏還積極從事書籍的雕版印刷事業。他一生編著刊印了大量的經史類著作，有《春秋左傳評注測義》《史記評林》《漢書評林》《五車韻瑞》《漢書纂》《史記纂》《皇朝名臣言行録》《春秋評林》《文選評林》等行世。可以說，凌稚隆既是著作等身的經史學者，又是一位傑出的出版家。

《史記纂》是一部由凌稚隆編纂的《史記》學研究論著集。凌稚隆針對"評林"類著作"裒重而不逮遠，費鉅而不逮貧，編繁而不逮目"，並不能完全滿足士林學子的需要，擇《史記》及諸家評點之精華，"凡《評林》之所載，不復著於篇，而往往雜以不佞（編者按：凌氏自稱）芻蕘之論"，彙編而成《史記纂》。（凌稚隆《史記纂序》）

全書二十四卷，依《史記》次序排列，以《報任少卿書》附後。《史記》原文以墨色大字單行刷印，卷內各篇所擇章節，凌氏自擬小題，以墨色小字雙行列於篇名之下。凌氏及所引諸家評點，皆以朱色軟體小字刊於書眉。唯鄧以讚、張之象等前人評語以"某某曰"開首，行六字，凌氏自評則直書其文，行五字，低前人一格。此外，正文中凡句讀、圈點、夾註等，亦用朱色刷印。整體版面清晰明朗，賞心悅目，既便於閱讀使用，又具有相當高的藝術欣賞價值。

《史記纂》的出現，為明代《史記》研究領域又注入了一股新的動力，王世貞在《史記纂序》中說："斯纂也，令衿裾之士稍能習佔畢，握鉛槧者獲一寓耳目焉，不待顜探而法燦然備矣，機躍然若有入矣。是故《史記纂》行而治太史公者固不必皆貴近有力也。"可見其嘉惠學林意義之大。

本書鈐有"吳泓之印"、"鍾山子"、"曾在丁松壑家"、"吳興丁友恭堂珍臧"、"烏鎮丁翰高墨林甫臧"、"虎門珍頑"、"品芝過目"等印。

（張昊）

明嘉靖三十七年黃魯曾刻本《兩漢博聞》

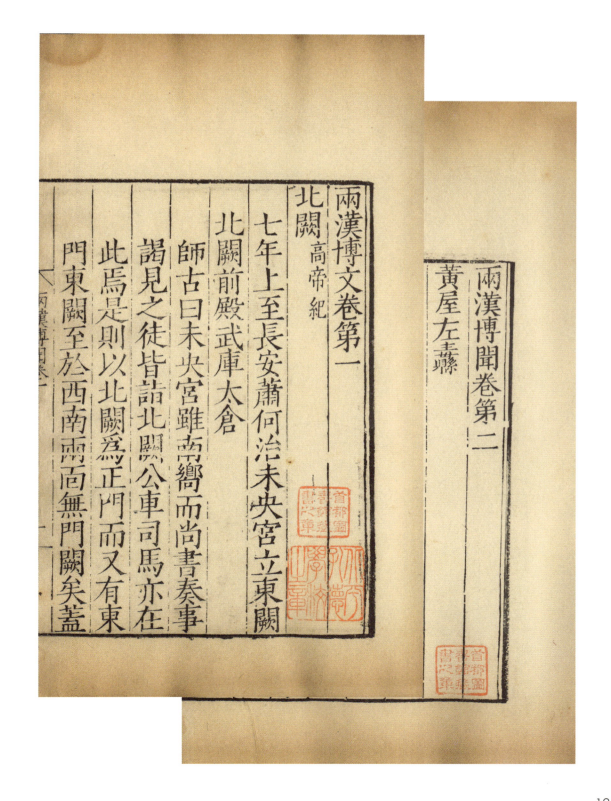

兩漢博文卷第一

北闕 高帝紀

七年上至長安蕭何治未央宮立東闕
北闕前殿武庫太倉
師古曰未央宮雖南嚮而尚書奏事
謁見之徒皆詣北闕公車司馬亦在
此焉是則以北闕為正門而又有東
門東闕至於西南兩面無門闕矣蓋

〈兩漢博文卷一〉

兩漢博聞卷第二

黃屋左纛

　　兩漢博聞十二卷　（宋）楊侃輯　明嘉靖三十七年（1558）黃魯曾刻本　二函十二冊　第二批《國家珍貴古籍名録》04063號

　　半葉八行十六字，小字雙行字同，白口，左右雙邊，單白魚尾，框高17.6釐米，寬12.4釐米。

　　原書未署撰人名氏，據晁公武《郡齋讀書志》所著為宋人楊侃輯。楊侃（964—1032），因避宋真宗諱，更名大雅，字子正，錢塘（今浙江杭州）人。太宗端拱二年（989）進士，歷新息、鄢陵縣主簿，改光禄寺丞，知新昌縣，真宗咸平中授太常博士，直集賢院，因無所阿附，二十餘年未遷，晚知亳州，卒於任上。大雅好學自信，文風質

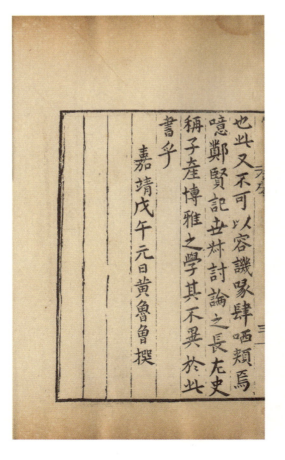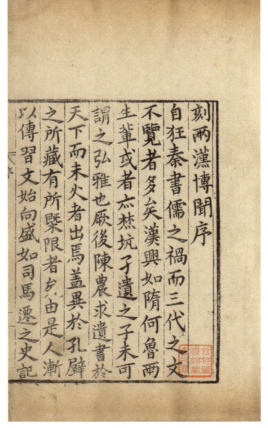

樸，著有《大隱集》三十卷、《西垣集》五卷、《職林》二十卷等。《宋史》卷三百有傳。

楊侃讀兩《漢書》時，簡擇其字句舉為標目，隨列出處，並節取顏師古、章懷太子等前儒所註備於下，勒成十二卷，計《前漢書》七卷、《後漢書》五卷。書中條目不依篇第，不分門類，涵蓋名物、掌故、典制及文字訓詁等。就內容而言，"雖於史學無關，然較他類書採摭雜說者，究為雅馴"（《四庫全書總目》卷六十五）。足見此書約存信史，末流蕪濫者摒之，可資漢史涉獵者循覽，亦可"以此備參考，決疑貳……為讀《漢書》者之啓鑰"（黃魯曾《刻兩漢博聞序》）。此外，本書所創"割裂詞藻而次之"的編纂體例，為宋人開創的史抄類典籍四大新體之一，即把原書語句中的詞彙分離出來，單獨註釋。後代《南北識小錄》等即仿此體。

此書自宋代鐫板以來，元代未見刊行，至明嘉靖年間黃魯曾得之，驚歎晚遇之憾，"乃思立達者天下之公，開鑿者先民之哲，急用鋟諸梓"（黃魯曾《刻兩漢博聞序》）。黃魯曾（1487—1561），字得之，一字德之，號中南山人，吳縣（今江蘇吳縣）人。明代藏書家、學者。曾得父產千金，悉以購書，兼刻異書善本，《兩漢博聞》即為其一。四庫開館之時，未獲宋本者，即採黃氏刻本。本書卷一卷端題名誤作"兩漢博文"。

本書鈐有"北平孔德學校之章"。

（李晶瑩）

明刻朱墨套印本《歐陽文忠公五代史抄》

唐之襄也天子
不能誅官官而
崔胤等為之外
倚疆藩藩入
宦官誅而唐亦
以亡歐陽公次
梁紀其所摹寫
殆盡而與李克
用兩爭處尤工
予故錄之以見
公之史才云

歐陽文忠公五代史抄卷一

本紀

梁太祖紀

太祖神武元聖孝皇帝姓朱氏宋州碭山午溝
里人也其父誠以五經教授鄉里生三子曰全
昱存溫誠卒三子貧不能為生與其母備食蕭
縣人劉崇家全昱無他材能然為人頗長者存
溫勇有力而溫尤兇悍唐僖宗乾符四年黃巢

五代史抄卷一

一

歐陽文忠公五代史抄二十卷 （明）茅坤輯　明刻朱墨套印本　一函六冊　第二批
《國家珍貴古籍名録》04089號

半葉八行十八字，書眉鐫評，行六字，白口，四周單邊，無界行，框高20.3釐米，寬14.8釐米。

茅坤（1512—1601），字順甫，號鹿門，歸安（今浙江吳興）人。明嘉靖十七年（1538）進士，歷知青陽、丹徒二縣，擢廣西兵備僉事，累官至大名兵備副使。不久罷歸，專事著述。"坤善古文，最心折唐順之。順之喜唐宋諸大家文，所著《文編》，唐宋人自韓、柳、歐、三蘇、曾、王八家外無所取。故坤選《八大家文鈔》，其書盛行海內，鄉里小生，無不知茅鹿門者。"（《明史・文苑傳》）除此之外，茅坤還著有《白華樓藏稿》《玉芝山房稿》《耄年錄》《史記鈔》等書。《明史》卷二百八十七有傳。

《五代史抄》為茅坤輯評歐陽修所著的兩部史書之一。歐陽修前與宋祁等人合著《新唐書》，後又私撰了一部可與《史記》《漢書》鼎足而三的《新五代史》。此書筆意深得班馬神韻，極富文彩，凸顯其独特的文風。茅坤有感於歐公撰史微言大義、文嚴詞簡、說文載道，遂從原書七十四卷中輯抄出本紀三篇、列傳六十三篇、論二篇、世家五篇、四夷附錄一篇，精編為二十卷，同時對內容進行了批評點校。通觀全書，可見茅氏輯評史籍之功，眼光獨到而筆法凝煉。清代大文學家錢謙益對茅坤的評價尤高，贊曰："司馬子長之後千餘年而得歐陽子，又五百年而得茅子。"（《列朝詩集》丁集卷三）

《五代史抄》最初是附於《唐宋八大家文鈔》行世的。據《四庫全書總目》載，《唐宋八大家文鈔》"初刊於杭州，歲久漫漶，萬曆中坤之孫著，復為訂正而重刊之，始以坤所批《五代史》附入歐文之後。"至此，是稿得以廣佈海內。本書為單行刻本，非《唐宋八大家文鈔》之零本。書中正文以墨色敷印，書眉評語和文中點校均施以朱印，鐫刻秀雅，朱墨燦然，覽之清新悅目，當屬明刻朱墨套印之佳構，展現出了明代套版印刷技術的精湛技藝。

（李晶瑩）

明初刻本《大明清類天文分野之書》

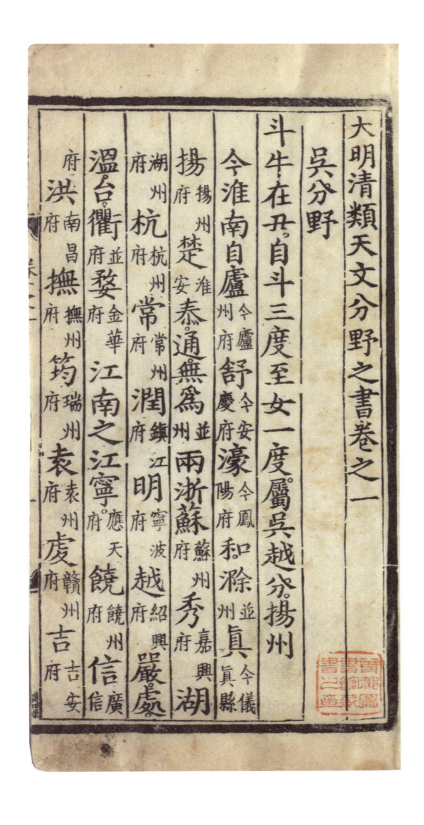

大明清類天文分野之書二十四卷　題（明）劉基等撰　明初刻本　一函十冊　第二批《國家珍貴古籍名録》04103號

半葉八行二十字，小字雙行字同，粗黑口，四周雙邊，雙對花魚尾，框高28.2釐米，寬15.8釐米。

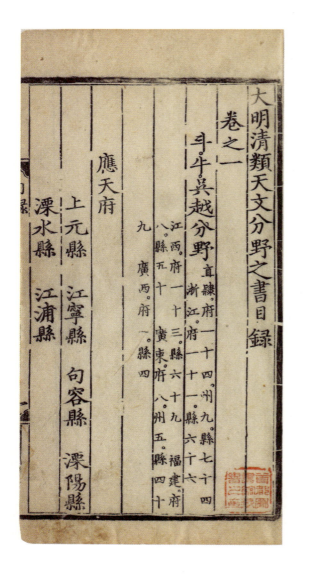

劉基（1311—1375），字伯溫，號犁眉、鬱離，青田縣南田鄉（今屬浙江文成）人。元順帝元統元年（1333）進士，因獻策不爲當局所用，乃棄官歸隱。至正二十年（1360），受朱元璋聘至應天，陳時務十八策。明王朝各種制度之建立，劉基多參與其事。明洪武四年（1371），以弘文館學士致仕，官至御史中丞兼太史令，封誠意伯。洪武八年（1375）卒。正德八年（1513）加贈太師，正德九年（1514）追謚文成。《明史》卷一百二十八有傳。

劉基好學敏求，博覽群書，諸子百家無一不窺，尤精天文、地理、兵法。在文學史上，與宋濂、高啓並稱“明初詩文三大家”。所著有《覆瓿集》《犁眉公集》等傳世。另外，劉基在協助朱元璋統一天下的過程中，也注意搜集各地州郡地理、風土人情，積累了豐富的方志編修經驗。

明代是我國地理學發展史上的一個重要時期，統治者對方志編修非常重視。爲應付整理全國行政區劃和建立有效的地方行政系統，朱元璋命令劉基等儒臣編修《大明清類天文分野之書》。洪武十七年（1384），是書編纂完成。"凡二十四卷。詔賜秦、晉、燕、周、楚、齊六府。是書刻在南雍"（鄭曉《今言》卷一）。此書是一部專志體的全國區域志書，以《唐書》和《晉書》天文志為基礎，以分野星次分配郡縣，記天下州縣分野，將十二分野星次分配於全國郡縣。此書編纂形式特殊，在中國方志史上極為罕見。所記府州縣建置沿革，對研究元末明初政區變化，提供了許多有價值的資料。明永樂初，編纂《永樂大典》時，多引錄此書。

　　首都圖書館所藏此書是明初刻本，風格古樸、粗獷。刻工劉子和、陳德全等都是元末明初人。明初刻本作為該書的較早版本，對於研究其版本流變具有重要的參考價值。

（范猛）

明天順五年內府刻本《大明一統志》

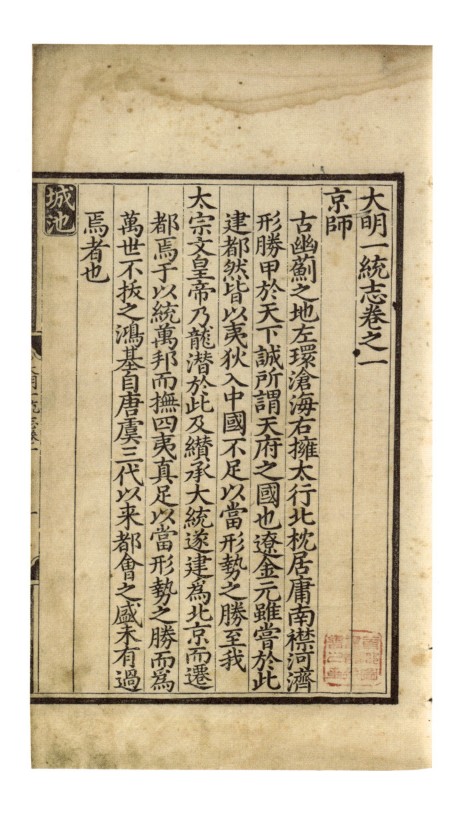

大明一統志九十卷　（明）李賢、萬安等纂修　明天順五年（1461）內府刻本（有抄配）　八函七十四冊　第二批《國家珍貴古籍名錄》04113號

半葉十行二十二字，小字雙行字同，粗黑口，四周雙邊，雙對黑魚尾，框高26.8釐米，寬17.8釐米。

李賢（1408—1466），字原德，鄧州（今河南鄧縣）人。明宣德八年（1433）進士，授吏部驗封主事。景泰二年（1451）由文選郎中超擢吏部右侍郎。英宗復位，命兼翰林學士，入直文淵閣，尋進尚書，天順二年（1458）奉敕編修此書。憲宗即位，進少保、華蓋殿大學士，知經筵事，卒贈太師，謚文達。著有《天順日錄》二卷、《古穰集》三十卷等。

　　此書為明代官修地理總志，成書於天順五年（1461），同年奏進，賜名《大明一統志》。是書沿襲《大元大一統志》之體，全志以明朝行政區劃為綱，分卷立目。卷一至五京師，卷六至十八南京，卷十九至二十一山西布政司，卷二十二至二十五山東布政司，卷二十六至三十一河南布政司，卷三十二至三十七陝西布政司，卷三十八至四十八浙江布政司，卷四十九至五十八江西布政司，卷五十九至七十二湖廣布政司，卷七十三天全六番招討使司，卷七十四至七十八福建布政司，卷七十九至八十二廣東布政司，卷八十三至八十五廣西布政司，卷八十六、八十七雲南布政司，卷八十八貴州布政司。兩京和十三布政使司均以每府、直隸州、縣分別記載建置沿革、郡名、形勝、風俗、山川、土產、書院、古蹟、人物等數十目。卷八十九、九十为“外夷”各國。該志内容豐富，貫通古今，分述全國各地自然與社會，歷史和現狀的各種情況，兼及鄰國。條目井然有序，以彰善為圭臬，載述一代典章制度，對於資政、存史、教化均有重要作用，並推動了明朝修志事業的發展。

　　《大明一統志》有增修後印本，增入嘉靖、隆慶間事。館藏此本為原刻初印。有佚名圈點。

（史麗君）

明嘉靖四十一年自刻清補刻本《華嶽全集》

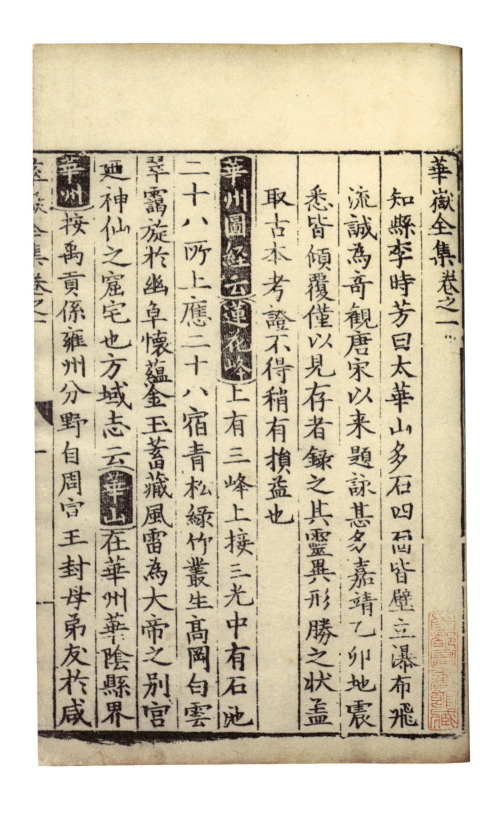

華嶽全集十一卷　　（明）李時芳撰　明嘉靖四十一年（1562）自刻清補刻本　一函六冊　第二批《國家珍貴古籍名録》04193號

半葉十行二十字，白口，四周單邊，單黑魚尾，框高22.2釐米，寬15.6釐米。

李時芳，號新溪，明代廣西人。明嘉靖三十七年（1558）以興化同知攝知縣，兩度抗擊倭寇，同人謂"禦寇以衛民，改城以興學，其功鉅，為文紀之。先是時芳攝惠安，能為民禦災捍患，惠民思其澤亦紀績焉"（《［民國］同安縣志》卷三十五）。嘉靖三十八年（1559）官華陰縣知縣。嘉靖四十一年（1562）奉命修志，"越明年冬初，新刊果成"。

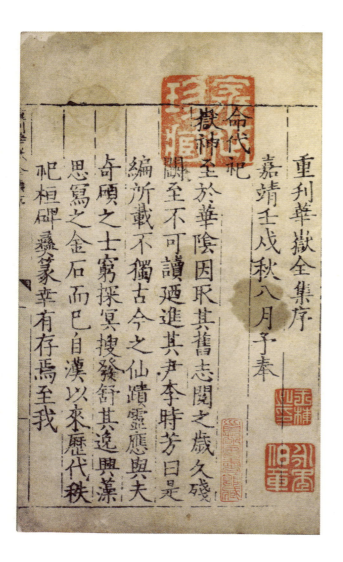

該書卷首有裴紳、劉大用序及唐玄宗《御製碑序略》各一篇，並附嶽圖四幅。卷一為華山古蹟，卷二為碑記，卷三為御祭文，卷四為歌，卷五為賦，卷六至十一為詩。《千頃堂書目》著録該書為十卷，李榕《華嶽志》序云是集作十三卷，皆為訛誤。十三卷本乃萬曆時張維新、馬明卿等重撰增補本，《四庫全書》史部地理類存目著録即為此本。據文獻記載，華山有志，最早始於宋代，其後歷代均有編修。時至今日，明代以前的華山志書中，北宋盧鴻所撰《華山記》一卷、元史志經所撰《華山志》十四

卷皆已佚，金王處一所撰《西嶽華山志》所存已經是明萬曆時王民順增補之本，所以李時芳所修之《華嶽全集》十一卷本，當為現存最早的明修華山志書之一。

雖然張維新十三卷本是因"時芳書多舛錯"而重加銓敘，但李時芳自刻本卻是該書現存最早版本，也是保存較完整的一種，其內容也較為全面，保存了此書的原貌，因此具有一定的史料價值和版本價值。

此本鈐有"永年伯章"、"王棟之印"、"家世珍藏"等印章。

（牛小燕）

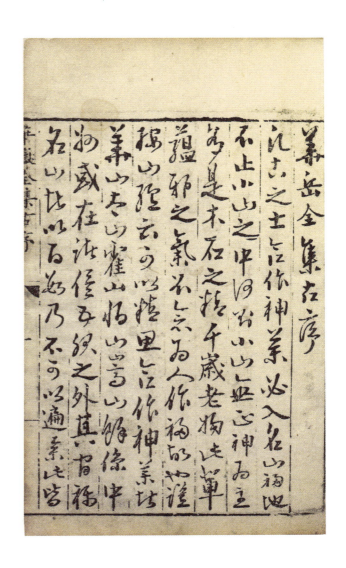

明嘉靖刻本《廬山紀事》

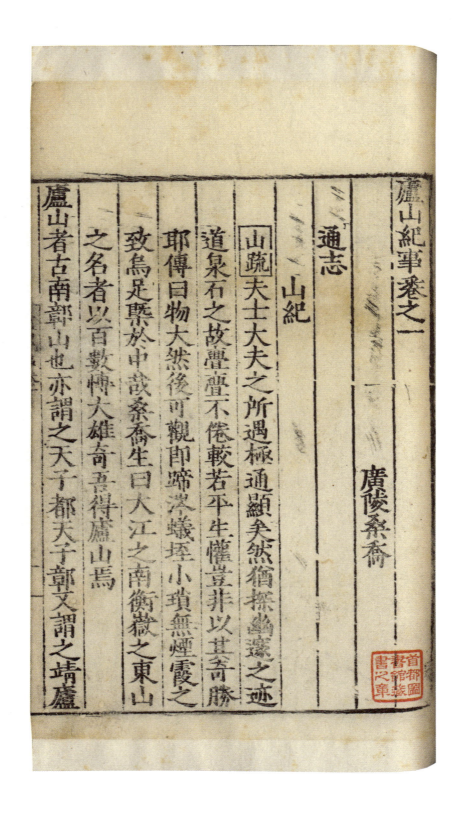

廬山紀事卷之一

廣陵桑喬

通志

山紀

[山疏]夫士大夫之所遇極通顯矣然猶探幽邃之迹

道泉石之故壹壹不倦較若平生懽豈非以其奇勝

耶傳曰物大然後可觀即蹄涔蟻垤小頃無煙霞之

致烏足繫於中哉桑喬生曰大江之南衡嶽之東山

之名者以百數悖大雄奇吾得廬山焉

廬山者古南鄣山也亦謂之天子都天子鄣又謂之靖廬

廬山紀事十二卷　（明）桑喬撰　明嘉靖刻本　二函十冊　第二批《國家珍貴古籍名録》04195號

半葉十行二十二字，白口，四周單邊，框高20.7釐米，寬15.2釐米。

桑喬（？—1564），字子木，揚州府江都（今江蘇江都）人。明嘉靖十一年（1532）進士，由主事改御史，出按山西，糾奸恤民，有所建樹。二十六年（1547），

疏劾嚴嵩尸位誤國，時嵩拜尚書甫半年，尚未露其奸險形蹟，而喬獨首發之，終為嵩構陷，謫戍九江，卒於戍所。此書即其在戍所時作，成於嘉靖四十年（1561）。

桑喬謫戍九江時，常入廬山考察，對廬山諸峰有獨到見解，遂撰成《廬山紀事》十二卷。卷一為山紀、品彙、隱逸、僊釋、雜誌、災祥、怪異、藝文八條，卷二總論山勢道路，其餘各卷則詳細介紹廬山南北區劃山界各處情況，分識形勝。書有桑喬按語，所採擷群籍，俱存其名。清順治十五年（1658），會稽范邠重為補訂，以山陰、山陽別其條貫，又取喬後百餘年間事蹟題詠，綴補於後。

廬山有志始於宋周必大《廬山録》《廬山後録》，然寥寥數語，略而未具，明朝之前有志且存於世者，有南朝宋釋慧遠《廬山紀略》一

卷，但所記簡略，又有宋陳舜俞《廬山記》五卷，今宋刻本僅存二卷。因此，桑喬《廬山紀事》便為現存最早、内容相對較全的廬山志書，"其詳周較舊志，蓋不可以道里計矣！……展讀一過，恍如身歷巖壑間，襟懷為之一爽，山水移人，洵不虚言！"（潘景鄭《著硯樓書跋》）可見其文獻與文學價值之高。其"採擷群籍，俱存其名"的撰述手法使讀者在瞭解文字來龍去脈的同時，也間接保留了一些散佚的珍貴史料，可謂清以前廬山志書之集大成者。

此本鈐有"北平孔德學校之章"印記。

（牛小燕）

明隆慶三年清風堂刻本《泉河紀畧》

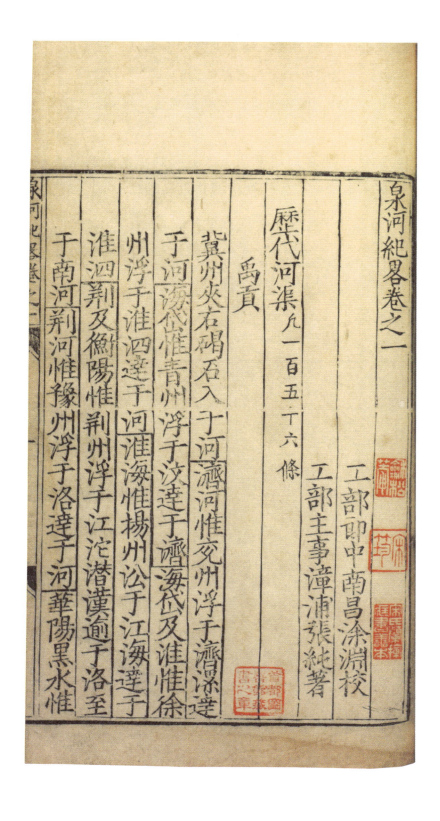

泉河紀畧卷之一

工部郎中南昌涂淵校

工部主事漳浦張純著

歷代河渠 九一百五十六條

禹貢

冀州夾右碣石入于河濟河惟兗州浮于濟漯達

于河源岱惟青州浮于汶達于濟海岱及淮惟徐

州浮于淮泗達于河淮海惟揚州沿于江海達于

淮泗荊及衡陽惟荊州浮于江沱潛漢逾于洛至

于南河荊河惟豫州浮于洛達于河華陽黑水惟

泉河紀畧七卷圖二卷　（明）張純撰　（明）涂淵校　明隆慶三年（1569）清風堂
刻本　一函四冊　第四批《國家珍貴古籍名錄》10323號

半葉十行二十一字，白口，四周雙邊，雙順黑魚尾，框高22.1釐米，寬14.8釐米。

張純，字碩恒，漳浦（今屬福建漳州）人。明嘉靖四十四年（1565）進士，隆慶
四年（1570）任工部都水司郎中。張純視漕河建設為國之命脈，並認為"泉脈之微大，

水勢之順逆，溝渠之流滯，壩堰之堅瑕，與夫疏濬蓄洩之異宜，非履之，固不得而知，非知之，固不得而述"（張純自序）。為此，其有志於述而識之，遂寫就一部《泉河紀畧》，以傳後世。

　　是書為一部通論我國古代泉源、河渠的專著。張氏參考王寵的《東泉志》和張橋的《泉河志》兩部舊編，泉取諸王而別其圖卷，河取諸張而芟其繁瑣，勒為七卷。卷前冠以閘河圖和泉源圖各一卷。卷一記歷代治河，卷二輯漕河諸考，卷三為諸泉分派，卷四

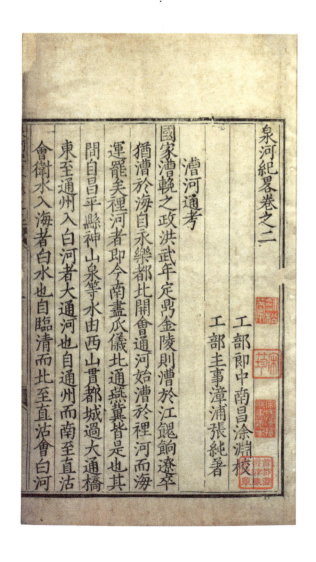

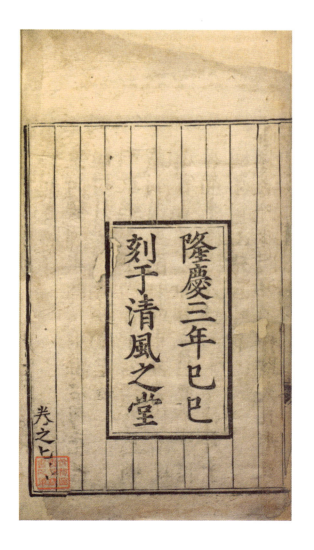

録泉司姓字、職掌，卷五列河防聖諭與奏疏，卷六收元、明兩朝河記碑文，末卷附其自論。書中內容龐雜，既備述前聞，又附以己見，或增其所未有，或發其所未發。

書成之後，張氏祇將此稿供己之用，未敢示人。然而，時任都水司郎中的涂淵（字時躍，江西南昌人，與張純有同年之雅）見而肯之。“始録稿以就正，疑則相與證之，闕則相與補之，樸而不文者則相與脩餙而潤澤之”（張純自序）。校勘後，涂氏又捐俸謀刻於清風堂，使之廣佈天下，惠澤後世。然而是書流傳較少，目前祇見《明史·藝文志》和《千頃堂書目》有録。

書中鈐有“雪苑宋氏蘭揮藏書記”、“宋氏蘭揮藏書善本”、“宋筠”、“穌松菴”、“北平孔德學校之章”等多枚印章。

（李晶瑩）

明嘉靖馮天馭刻本《文獻通考》

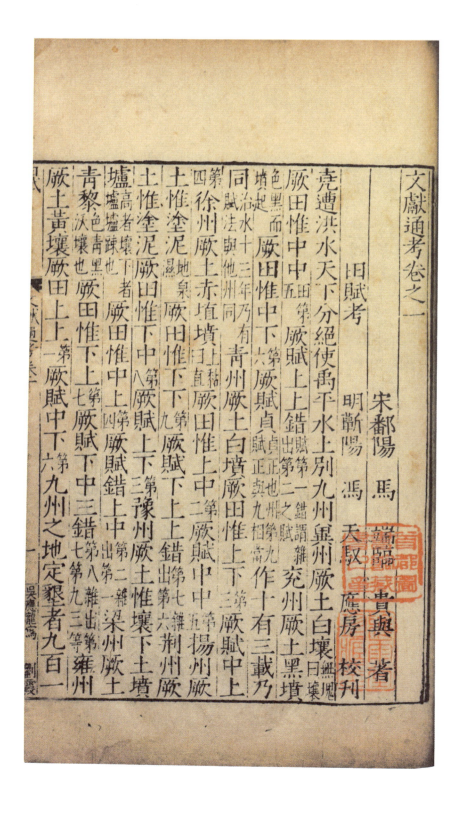

文獻通考卷之一

田賦考

宋都陽　馬　端臨貴與著
明鄱陽　馮　天馭應房校刊

堯遭洪水天下分絕使禹平水土別九州冀州厥土白壤〔無壒曰壤〕厥田惟中中〔田弟五〕厥賦上上錯〔賦弟一錯謂雜出第二之賦謂九州相爭高下作十有三載乃〕同治水十三年乃有

青州厥土白墳〔厥田惟上下第三厥賦中上〕

徐州厥土赤埴墳〔厥田惟上中第二厥賦中中〕

兗州厥土黑墳〔色黑而墳起厥田惟中下第六厥賦貞〔貞正也賦正與九州相當作十有三載乃〕

揚州厥土塗泥〔地泉濕厥田惟下下第九厥賦下上上錯第七〕

荊州厥土塗泥〔厥田惟下中第八厥賦上下第三〕

豫州厥土惟壤下土墳〔厥田惟中上第四厥賦錯上中第二雜出第一雜〕

梁州厥土青黎〔色青黑厥田惟下上第七厥賦下中三錯第八第九三等〕

雍州厥土黃壤〔壤疎也厥田惟上上第一厥賦中下第六〕

厥土黃壤厥田上上〔第一厥賦中下第六九州之地定墾者九百一〕

吳□龍應馮 劉□霆

文獻通考三百四十八卷首一卷　（元）馬端臨撰　六函六十冊　明嘉靖馮天馭刻本
（有抄配）　第二批《國家珍貴古籍名録》04280號

半葉十三行二十四字，白口，左右雙邊，單黑魚尾，框高19.7釐米，寬14.8釐米。

馬端臨（約1254—約1323），字貴與，號竹洲，饒州樂平（今江西樂平）人。南
宋宰相馬廷鸞之子，宋元之際著名史學家。宋咸淳九年（1273）漕試第一，以蔭補承事
郎。宋亡後隱居不仕，後雖起為學官，任慈湖、柯山書院山長、台州儒學教授等職，然歷時不過兩三個月便告老辭官，著述以終。馬端臨著作甚豐，有《多識録》《大學集註》等，惜久已失傳。《新元史》卷二百三十四有傳，然語焉不詳。

馬端臨積二十餘年之力，始纂成典志體通史《文獻通考》。所謂"文獻"，其自序云"引古經史謂之'文'，參以唐宋以來諸臣之奏疏、諸儒之議論，謂之'獻'，故名曰《文獻通考》"。馬氏認為杜佑《通典》"節目之間未為明備，而去取之際頗欠精審，不無遺憾焉"，故編《文獻通考》以補《通典》之不足。《文獻通考》通記歷代典章制度，上溯唐虞，下迄宋代嘉定之末，全書分二十四門（考）、三百四十八卷。每門有小序，門下又分若干子目。二十四門中十九門為《通

典》之原目，自"經籍"至"物異"五門為《通典》所無。馬氏自序言該書"凡敘事則本之經史而參以歷代會要及百家傳紀之書，信而有徵者從之，乖異傳疑者不録"，"凡論事，則先取當時臣僚之奏疏，次及近代諸儒之評論，以至名流之燕談、稗官之記録，凡一語一言，可以訂典故之得失，證史傳之是非者，則採而録之"。元代王壽衍《進文獻通考表》稱"其書與唐杜佑《通典》相為出入……天寶以前者視杜氏加詳焉，天寶以後至宋寧宗者又足以補杜氏之缺"。《四庫全書總目》（卷八十一）評價該書："大抵門類既多，卷繁帙重，未免取彼失此。然其條分縷析，使稽古者可以案類而考。又其所載宋制最詳，多《宋史》各志所未備，案語亦多能貫穿古今，折衷至當。雖稍遜《通典》之簡嚴，而詳贍實為過之，非鄭樵《通志》所及也。"

首都圖書館所藏此本為明嘉靖馮天馭刻本，卷一卷端第三行下著"明蘄陽馮天馭應房校刊"，書口下有刻工姓名。前有元至大元年（1308）李謹思序、元延祐六年（1319）王壽衍進書表、元至治二年（1322）抄白。首一卷為馬端臨自序。馮天馭，字應房，號午山，湖北蘄州（今湖北蘄春）人。明嘉靖十四年（1535）進士，曾四遷大理，再為大中丞。捐資建書院，學者稱午山先生。《［咸豐］蘇州志》卷十一儒林有傳。

鈐有"雅雨堂珍藏印"。

（喬雅俊）

明萬曆十五年內府刻本《大明會典》

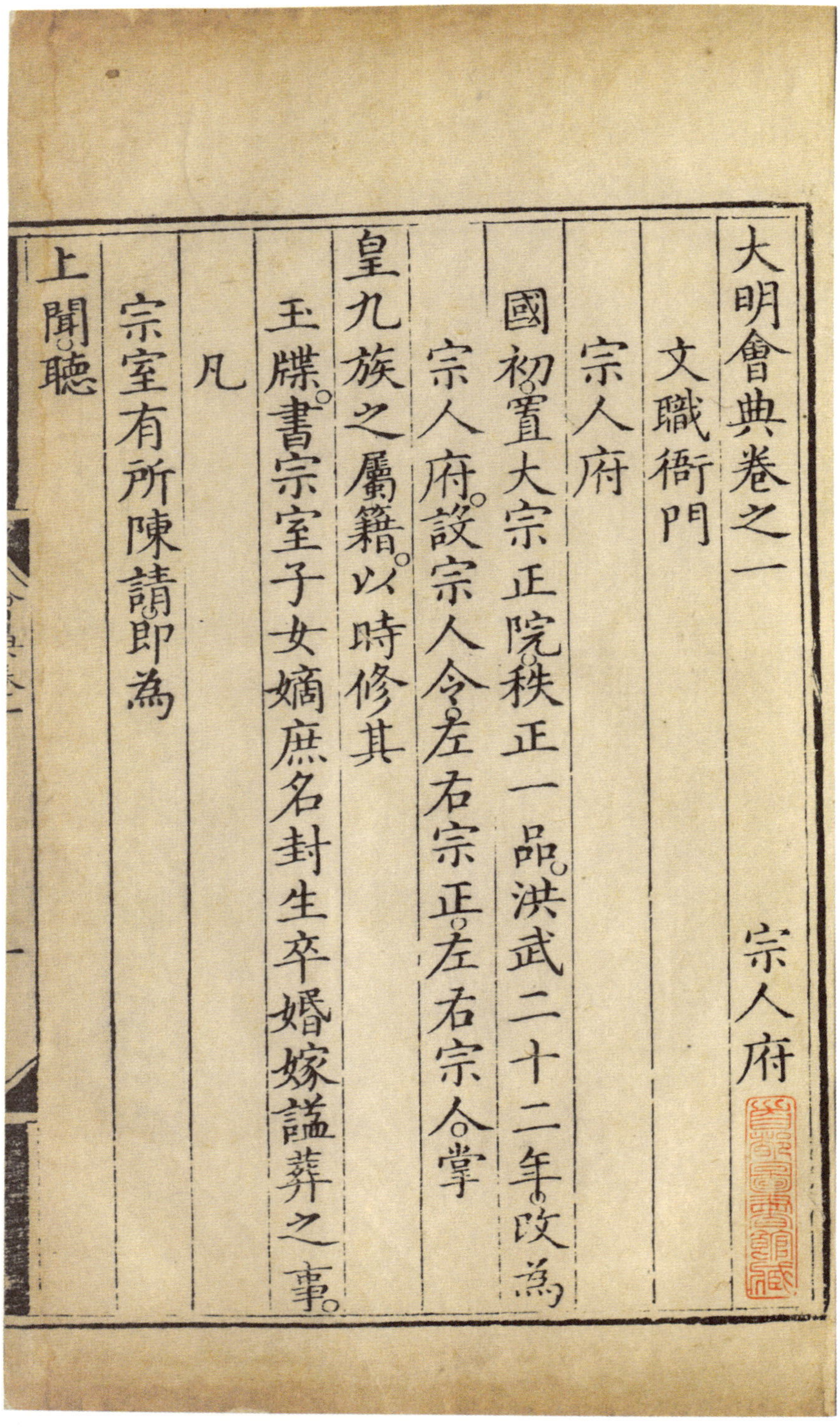

大明會典卷之一　　　　　宗人府

文職衙門

宗人府

國初置大宗正院秩正一品洪武二十二年改為
宗人府設宗人令左右宗正左右宗人掌
皇九族之屬籍以時修其
玉牒書宗室子女嫡庶名封生卒婚嫁謚葬之事。
凡
宗室有所陳請即為
上聞聽

146

大明會典二百二十八卷　（明）申時行、趙用賢等纂修　明萬曆十五年（1587）內府刻本　二十函一百二十冊　第二批《國家珍貴古籍名錄》04286號

半葉十行二十字，粗黑口，四周雙邊，雙對黑魚尾，框高24.7釐米，寬17.3釐米。

申時行（1535—1614），字汝默，號瑤泉，晚號休休居士，中南直隸蘇州府長洲（今江蘇蘇州）人。明嘉靖四十一年（1562）進士第一，歷官翰林院修撰、禮部右侍郎、吏部右侍郎兼東閣大學士、首輔、太子太師、中極殿大學士。著有《書經講義會編》《召對錄》《申定公賜閑堂遺墨》等。《四庫全書總目》評價"其相業無咎無譽，詩文亦如其人"。《明史》卷二百一十八有傳。

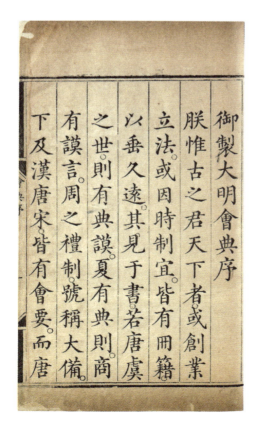

　　此書是明代官修的記載典章制度的史書，又名《明會典》。始纂於弘治十年
（1497）三月，經正德時參校後刊行，共一百八十卷，嘉靖時經兩次增補。萬曆時申時
行等人有感於前修《明會典》"歲月既久，議論漸已繁多；法令滋章，推行因之抵牾。
事或承訛而襲弊，浸失源流；吏多逞智以舞文，未諳體要"（申時行《進重修大明會典
表》），又加修訂，於萬曆十五年撰成重修本二百二十八卷，通稱《萬曆重修會典》。
其卷一至卷二百二十六記文職衙門，卷二百二十七、二百二十八記武職衙門。該書輯
録明代的法令和章程，為研究明代中央和地方政府的機構與職掌、官吏的任免、文書制
度、少數民族地區的管理、行政管理和監督，農業、手工業、商業和土地制度，賦稅、
戶役、財政等經濟政策，以及天文、曆法、習俗、文教等，提供了比較集中的資料，是
研究明代典章制度的重要文獻。

　　首都圖書館所藏為明萬曆十五年內府刻本，前有弘治十五年（1502）、正德四年
（1509）、萬曆十五年御製序，詳述各時期編纂、重修《明會典》的重要性和宗旨。

（范猛）

明嘉靖七年內府刻本《明倫大典》

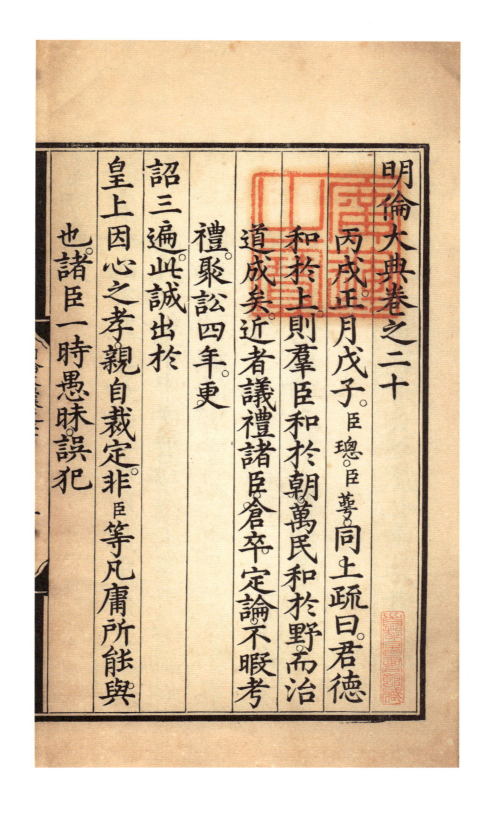

明倫大典卷之二十

丙戌正月戊子。臣璁。臣萼同上疏曰君德

和於上則羣臣和於朝萬民和於野而治

道成矣近者議禮諸臣倉卒定論不暇考

禮聚訟四年更

詔三遍此誠出於

皇上因心之孝親自裁定非臣等凡庸所能與

也諸臣一時愚昧誤犯

明倫大典二十四卷　　（明）楊一清、熊浹等纂修　明嘉靖七年（1528）內府刻本
（有抄配）　二函二十四冊　第二批《國家珍貴古籍名錄》04302號

半葉八行十八字，粗黑口，四周雙邊，雙對黑魚尾，框高26.9釐米，寬18.2釐米。

楊一清（1454—1530），字應寧，號邃庵，別號石淙，南直隸鎮江府丹徒（今屬江蘇）人。明成化八年（1472）進士，歷經成化、弘治、正德、嘉靖四朝，為官五十餘年，官至內閣首輔，號稱"出將入相，文德武功"，《明史》本傳稱"其才一時無兩，

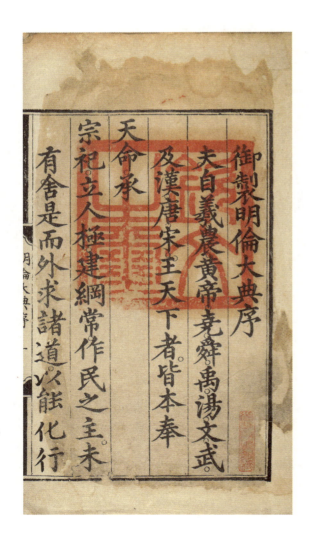

或比之姚崇云"。熊浹（1468—1554），字悅之，號北源，謐恭肅，南昌府南昌縣（今江西南昌）人。明正德九年（1514）進士，歷任大理寺卿、吏部尚書等職。《明史》卷一百九十七有傳。楊、熊二人均熟悉歷代朝章典志，又因在"大禮議"事件中支持嘉靖皇帝立生父為皇考，頗得嘉靖帝賞識，於是分別被委任為《明倫大典》的總裁、纂修官，負責該書的纂修事宜。

《明倫大典》是明嘉靖七年（1528）由官方刊佈的一本政書性質的史書，具有濃厚的政治色彩，為正德十六年（1521）至嘉靖三年（1524）關於"大禮議"事件的全部記錄。明世宗登基不久，圍繞其生父稱號問題，引發了著名的"大禮議"事件，最終以世宗立生父為皇考結束。這一過程中，世宗皇帝認為"位號以正，廟祀已成，豈可無一書以示後世"，遂決

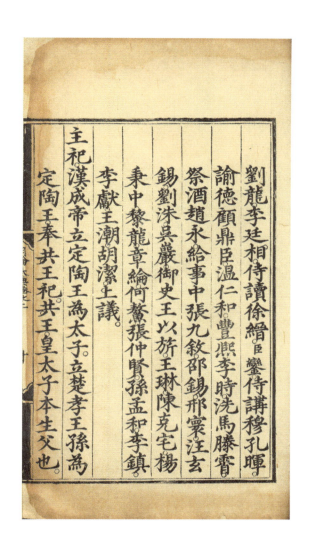

定修書以"正厥大倫"，使"尊尊親親各當其宜"（明世宗《皇帝敕諭纂修大禮全書》）。該書的編纂有複雜的政治背景，其成書刊佈，也對當時的政治產生了一定的影響。該書對瞭解嘉靖初期複雜的政治形勢，深入研究"大禮議"事件具有重要意義，是研究嘉靖一朝歷史的重要史料。

該書歷時四年，幾易其稿，經數人之手。嘉靖七年六月修畢，嘉靖皇帝親自為該書作序，刊行天下，是為嘉靖七年內府本。今存《明倫大典》還有明嘉靖鎮江府刻本，明嘉靖八年（1529）湖廣刻本等版本。由於內府本所印有限，難以普及，而抄錄又恐導致差訛，於是纔有了其他版本。首圖藏本乃嘉靖七年內府刻本。

本書鈐有"欽文之璽"、"廣運之寶"等印。

（范猛）

明嘉靖刻本《鹽政志》

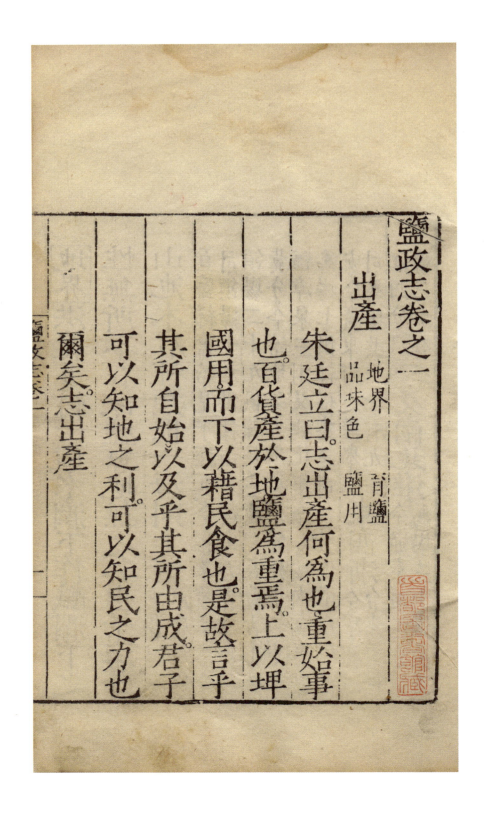

鹽政志卷之一

出產　　地界　品珠色　　肖鹽
　　　　　　　　　　　　鹽
朱廷立曰。志出產何爲也。重始事
也。百貨產於地鹽爲重焉。上以埤
國用而下以藉民食也。是故言乎
其所自始以及乎其所由成君子
可以知地之利可以知民之力也
爾矣志出產

鹽政志十卷　　（明）朱廷立等撰　　明嘉靖刻本　　一函八冊　　第二批《國家珍貴古籍名録》04309號

半葉八行十七字，小字雙行字同，白口，四周單邊，框高18.3釐米，寬14.4釐米。

朱廷立（？—1566），字子禮，號兩崖，湖廣通山（今湖北通山）人，王守仁弟子。明嘉靖二年（1523）進士，巡按順天，督修河道。後督北畿學政，倡正學，精藻鑒，人稱"朱夫子"，官至禮部侍郎。嘉靖八年（1529）任兩淮鹽政使後，朱廷立調整鹽政稅率，年增稅銀一百七十多萬兩。在此期間，他博考古今鹽制，根據《兩淮運河志》《兩淮鹽法事宜》《兩淮條約》等八十餘種典籍，撰成《鹽政志》一書。

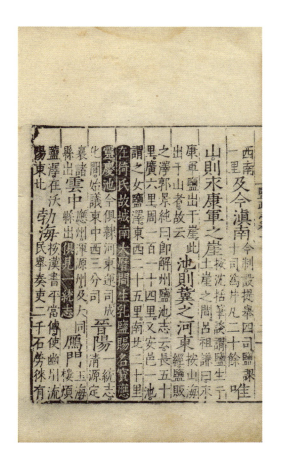

　　書首有周瑯、石唐龍敘各一篇，末有陳克昌後敘。書凡十卷七門：卷一出產，卷二建立，卷三至四制度，卷五制詔，卷六至八疏議，卷九鹽官，卷十禁令。每門正文之前均撰小敘注明其意義之所在，又各列子目，凡三百九十四目。全書詳述兩淮鹽政，兼述夏朝以來古今天下諸制，品評各朝典制之利弊得失。

　　該書於歷代鹽政變遷載述詳備，鹽法之更替變化脈絡分明，是研究嘉靖時兩淮鹽法乃至嘉靖以前各時期鹽政的重要史料。是志取材嚴謹，來源可靠，疏議皆鹽政大常錄製，以備稽考，援引俱從實錄，如某事見某書必據出處，以便省覽。陳克昌敘稱斯志“綱舉目張，始終條例，莫不畢備，博而要，約而罔遺”，足資與他史諸志參考。

（牛小燕）

明嘉靖十二年顧春世德堂刻本《六子書》

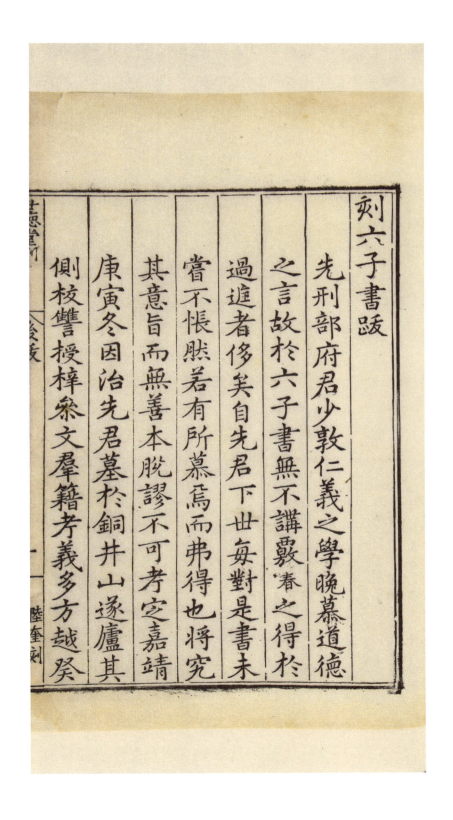

刻六子書跋

先刑部府君少敦仁義之學晚慕道德
之言故於六子書無不講覈春之得於
過逋者侈矣自先君下世每對是書未
嘗不悵然若有所慕爲而弗得也將究
其意旨而無善本脫謬不可攷定嘉靖
庚寅冬因治先君墓於銅井山遂廬其
側枝讐授梓衆文羣籍孝義多方越癸

六子書六十卷　（明）顧春編　明嘉靖十二年（1533）顧春世德堂刻本　六函三十六冊　第四批《國家珍貴古籍名録》10373 號

半葉八行十七字，小字雙行字同，白口，四周雙邊，單白魚尾，框高19.5釐米，寬14.4釐米。

顧春，字元卿，號東滄居士，明嘉靖間吳郡（今江蘇蘇州）人。官懷遠將軍。堂號"世德堂"，以刻書聞名。

是編包括《老子道德經》二卷，漢河上公註；《南華真經》十卷，晉郭象註，唐陸德明音義；《沖虛至德真經》八卷，晉張湛註；《荀子》二十卷，唐楊倞註；《新纂門目五臣音註揚子法言》十卷，晉李軌、唐柳宗元、宋宋咸、吳秘、司馬光註；《中說》

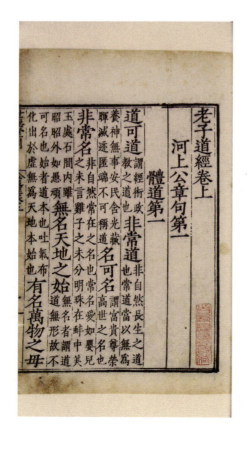
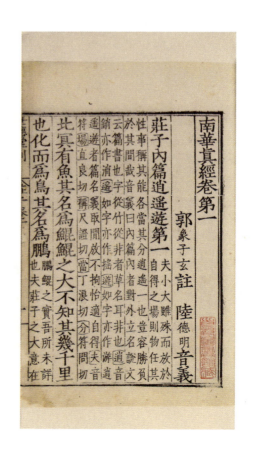

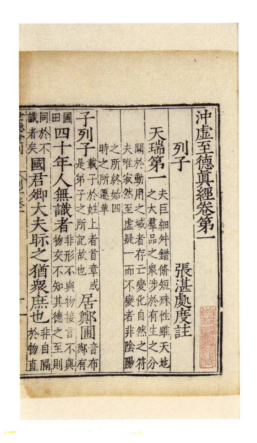
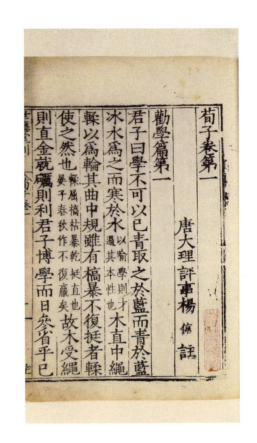
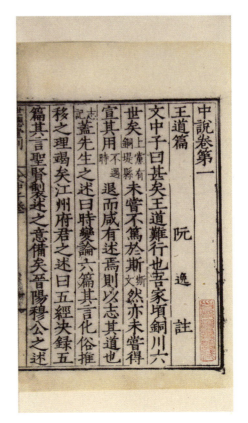

十卷，宋阮逸註。明代中葉崇尚古學，《左傳》《國語》而外，《六子》亦屬熱門，一再刻行。顧春將當時社會上流行的《老子道德經》等六種子書編為一書，引用權威註本，并"參文群籍，考義多方"（顧春《刻六子書跋》），乃成是編。該書既保留了《六子書》原文，又收入名家註語，是《六子》研究的重要文獻。

此本版心上刻"世德堂刊"，乃顧氏世德堂刊本。始刻於嘉靖九年（1530），竣於嘉靖十二年，歷四年而成。卷末顧春《刻六子書跋》云："先刑部府君，少敦仁義之學，晚慕道德之言，故於《六子書》無不講覈，春之得於過庭者侈矣。自先君下世，每對是書，未嘗不悵然若有所慕焉，而弗得也。將究其意旨，而無善本，脫謬不可考定。嘉靖庚寅冬，因治先君墓於銅井山，遂廬其側，校讎授梓……越癸巳夏乃成。"可見，顧春苦於六子之書世無善本，乃刻是書。該本因源出古本，又校刻精良，已見重於時，明清以來即被藏家視為善本。葉德輝《書林清話》將其列入明代私家版刻之精品。

（范猛）

明嘉靖六年司禮監刻本《大學衍義》

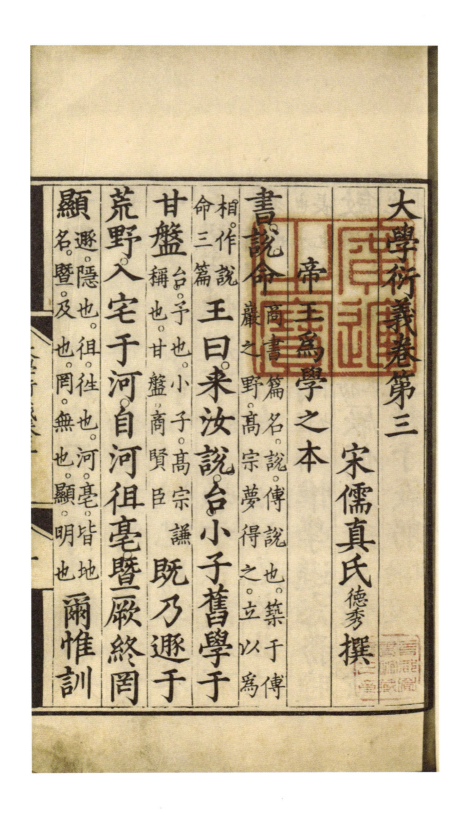

大學衍義四十三卷　（宋）真德秀撰　明嘉靖六年（1527）司禮監刻本　四函二十
冊　第三批《國家珍貴古籍名録》08278號

半葉八行十四字，小字雙行字同，粗黑口，四周雙邊，雙順黑魚尾，框高22.4釐米，
寬16.5釐米。

真德秀（1178—1235），本姓慎，避宋孝宗諱改姓真，字景元，後改希元，號西
山，謚文忠，浦城（今福建浦城）人。宋慶元五年（1199）進士，復中博學宏詞科，歷
官禮部侍郎、戶部尚書、參知政事等，乃一代名臣。其學宗朱熹，為朱子理學正宗傳人，世稱"小朱子"，生平著述等身，有《大學衍義》《四書集編》《讀書記》《文章正宗》《西山文集》《西山甲乙稿》等傳世。《宋史》卷四百三十七有傳。

《大學衍義》是真德秀"因《大學》之義而推衍"著成的，是對《大學》一書思想的闡釋和發揮。全書分帝王為治之序、帝王為學之本、格物致知、正心誠意、修身、齊家六部分，內容"皆徵引經訓，參證史事，旁採先儒之論，以明法戒，而各以己意發明之，大旨在於正君心，蕭宮闈，抑權倖"。真德秀被譽為朱子理學的正宗傳人，正是因為他沒有沾染"浮慕道學"的弊端，所著《大學衍義》更是"陰切時事"，"為之有節次，行之有實際，非空談心性即可坐而致者"

（《四庫全書總目》卷九十二）。正是由
於此書在治國之道、民生之理和廉政思想
等方面的精闢論述，使其為元、明、清歷
代統治者所重視，元仁宗就曾評價說：
"治天下者，此一書足矣。"（《元史》
卷二十四）

　　明嘉靖六年司禮監刻本是此書的重
要版本。嘉靖六年（1527）夏，嘉靖皇帝
朱厚熜沒有按照"盛暑輟講"的慣例暫停
經筵進講，而是要求大臣們專門講授真德
秀所著《大學衍義》一書，並規定每月逢
三、逢八日進講，遇有疑問則當面質詢。
後來，嘉靖皇帝又認為"是書板在內局
者，寫刻俱未精，爰定新式，楷書成帙，
命司禮監重刻之以傳"，還親自撰寫序文
列於書前，並責成大臣撰寫後序，"以昭
一代君臣之制，以垂示後之人"（楊一清
《重刊大學衍義後序》）。正是由於有嘉
靖皇帝如此的重視和親力親為，纔使得司
禮監本《大學衍義》成為明中期內府刻書
的精品。

　　此書內有民國張直題記，並鈐有"欽
文之璽"、"廣運之寶"、"張直之印"
等。

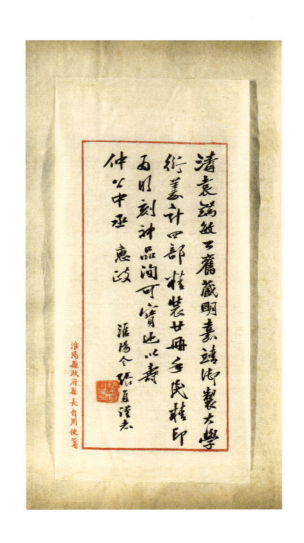

（張昊）

明正德元年宗文堂刻本《大學衍義補》

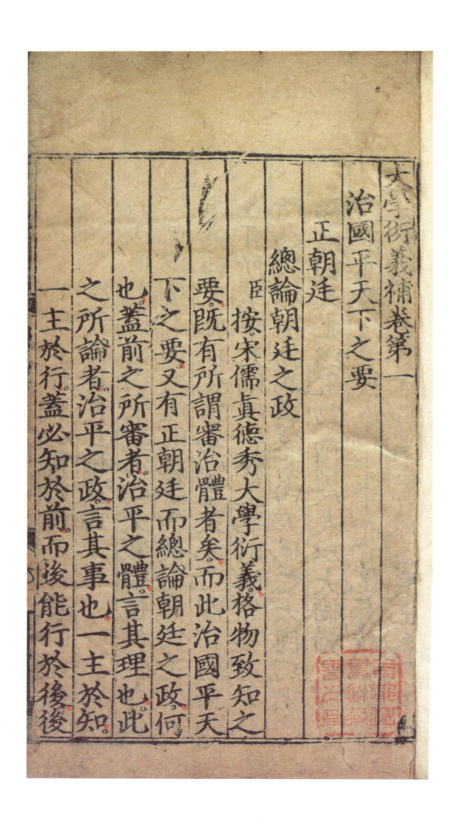

大學衍義補卷第一

治國平天下之要

正朝廷

總論朝廷之政

臣按宋儒真德秀大學衍義格物致知之
要既有所謂審治體者矣而此治國平天
下之要又有正朝廷而總論朝廷之政何
也蓋前之所審者治平之體言其理也此
之所論者治平之政言其事也一主於知
一主於行蓋必知於前而後能行於後後

大學衍義補一百六十卷首一卷　（明）丘濬撰　明正德元年（1506）宗文堂刻本

四函四十冊　第三批《國家珍貴古籍名録》08283號

半葉十行二十字，小字雙行字同，粗黑口，四周雙邊，雙順黑魚尾，框高19.8釐米，寬12.8釐米。

丘濬（1421—1495），字仲深，號深庵、玉峰，別號海山老人，瓊州瓊臺（今海南瓊山）人。明景泰五年（1454）進士，自翰林院編修進侍講，遷國子祭酒，累官至禮部尚書。弘治四年（1491），兼文淵閣大學士參預機務，為尚書入內閣者之始。八年（1495），卒於官。贈太傅，謚文莊。丘濬幼孤，母李氏教之讀書，及長博覽群書，尤熟於當代掌故，晚年右眼失明仍披覽不輟。丘氏所涉領域廣泛、著述甚豐，與修《英宗實録》，實書于謙之功，又作《投筆記》《羅囊記》等傳奇四種，亦工詩，有《瓊臺集》。《明史》卷二百三十七有傳。

宋人真德秀有《大學衍義》一書，闡發《大學》中格物、致知、誠意、正心、修身、齊家諸義，但缺少治國、平天下的部分。因此，丘濬博採六經諸史百家之文，加按語抒發已見，輯成《大學衍義補》一百六十卷。該書包括《正朝廷》《正百官》《固邦本》《制國用》《明禮樂》《秩祭祀》《崇教化》《備規制》《慎刑憲》《嚴武備》《馭夷狄》《成功化》等十二章，內容包羅宏富，史料衆多。清代四庫館臣認為：“真氏原本實屬闕遺，濬博綜旁搜，以補所未備，兼資體用，實足以羽翼而行。且濬學本淹通，又習知舊典，故所條列元元本本，貫串古今，亦復具有根柢。其人雖不足重，其書要不為無用也。”（《四庫全書總目》卷九十三）

此本為明正德元年宗文堂刻本。元代建陽鄭天澤首創宗文書堂，從事刊刻事業。從元至順元年（1330）刻《靜修先生文集》起，至明萬曆三十九年（1611）鄭世容刻《三國志傳》，鄭氏宗文堂前後持續時間長達二百八十二年，為元明兩代福建坊刻之翹楚，堪與劉氏翠巖精舍和日新堂相媲美。（參見謝天順、李珽《福建古代刻書》）

鈐有“孫華卿章”。

（張昊）

明嘉靖三十八年吉澄、樊獻科等刻本《大學衍義補》

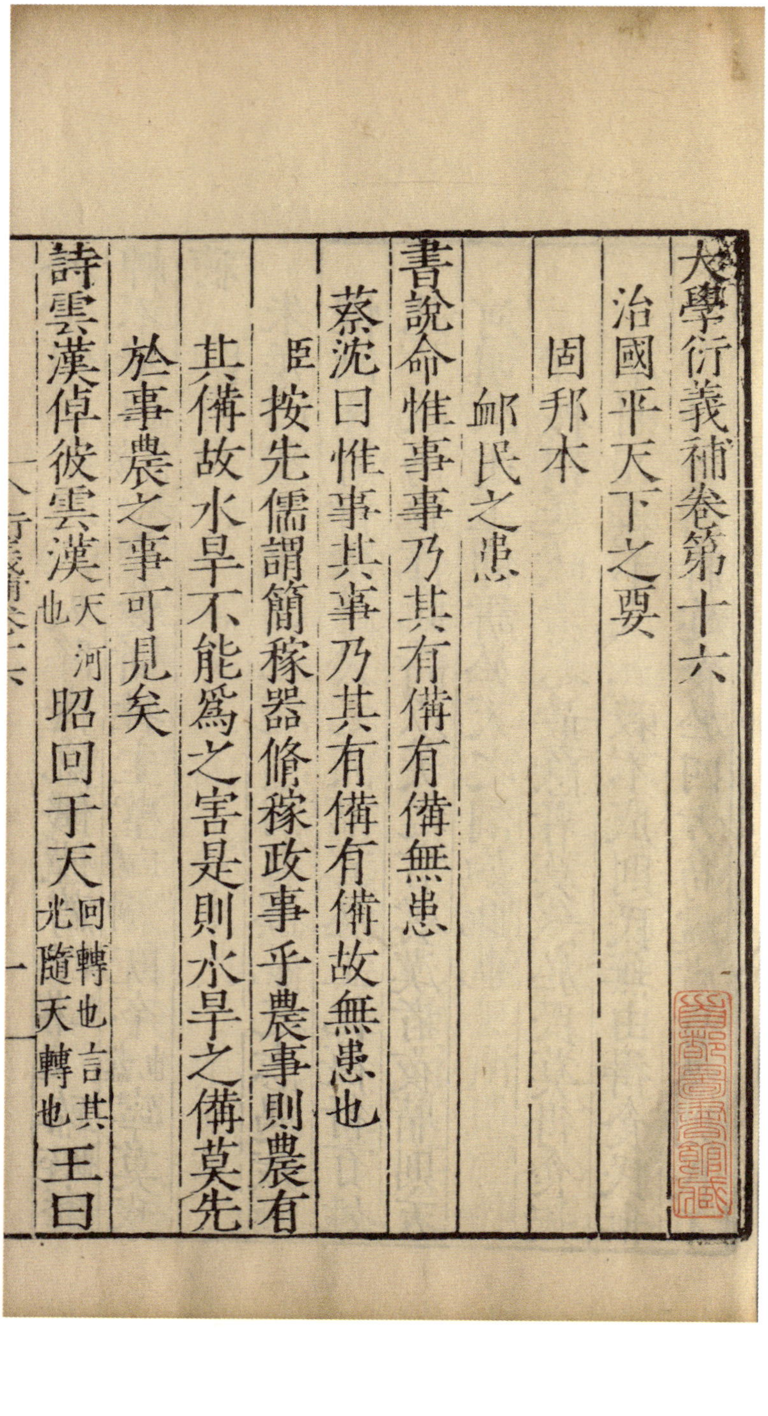

大學衍義補卷第十六

治國平天下之要

固邦本

邱民之患

書說命惟事事乃其有備有備無患

蔡沈曰惟事事乃其事乃其有備有備故無患也

臣按先儒謂簡稼器修稼政事乎農事則農有

其備故水旱不能爲之害是則水旱之備莫先

於事農之事可見矣

詩雲漢倬彼雲漢也 天河

昭回于天 回轉也 光隨天轉也

王曰

大學衍義補一百六十卷首一卷　（明）丘濬撰　明嘉靖三十八年（1559）吉澄、樊獻科等刻本　四函四十冊　第三批《國家珍貴古籍名録》08288號

半葉十行二十字，小字雙行字同，白口，四周單邊間左右雙邊，單白魚尾，框高19.2釐米，寬14.2釐米。

丘濬於明景泰五年（1454）入仕，此後二十餘年身居下僚，至七十一歲高齡時纔入閣為大學士，行宰相之職。其在相位四年間，一目失明，衰病老邁，在政治上並沒有很大的建樹。丘濬一生的功業在於著述。史料記載，丘氏撰有《世史正綱》《家禮儀節》《朱子學的》《大學衍義補》等經史著作，以及《五倫全備記》《投筆記》《舉鼎記》

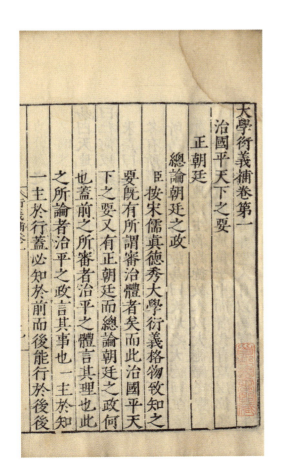

等戲曲作品，而《丘文莊公集》和《瓊臺會稿》二書中還收録了他大量的詩詞、散文，另外，他還參與了《寰宇通志》《明英宗實録》《宋元綱目》等典籍的編撰。

在丘濬的眾多著作中，以《大學衍義補》最為重要，丘氏於此書也用力最深。此書編成後，即受到朝廷和士人們的矚目與推崇，刊刻傳播不斷。據學者考證，僅在明代一朝，該書就有弘治元年（1488）建寧府、宗文堂，嘉靖間吉澄，萬曆内府、喬應甲等多種版本，可謂流佈甚廣。

此本為明嘉靖三十八年（1559）吉澄、樊獻科等刻本，卷一百六十末有"巡按福建監察御史吉澄校刊"木記。

（張昊）

明隆慶六年廣信府刻本《大學衍義補纂要》

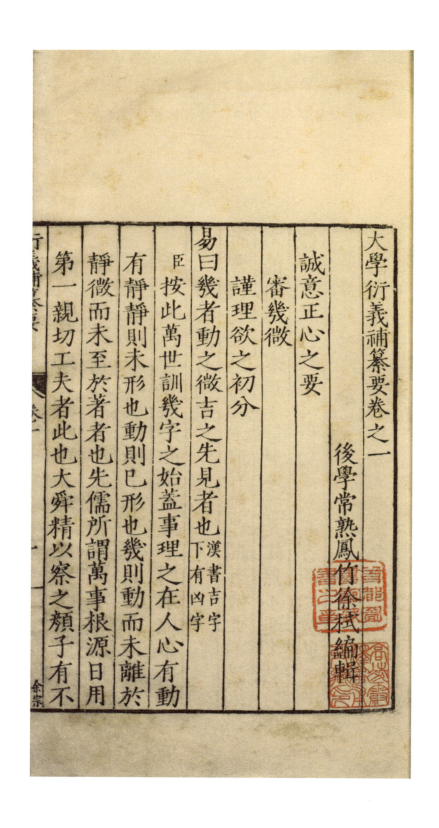

誠意正心之要

審幾微

謹理欲之初分

易曰幾者動之微吉之先見者也漢書吉字下有凶字

臣按此萬世訓幾字之始蓋事理之在人心有動

有靜靜則未形也動則已形也幾則動而未離於

靜微而未至於著者也先儒所謂萬事根源日用

第一親切工夫者此也大舜精以察之顏子有不

大學衍義補纂要六卷 （明）徐栻輯　明隆慶六年（1572）廣信府刻本　一函六冊
第三批《國家珍貴古籍名録》08293號

　　半葉十行二十字，小字雙行字同，白口，四周單邊，單黑魚尾，框高19.4釐米，寬
14.2釐米。

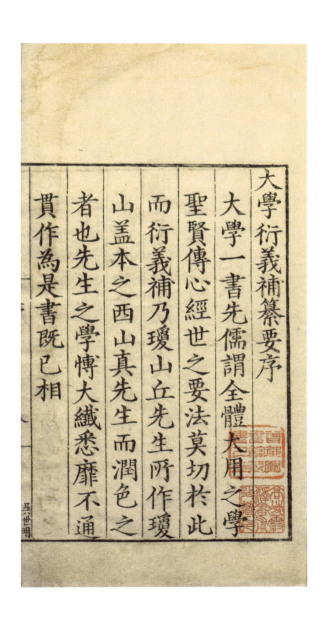

　　徐栻，字世寅，號鳳竹，明嘉靖隆慶間常熟（今江蘇常熟）人。嘉靖二十六年（1547）進士，除宜春知縣，為政廉明，依法懲治權相嚴嵩家人，嵩莫能奈。隆慶初任雲南按察使，民甚戴之。累官至南京工部尚書，有《督撫江西奏議》行世。《明史》卷三百十四有傳。

　　《大學》為儒家經典，宋真德秀作《大學衍義》，發揮格、致、誠、正、修、齊諸義。入明，丘濬博採六經諸史百家之文，加按語抒發己見，補其所缺治、平，成《大學衍義補》。明清時代，此二書流傳甚廣，但由於篇長幅巨，不易誦讀，因此有多種節本或述要本行世，此即為其中一種。徐氏在《大學衍義補纂要序》中說：“栻自束髮時則知誦習先生之書，而苦於記識之弗強。於是仍其篇目，採摭精要，為書凡六卷，始之以格致正心之要，而終之以聖神功化之極，中列吏戶禮兵刑工六

科，以盡天下之務。”可見，徐氏之書重在將儒家理論與現實相結合，以經典理政事，以俗務證經典，二者互爲表裏，相互闡發。

　　此本爲明隆慶六年廣信府刻本。廣信府，今江西上饒地區，明初置府，此後轄境屢有變遷，至民國二年（1913）廢府改縣。隆慶六年前後，徐栻任江西巡撫，“取所纂舊本刪潤增輯之”，并由廣信府知府錢藻、林敬冕等人，主持校勘及刷印工作，以“頒諸弟子俾卒業、示嚮往”（錢藻《大學衍義補纂要跋語》）。版心下端有書手、刻工“鉛山朱大綸寫　建閩鄒友孫刊”及“蔡昂”、“吳世明”等。

　　此本鈐有“衡陽常氏潭印閣藏書之圖記”、“高凌霨澤畬甫收藏印”等印記。

（張昊）

明嘉靖三十一年余氏自新齋刻本
《新刊憲臺釐正性理大全》

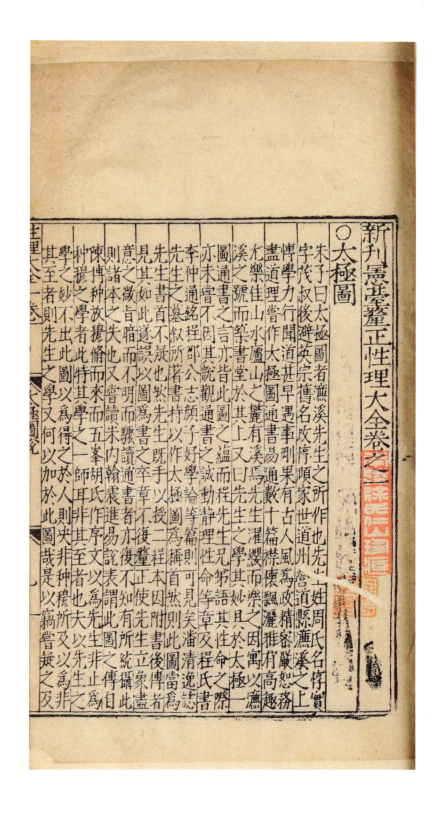

新刊憲臺鼇正性理大全七十卷 （明）胡廣等撰 明嘉靖三十一年（1552）余氏自新齋刻本 四函二十四冊 第三批《國家珍貴古籍名録》08308號

半葉十一行二十四字，小字雙行字同，白口，四周雙邊，雙順黑魚尾，框高18.1釐米，寬13.0釐米。

胡廣（1369—1418），字光大，號晃庵，謚文穆，吉安路吉水州（今江西吉水）人。明建文二年（1400）庚辰科狀元，歷官翰林院修撰、左春坊大學士、文淵閣大學士，永樂五年至十六年（1407—1418）任內閣首輔。主持編寫《四書大全》《五經大

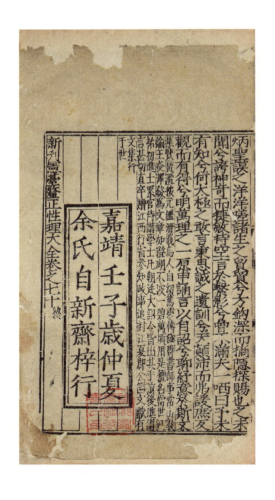
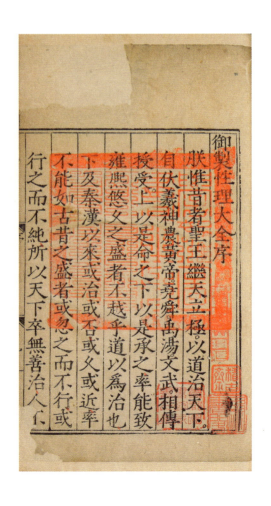

全》《性理大全》等。《四庫全書》子部雜家類收録其《胡文穆雜著》。《明史》卷一百四十七有傳。

明太祖即位後，為整頓戰亂後的社會風氣，恢復道統秩序，在學術思想領域實行文化專制統治，推崇經學，尤重程朱理學的作用。洪武三年（1370）明朝恢復科舉，承襲元朝舊規，科舉考試内容基本上以程朱理學為主。為實現"使家不異政，國不殊俗"（永樂十三年御製序）、"家孔孟而戶程朱"（永樂十三年胡廣等《進書表》）的目的，永樂十二年（1414），明成祖朱棣命胡廣等人編纂《性理大全》。該書彙輯宋代儒家理學名著與重要論述，專供科舉取士之用，為明代儒學的典範之作，集理學之大成。

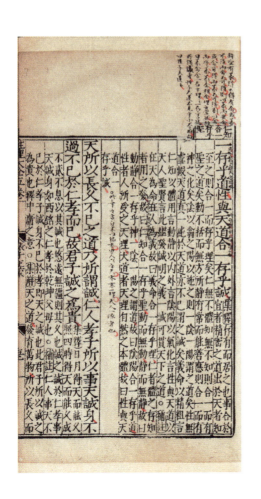

其編排方法仿照《朱子語類》的體例，先列原文，後置各家之說，以卷編次。所採宋儒之說共一百二十家。在全書七十卷中，第一至二十五卷為自成卷帙的著述，計有周敦頤《太極圖說》一卷、《通書》二卷、張載《西銘》一卷、《正蒙》二卷、邵雍《皇極經世書》七卷、朱熹《易學啓蒙》四卷、《家禮》四卷、蔡元定《律呂新書》二卷、蔡沈《洪範皇極内篇》二卷。第二十六卷以下，摘發群言，列為十三目，分別為"理氣"、"鬼神"、"性理"、"道統"、"聖賢"、"諸儒"、"學"、"諸子"、"歷代"、"君道"、"治道"、"詩"、"文"，共計四十五章。是書朱學印蹟十分明顯，集汗牛充棟的宋人理學名篇名章為一體，為後世治儒與研究提供了系統而豐富的資料。它與《五經大全》《四書大全》的編纂，真正確定了程朱理學的統治地位，在中國性理學發展史上佔有極為重要的地位。《四庫全書總目》收入子部儒家類，評以"以後來刻性理者汗牛充棟，其源皆出於是書"。

　　此本卷終有"嘉靖壬子歲仲夏余氏自新齋梓行"長方形牌記，是明嘉靖三十一年余氏自新齋刻本。余氏家族以刻書聞名，刻書歷史可追溯至宋代，至明代已書肆林立，有自新齋、三臺館、萃慶堂等。首圖藏該本雖為坊刻之本，然流傳至今也不多見。

　　此本有佚名批註。鈐有"賜書閣"、"積古齋"、"南陵徐氏仁山珍藏"、"學部圖書之印"（滿漢合璧）、"京師圖書館收藏之印"等印記。

（范猛）

明嘉靖三十八年樊獻科刻本《性理大全書》

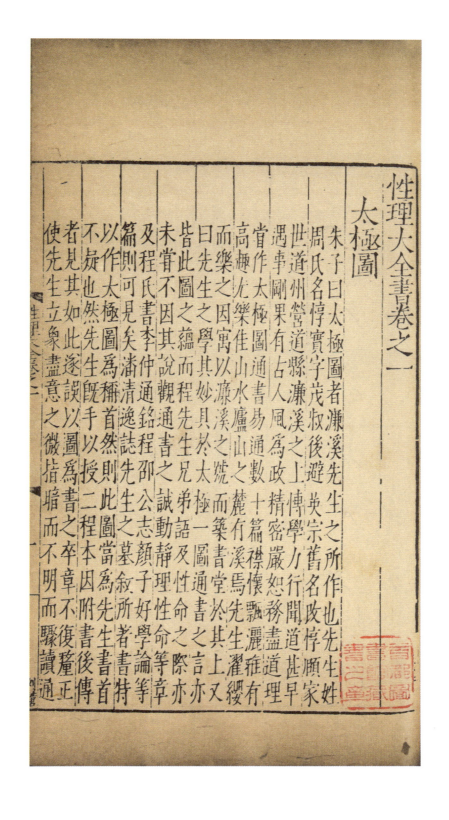

性理大全書七十卷 （明）胡廣等撰　明嘉靖三十八年（1559）樊獻科刻本　四函三十六册　第二批《國家珍貴古籍名録》04455號

半葉十行二十字，白口，四周單邊間左右雙邊，雙順黑魚尾，框高21.9釐米，寬14.7釐米。

首都圖書館藏此本是明嘉靖三十八年（1559）樊獻科刻本。卷七十末有"巡按福建監察御史樊獻科重訂"方形牌記。樊獻科，浙江縉雲人，字文叔，號斗山，以進士官御史，歷官福建參政、提學副使。該書"建陽書林數有刻本，而字畫差訛，卷帙簡略，讀者憾焉"（程秀民《重刊性理大全書敍》），時任建寧府知府的程秀民於是重加校正并

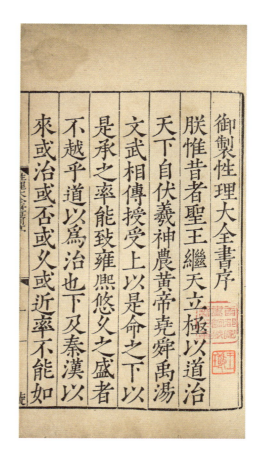

刻之。嘉靖朝，以文教治天下，《性理全書》"頒諸學官弟子員者非一日矣"，巡按福建監察御史樊獻科"手批而日玩之"，認為"性也，由心生也；理也，與事俱也"，應該達到"人人得而知之"的目的，於是在程秀民刻本的基礎上重刻。因"有感於是書"之刻，故作《紀載》一篇，"妄為繪說，以附重刊者之志"（樊獻科《紀載》）。有刻工：蔡榮、劉甫等，均為明嘉靖年間刻字工人。

本書鈐有"王璇"印記。

（范猛）

明刻本《性理群書大全》

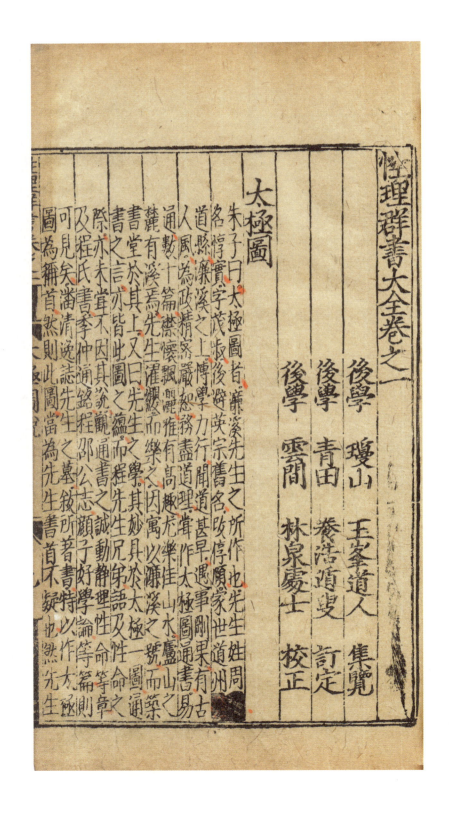

性理群書大全七十卷　　題玉峯道人輯　　明刻本（有抄配）　　六函三十六冊　　第三批
《國家珍貴古籍名録》08310號

　　半葉十一行二十二字，小字雙行字同，黑口，四周雙邊，雙順黑魚尾，框高19.2釐米，寬13.1釐米。

　　首都圖書館此本不著撰人名氏，卷一卷端但題"後學瓊山玉峯道人集覽　後學青田養浩遁叟訂定　後學雲間林泉處士校正"，根據現有資料，無法考證作者真實姓名。

　　《性理群書大全》，一名《性理群書集覽》，七十卷。該書以永樂時期胡廣等人所編《性理大全》為基礎，取其中人名、地名、年號、訓詁之類，依王幼學《通鑑綱目集覽》之例，各為註釋，有增註者，即別標為附録。首永樂十三年（1415）御製序，次永樂十三年大學士胡廣、翰林侍講楊榮、金幼孜等進書表，次目録，次先儒姓氏，次纂修職名，次正文。正文中，作者每每於先儒論說之後，冠以"集覽"之名，解文釋義，闡述見解。

　　該書另有明正德六年（1511）宗德書堂刻本、明書林劉氏日新堂刻本。首圖此本為明刻本，軟體趙字，實有明初風格，存世稀少。

　　此本有佚名圈點。鈐有"話雨樓"等印記。

（范猛）

明正統十二年內府刻本《五倫書》

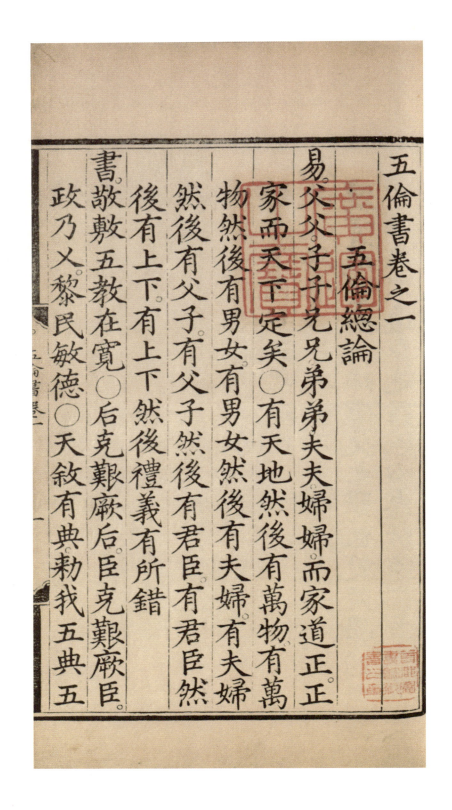

五倫書卷之一

五倫總論

易父父子子兄兄弟弟夫夫婦婦而家道正正

家而天下定矣〇有天地然後有萬物有萬

物然後有男女有男女然後有夫婦有夫婦

然後有父子有父子然後有君臣有君臣然

後有上下有上下然後禮義有所錯

書敬敷五教在寬〇后克艱厥后臣克艱厥臣

政乃乂黎民敏德〇天敘有典勅我五典五

五倫書六十二卷　　（明）宣宗朱瞻基撰　明正統十二年（1447）內府刻本　四函
二十四冊　第三批《國家珍貴古籍名録》08314號

半葉九行十八字，粗黑口，四周雙邊，雙對黑魚尾，框高29.5釐米，寬19.3釐米。

明宣宗朱瞻基（1398—1435），明仁宗朱高熾長子，洪武三十一年（1398）生於
燕王府邸。天資慧達，幼時深得皇祖父喜愛。永樂九年（1411）被明成祖朱棣立為皇太
孫，曾數度隨成祖征討蒙古。洪熙元年（1425）明仁宗暴病而亡，朱瞻基即位，改元宣
德。後平定漢王朱高煦叛亂。當政十年，頗有作為。時社會安定昌達，史稱"仁宣之
治"。史家稱其為太平天子、守成之君。宣德皇帝治國有方與其個人修養不無關係，他

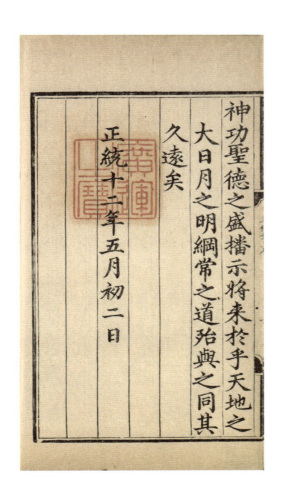

自幼研經讀史，在位期間還曾編纂《帝訓》
二十五篇、《歷代臣鑒》三十七卷和《御製
官箴》一卷，另有《大明宣宗皇帝御製集》
四十四卷存世。他不僅擅詩文，還喜遊獵、
鬥促織，並精於繪畫。故宮博物院至今仍藏
有他親筆繪製的《武侯高臥圖》等多幅真
跡。他在位期間是明代宮廷文化鼎盛時期。
宣德十年（1435年），朱瞻基染病死於乾清
宮，時年38歲，廟號宣宗，葬於北京昌平景
陵。

《五倫書》是明宣宗朱瞻基生前所編，
正統十二年，其子英宗製序刊行。英宗御製序
曰："我皇考宣宗章皇帝纂承大統，益隆繼
述，嘗於萬機之暇，採輯經傳百家嘉言善行之
有關於君臣、父子、兄弟、夫婦、朋友之道
者，類分為六十二卷，命曰《五倫書》。欲嘉
與萬方，講求其理，將以施之於身，行之於

家，而達之於邦國。俾咸囿仁義、忠厚、慈良之域而後已。"《明英宗實録》載：書成後"命工部刻板"，并"頒《五倫書》於天下儒學"。

　　此書開本宏闊，刻印精良，序尾和卷首均鈐有明宮"廣運之寶"璽印，是明代早期宮廷刻書的精典之作。

（劉乃英）

明嘉靖四年刻本《讀書録》

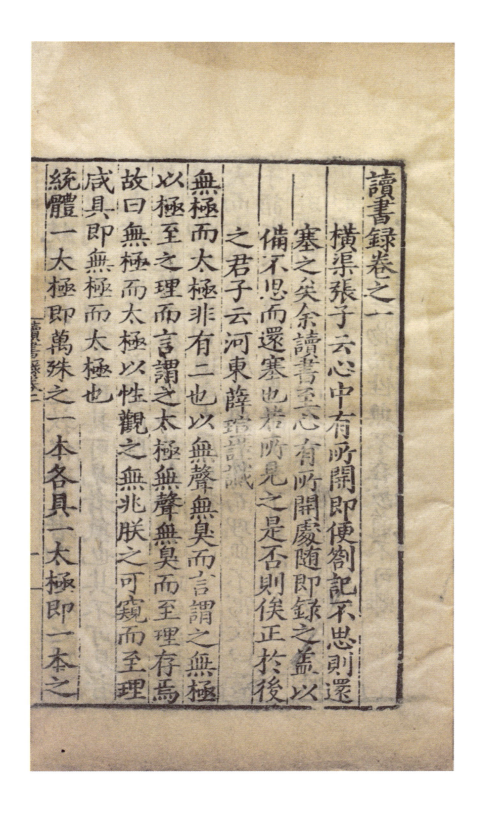

讀書録卷之一

横渠張子云心中有所開即便劄記不思則還
塞之矣余讀書至心有所開慮隨即録之蓋以
備不思而還塞也若所見之是否則俟正於後
之君子云河東薛瑄□□誠

無極而太極非有二也以無聲無臭而言謂之無極
以極至之理而言謂之太極無聲無臭而至理存焉
故曰無極而太極以性觀之無兆朕之可窺而至理
咸具即無極而太極也
統體一太極即萬殊之一本各具一太極即一本之

讀書録十一卷續録十二卷 （明）薛瑄撰　明嘉靖四年（1525）刻本　一函四冊

第三批《國家珍貴古籍名録》08312號

半葉十行二十字，白口，四周單邊，框高20.3釐米，寬13.4釐米。

薛瑄（1389—1464），字德温，號敬軒，山西河津（今山西萬榮）人。明永樂十九年（1421）進士，景泰二年（1451）為南京大理寺卿，英宗時拜禮部右侍郎兼翰林院學士，入閣參預機要，後致仕。他是明代著名思想家、理學大師，河東學派創始人，著有《讀書録》《薛文清集》等。《明史》卷二百八十二有傳。

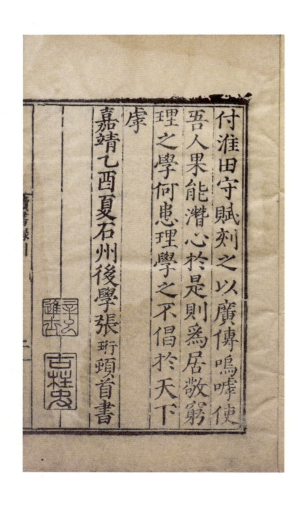

薛瑄在《讀書録》開篇稱寫作此書是受張載"心中有所開，即便劄記，不思則還塞之矣"一語啓發，讀書每有心得，隨即録之，積二十餘年而成。此書以復性為本，以主敬為要，編成於景泰七年（1456）以後。黄宗羲《明儒學案》稱："《讀書録》大概為《太極圖說》《西銘》《正蒙》之義疏，然多重復雜出，未經刪削，蓋惟體驗身心，非欲成書也。"此書雖不系統，但字裏行間隨處可見一位注重踐履的理學家的真切體會。黄宗羲亦說《讀書録》"多兢兢檢點言行間，所謂'學貴踐履'，意蓋如此"，可謂中肯。《讀書録》之後，薛瑄又陸續録其心得，編成《續録》。

許雪濤《薛瑄〈讀書録〉版本源流考》一文（《華南師範大學學報（社會科學版）》2008年第5期）對《讀書録》的版本做了詳細的考證，指出《讀書録》主要有原刊本和經編排整理本兩個系統，最初的刊本保留了"隨即録之"的面貌，及薛瑄弟子閻禹錫於成化二年（1466）刊刻《讀書録》二十四卷本時，則對原書内容做了分門別類的編排，顯得更為系統，但編排本的流傳遠遠不及原本廣泛，"就身心之學言之，《讀書録》隨意的寫作可能更能達到效果，讀之猶經歷作者的體驗過程"。

　　許文指出《讀書録》"原刊本可能是十一卷，並且十一卷本是《讀書録》流傳過程中的主綫"。現所知十一卷本所存最早者乃成化弘治間刻本，惜已非全帙，現存較早而較為完整的則是明嘉靖四年（1525）刻本，此本前有張珩的《重刻讀書録引》，文中稱"近季得是録而涵泳之，誠為身心之要領也，但今之世詩文遍天下，而此録不多見，因付淮田守賦刻之以廣傳"。似此書的刊刻者就是張珩。張珩，山西石州人。正德十六年（1521）進士，授監察御史，官至兵部侍郎，曾總督陝西（《明人傳記資料索引》）。可見刊印此書乃官方行為，亦可見薛瑄的思想在當時很受推崇，是其入祀孔廟的前兆。

（邸曉平）

明嘉靖三十四年沈維藩刻本《讀書錄》

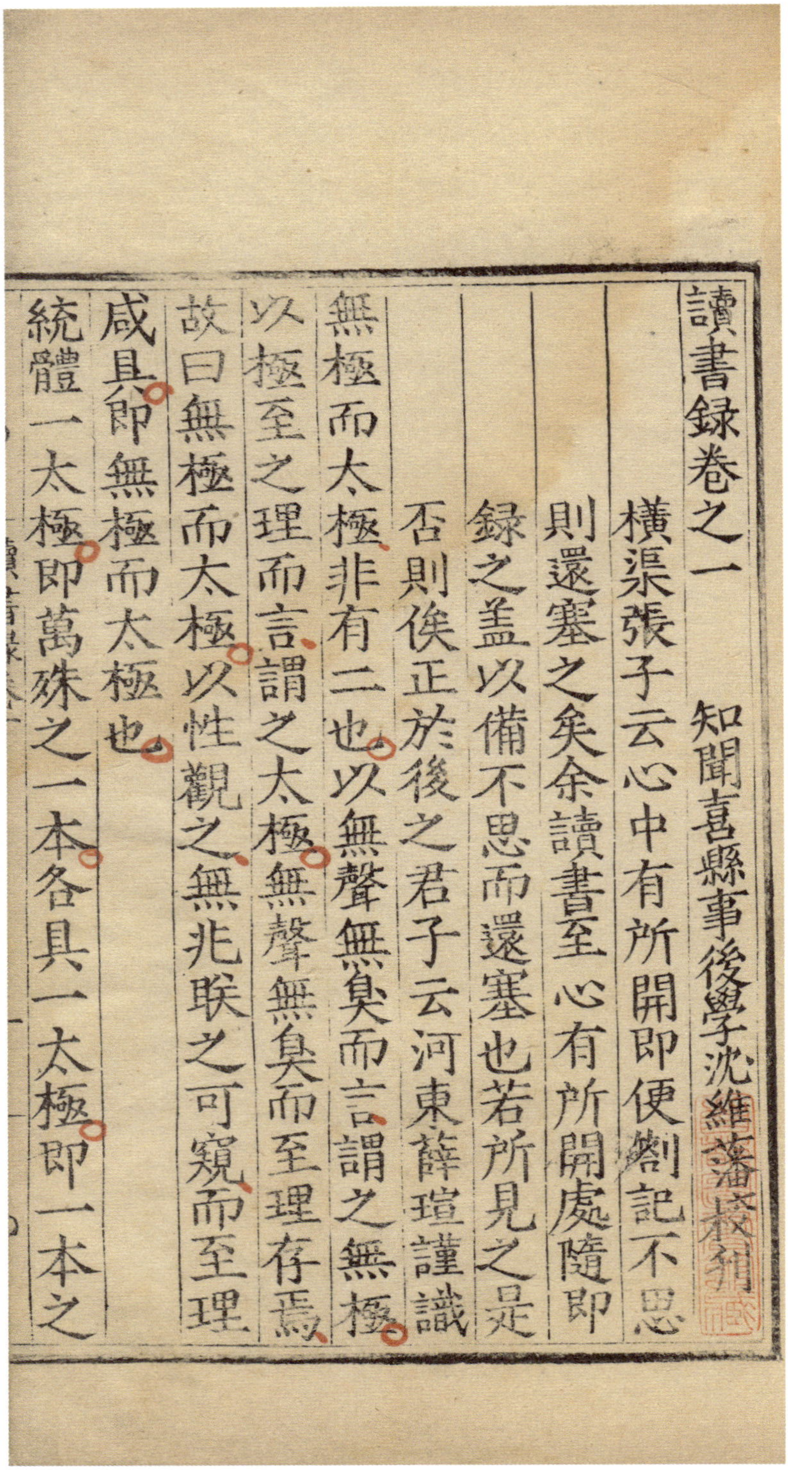

横渠張子云心中有所開即便劄記不思
則還塞之矣余讀書至心有所開處隨即
録之盖以備不思而還塞也若所見之是
否則俟正於後之君子云河東薛瑄謹識

無極而太極非有二也以無聲無臭而言謂之無極
以極至之理而言謂之太極無聲無臭而至理存焉
故曰無極而太極以性觀之無兆朕之可窺而至理
咸具即無極而太極也
統體一太極即萬殊之一本各具一太極即一本之

讀書録十卷續録十二卷 （明）薛瑄撰　明嘉靖三十四年（1555）沈維藩刻本　二函十冊　第三批《國家珍貴古籍名録》08311號

半葉十行二十字，白口，四周雙邊，框高20.2釐米，寬13.0釐米。

《讀書録》是明代著名理學大師薛瑄一生讀書、講學的筆記，明清兩代對其多次刊刻，主要有十一卷、十卷、二十四卷、二十卷、八卷幾種形式。許雪濤《薛瑄〈讀書録〉版本源流考》一文（《華南師範大學學報（社會科學版）》2008年第5期）對各版本情況有較為詳細的考證。

許文認為十一卷本可能是《讀書録》的原刊本，他又將十一卷本與所見十卷本最早者明正德十五年（1520）鄭維新刻本相比對，發現後者較前者有內容的補充，如卷二中"《易》有……"條加入"《詩》有白圭之訓"一句；有順序的調整，如十一卷本"讀《陰符經》雜言並序"條在卷六之首，而十卷本中，此篇則在卷十之末。認為"十卷本是在十一卷本的基礎上經過了鄭維新的修訂"。

首都圖書館所藏的明嘉靖三十四年沈維藩刻本，即是據鄭維新刻本而刊。沈維藩是明嘉靖三十二年（1553）癸丑科進士，時任平陽府解州聞喜縣知縣，他刊刻此書，是為了"表章正學，以一士習，以振風教"，此本正文前有平陽

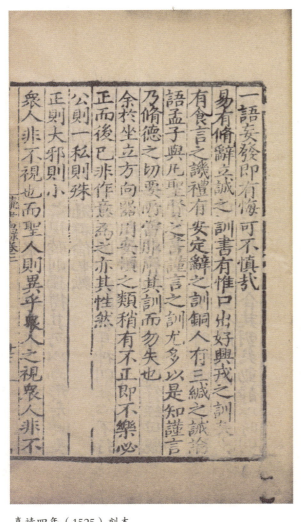

嘉靖四年（1525）刻本

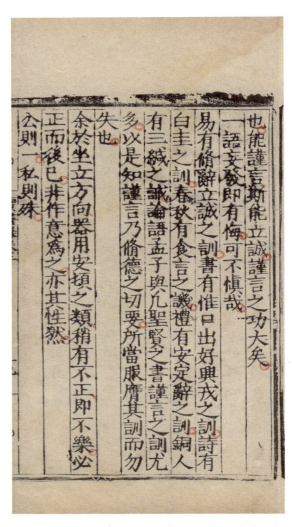

嘉靖三十四年（1555）沈維藩刻本

府解州聞喜縣的《重刊讀書錄公移》，可見刊印此書乃官方行為，亦可見薛瑄的思想在當時很受推崇。

　　此本比較稀見，《中華再造善本》影印了此版本。

（邸曉平）

明閔齊伋刻朱墨套印本《三子合刊》

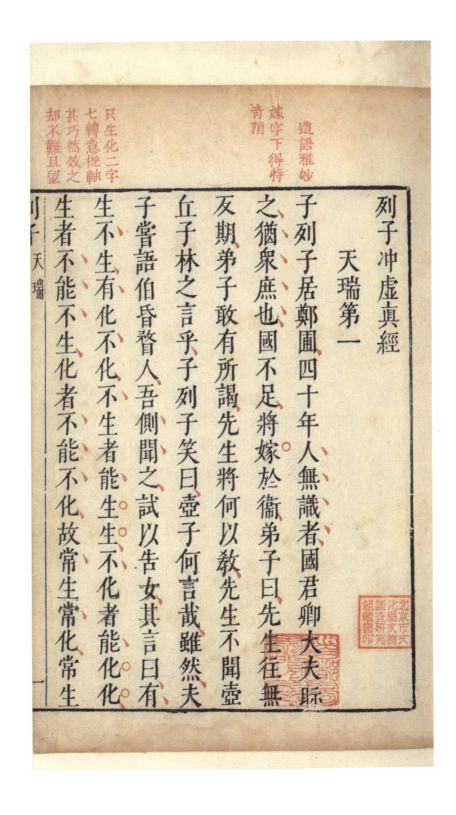

列子冲虛真經

天瑞第一

子列子居鄭圃四十年人無識者國君卿大夫眎
之猶眾庶也國不足將嫁於衛弟子曰先生往無
反期弟子敢有所謁先生將何以教先生不聞壺
丘子林之言乎子列子笑曰壺子何言哉雖然夫
子嘗語伯昏瞀人吾側聞之試以告女其言曰有
生不生有化不化不生者能生生不化者能化化
生者不能不生化者不能不化故常生常化常生

造語雅妙
嫁字下得特
筍䦆
只生化二字
七轉意悅軸
甚巧然效之
却不難且望

三子合刊　（明）閔齊伋輯　明閔齊伋刻朱墨套印本　二函十冊　第二批《國家珍貴古籍名錄》04978號

半葉九行十九字，書眉鐫評，行五字，白口，四周單邊，無界行，框高21.5釐米，寬15.2釐米。

本書係閔齊伋輯刻的春秋戰國年間三部子書，包括：一、《老子道德經》二篇，有三國時吳國道士葛玄序，目錄題"河上公章句"，列篇目"體道第一"、"養身第二"等，正文不列篇目，且無章句內容。原文墨印，圈點朱印。二、《莊子南華真經》四卷，第一卷為內篇七篇，第二、三卷為外篇十五篇，第四卷為雜篇十一篇，共三十三篇。有西晉郭象序。正文墨印，版框內有圈點和旁批，書眉有評語，皆朱印。三、《列子沖虛真經》八篇，有西漢劉向序，序後有一段按語："天寶初奉旨冊為沖虛真人，其書改題曰沖虛真經……大宋景德四年敕加'至德'二字，號曰'沖虛至德真經'。"也是正文墨印，版框內圈點、旁批、書眉評語朱印。此書音義附在《老子》書末、《莊子》每卷末、《列子》第四篇和第八篇末。每書後都印有"西吳閔齊伋遇五父校"條記，下有"閔齊伋印"、"遇五氏"二朱印。

此書評語主要評論文法，未題評點者。蕭天石編《道藏精華》收錄閔刻本《列子沖虛真經》，題"明閔齊伋評批"；哈佛燕京圖書館收藏閔刻《三子

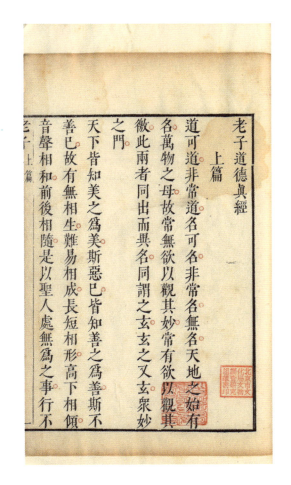

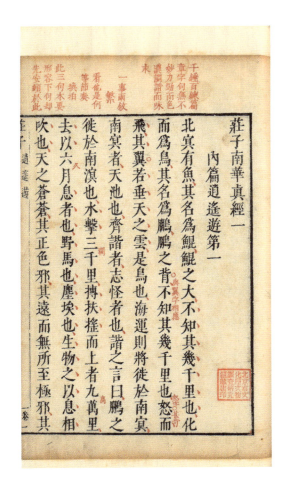

音義》的縮微膠捲，題"閔齊伋評校"；《［光緒］烏程縣志‧著述》收《老莊列子評》，稱"閔齊伋撰"，似指本書。而臺灣"中央圖書館"有閔刻本《老子》一部、《莊子》四部、《列子》一部註"孫鑛撰"，三部《列子》未著錄評者，還有一部題名《孫月峰三子評》。另有《孫月峰批點合刻九種全書》三十六卷，書衣題"孫月峰先生批點《左傳》《老子》《莊子》《列子》，郭明龍先生批點《檀弓》《考工》《杜律》《韓文》，蘇老泉先生批點《孟子》，書坊王近川梓行"。書目簡述："此九種者，均有閔氏朱墨印本，其批點、題記、版刻，無不一一相同，惟將閔氏朱版，一律用墨印耳。持與朱墨原本相校，未免稍有毫髮之差，又不得不疑為重刻也。明龍為郭正域號，以其名在孫月峰下，故坊賈總歸之月峰。”北京卓德國際拍賣會2011年秋季拍賣會出現一部明刻本《列子》八卷，題“勾餘孫鑛文融評會稽錢櫃仲美閱會稽錢光彭履寔山陰王立乾呂仙訂”。比對書影，與閔刻本內容相同。孫鑛（1543—1613），字文融，號月峰、湖上散人，浙江餘姚人。萬曆二年（1574）會試第一，殿試成進士。歷任文選司郎中、兵部侍郎、加右都御史，官至南京兵部尚書。學問淹貫，精擅文、史、經、子諸學，兼通天文、曆法、地理、兵制、書法、繪畫、戲曲、音韻等。著述宏富，約計九十餘種，可惜亡佚殆半。其對於《莊子》《列子》的批點，除閔刻本，還有明萬曆三十九年（1611）王澍刻《孫月峰先生批點南華真經》八卷，明天啓五年（1625）崇雅堂刻《評列子》八卷。

此書字體規整，鐫刻精良，白棉紙印刷，朱墨判然，極便閱讀。

（楊之峰）

明嘉靖刻本《塞語》

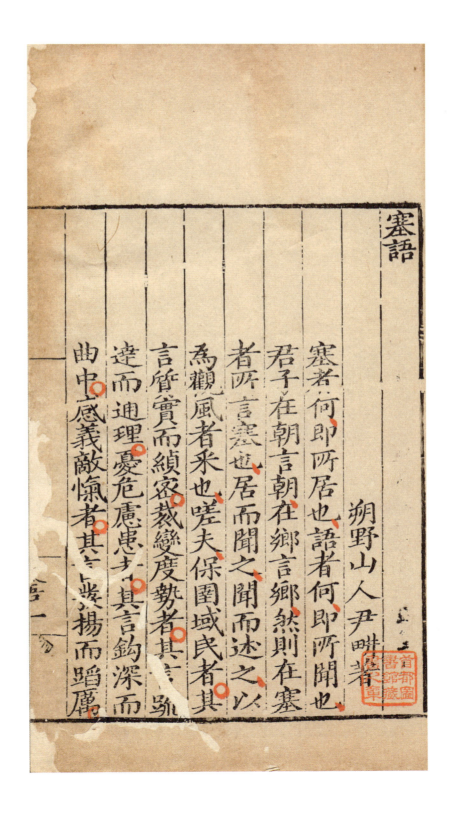

塞語

朔野山人尹畊著

塞者何即所居也語者何即所聞也

君子在朝言朝在鄉言鄉然則在塞

者所言塞也居而聞之聞而述之以

為觀風者采也嗟夫保圉域民者其

言質實而縝密裁變度勢者其言

逵而通理憂危慮患者其言鈎深而

曲中感義敵愾者其言慷慨揚而踔厲

卷一

塞語不分卷 （明）尹畊撰　明嘉靖刻本　一函二冊　第二批《國家珍貴古籍名録》04506號

半葉九行十九字，白口，四周單邊，框高18.3釐米，寬13.8釐米。

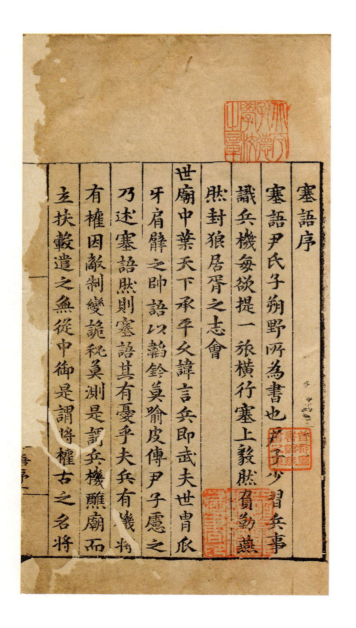

尹畊（1513—？），字子莘，號朔野，蔚州（今河北蔚縣）人。明嘉靖十一年（1532）进士，官至河南按察司僉事。尹畊自幼長於北部邊地，"少習兵事，識兵機，每欲提一旅橫行塞上"（劉應節《塞語序》）。他通曉疆事，痛恨邊臣玩忽、武備廢弛，故作《塞語》一書，申明邊防虜勢之要害。又曾於河間知府任上大力整頓軍事，招募民兵，修建軍事設施，顯示出一定的軍事素養，非僅紙上談兵矣。著述有詩文集《朔野集》、雜史《南泰紀略》以及兵書《鄉約》《塞語》等。其生平事蹟於錢謙益《列朝詩集》丁集卷二有載。

《塞語》一書作於明嘉靖二十九年（1550），不分卷。卷前依次有劉應節《塞語序》、嘉靖辛亥（1551）趙時春《題塞語前》、嘉靖庚戌（1550）郝銘《塞語序》，書末有張瓚《書塞語後》。全書共計十一篇，依次為：虜情、形勢、城塞、乘塞、出塞、抽丁、官軍戶、保馬、練習、民堡、審幾。可謂"近之戎政，遠之虜情，詳而法制，大而形勢，無不論說之也"（郝銘《塞語序》）。尹畊認為，漢之患在外戚，唐之患在藩鎮，而明之患以備虜為急，當以宋為殷鑒，故此書縱橫博辨，闡述了"捍禦塞北諸部之術"（《四庫全書總目》卷一百）。

明嘉靖刻本《塞語》是該書的最早版本，鐫刻精美，墨色濃重，風格古樸雅拙。

此本有佚名朱筆圈點。鈐有"四明盧氏抱經樓藏書印"、"北平孔德學校之章"。

（王玥琳）

明隆慶二年林潤刻本《江南經畧》

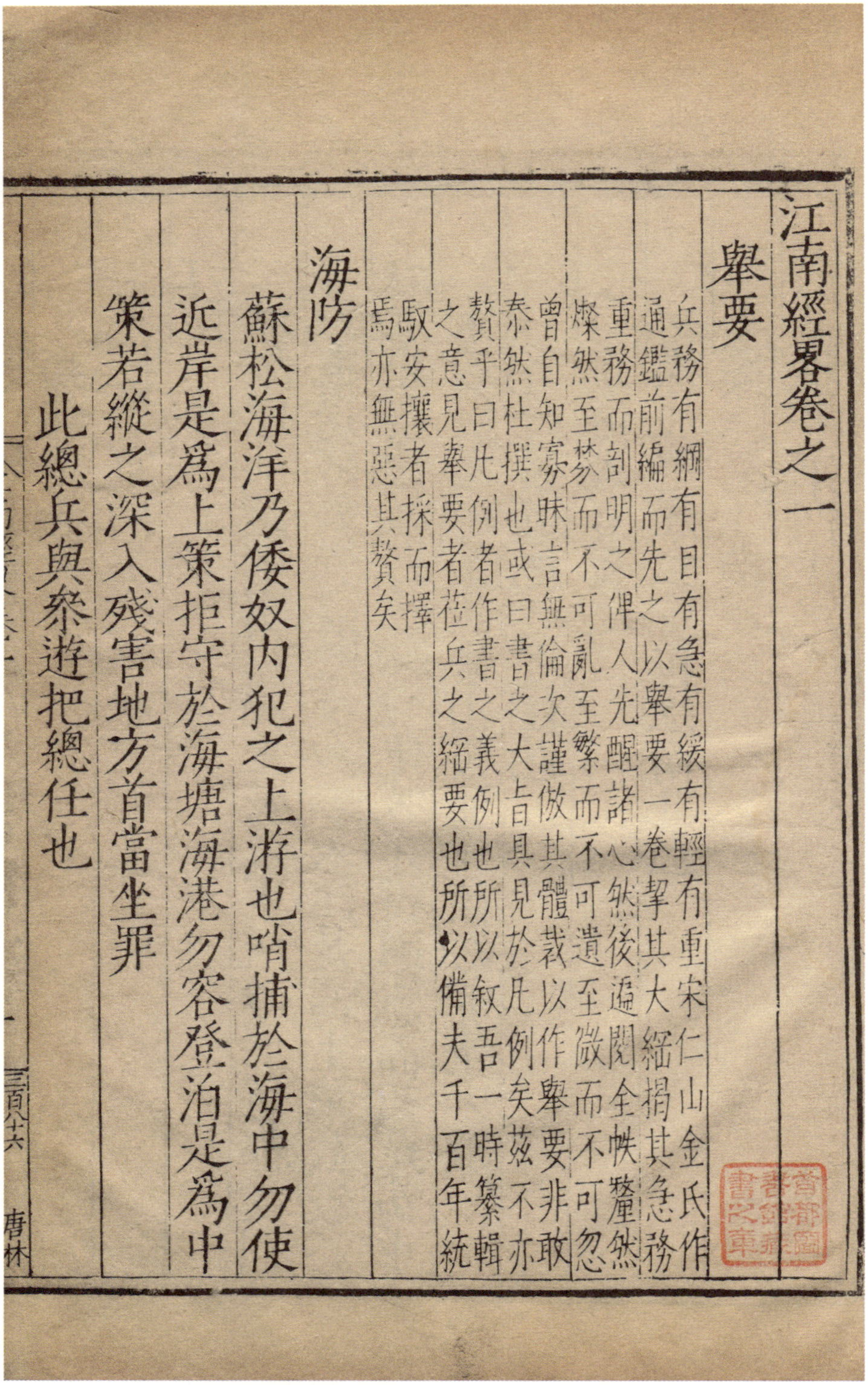

江南經畧卷之一

舉要

兵務有綱有目有急有緩有輕有重宋仁山金氏作通鑑前編而先之以舉要一卷挈其大綱捐其急務重務而剖明之俾人先醒然後遍閱全帙釐然燦然至梦而不可亂至繁而不可遺至微而不忽曾自知寡昧言無倫次謹倣其體裁以作舉要非敢贅乎曰此例作書之大旨具見於凡例一時纂輯泰然杜撰也或曰書之贅之意見舉要者莅兵之義例也所以備夫千百年統駁安攘者採而擇焉亦無憝其贅矣

海防

蘇松海洋乃倭奴內犯之上游也哨捕於海中勿使近岸是爲上策拒守於海塘海港勿容登泊是爲中策若縱之深入殘害地方首當坐罪此總兵與參遊把總任也

江南經畧八卷 （明）鄭若曾撰 明隆慶二年（1568）林潤刻本 一函八冊 第四批《國家珍貴古籍名録》10410號

半葉十二行二十二字，白口，四周雙邊，單白魚尾，框高21.7釐米，寬15.9釐米。

鄭若曾，字伯魯，號開陽，崑山（今江蘇崑山）人。明嘉靖初貢生，有濟世之志，天文、地理、軍事靡不備覽。曾佐胡宗憲、戚繼光籌備抗倭軍務。平寇後，敘功授錦衣世蔭，力辭不受而歸，潛心著書立說。傳世之作頗多，其中《籌海圖編》《萬里海防圖論》《江防圖考》，均成為後世研究海防和海外交通的權威著述。《［同治］蘇州府志》卷九十三有傳。

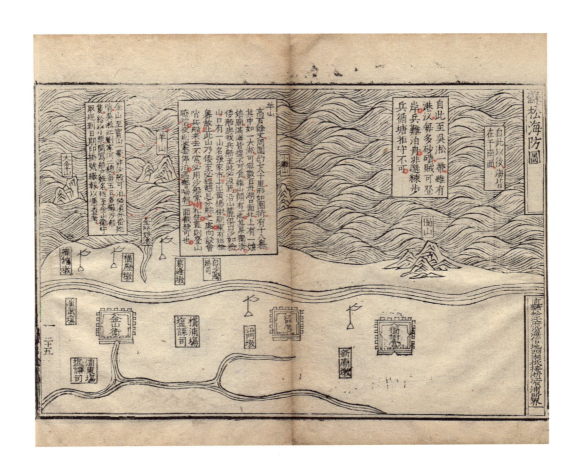

　　明季武備廢弛，法令如戲，倭寇橫行數千里。鄭氏之《江南經畧》即為抗擊倭寇侵入長江而作的江防論著。卷一論江南兵務總要和內外形勢；卷二至六記蘇州、常州、松江、鎮江四府所屬山川險易、城池兵馬；卷七論戰守事宜，卷八則雜論戰具、戰備等。全書以圖列論，如：南畿全圖、倭寇海洋來路之圖、海防圖、江防圖等，其中一些繪圖，尚屬首製。雖然此書專為當時倭患而作，多為一時權宜之計，然而內中確含重要的史料價值和軍事地理學價值。

　　是刻為時任應天巡撫的林潤所刻。林潤（1530—1569），字若雨，號念堂，福建莆田人。嘉靖三十五年（1556）進士。初授臨川知縣，累官至南京御史。潤慮及東南倭亂，戰士不能為弱土當鋒，適得此稿，覽而愛之，便"評次附益，且命之梓，俾撫膺時事者，知所嚮方云"（《江南經畧序》）。《四庫全書》即收此本，論及林潤"所評亦多遷就時勢之言，然所列江海之險要，道路之衝僻，守禦之緩急，則地形水勢，今古略同，未嘗不足以資後來之考證，究非紙上空談，檢譜而角觝者也。"（《四庫全書總目》卷九十九）是書版心有刻工：顧時中、唐林等。

　　此書有佚名圈點，並鈐有一枚"念祖堂藏書印"。

（李晶瑩）

明天啟七年自刻本《緯彄》

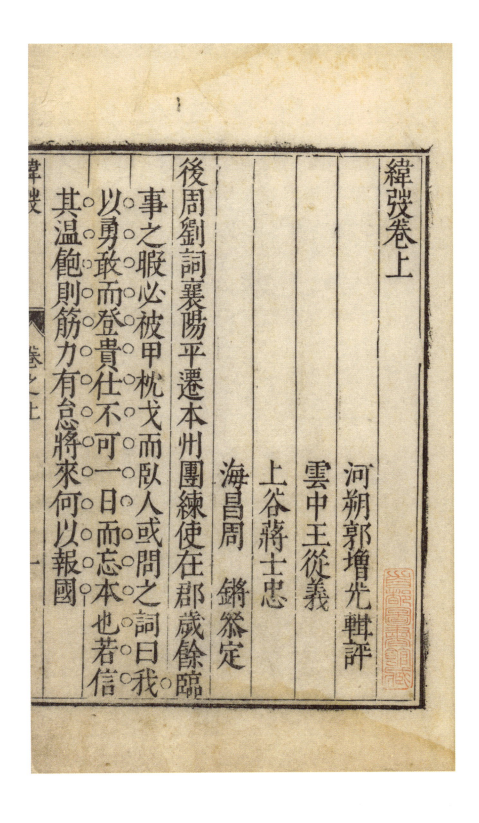

緯彄卷上

河朔郭增先輯評

雲中王從義

上谷蔣士忠

海昌周　鏘銓定

後周劉詞襄陽平遷本州團練使在郡歲餘臨

事之暇必被甲枕戈而臥人或問之詞曰我

以勇敢而登貴仕不可一日而忘本也若信

其溫飽則筋力有怠將來何以報國

緯弢二卷　（明）郭增光輯評　明天啓七年（1627）自刻本　一函六册　第三批
《國家珍貴古籍名録》08354號

半葉九行十八字，白口，四周雙邊，單黑魚尾，框高20.9釐米，寬14.2釐米。

郭增光，字旭陽，河朔平陽（今屬山西臨汾、運城）人。明萬曆三十五年（1607）丁未科進士。任金鄉、萊陽、濰縣令，官至巡撫河南等處地方提督軍務、都察院右僉都御史。著有《撫梁疏稿》四卷、《咨稿》二卷、《緯弢》二卷。

《緯弢》乃郭增光所輯前代兵家用兵之法，作爲明末一部經驗總結性質的兵書，具有較強的資料性。他選取漢鄧禹、後周劉詞、宋韓世忠等武將帶兵事蹟以及唐太宗擊突

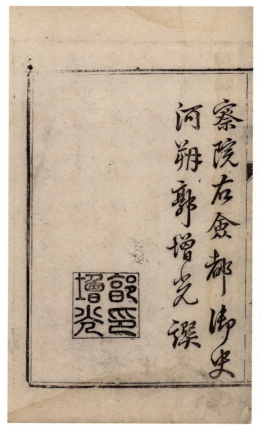

厥、宋伐南漢等事件，彙集成上下二卷，每每有作者的品評加入其中，言簡意賅，切中要害。該書較為集中地反映了郭氏的軍事思想，對於瞭解明代將領的戰爭觀念和思想具有一定的參考價值。

　　首都圖書館所藏《緯弢》為明天啓七年郭增光自刻本，是《緯弢》的最早版本之一。前有天啓七年郭增光自叙，詳述該書所作緣由。在吸收前人經驗的基礎上，結合自身實際，日積月累，成《緯弢》二卷，并刊刻於世，遂有了這部郭氏自刻本《緯弢》。因該書是晚明人所著，内容又多有涉及北方少數民族之處，乾隆年間，被列入四庫館臣奏准全燬書目。首圖藏本，全書字體端莊，墨色精良，具有典型的明末刻書風格。

（范猛）

明嘉靖二十九年顧從德影宋刻本
《重廣補註黃帝內經素問》

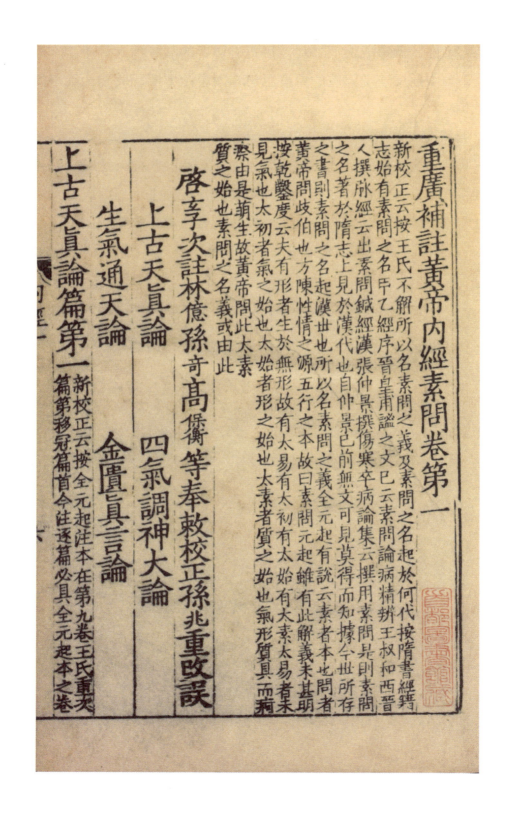

重廣補註黃帝內經素問二十四卷　（唐）王冰註　（宋）林億等校正　（宋）孫兆改誤　明嘉靖二十九年（1550）顧從德影宋刻本　二函十二冊　第三批《國家珍貴古籍名錄》08372號

半葉十行二十字，小字雙行字數不等，白口，左右雙邊，單黑魚尾，框高21.8釐米，寬15.6釐米。

王冰，號啓元子，唐敬宗寶曆中為太僕令。年輕時篤好養生之術，留心醫學，潛心研究《素問》達十二年之久。經過分門別類、遷移補缺、闡明奧義、刪繁存要以及前後

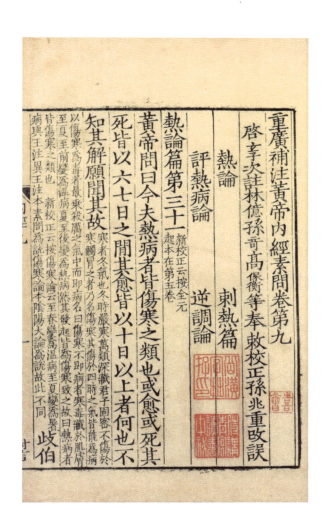

調整篇卷等整理研究工作，著成《補註黃帝內經素問》二十四卷，為整理保存古醫籍作出了突出的貢獻。後人對於《素問》的研究多是在王冰研究的基礎上進行的。林億，北宋人，官朝散大夫，光禄卿直秘閣，精於醫術。嘉祐二年（1057）宋政府設立校正醫書局，林億為主要校正者之一，他先後參與校定《嘉祐補註神農本草》《黃帝內經素問》《傷寒論》等唐以前多部重要醫著。

《重廣補註黃帝內經素問》，係王冰重新整理編次並註釋《黃帝內經素問》而成。《素問》原為九卷，八十一篇。自漢以來，屢經增改、傳抄，至唐代已"篇目重疊，前後不倫，文義懸隔，施行不易，披會亦難"（王冰《重廣補註黃帝內經素問序》）。王氏

遂以南朝全元起《内經訓解》為依據，對之進行了編次註釋，故曰次註；又補入"七篇大論"，並對其中簡、脱文，斷義不相接之處搜求經論，遷移補之；篇目墜缺指事不明者，量其旨趣，加以闡明。王氏在增改經文時，態度嚴謹，"凡所加字，皆朱書其文，使今古必分，字不雜揉"（王冰《重廣補註黄帝内經素問序》）。在註釋方面，廣泛徵引多種古籍，對原文詳細註釋。北宋校正醫書局林億等人於嘉祐二年（1057）對該書進行校勘，"搜訪中外，裒集衆本，寢尋其義，正其訛舛"，"正繆誤者六千餘字，增註義者二千餘條"（高保衡、林億《重廣補註黄帝内經素問序》）。此後各種刊本雖經或分或合的演變，然均以林億校正本為依據。

首都圖書館所藏乃明嘉靖二十九年顧從德影宋刻本，是各種版本中較為優秀的本子。字體古樸秀麗，避宋諱"玄"字等，是明顯的影宋刻本，字口鋒芒畢露，可見刷印較早，且保存完好，實屬難得。

此本鈐有"侍講青宮讀書中秘"、"岳潢字拙存印"、"岳潢之印"、"喜曾"、"半巢書屋主人李氏紹白珍藏"等印記。

（范猛）

明趙府居敬堂刻本《補註釋文黃帝內經素問》

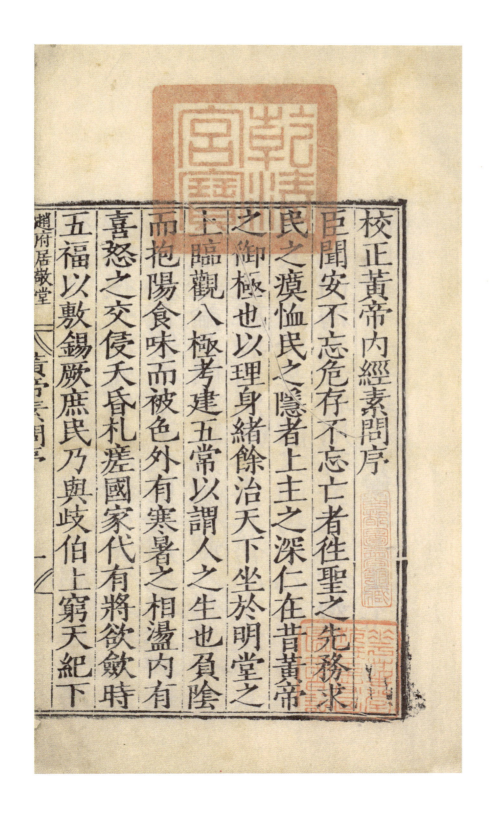

補註釋文黃帝内經素問十二卷　（唐）王冰註　（宋）林億等校正　（宋）孫兆改誤　黃帝内經素問遺篇一卷　黃帝素問靈樞經十二卷　（宋）史崧音釋　明趙府居敬堂刻本　二函十冊　第二批《國家珍貴古籍名録》04527號

半葉八行十七字，小字雙行字同，細黑口，四周雙邊，雙對綫魚尾，框高19.9釐米，寬14.0釐米。

史崧，錦官（今四川成都）人。南宋醫學家，於《黃帝内經》尤有研究。

《素問》與《靈樞經》合稱《黃帝内經》，是戰國至西漢成書的中醫理論典籍之一。以黃帝、岐伯、雷公對話、問答的形式闡述病機病理，主張不治已病，而治未病，

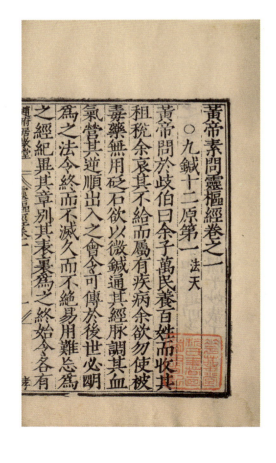
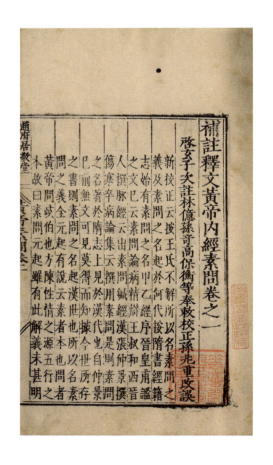

同時主張養生、益壽、延年等。該書集中反映了我國古代的醫學成就，創立了祖國醫學的理論體系，奠定了中醫學發展的基礎。

《素問》在漢代以後單行傳世，至唐時已經"篇目重疊，前後不倫，文義懸隔，施行不易，披會亦難"，有感於此，王冰遂重加編註，"合八十一篇，二十四卷，勒成一部"，著成《補註黃帝內經素問》（王冰《黃帝內經素問序》）。《遺篇》一卷則是討論疫病發生規律及防治措施的。北宋林億校正醫書時，《靈樞》已散失。史書記載，北宋時高麗國獻《靈樞經》，以換取中國的《資治通鑑》，《靈樞》纔又重新傳回中國，但此版本由於北宋末年戰亂也已散失。南宋紹興乙亥年（1155）史崧"校定家藏舊本《靈樞》九卷，共八十一篇，增修音釋……勒為二十四卷"（史崧《黃帝素問靈樞經敘》），刊行於世，成為後世流傳的版本。

首都圖書館藏本版心上刻"趙府居敬堂"，校刻時將"元本二十四卷""併為一十二卷，八十一篇"（《補註釋文黃帝內經素問》總目），校刻俱佳，具有重要的醫學、版本價值。

此本有佚名題簽。鈐有"乾清宮寶""華藻堂杭氏書畫圖書記"、"山陰楊氏珍藏書畫記"等印記。

（范猛）

明隆慶三年衡府刻本《攝生衆妙方》《急救良方》

攝生衆妙方卷之一

四明芝園主人集

通治諸病門

袁郡堯岡山人校

神仙太乙紫金丹 解毒
一名紫金錠 一名萬病
丹 一名玉樞丹

解諸毒療

諸瘡利關竅通治

凡病此藥真能起死回生譬

製十數萬錠濟人……可效不可……述凡居家出入

興夫工動大兵及圃……國儲雲貴社宦行兵尤不可

無之

山茨菰 南北處處有之俗名金燈籠葉似韭花
似燈籠色白上有黑點結子三稜二月

開花三月初苗枯即空地得之遲則無則

苗腐爛難尋矣與有毒老鴉蒜極相類但蒜無則

將去皮洗極淨焙二兩宜 川文蛤 破洗刮倍于焙

毛茨菰上有毛包之一名五棓子淨焙

攝生衆妙方十一卷急救良方二卷　　（明）張時徹輯　明隆慶三年（1569）衡府刻本

一函五冊　第三批《國家珍貴古籍名録》08398號

半葉十行二十字，小字雙行字同，白口，四周雙邊，框高20.0釐米，寬15.9釐米。

張時徹（1500—1577），字維靜，號東沙，自號芝園主人，鄞縣（今屬浙江寧波）人。明嘉靖二年（1523）進士，授南京膳部主事，累官至南京兵部尚書。少時師事族人張邦奇，治程朱理學。有《明文範》《善行録》《芝園定集》等著作留世。《［乾隆］鄞縣志》卷十五有傳。

時徹自序曰：“余少嬰多疢，餤藥餌如膏粱，或已己病，或見已人之病，輒以其方

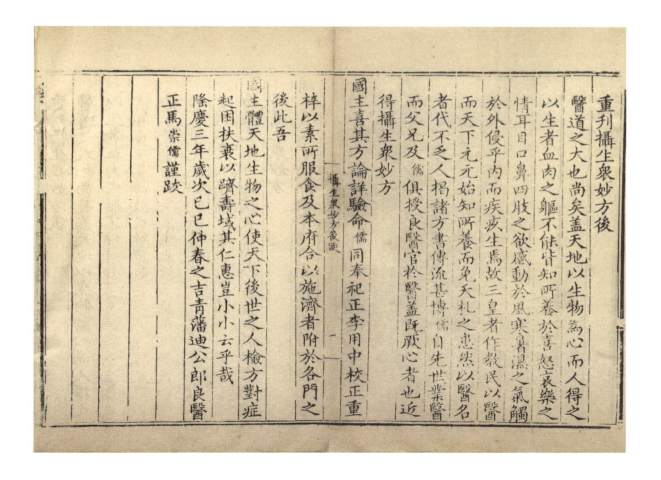

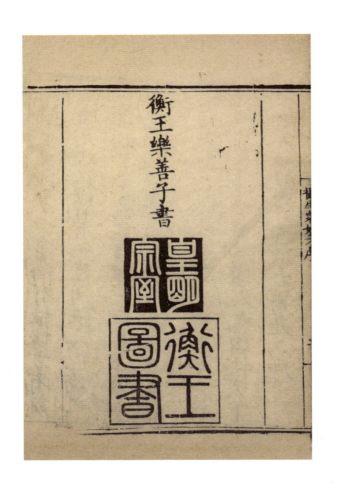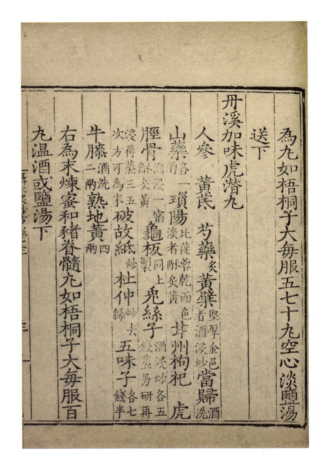

録而藏之，久乃遂成簡帙。"後將醫方分表門類，設通治諸病、危病、補養、諸風、婦人、小兒等四十七門，收有效成方八百餘種，詳其藥物炮製、藥劑修製以及服用方法。另附《急救良方》二卷，係作者有感於陬窮之所缺醫少藥，竇戶疾民閌閌待斃之患，遂復選各科單驗方而成，舉三十九門，以危重急救為主。故此書"專為荒村僻壤之中不諳醫術者而設，藥取易求，方皆簡易"（《四庫全書總目》卷一百五十）。

　　此青州衡府刻本，為明代藩府刻書之一，鐫刻精湛，印製考究。據《明史·諸王傳》推知，該書為二世衡莊王朱厚燆在位期間所刊。莊王承襲先王遺風，尚讀書、喜刻書，尤對先賢立論處方之書精研詳究，評贊此書"論有根據，方有驗證，是精於醫者"（重刻序），遂重刻之。以時徹自序所言，嘉靖二十九年（1550）此二書成稿後便付之梓人，初版為自刻本。隆慶三年衡府重刻時，衡王將其素日服食及府上合以施濟之方錄於各門之後，又命王府良醫正馬崇儒加以校正，故是書較之初刻本不僅內容上有所增加，而且校勘精審，文獻價值頗高，為醫家所珍重。

（李晶瑩）

明嘉靖刻本《原機啓微集》

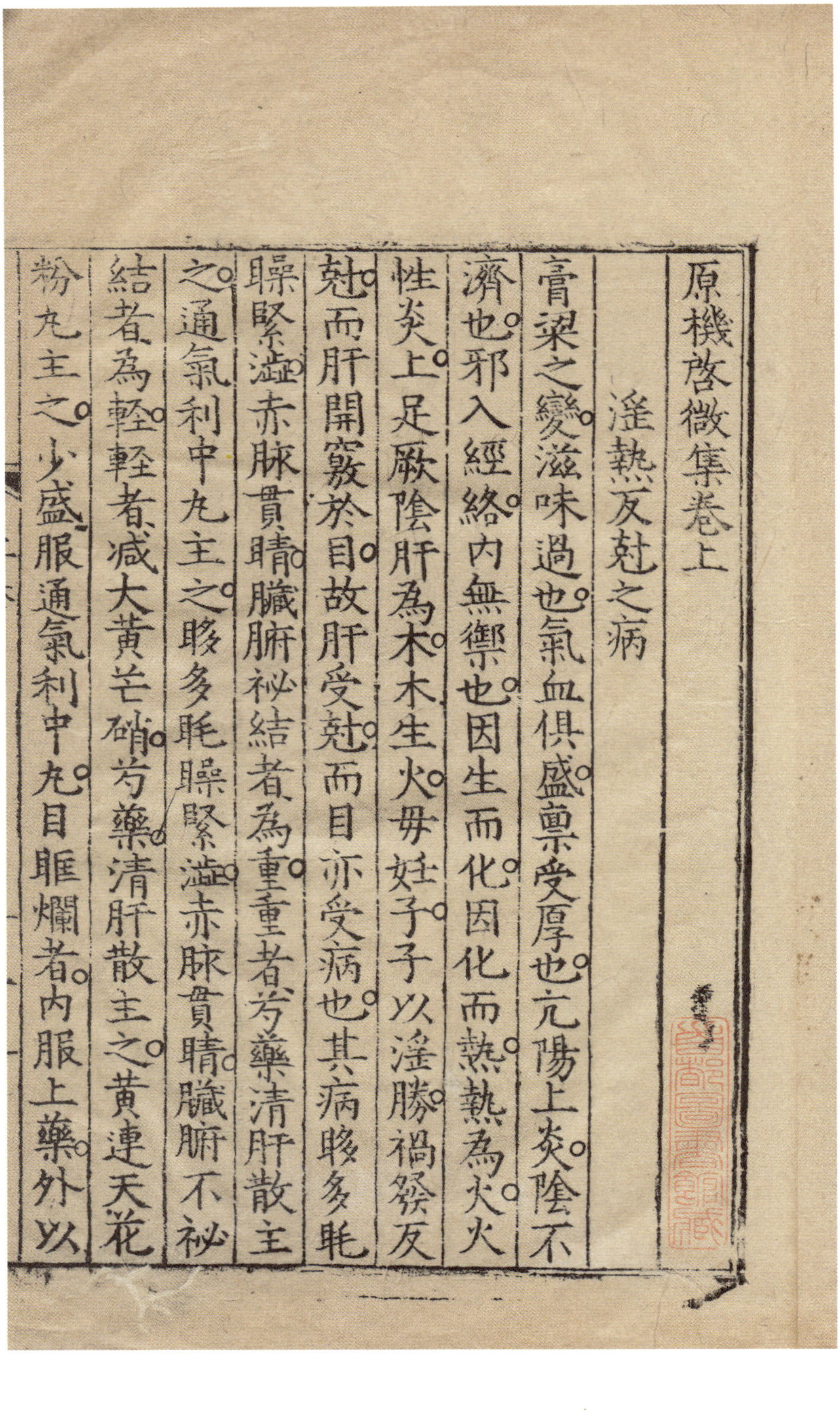

原機啓微集卷上

淫熱反尅之病

膏粱之變滋味過也氣血俱盛稟受厚也元陽上炎陰不
濟也邪入經絡内無禦也因生而化因化而熱熱為火火
性炎上足厥陰肝為木木生火母妊子子以淫勝禍發反
尅而肝開竅於目故肝受尅而目亦受病也其病眵多眵
緊澀赤脈貫睛臟腑秘結者為重重者芎藥清肝散主
之通氣利中丸主之眵多眵緊澀赤脈貫睛臟腑不秘
結者為輕輕者減大黃芒硝芎藥清肝散主之黃連天花
粉丸主之少盛服通氣利中丸目眦爛者内服上藥外以

原機啓微集二卷 （元）倪維德撰 （明）薛己校補 **附錄一卷** 明嘉靖刻本 一
函三冊 第二批《國家珍貴古籍名録》04621號

半葉十行二十二字，白口，四周雙邊間左右雙邊，單黑魚尾，框高19.7釐米，寬14.0
釐米。

倪維德（1303—1377），字仲賢，晚年自號敕山老人，吳縣（今屬江蘇蘇州）人。
祖父、父親皆以醫聞名。他自幼嗜愛讀書，後來專攻醫學，以《內經》爲行醫宗旨。北
宋大觀（1107—1110）以來，醫者多數採用裴宗元、陳師文的《和劑局方》治療疾病，
新病古方多不相合。倪氏研讀金代名醫劉完素、張從正、李杲著作，並將三家治法應用
於臨床，效果良好，被稱爲"三吳名醫"，與朱丹溪齊名。宋濂在倪氏亡後所作的《故

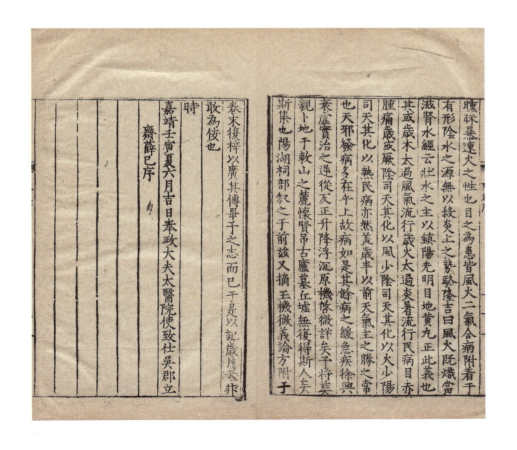

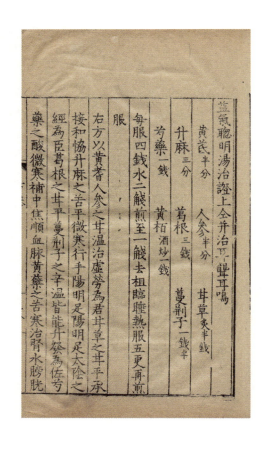

倪府君墓碣銘》中云："浙河之東，有朱君彦修，以斯學為已任，而三家之說益明。浙河之西，則府君奮然而起。蓋與彦修不約而同，使泥《局方》者，逡巡退縮，不敢鼓吻相是非，而生民免夭閼之患者。二公之功蓋多。"《國朝獻徵録》卷七十八、《明史》卷二百九十九有傳。

倪維德有感於眼科專書缺乏，編撰了《原機啓微集》一書。此書卷上論眼病病因及治則，共十八論；卷下論眼病製方之法，詳述君臣佐使和正反逆從等配伍原則，所附四十六方，皆載炮製方法、方義及適應病症。另有附録一卷，包括十一論，附方三十九首。眼科自唐宋分科，至維德始開綜合辨證之先河，按病因病機分析眼病，又與人體功能及外部環境聯繫起來，此書審因論證，立法處方，十分詳備，並主張手術療法與藥物治療兼施，對手術過程也描繪得細致入微。

此書為倪維德晚年所著。原刊本久已失傳，現所見刊本為明代名醫薛己根據南京禮部祠祭司主事王庭所藏抄本校正增補而成，傳本較少。

（邸曉平）

明隆慶四年獨醒居士刻本《酒史》

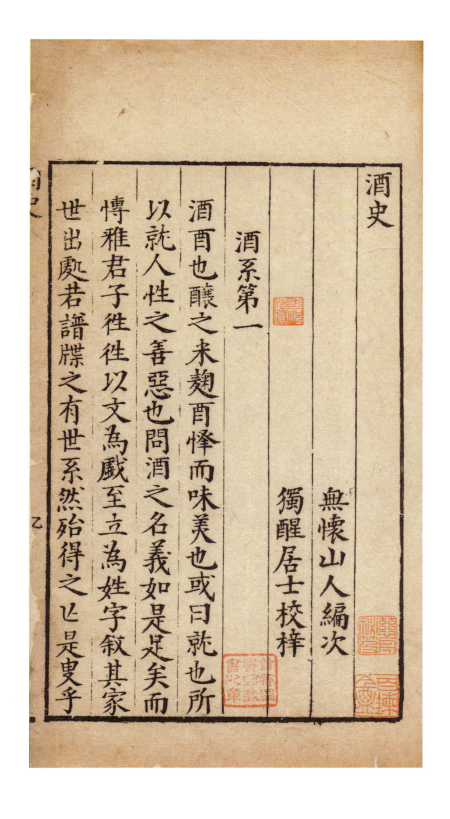

酒史

無懷山人編次

獨醒居士校梓

酒系第一

酒酉也釀之未麴酉醳而味美也或曰就也所以就人性之善惡也問酒之名義如是矣而博雅君子往往以文為戲至立為姓字叙其家世出處若譜牒之有世系然殆得之乙是豈乎

酒史二卷　（明）馮時化撰　明隆慶四年（1570）獨醒居士刻本　一函二冊　第二批《國家珍貴古籍名録》04714號

半葉八行十九字，小字雙行字同，白口，四周單邊，框高20.2釐米，寬12.5釐米。

馮時化（1526—1568），字應龍，號與川，晚號無懷山人，柏鄉（今屬河北邢臺）人。馮氏一生形影孑然，惟好讀書、善文詞，然終身不得志，中年嗜酒成性，加之憂病侵尋，遂在寥落之際，手編《酒史》一帙，以釋憤懷。《［雍正］畿輔通志》卷七十九有傳。

此書以摘引前人有關酒的各種論著爲主要素材，細化爲酒系、酒品、酒獻、酒述、

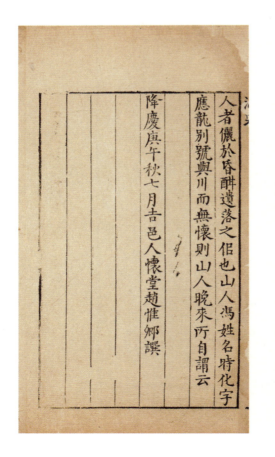
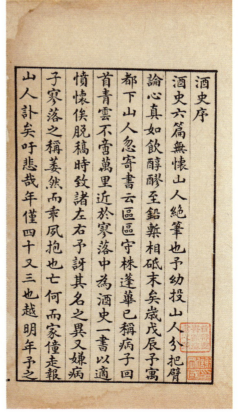

酒餘、酒考六篇，分門別類地介紹酒的歷史、種類、釀製方法、著名產地以及歷代名人詠酒的詩賦、評酒的文章和有趣的酒人故事等。全書內容廣博而龐雜，然體系清晰而簡約，如前序所云：“有系以遡其源，有品以秩其等，有獻以立之徵，有述以頌其麻，有餘以邑其音，有考以廣其識。”足見《酒史》是一部內容相對完整的介紹酒文化的專著。此外，該書保留了大量原始資料，對後世研究中國古代酒文化有重要的參考價值。《四庫全書總目》《善本書室藏書志》《八千卷樓書目》《鄭堂讀書記》等書目有錄。

　　是刻為明隆慶四年刻本，乃《酒史》行世的第一版本。據序載：馮時化辭世前書稿未及鐫梓。至第二年，序作者趙惟卿前往馮家祭奠，纔得知山人遺言將生前所書《酒史》，“命兒輩並藏之笥，云必以示懷堂（按：趙惟卿字）公”。為不負良友之託，惟卿“乃揮泣而收其書，攜之以東”，示書稿於博雅君子孫少泉，少泉讀後更發出“文人達士持掃愁之箒者，不可不知《酒史》”之慨，便授之梨棗。關於此書的出版者，卷端署“獨醒居士校梓”，然而目前尚無史料可考“獨醒居士”之真實姓名，此人是否與序作者趙惟卿和序言所及孫少泉有關聯，亦不得而知。因此，傳統著錄稱此本為“獨醒居士刻本”。

　　本書有佚名圈點。鈐有“百鍊盦”、“慈舟祕笈”、“老況欣賞”、“謝剛國印”、“況翁歡喜”、“萬卷藏書宜子弟”等印。

（李晶瑩）

明弘治元年張文昭刻本《霏雪録》

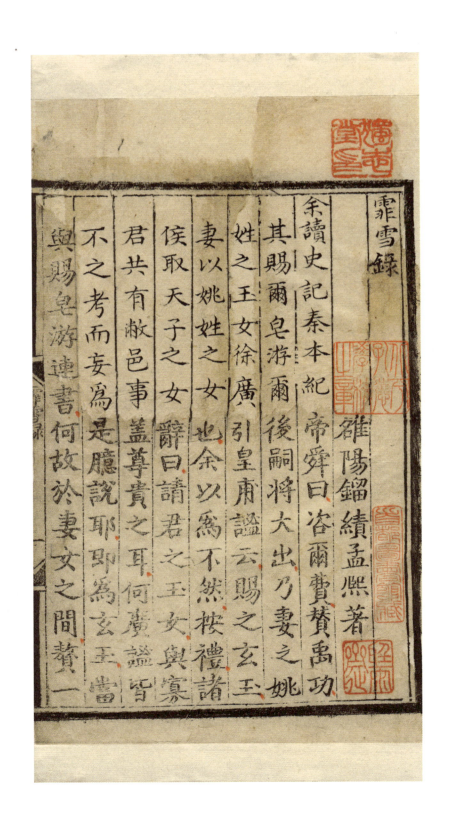

霏雪録不分卷　（明）鎦績撰　明弘治元年（1488）張文昭刻本　一函四冊　第二批《國家珍貴古籍名録》04746號

半葉十行十六字，粗黑口，四周雙邊，雙對黑魚尾，框高20.6釐米，寬14.5釐米。

《霏雪録》一書作者，明清時期文獻或有稱鎦績者，或有稱劉績者。今人多著録為劉績，如《中國古籍善本書目》《中國詩學大辭典》《國家珍貴古籍名録》等。首都圖書館所藏之明弘治元年張文昭刻本《霏雪録》，卷端題為"雒陽鎦績孟熙著"，正文後胡謐的《書霏雪録後》及張文昭跋文，都言此書作者為鎦績。而《四庫全書》在《霏雪

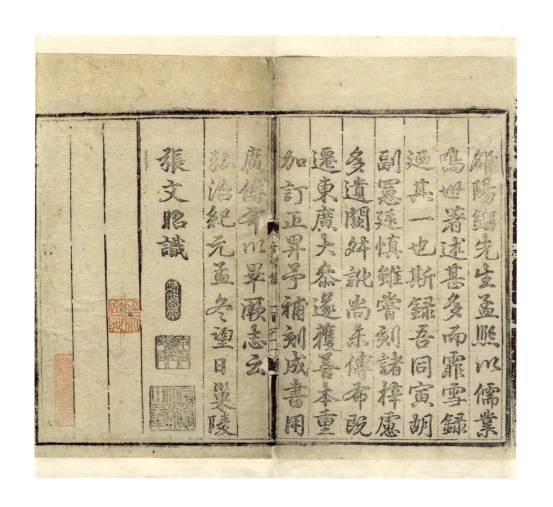

錄》正文卷端，所署亦是鎦績而非劉績，可見並未將二者等同。明許東望修、楊家相重訂的《［嘉靖］山陰縣志》卷九《隱逸傳》中有鎦績其人，稱"鎦績，字孟熙"云云。《中華古今姓氏大辭典》解釋"鎦"字稱，"現行罕見姓氏。今湖北之監利有分佈。《續通志·姓氏略》亦收載……宋代有鎦文謨，修職郎；明代有鎦泰、鎦師邵、鎦績，祖孫三代皆以文學聞名，世稱'三鎦'"。可見，作為姓氏，"鎦"與"劉"是不能混淆的。在這個姓氏雖然罕見但依舊存在的情況下，將《霏雪錄》的作者著録為鎦績，應當更妥。

明許東望修、楊家相重訂《［嘉靖］山陰縣志》卷九《隱逸傳》記載鎦績其人：

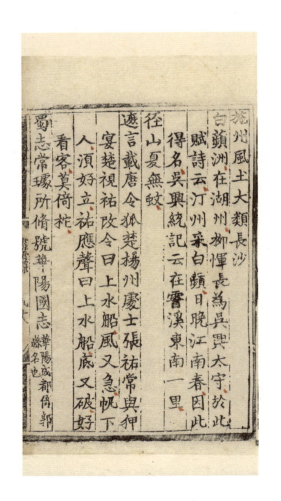

"鎦績，字孟熙。父渙，有雅行，以詩名。績方數歲，渙試以詩，有奇句。既長，遂擅名一時，然素貧，轉徙無常地。所至書鬻文榜於門，所得酬物輒市酒。樂賓客，不事生計。嘗有客至，呼茗不即出，怪之，因入室，其妻方拾破紙以代所爇薪。家不能具簞石簞瓢，度昕夕晏如也。著有《嵩陽集》《霏雪錄》《穿雲集》傳於世。子師邵性超邁，亦工詩辭。鎦祖父孫三人，皆以文學高於世，世稱為'三鎦'云。"

《霏雪錄》包括詩文評論、掌故實錄等內容，材料較豐。《四庫全書總目》曰："此書辨核詩文疑義，頗有根據。又及與元末諸遺老遊，故雜述舊聞，亦多有淵源。然每紀夢幻詼諧之事，頗雜小說家言……未可概信。以其可取者多，録備明初說部一家耳。"

《中國古籍善本書目》著録《霏雪錄》有多種刻本，最早者為明弘治元年張文昭刻本，僅首都圖書館有藏。現將此本與所見其他刻本對照，可以發現《霏雪録》之《四庫全書》本為張文昭刻本之前半；《古今說海》本或為張文昭刻本之選本；《說郛續》本、《學海類編》本的内容與《古今說海》本相同，僅文字略有差異。可見，明弘治元年張文昭刻本《霏雪録》不僅是目前所見刻本中最早者，也是最為完整的，完全可以作為底本與其他對校本、參校本或是異本校勘比較。

　　此本版面疏朗、悅目，版心有字數統計，有刻工李人、李璽等，四冊頁碼連排。鈐"獨志堂印"、"聽雨齋"、"北平孔德學校之章"等印章。

（邸曉平）

明嘉靖三十年刻本《濯舊》

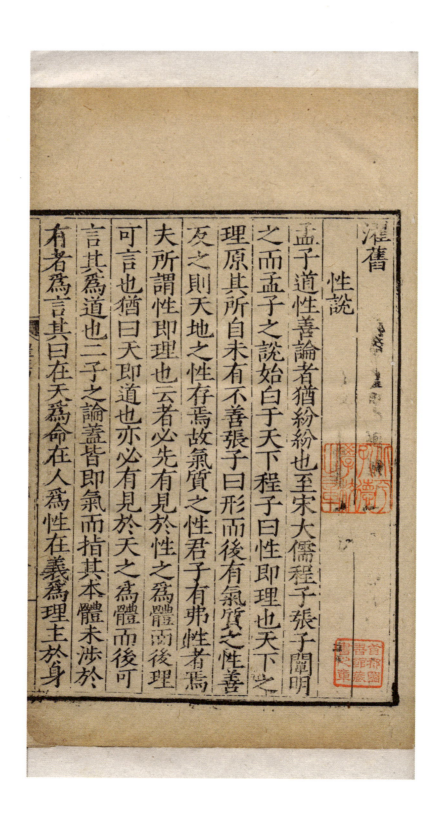

性說

孟子道性善論者猶紛紛也至宋大儒程子張子闡明
之而孟子之說始白于天下程子曰性即也天下之
理原其所自未有不善張子曰形而後有氣質之性善
反之則天地之性存焉故氣質之性君子有弗性者焉
夫所謂性即理也云者必先有見於性之爲體而後理
可言也猶曰天即道也亦必有見於天之爲體而後可
言其爲道也二子之論蓋皆即氣而指其本體未涉於
有者爲言其曰在天爲命在人爲性在義爲理主於身

濯舊一卷　（明）汪俊撰　明嘉靖三十年（1551）刻本　一函一冊　第二批《國家珍貴古籍名録》04749號

半葉十行二十一字，白口，四周雙邊，單黑魚尾，框高20.0釐米，寬14.6釐米。

汪俊（？－1568），字抑之，號石潭，江西弋陽人。明弘治六年（1493）進士，授庶吉士，進編修，官至禮部尚書兼國史副總裁。"大禮議"之爭時，抗疏乞休，被落職。卒贈少保，謚文莊。著有《濯舊》《四夷館則例》《四夷館考》。《明史》卷一百九十一有傳。

汪俊是明代比較有名的理學、氣學哲學家。他師承程顥、朱熹，然於朱子之言頗有異同。與王陽明交誼甚厚，但亦不贊同其說。從汪俊對朱子的批評中，多少可見明末清初思想界的認識轉向其來有自。

《濯舊》一書，收録了汪俊的雜文及詩作，較為集中地反映了他的理學觀點。如其論性，認同"性即理"說，認為"必先有見於性之為體，而後理可言也"，張載、二程之論"皆即氣而指其本體未涉於有者為言"，而朱子以理、氣分性、形，謂"氣以成形，理以為性"，則已非張、程本旨。論"格物"等，謂"今學者喜言正心而不言誠意，喜言致知而不言格物，汨於異學故耳。誠意所以正心，格物所以致知，內外一理，此乃《大學》之道也"。《四庫全書總目》卷一百二十四稱

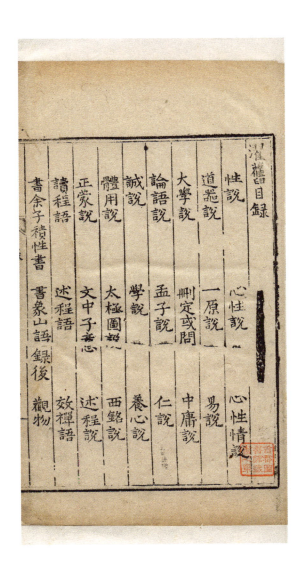

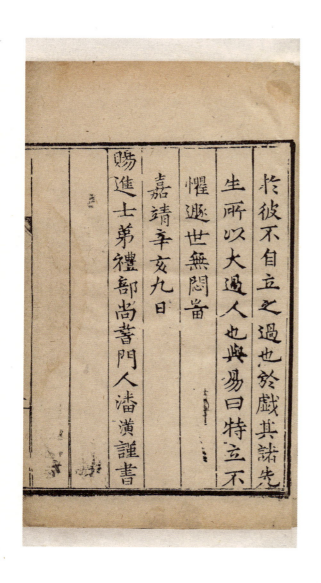

《濯舊》"多以周子、程子、邵子、張子之言擊排朱子，亦頗攻陸九淵，而其說仍多墮於虛渺。後附諸詩，尤多同禪偈"。

　　首都圖書館所藏之《濯舊》為明嘉靖三十年刻本，應是此書最早版本。《四庫全書存目叢書》所收之《濯舊稿》為清同治十年（1871）疊山書院刻本，其所據應即為明嘉靖三十年刻本。

　　書鈐"北平孔德學校之章"。

　　　　　　　　　　　　（邸曉平）

明隆慶五年李氏思敬堂刻本《推篷寤語》

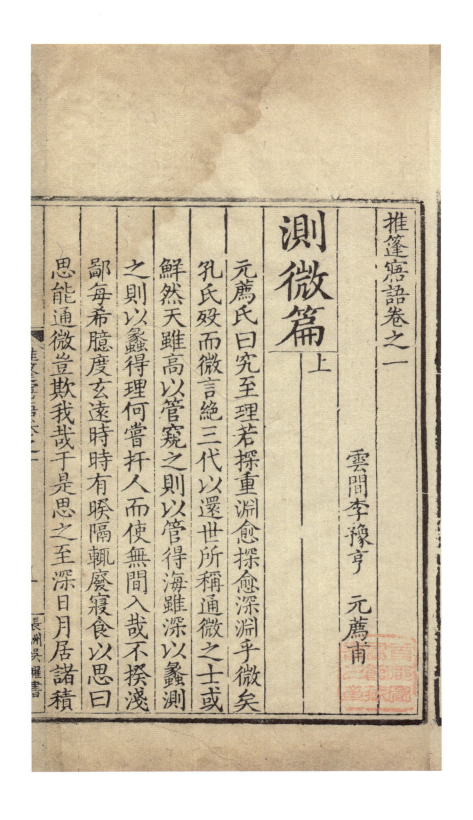

測微篇 上

推篷寤語卷之一

雲間李豫亨 元薦甫

元薦氏曰究至理若探重淵愈探愈深淵乎微矣

孔氏歿而微言絕三代以還世所稱通微之士或

鮮然天雖高以管窺之則以管得海雖深以蠡測

之則以蠡得理何嘗扞人而使無間入哉不揆淺

鄙每希臆度玄遠時時有暌隔輒慶寢食以思日

思能通微豈欺我哉于是思之至深日月居諸積

長州吳耀書

推蓬寤語九卷餘録一卷　（明）李豫亨撰　明隆慶五年（1571）李氏思敬堂刻本（有抄配）　一函六冊　第四批《國家珍貴古籍名録》10492號

半葉十行二十一字，白口，四周雙邊，單黑魚尾，框高19.5釐米，寬14.2釐米。

李豫亨，字元薦，號中條，又號遵海，明隆慶間松江華亭（今屬上海）人。據其弟升亨所撰後跋云："豫亨自幼性好博覽誦讀，外有見輒好傚効之。始有師好詩，輒學詩。見祈禱有驗，輒學祈禱。先公多集兵書，輒喜談兵，且好習韜鈐、星遁、射弩諸法。遊膠庠間，聞衡山諸公以書鳴，輒學書，又兼及古蹟名繪，善鑒賞。繼而有以養生

說進者，輒喜談養生。蒐輯玄家、禪梵之說數百種。尤精於醫卜、課命、相術諸家，莫不窺其奧妙。"

隆慶四年（1570）豫亨始捐舉業，後以鴻臚謁選，遂掛帆赴京，舟行暇間每推篷觀景，便攄夙昔所知，解表見古，隨得輒書，累積數百條，總若干卷。豫亨自釋："舟之亡，所見者篷蔽之。人之懵，所知者寐障之。舟匪篷，則丹厓碧流在望矣。人匪寐，則開戶發牖昭如矣。"（自敘）故欲借此書啓昔之寐為今之覺，即曰《推篷寤語》。此後，學人趙謙光校勘時因書稿未以類相從，便析為測微、原教、本術、還真、訂疑、毗政六篇，共三十類，五百五十章，類別義明，燦然成次，李氏復見之，釁然首肯。其書內容博雜，楮素多涉釋、道二家，玄章梵語、哲訓仁言，皆修身養性之論。末附《餘錄》一卷，為前書遺味餘音也。

該書末葉有牌記"隆慶辛未秋李氏思敬堂雕梓"，又據序、跋言，李氏刻本當為此書初刻。各卷末均題有"長洲吳曜書"，吳工乃蘇州著名寫手。此外書中亦記有多名刻工姓氏，如：張鳳、袁宸、袁宏等，均為蘇州地區的刻字良工。故此是書精寫精刻，印刷講究，覽之悅目。然而至今，這一版本流傳在世者已甚少，實屬海內稀見，版本價值極高。

是書《推篷寤語引》《跋寤語後》及卷三內數葉係抄配。文中有佚名圈點和批註。並鈐有"張"和一方雙魚圖紋的印章。

（李晶瑩）

明萬曆三十九年周傳誦刻本《認字測》

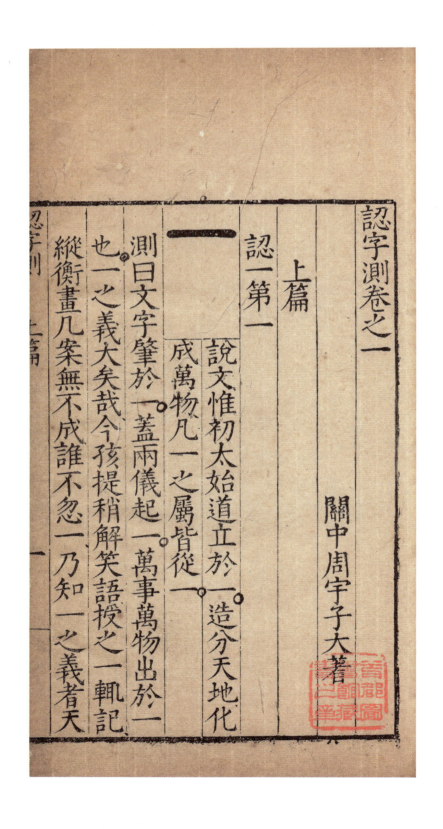

認字測卷之一

關中周宇子大著

上篇

認一第一

一

說文惟初太始道立於一造分天地化
成萬物凡一之屬皆從一

測曰文字肇於一蓋兩儀起一萬事萬物出於一
也一之義大矣哉今孩提稍解笑語授之一輒記
縱衡畫几案無不成誰不忍一乃知一之義者天

認字測 上篇

六

認字測三卷　（明）周宇撰　明萬曆三十九年（1611）周傳誦刻本　一函四冊　第三批《國家珍貴古籍名録》08507號

半葉九行二十字，白口，四周單邊，框高20.2釐米，寬13.4釐米。

周宇，字子大，西安左衛（今屬陝西西安）人，自署關中人。嘉靖二十八年（1549）舉人，官至戶部主事，奉敕督理山西三關。宇幼承庭訓，潛心問學，為孝廉時閉戶寡交，載籍極博，精識聲律字學、古文奇字，亦工詩文。著有《字考啓蒙》《困言》《槐村集》等。

《認字測》為古代測字著作。測字又稱"相字"，是古人對文字的一種迷信崇拜，表現為以拆字來預測人事福禍吉凶和決定宜忌趨避。此術起源於周朝，發展至明清時期已集測字之大成，出現了甚多相關著作。此書即為當時測字術的代表作之一。然周宇撰此書自有其意："余編《字考啓蒙》而後解認字也。吁老而認，所認幾何？一認百愧矣。愧斯思，思欲有說，於是述《認字測》。"而四庫館臣另有解："是書標八十一字，每字各為疏解一篇。其義欲藉以講學，而穿鑿點畫，實則王安石之緒餘而已。"（《四庫全書總目》卷一百二十八）

周傳誦，宇子，字淑遠，萬曆十七年（1589）進士，官湖廣左布政。據卷前馮從吾序載，周宇辭世後，傳誦將書稿示於

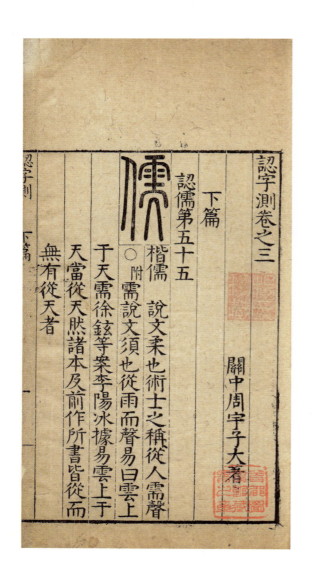

馮氏，馮氏受而讀之，不忍釋手，乃託同僚景氏代為校讎並付剞劂，以廣其著，當為是書初刻。後萬曆三十九年時傳誦又親自校梓，於家塾中重刊此稿，乃為是刻。此家刻本校勘精審、鐫印精良，由於傳世稀少，足資珍貴。

此書有佚名圈點、批校。鈐有“楊氏珍藏”印章。

（李晶瑩）

明嘉靖四十一年王穀祥刻本《野客叢書》

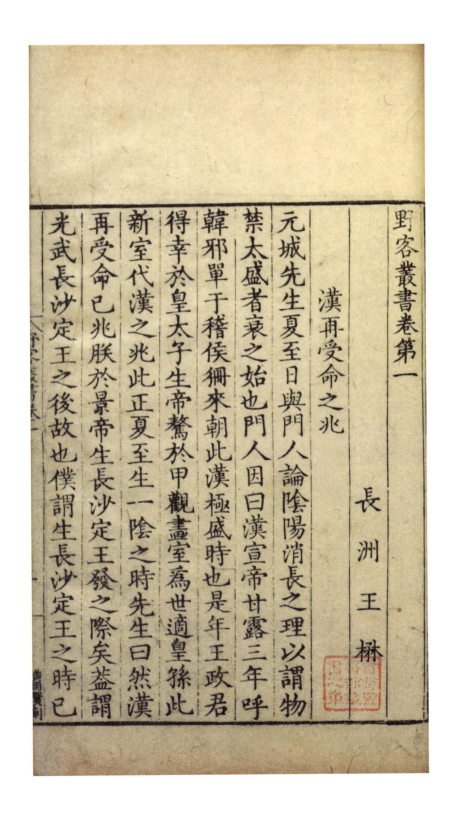

野客叢書卷第一

長洲 王楙

漢再受命之兆

元城先生夏至日與門人論陰陽消長之理以謂物
禁太盛者衰之始也門人因曰漢宣帝甘露三年呼
韓邪單于稽侯狦來朝此漢極盛時也是年王政君
得幸於皇太子生帝鷔於甲觀畫室為世適皇孫此
新室代漢之兆此正夏至生一陰之時先生曰然漢
再受命已兆朕於景帝生長沙定王發之際矣蓋謂
光武長沙定王之後故也僕謂生長沙定王之時已

野客叢書三十卷附錄野老記聞一卷　　（宋）王楙撰　明嘉靖四十一年（1562）王毅祥刻本　二函八冊　第三批《國家珍貴古籍名錄》08517號

半葉十行二十字，白口，左右雙邊，單白魚尾，框高18.3釐米，寬13.7釐米。

王楙（1151—1213），字勉夫，號分定居士，祖籍福州福清（今福建福州），其先徙居平江，遂為長洲（今江蘇蘇州）人。王楙"少孤力學，母沒，疏食布衣，絕意進取，題所居曰'定分齋'，恬憺寡欲，好著書"，時人稱為"講書君"（陳和志《［乾隆］震澤縣志·隱逸》）。晚年得拘攣之疾，仍手不釋卷。有《野客叢書》三十卷、《巢睫稿筆》五十卷。張昶《吳中人物志》卷九、陳和志《［乾隆］震澤縣志》卷二十有傳。

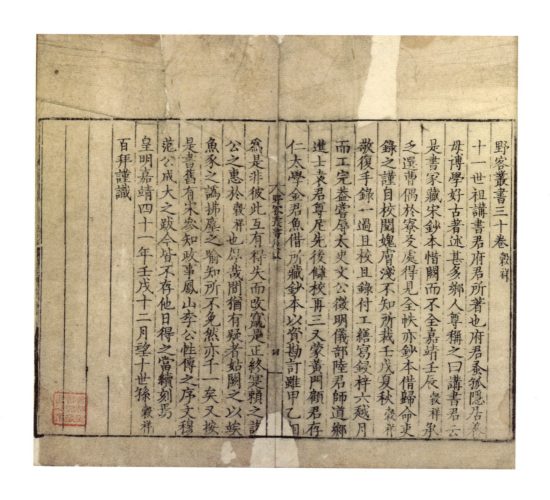

　　《野客叢書》是一部著名的宋代雜考類著作。書中考證上至先秦，下迄北宋一千餘年間的典籍異同、掌故源流、名人軼事等，"門分類聚，鉤隱抉微，考證經史百氏，下至騷人墨客佚事，細大不捐"。此書一出，"士大夫爭先謄寫，親族之仕達者欲鋟木以傳"，可見其在當時的影響力（郭紹彭《宋王先生壙銘》）。四庫館臣評價此書"考辨精核，位置於《夢溪筆談》《緗素雜記》《容齋隨筆》之間，無愧色也"。書後附楙父所編《野老記聞》一卷，卷端"不著其名字，惟據楙題詞知其為陳長方之弟子，所記多元祐諸人遺事"（《四庫全書總目》卷一百十八）。

　　此本為明嘉靖四十一年（1562）王穀祥刻本。王穀祥（1501—1568），字祿之，號酉室，長洲（今江蘇蘇州）人，王楙十世孫。明嘉靖八年（1529）進士，改庶吉士，歷官工部主事、文選員外郎。穀祥善文詞，兼工書畫，與文徵明、蔡羽、祝允明等齊名，以文翰名吳中。《明史》卷三百一有傳。

　　嘉靖十一年（1532），王穀祥從僚友處偶得先祖王楙《野客叢書》全本，即命人抄錄，手自校閱。至嘉靖四十一年，其又"手錄一過，且校且錄，付工繕寫鋟梓"。刻成後又延請文徵明、陸師道、袁尊尼等名士"讎校再三"，"猶有疑者，姑闕之"，可謂盡心竭力，敬慎之至（王穀祥《野客叢書》跋）。因此，王穀祥本《野客叢書》校勘之嚴謹，字體之工整，雕版之精妙自不待言。版心下鐫有"唐麒"、"姚舜卿"等刻工姓名。

（張昊）

明嘉靖二十九年何氏清森閣刻本《何氏語林》

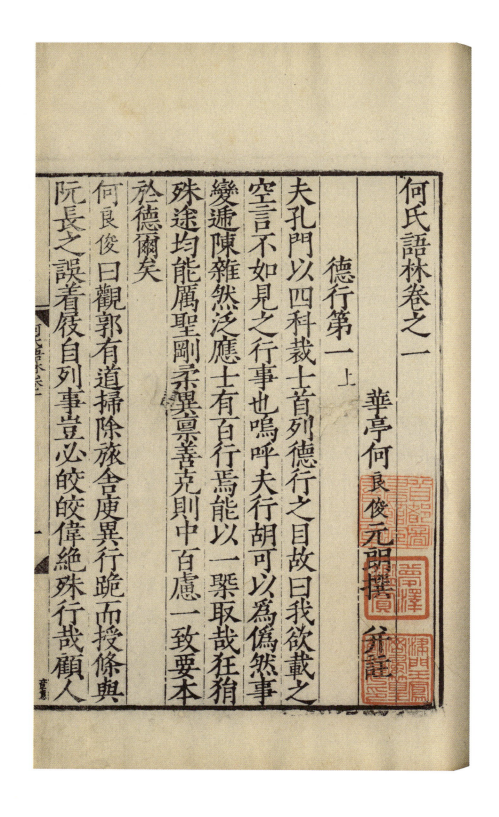

何氏語林三十卷　（明）何良俊撰　明嘉靖二十九年（1550）何氏清森閣刻本　四函十六冊　第二批《國家珍貴古籍名錄》04793號

半葉十行二十字，小字雙行字同，白口，左右雙邊，雙對黑魚尾，框高20.7釐米，寬15.3釐米。

何良俊（1506—1573），字元朗，號柘湖，華亭（今上海松江）人。嘉靖中，以歲貢生入國學，特授南京翰林院孔目。後棄去，適倭擾海上，留金陵數年，後移居蘇州，與文徵明等遊。年七十始歸故里。著有《清森閣集》《柘湖集》《何氏語林》《四友齋叢說》等。《明史》卷二百八十七有傳。

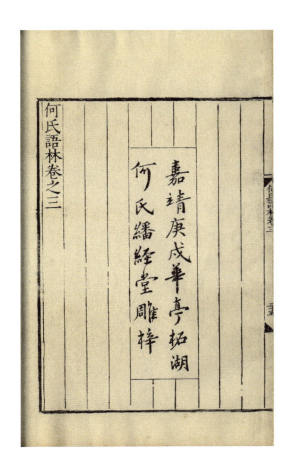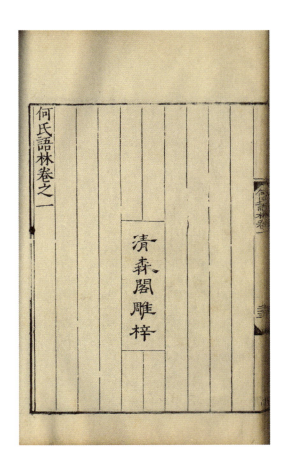

　　《何氏語林》摹仿東晉裴啓《語林》書名，又承襲《世說新語》體例門類，而多
"言志"、"博識"兩門。共二千七百餘條，上起後漢，下迄金元，取材史傳及各類雜
著中人物事蹟，頗具代表性。內容與《世說新語》多有重疊，但剪裁得當，文字雋雅。
"每條之下又仿劉孝標例自為之註，亦頗為博贍。其間摭拾既富，間有牴牾……然於諸
書舛互，實多訂正"（《四庫全書總目》卷一百四十一）。書中每門之小序說明類目主
旨，闡釋儒學宗旨，批評當代思潮，頗有可採；註文多有輯佚價值，可比劉孝標之註
《世說新語》；案語則可看出何良俊推重史實考證及徵實的學風。此書為明清時期產生
的首部"世說體"小說，對後世"世說體"小說在體例、內容上都有深遠影響。該書經
王世貞刪訂而成為《世說新語補》一書，東傳至高麗、日本，曾帶動一連串的域外"世
說"研究熱潮。

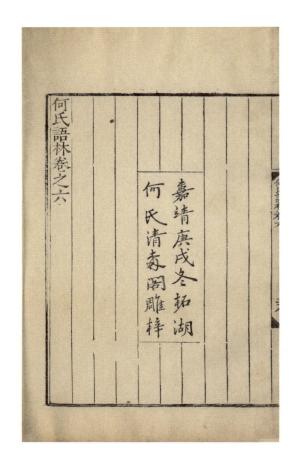

　　何良俊少而篤學，與弟良傅並有才名，時人比之"二陸"。他尤其喜好藏書，曾建清森閣，專門收藏宋元佳槧和珍本，同時刊刻書籍，《何氏語林》即是所刻最有名者。該書幾乎每葉版心都標有刻工，所刻字體工整，勁秀有力，書中牌記不盡相同，頗具特色，全書以白棉紙細印，十分精良。

　　本书鈐有"夢澤鑑賞"、"津門王鳳岡風篁館收藏印"印記。

　　　　　　　　　　　　　　　　（邸曉平）

明永樂五年內府刻本《大明仁孝皇后勸善書》

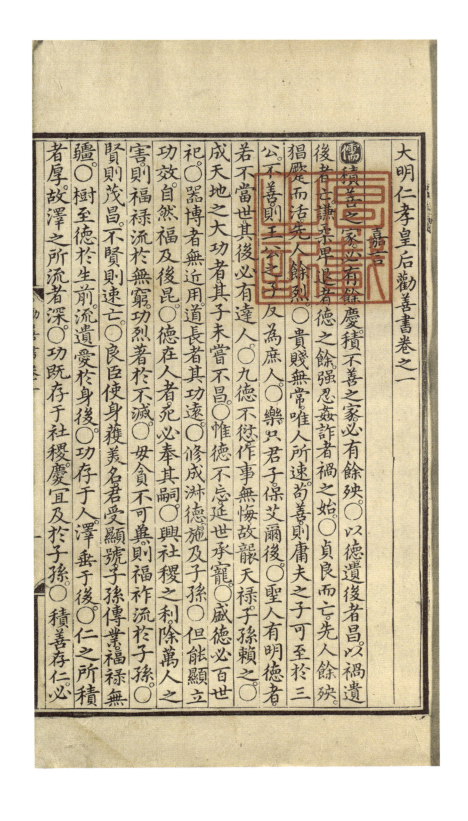

大明仁孝皇后勸善書卷之一

〔儒〕

積善之家必有餘慶積不善之家必有餘殃。○以德遺後者昌以禍遺

後者亡謙恭早退者德之餘強忍姦詐者禍之始。○貞良而亡先人餘殃

歷歷而活先人餘烈。○貴賤無常唯人所速苟善則庸夫之子可至於三

猖獗而活先人餘烈。○貴賤無常唯人所速苟善則庸夫之子可至於三

公不善則王公之子反為庶人。○樂只君子保艾爾後。○聖人有明德者

若不當世其後必有達人。○九德不愆作事無悔故祿天祿子孫賴之。○

成天地之大功者其子未嘗不昌。○惟德不忘延世承寵。○盛德必百世

祀。○器博者無近用道長者其功遠。○修成淵德施及子孫。○藏德必立

功效自然福及後昆。○德在人者死必奉其嗣。○興社稷之利除萬人之

害則福祿流於無窮功烈著於不滅。○毋貪不義則福祚流於子孫。○

賢則茂昌不賢則速亡。○良臣使身獲美名君受顯號子孫傳業福祿無

疆。○樹至德於生前流遺愛於身後。○功存於人澤垂于後。○仁之所積

者厚故澤之所流者深。○功既存于社稷慶宜及於子孫。○積善存仁必

大明仁孝皇后勸善書二十卷　（明）仁孝皇后徐氏撰　明永樂五年（1407）內府刻本　二函十冊　第二批《國家珍貴古籍名録》04808號、04809號

半葉十四行二十八字，粗黑口，四周雙邊，雙對花魚尾，框高29.6釐米，寬19.4釐米。

明成祖仁孝文皇后徐氏（1362—1407），濠州（今安徽鳳陽）人，中山王徐達長女，母謝氏。明洪武九年（1376）冊封為燕王妃。建文元年（1399）與世子朱高熾合力抵抗李景隆三十萬大軍，守衛北平。建文四年（1402）十一月冊立為皇后。永樂五年七月崩於南京，謚"仁孝"。永樂十一年（1413）二月葬於北京天壽山。永樂二十二年（1424）九月與成祖合葬長陵，明仁宗謚"仁孝慈懿誠明莊獻配天齊聖文皇后"。徐氏仁和賢淑，且"通曉治道，注意民瘼"，曾向成祖諫言"南北軍民瘡殘疲敝，宜加意休養；當世賢才皆先皇帝所遺，不宜以新間舊"。又召見六卿、翰林命婦，以"婦之事夫大者，宜助成其德行"勉之。在協助朱棣鞏固皇權的同時，徐氏還注意以言行教化整齊人心，史載其"兼通載籍，嘗曰：'積善如登山，久益高；積惡如穿坎，久必陷。'又曰：'為善如夜就旦，漸覩清明；為惡如旦就夜，漸入幽昏'"（《明史》卷一百五十）。并以此訓誡皇太子及諸王。有《勸善書》《內訓》傳世。《明史》卷一百五十有傳。

《勸善書》二十卷，乃徐氏"間採三教聖賢勸善懲惡之言，類編為書"。書前有永樂三年（1405）徐氏自序，末有永樂五年皇太子朱高熾、漢王朱高煦、趙王朱高燧後序，

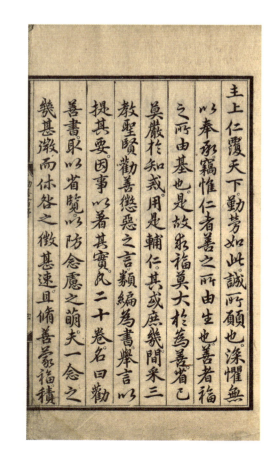

及丘福、胡廣等大臣進表。全書遵循"舉言以提其要，因事以著其實"（徐氏《勸善書序》）的體例，首列儒釋道三教經典之言，以"嘉言"冠首；後附歷代傳記善惡感應故事，標以"感應"，二者互為表裏。

　　此書編成後，並未廣泛刊行，僅頒賜給皇太子、趙王、漢王等徐氏親生皇子。及永樂五年徐氏薨後，皇太子請以仁孝皇后所著《勸善書》頒賜臣民，世間始得刊本。丁丙《善本書室藏書志》載："此則明時別刊小字本，每葉二十八行，行二十八字，字極精湛，卷面皆藍綾裝潢。"今按，04808號至今仍保持明時包背裝風格，按天干分為十集，每集二卷，各卷卷首鈐"厚載之記"朱文印。04809號除各卷卷首鈐"厚載之記"朱文印外，在卷二卷端還鈐有"佐伯文庫"印。

（張昊）

237

明永樂十八年朱高熾刻本《彌陁往生淨土懺儀》

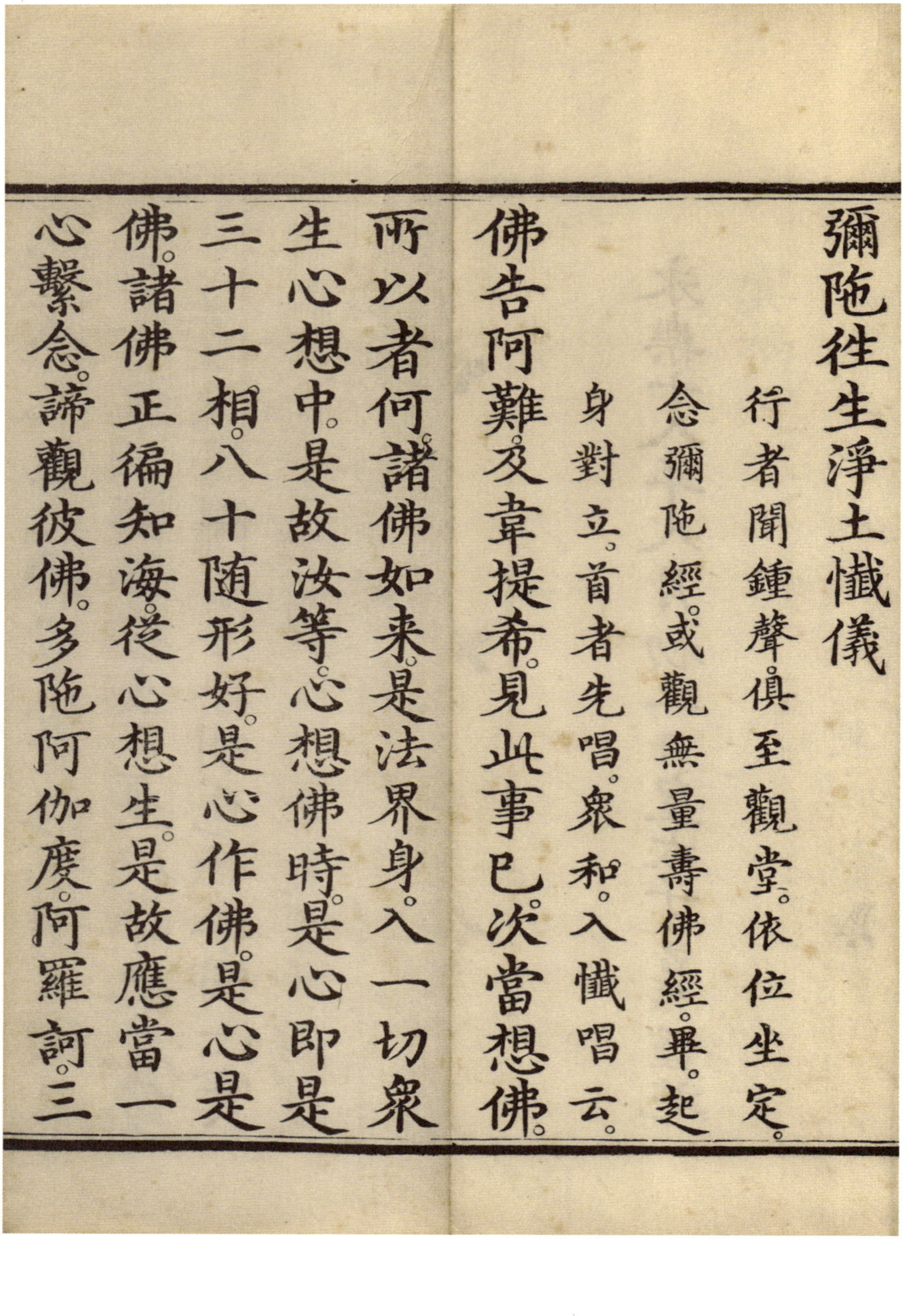

彌陁往生淨土懺儀

行者聞鍾聲俱至觀堂。依位坐定。

念彌陁經。或觀無量壽佛經。畢起

身對立。首者先唱。衆和。入懺唱云。

佛告阿難及韋提希見此事已次當想佛。

所以者何諸佛如來是法界身入一切衆

生心想中是故汝等心想佛時是心即是

三十二相八十隨形好是心作佛是心是

佛。諸佛正徧知海從心想生是故應當一

心繫念。諦觀彼佛。多陁阿伽度。阿羅訶三

彌陁往生淨土懺儀不分卷　　明永樂十八年（1420）朱高熾刻本　一函一冊　第四批
《國家珍貴古籍名録》10539號

　　每版五個半葉，半葉五行，行十六字，上下雙邊，框高27.2釐米，寬12.3釐米。

　　此書未署作者，一說宋代遵式大師撰於大中祥符八年（1015）。遵式（964—1032），俗姓葉，字知白，台州寧海（今浙江寧海）人。投天台義全出家，又從釋守初習律，從寶雲寺義通學天台宗典籍，為天台宗山家派代表人物。宣講《法華》《維摩》《涅槃》《金光明》等經，並集僧俗專修淨土，著《大彌陀懺儀》《小彌陀懺儀》《往生淨土懺願儀》《金園集》等數十種，世稱慈雲懺主、慈雲尊者。宋仁宗明道元年（1032）圓寂。

　　遵式依據《大本無量壽經》《稱贊淨土經》等諸大乘經，集為《往生淨土懺願儀》，略分十科：嚴淨道場，明方便法，明正修意，燒香散華，禮請法，贊歎法，禮佛法，懺願法，旋誦法，坐禪法。懺文為專修極樂淨土之行法，隨淨土信仰之流行而廣為流傳。本書題名《彌陁往生淨土懺儀》，與遵式之書名略異；正文從第四科“燒香散華”開始，其前録《佛說觀無量壽佛經》十六觀之第八觀原文，後半部分又録第九觀原文；其他各科相同，祇是文字略異，不標科名，遵式稱“偈同前，但改佛名”者，此書皆重録偈文，更適合讀誦。此書當是遵式原書之改編本。

　　此本是明永樂十八年八月，皇太子朱高熾為其庶母昭獻貴妃所刊。昭獻貴妃王氏，蘇州人，永樂七年（1409）封貴妃。有賢德，事朱高熾生母仁孝皇后徐氏恭謹。徐氏與高麗權貴妃早逝。永樂帝晚年多急怒，王氏曲為調護，自太子、諸王、公主以下皆倚賴之。永樂十八年（1420）七月薨，禮視太祖成穆孫貴妃，即由庶子服葬期年（見《明史》卷一百三十四本傳）。朱高熾曾得到王氏回護，得其訃報，“哀思彷徨，著存不忘於心”，遂施刊《彌陁往生淨土懺儀》，“集茲善利，資崇冥福，仰報慈恩於萬一”，並“淚筆謹題辭”，作《奉施彌陁往生淨土懺儀序》。卷前有“西方極樂世界依正報相”，卷後有護法韋陀像。刻印精良，版畫精美。

　　書後有藏書家周肇祥1942年題跋，考訂朱高熾、昭獻貴妃事蹟，並鈐其“百鏡庵藏

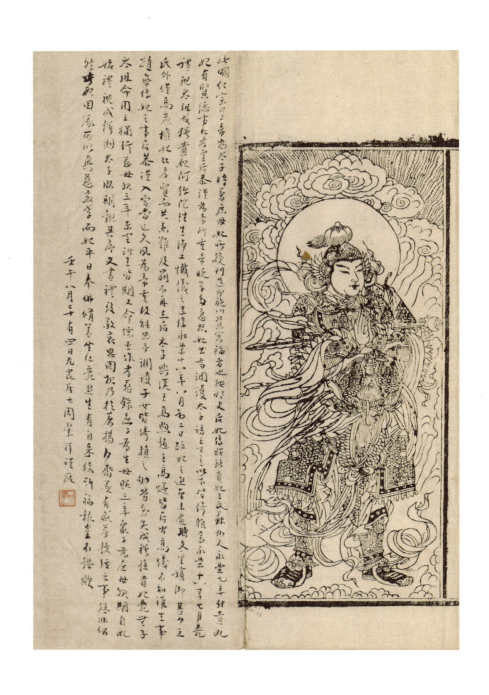

古雕刻記”、“極樂”、“周肇祥”等印。

（楊之峰）

明嘉靖二十三年錫藩朱胤栘刻本《初學記》

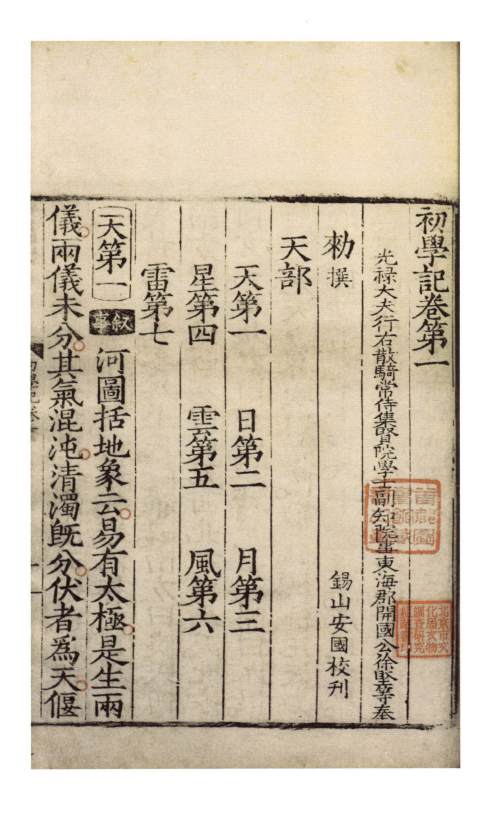

初學記卷第一

光祿大夫行右散騎常侍集賢院學士副知院事東海郡開國公徐堅等奉

勅撰

錫山安國校刊

天部

天第一　日第二　月第三

星第四　雲第五　風第六

雷第七

〔天第一〕　事叙

河圖括地象云易有太極是生兩

儀兩儀未分其氣混沌清濁既分伏者爲天俛

初學記三十卷　（唐）徐堅等撰　明嘉靖二十三年（1544）瀋藩朱胤杉移刻本　二函十二冊　第二批《國家珍貴古籍名録》04865號

半葉九行十八字，小字雙行二十四字，白口，左右雙邊，單黑魚尾，框高20.7釐米，寬16.1釐米。

徐堅（659—729），字元固，湖州（今屬浙江）人。幼時即聰慧過人，遍覽經史。後舉進士，授太子文學。武周聖曆中為東都留守判官，專主表奏。聖曆二年（699），與張説等四十七學士同修類書《三教珠英》。唐中宗時為給事中。玄宗時改麗正書院為集賢院，徐堅為集賢院學士，累封東海郡公。開元十七年（729）卒，贈太子少保，諡曰文。堅精通典故，擅文辭，熟悉典章制度，有文集三十卷傳於世。《舊唐書》卷一百零二、《新唐書》卷一百九十九有傳。

《初學記》為唐玄宗時官修類書，編纂目的是為玄宗諸子問學習文查事用典之用，故名《初學記》。全書三十卷，分二十三部三百一十三個子目。每個子目內先為“敘事”，次為“事對”，末為“詩文”，與一般類書略有不同。《初學記》取材於群經諸子、歷代詩賦及唐初詩文，其書“分門別類以備乎考，條綱貫目以便其觀，上自隆古，下及漢唐，文事之精英叢菁，罔弗萃焉”（朱胤杉《翻刻初學記

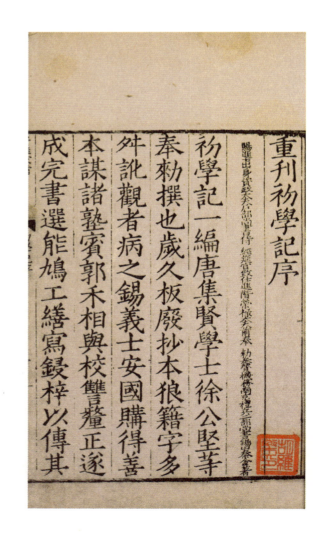

敘》），對後世類書的編纂有較大的影響。《初學記》每引必註出處且引書廣泛，不少初唐以前已經亡佚的古籍資料因其徵引得以保存，於校勘古籍或者搜集佚文頗具利用價值。《四庫全書總目》謂之"在唐人類書中，博不及《藝文類聚》，而精則勝之"（卷一百三十五）。

《初學記》的版本以日本宮內廳書陵部所藏南宋紹興十七年（1147）余十三郎宅刻本為最善最足。明嘉靖十年（1531）錫山安國桂坡館得宋本重刻，宋本原缺卷數以他本補足。後世晉藩、瀋藩等皆據安氏刻本翻刻重鐫。首都圖書館所藏為明嘉靖二十三

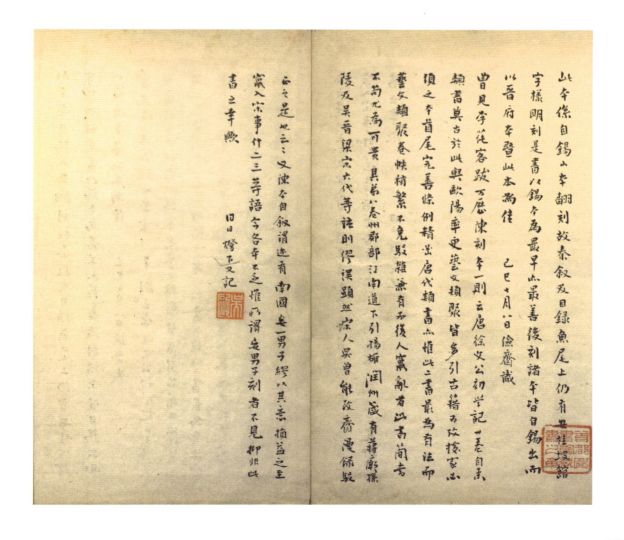

年瀋藩朱胤栘刻本。正文前依次有明嘉靖二十三年李新芳序、嘉靖十年（1531）錫山秦金序、宋紹興四年（1134）福堂劉本序。其目錄第三行題"大明嘉靖辛卯錫山安國重校"，首卷卷端第三行下題"錫山安國校刊"，每葉版心上方亦有"安桂坡館"字樣，可證明其自安國本翻刻。瀋藩朱胤栘即明瀋憲王，明太祖朱元璋七世孫，自號南山道人，有《保和齋稿》。

　　本書首有儉齋題識，題識末鈐"吳甌"朱文印，佚名朱筆圈點。鈐有"延秋珍藏"、"定遠胡氏珍藏書畫"二印。

（喬雅俊）

明刻本《唐宋白孔六帖》

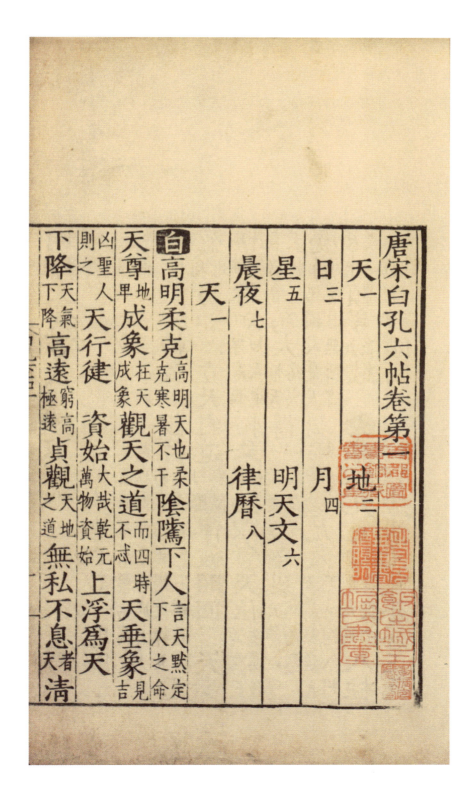

唐宋白孔六帖一百卷目録二卷　（唐）白居易　（宋）孔傳輯　明刻本　十函一百册　第三批《國家珍貴古籍名録》08586號

半葉十行十八字，小字雙行字同，白口，左右雙邊，單白魚尾，框高19.3釐米，寬15.3釐米。

白居易（772—846），字樂天，晚號香山居士，又號醉吟先生，華州下邦（今屬陝西渭南）人。唐德宗貞元十六年（800）進士，歷遷翰林學士、左拾遺、東宮贊善大夫、刑部侍郎等職。工詩，取材廣泛，語言平實。倡導"新樂府"運動，自創新題，詠寫時事，主張體現漢樂府的現實主義精神。作品有《白氏長慶集》傳世。《舊唐書》卷

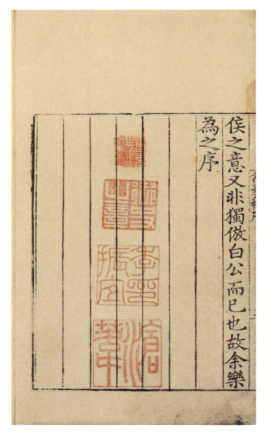
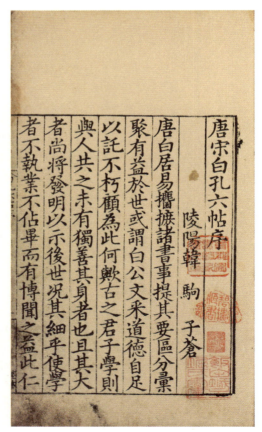

一百六十六、《新唐書》卷一百一十九有傳。孔傳，原名若古，字世文，晚號杉溪，仙源縣（今山東曲阜）人，孔子四十七代孫，生活於兩宋之際。博極群書，尤精易學。建炎初，隨孔端友南渡，遂流寓衢州。紹興二年（1132）除知邠州，移知陝州，改知撫州，官至右朝議大夫。著有《孔子編年》《東家雜記》《杉溪集》《孔氏六帖》等。

白居易為積累寫作素材，曾編輯了一部類書，名《白氏六帖》，共三十卷。至宋，孔子四十七世孫孔傳仿白氏之書，又作《孔氏六帖》三十卷。南宋末，兩書合為一編，析為一百卷。是書採擇各書中成語、典故，或摘句，或提要，分類編次，體例略同《北堂書鈔》。所分門類共一千三百多個，每一門類之前，標有“白”字的，是指白居易書中原文，標有“孔”字的，是指孔傳書中原文。其內容舉凡天文、地理、動物、植物、科技、政治、經濟、文學、藝術、歷史、風俗等等，無所不包，涉及自然界和人類社會的眾多方面，兼有百科全書和資料彙編的雙重性質。因所錄為唐朝以前史料及唐宋詩文，有一定的史料價值，對輯佚、校勘古籍也有一定的幫助。

首都圖書館所藏乃明刻本。前有宋人韓駒序，述該書成書經過。有刻工李耀、守中等，均為明中期刻字工人。該書現存的最早版本是宋刻本，惜為殘帙，僅存二卷。首圖藏本雖為明刻，但內容保存完整，對窺見原書全貌實有裨益。

此本鈐有“季振宜藏書”、“季振宜印”、“滄葦”、“御史之章”、“御史振宜之印”、“枕碧樓藏書記”、“老見異書猶眼明”等印記。

（范猛）

明正統十二年閻敬刻本《事物紀原集類》

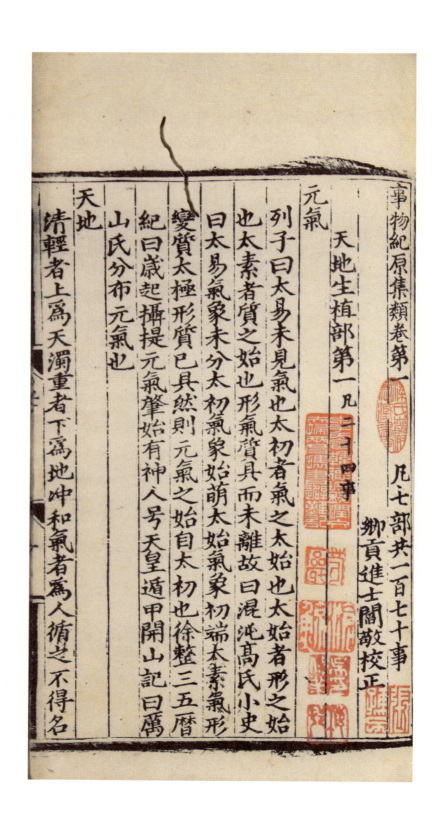

事物紀原集類卷第一 凡七部共一百七十事

鄉貢進士閻敬校正

天地生植部第一 凡二十四事

元氣

列子曰太易未見氣也太初者氣之始也太始者形之始也太素者質之始也形氣質具而未離故曰混沌高氏小史曰太易氣象未分太初氣象始萌太始氣象初端太素氣形變質太極形質已具然則元氣之始自太初也徐整三五曆紀曰歲起攝提元氣肇始有神人号天皇逆甲開山記曰厲

山氏分布元氣也

天地

清輕者上爲天濁重者下爲地沖和氣者爲人偹之不得名

事物紀原集類十卷　（宋）高承撰　明正統十二年（1447）閻敬刻本　一函十冊
第四批《國家珍貴古籍名録》10526號

半葉十二行二十四字，黑口，四周雙邊，雙順黑魚尾，框高20.0釐米，寬13.3釐米。

高承，宋開封（今河南開封）人，神宗元豐前後在世。著有《事物紀原》十卷。

《事物紀原集類》，又作《事物紀原》，專記事物原始之屬。凡十卷，全書共記一千七百六十五事，分五十五部排列，每部均以四字標目，如"天地生植"、"正朔曆數"、"公式姓諱"、"旗旄采章"、"經籍藝文"、"三省綱轄"、"橫行武列"、"庫務職局"、"舟車帷幄"、"農業陶漁"、"軍伍名額"等等，各部之下又有若干細目，如"天地生植"部下有元氣、天地、四方、日月等二十四目。大到天地山川、禮樂制度、古今事物之變，小至鳥獸草木、陰陽之妙，均追其根源，溯其流變。

閻敬，明正統間江西南昌人，自鄉紳黃某處得此書，閱後認為"初學之士得而閱之，則事事物物之原悉瞭然於心目之間，亦可以知其概矣……遂鋟梓以傳，俾四方學者得以廣其見聞"（閻敬序）。該書內容豐富，舉凡政治、經濟、軍事、典章制度、文化藝術、醫學、風俗、服飾、器用、宗教、天文、地理以及草蟲鳥獸等社會自然民衆生活領域的事物，無不涉及，還分門別類搜録了天地萬物的起源來歷，不僅豐富了人類文化史，更為後人研究古代社會文化、民俗傳承源流提供了寶貴的資料，在民俗史上亦有着不可磨滅的獨特價值和意義。

此本鈐有"古婁韓氏應陛載陽父子珍藏善本書籍印記"、"韓繩大印"、"價藩"、

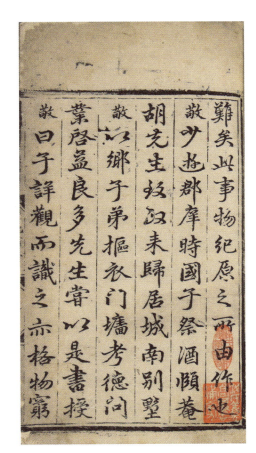

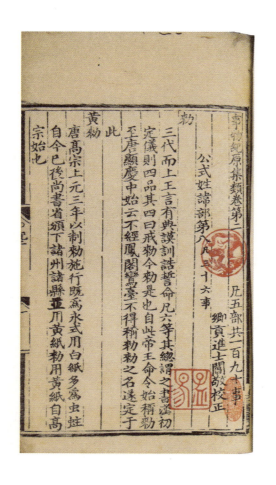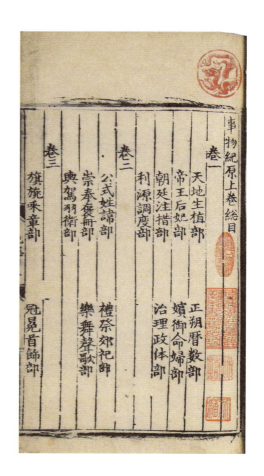

"甲子丙寅韓德鈞錢潤文夫婦兩度攜書避難記"、"松江讀有用書齋金山守山閣兩後人韓德鈞錢潤文夫婦之印"、"張孺子"、"梁氏義高書滿家"、"梁氏巖窟臧書"、"秋詩"、"半農"、"滄鯨"、"孟昜"、"牧翁"等印記。

（牛小燕）

明嘉靖十五年秦汴繡石書堂刻本《錦繡萬花谷》

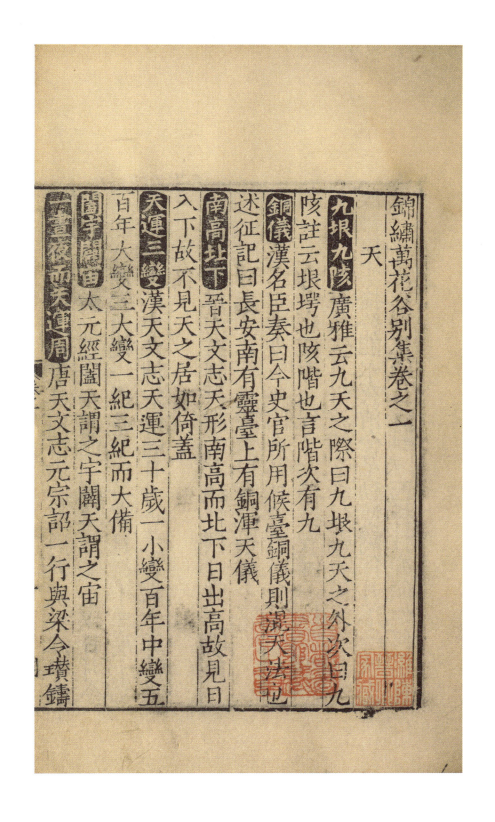

錦繡萬花谷別集卷之一

天

九垠九陔　廣雅云九天之際曰九垠九天之外次曰九
陔　註云九垠埒也陔階也言階次有九

銅儀　漢名臣奏曰今史官所用候臺銅儀則渾天法也
述征記曰長安南有靈臺上有銅渾天儀

南高北下　晉天文志天形南高而北下日出高故見日
入下故不見天之居如倚蓋

天運三縷　漢天文志天運三十歲一小縷百年中縷五
百年大縷三大縷一紀三紀而大備

闓宇闢宙　太元經闓天謂之宇闢天謂之宙

晝夜而天運周　唐天文志元宗詔一行與梁令瓚鑄

253

錦繡萬花谷前集四十卷後集四十卷續集四十卷別集三十卷　明嘉靖十五年（1536）
秦汴繡石書堂刻本　三函二十六册　第二批《國家珍貴古籍名録》04894號
　　半葉十二行二十一字，小字雙行字同，白口，左右雙邊，單黑魚尾，框高18.9釐米，
寬13.5釐米。

　　《錦繡萬花谷》是宋代一部由個人編纂而成的大型類書。作者姓名不詳，依其寫於
淳熙十五年（1188）之自序，推測其概為南宋孝宗時人。

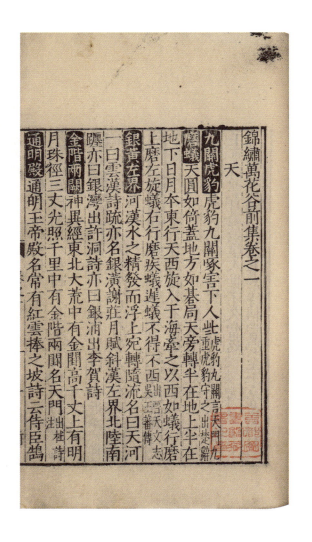

書分前集、後集、續集各四十卷。明代秦汴刻此書時，又以家藏鈔本三十卷補入梓為別集。前集凡二百四十二類，後集凡三百二十六類，續集自一卷至十四卷凡四十六類，自十五卷至四十卷皆類姓。別集一百九十六類。每類首記事物，次録詩文，用雙行小字註明出處。《錦繡萬花谷》所輯資料取材極廣，據該書編纂者所撰《錦繡萬花谷序》言，條目薈萃"古人文集、佛老異書至於百家傳記、醫技稗官、齊諧小說"等，尤多採録唐宋軼事逸詩，保存了不少唐宋時期的文獻資料。《四庫全書總目》卷一百三十五云："所録大抵瑣屑叢碎，參錯失倫……特其中久經散佚之書，如《職林》《郡閣雅談》《雅言系述》《雲林異景記》之類，頗賴此以存崖略。又每類後用《藝文類聚》例，附録詩篇，亦頗多逸章賸什，為他本所不載。略其煩蕪，擷其精粹，未嘗不足

為考證之資也。"

　　是書有宋代刻本。明代則有弘治五年（1492）及七年（1494）華燧會通館銅活字本、嘉靖十四年（1535）徽藩崇古書院刻本及嘉靖十五年秦汴繡石書堂刻本。秦汴刻本又分為兩種，一為前、後、續集各四十卷者，較為常見；一為增加了別集三十卷者，《歷代珍稀版本經眼圖錄》《日本訪書志》曾著錄，較稀見。首都圖書館所藏即為後者。此書前有編者自序、總目後有秦汴所撰《考證》一篇及張愷所撰之跋文。書口鐫"繡石書堂"。據秦汴《考證》，他是以"坊間購得宋刻"為底本，并用華氏會通館印本校訂始成。秦汴，字思宋，無錫人。喜藏書、刻書，藏書處名繡石書堂、容春草堂。

　　鈐有"海原閣藏書"、"濰陳晉卿家藏"、"陳氏珍藏"等印。

　　　　　　　（喬雅俊）

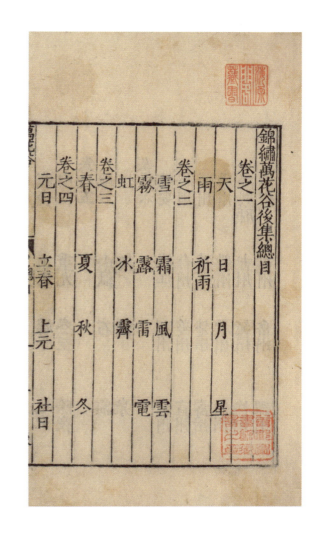

明初刻本《新編事文類聚翰墨全書》

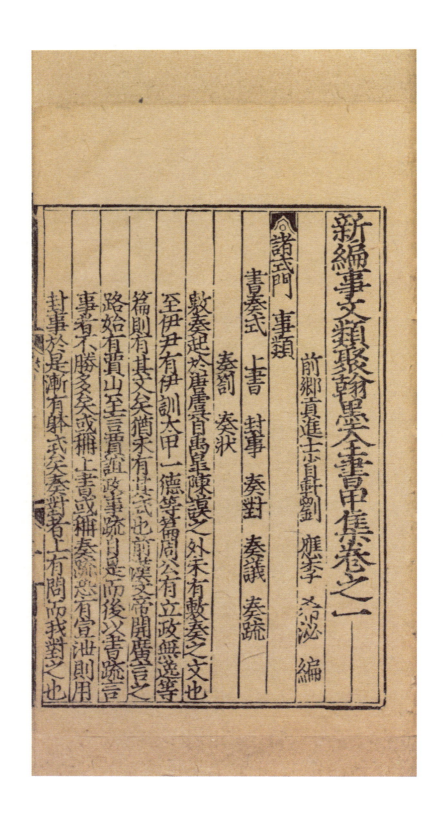

新編事文類聚翰墨全書甲集十二卷乙集九卷丙集五卷丁集五卷戊集五卷己集七卷庚集二十四卷辛集十卷壬集十二卷癸集十一卷後甲集八卷後乙集聖朝混一方輿勝覽三卷後丙集六卷後丁集八卷後戊集九卷　（元）劉應李輯　明初刻本　四函二十五冊　第三批《國家珍貴古籍名録》08608號

存七十六卷（甲集全，乙集一至三、七至九，丙集全，丁集全，戊集全，己集全，庚集一至六，辛集全，壬集全，癸集一至八）。半葉十二或十四行二十四字，小字雙行字同，細黑口，四周雙邊，雙順黑魚尾，框高15.7釐米，寬10.6釐米。

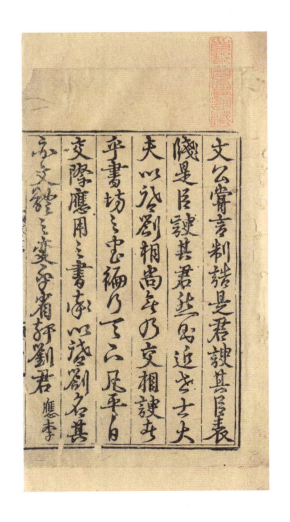

劉應李，初名榮，字希泌，號省軒，建寧建陽（今福建建陽）人。南宋度宗咸淳十年（1274）進士，曾任建陽主簿。宋亡不仕，退與熊禾、胡一桂講學於洪源山。後建化龍書院於莒潭，聚徒講授，學者雲集，並著書立說，所著有《翰墨全書》《易經精義》《傳道精語》等，僅《翰墨全書》存世。

《新編事文類聚翰墨全書》，又名《新編事文類聚翰墨大全》。作為一部民間交際應用類書，是書仿祝穆《事文類聚》之例，分類輯録大量詞語典故、詩詞文章以及圖式、聯語等各種應酬文字，入諸式門、冠禮門、慶誕門等二十五門，先列"事類"，後列"文類"，採摭甚富，便於查尋。其中保留宋元間應酬詩文頗多，為輯佚家所重視；所記諸款式、稱謂、禮制，多見一時風尚，元代官制、輿地、科舉條式尤詳。該書對研究宋元歷史、文學具有一定價值。

　　因此書實用性較強，故頗受歡迎，傳刻者甚多。元刻本系統有二，一為大德本，一為泰定本，但現存多為殘帙。明刻本系統有五，分別是明初本、正統本、正德本、嘉靖三十六年（1557）楊氏歸仁齋刻本和萬曆三十九年（1611）安正堂重修本。首都圖書館所藏為明初刻本，前有大德十一年（1307）熊禾序，內容直接承襲泰定本，卷目與內容編排則參照大德本。明初本乃是明代《翰墨全書》最為流行的版本，被多次翻刻。首圖此書雖為殘本，但保存大半，仍具有一定的版本、文獻價值。

（范猛）

明嘉靖潘蔓刻本《楮記室》

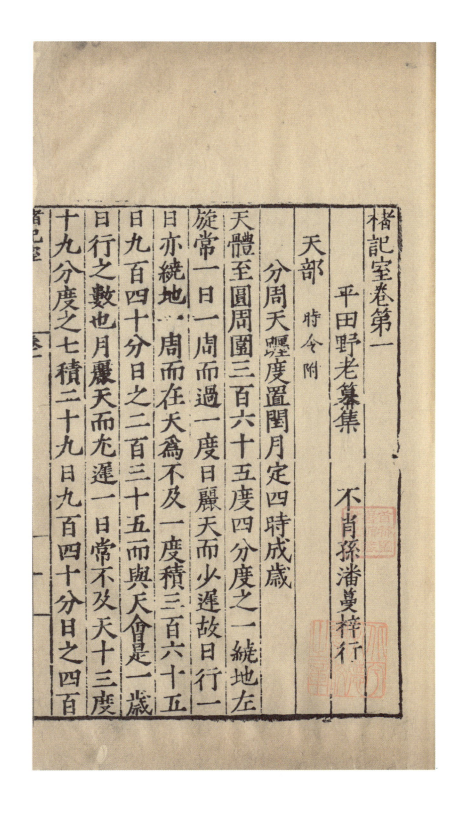

楮記室卷第一

平田野老纂集

不肖孫潘蔓梓行

天部　時令附

分周天躔度置閏月定四時成歲

天體至圓周圍三百六十五度四分度之一繞地左

旋常一日一周而過一度日麗天而少遲故日行一

日亦繞地一周而在天爲不及一度積三百六十五

日九百四十分日之二百三十五而與天會是一歲

日行之數也月麗天而尤遲一日常不及天十三度

十九分度之七積二十九日九百四十分日之四百

楮記室十五卷　（明）潘塤輯　明嘉靖潘蔓刻本　一函六冊　第二批《國家珍貴古籍名録》04938號

半葉十行二十字，白口，四周單邊，框高19.3釐米，寬13.5釐米。

潘塤（1476—1562），字伯和，號熙臺，自號平田野老，南直隸淮安府山陽縣（今江蘇淮安）人，明正德三年（1508）戊辰科進士。生有異稟，工於文章。歷任工科給事中、兵科都給事中、山東右布政使、都察院右副都御史等職。為官不畏權勢，敢於直言；出仕熱心地方事業，積極建言獻策。著有《淮郡文獻志》《撫台奏議》《楮記室》等。《明史》卷二百三有傳。

《楮記室》，具有明顯的筆記小說性質。楮，落葉喬木，皮可製紙，後借指紙。記室，官名。東漢置，諸王、三公及大將軍都設有記室令史，掌章表書記文翰。是書可供文人臨文查閱之用，事同管文字工作的記室，故名之曰《楮記室》。分天、地、人三部，每部又各分子目，多附明代事實，內容多收録遺聞逸事和神鬼異事，為吳承恩創作《西遊記》提供了參考，對考察明代故實亦有一定幫助。語言方面間或採民間俗語，是研究明代民間用語之資料。

首都圖書館所藏此書為明嘉靖潘蔓刻本，潘塤自序首葉殘闕。潘蔓（1538—1606），潘塤之孫，字孟深，小字綿孫，自號畏軒，太學生，官膠州同知。後任魯王紀善，以老乞歸。操行清雅，詩文甚豐，精書法。著有《楚澤吟》《北遊吟》《閑中詩草》等。幼時隨祖父塤讀書，受其人品、學問影響頗深。《楮記室》書成，潘蔓將之刻行於世。

此本有佚名圈點。鈐有"北平孔德學校之章"印記。

（范猛）

明刻本《目前集》

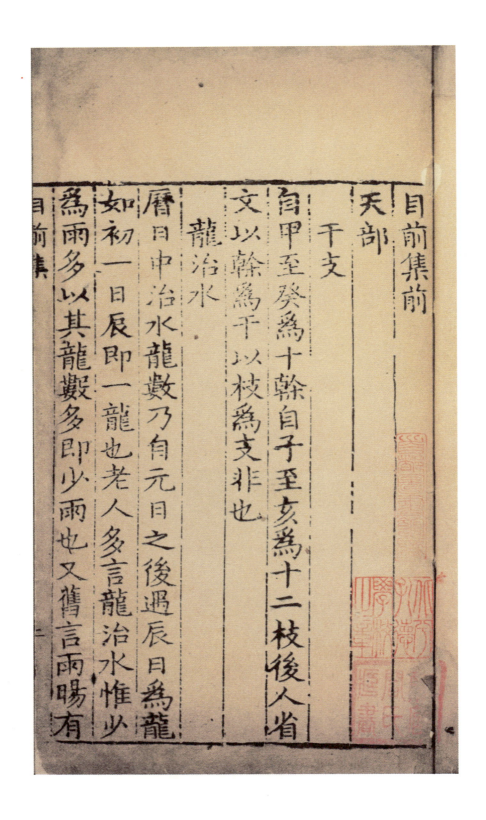

目前集前

天部

干支

自甲至癸爲十幹自子至亥爲十二枝後人省

文以幹爲干以枝爲支非也

龍治水

曆日中治水龍數乃自元旦之後遇辰日爲龍

如初一日辰即一龍也若人多言龍治水惟少

爲雨多以其龍數多即少雨也又舊言雨暘有

目前集

目前集二卷　明刻本　一函四冊　第三批《國家珍貴古籍名録》08626號

半葉九行十八字，白口，四周單邊，框高20.6釐米，寬13.0釐米。

此書未署撰者姓氏，傳統著録為佚名。今據學者陳東輝介紹，此書與明趙南星撰《味檗齋遺書》（清光緒高邑趙氏刊本）中的同名書作對比，兩書的內容完全一致，由

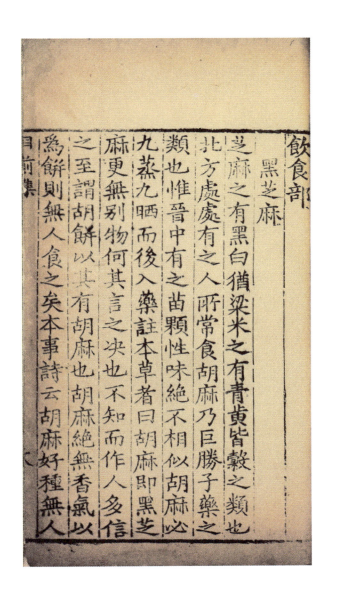

此確認《目前集》的作者係明人趙南星（參見陳東輝《古籍叢書所藴含的中日典籍交流》）。趙南星（1550—1627），字夢白，號儕鶴，別號清都散客，高邑（今河北高邑）人。明萬曆二年（1574）進士，累官至吏部尚書，是明代著名的政治家，"東林黨"首領之一。他為政清廉，剛直不阿，以忤魏忠賢削籍，謫戍。崇禎初年追諡忠毅。有《芳茹園樂府》《史韻》《學庸正說》等著述傳世。《明史》卷三百四十三有傳。

《目前集》成書於明末，是一部收集當時民衆日常生活用語和俗詞的明人筆記，分為前、後兩集，約有六百七十餘條目，門類繁多。"目前"乃指該書內容的時間維度，即收録詞條均為當時的常談俗語；然其主旨是要探源釋今。此書採用筆記體行文，但是在結構編排和分類系統的成熟度上，已與同一時期的其他辭書無異，門類劃分比

較詳細，因此又具有準辭書的性質。此外，是書也為明代歷史、文學以及民俗語言研究提供了豐富的文獻資料。

　　此本鐫刻工整、字體方正，整體風格帶有明本古雅樸拙的特點。此外，是刻傳世稀少，明清以降的書目中鮮有著録，衹見於《中國古籍善本書目》。

　　此書鈐有"南宮閻氏臧書"、"奎園所存書畫金石"、"北平孔德學校之章"三枚印記。

（李晶瑩）

明凌濛初刻朱墨套印本《選詩》

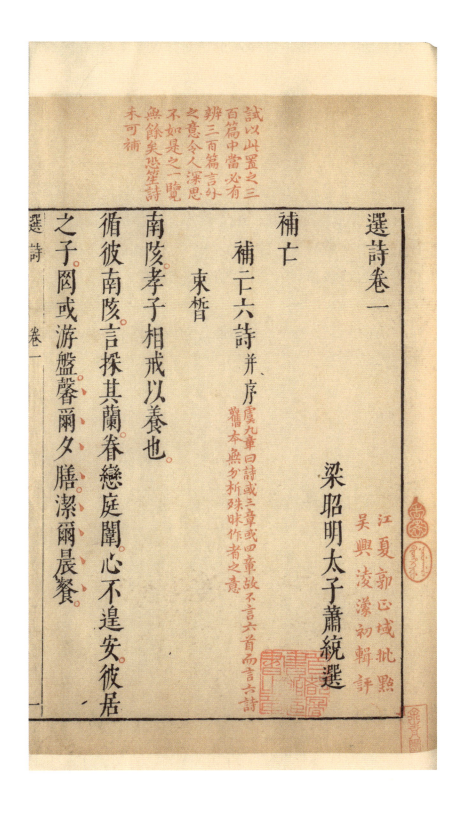

選詩卷一

梁昭明太子蕭統選

江夏郭正域批點

吳興凌濛初輯評

補亡

補亡六詩并序虞九章曰詩或三章或四章故不言六首而言六詩
贊本無分析殊眛作者之意

束皙

南陔孝子相戒以養也。

循彼南陔言採其蘭眷戀庭闈心不遑安彼居

之子罔或游盤馨爾夕膳潔爾晨餐

試以此置之三百篇中當必有
辨三百篇言外
之意令人深思
不如是之一覽
無餘矣恐笙詩
未可補

選詩七卷　（南朝梁）蕭統輯　（明）郭正域評點　（明）凌濛初輯評　**詩人世次爵里一卷**　明凌濛初刻朱墨套印本　一函八冊　第二批《國家珍貴古籍名録》06259號

半葉八行十八字，小字雙行字同，書眉鐫評，行六字，白口，四周單邊，框高20.5釐米，寬14.6釐米。

蕭統（501—531），字德施，南蘭陵（今江蘇常州）人。梁武帝蕭衍長子，未即位而逝，謚昭明。少有才氣，深通禮儀，純孝仁厚，崇信佛教。收羅圖書三萬卷，與劉勰、劉孝綽、陸倕等文士商討篇籍，編成《文選》三十卷，為我國現存最早的詩文總集，收先秦至梁代詩文七百多篇。有唐顯慶年間李善註、開元年間五臣（呂延濟、劉良、張銑、呂向、李周翰）註。

郭正域（1554—1612），字美命，號明龍，湖廣江夏（今屬湖北武漢）人。明萬曆

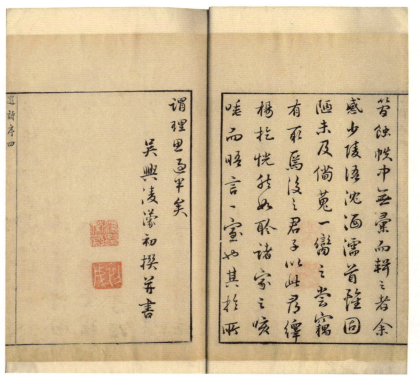

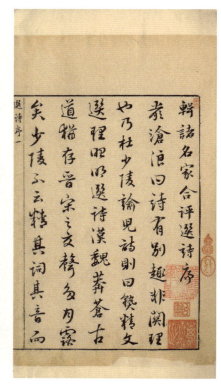

十一年（1583）進士，授翰林院編修。曾任東宮講官，累遷禮部侍郎、代理禮部尚書。因偽楚王事件得忤權相沈一貫，"妖書案"獄起，被陷入獄。家居十年，卒謚文毅。著有《合併黃離草》《皇明典禮志》，評點《考工記》《解莊》《韓文杜律》等。

此書為《文選》詩歌部分，分補亡、述德、諷諫等小類。前有明代著名文學家和刻書家凌濛初《輯諸名家合評選詩序》。他反對宋人以即景詠物附會君臣治亂，認為郭正域評本"高視闊步，得其大端"，"而諸家之言僅散見於殘管蝕帙中，無彙而輯之者"，於是另輯沈約、謝靈運、劉勰、李白、釋皎然、嚴羽、范晞文、楊慎、王世貞、虞九章、鍾惺、譚元春等四十餘家評語，分作題下評、總評、旁批、眉批，除郭正域外，各標評者名氏。原文或從李善，或從五臣，以旁批作校記。取李善註或五臣註之簡明者，在各卷之末作"訂註"。附《詩人世次爵里》，按時代先後作作者小傳。正文墨印，圈點、評語皆朱印，朱墨分明，極便閱讀，是《文選》各種版本中收錄評家較多的一種。

首都圖書館藏本鈐"萬世珎之"、"余青園"、"夢翔珎藏"、"渠氏仲子"、"子孫保之"、"缶園"、"馬舜君字上善號簡庵弌號缶園"等印。

（楊之峰）

明凌氏鳳笙閣刻朱墨套印本《選賦》

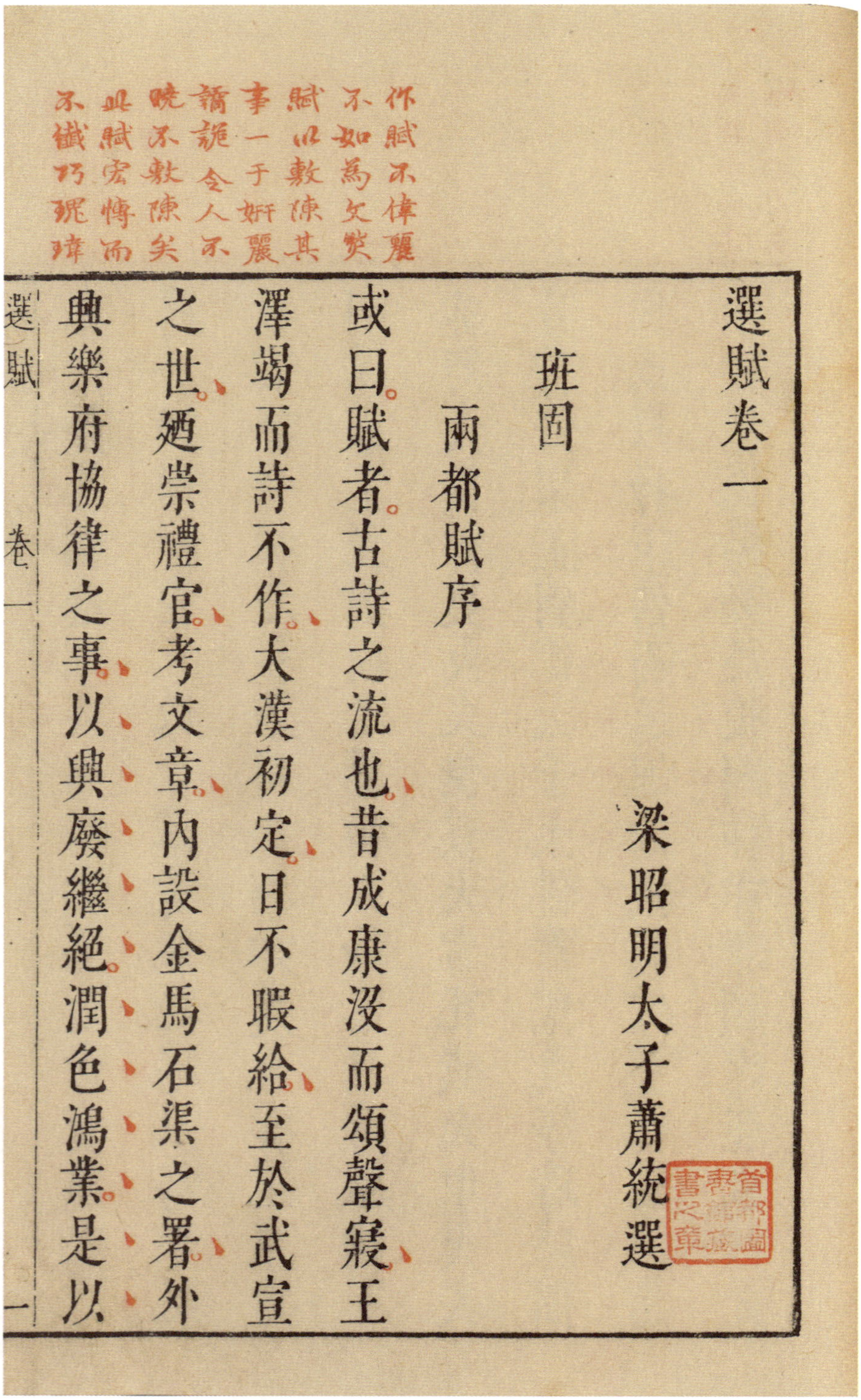

選賦卷一

梁昭明太子蕭統選

班固

兩都賦序

或曰賦者古詩之流也昔成康沒而頌聲寢王
澤竭而詩不作大漢初定日不暇給至於武宣
之世廼崇禮官考文章內設金馬石渠之署外
興樂府協律之事以興廢繼絕潤色鴻業是以

仍賦不偉麗
不如為文哉
賦以敷陳其
事一于奸麗
籍誨令人不
曉不敕陳矣
眦賦宏悱而
不激巧琬瑋

選賦　卷一

選賦六卷 （梁）蕭統輯 （明）郭正域評點 **名人世次爵里一卷** 明凌氏鳳笙閣刻朱墨套印本 一函六冊 第二批《國家珍貴古籍名録》06268號

半葉八行十八字，書眉鐫批，行四至六字，白口，四周單邊，框高20.2釐米，寬14.7釐米。

昭明太子蕭統主持編選《昭明文選》，分賦、詩、騷、七、詔、冊等三十八類。明郭正域大約是最早做全書評點的。該書以文學性賞評爲主，與以疏通申講文義爲主的商業性選本不同；其對六朝賦的褒美，則與當時"文必西漢"的前後七子迥異其趣。凌濛初最先以郭氏評點爲主，套印出版《選詩》；其後鳳笙閣主人凌森美套印《選賦》；閔于忱則將騷、七、詔、冊等類合成《文選後集》，套印出版，合成一套完整的《文選》評點本。

此本是明凌氏鳳笙閣刻朱墨套印本，收録《文選》中賦之原文，分爲六卷，共有京都、郊祀、耕藉、畋獵、紀行、遊覽、宮殿、江海、物色、鳥獸、志、哀傷、論文、音樂、情等十五小類。卷首附吳興凌氏鳳笙閣主人識語，下有"森美私印"；次爲《梁昭明傳》，即《梁書·昭明太子傳》節録；再次爲《梁昭明序》《唐李學士行略》《李善上註表》。卷末附《選賦名人世次爵里》，按時代先後簡介作者。正文墨印，有眉批、旁批、題下評、總評，收郭正域、楊慎（字用脩）兩家，皆朱印，前者不標名氏，後者標"用脩曰"。關於楊慎評語，凌森美識語曰：

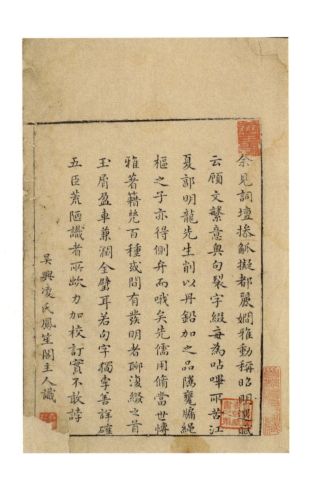

"先儒用脩，當世博雅，著籍幾百種，或間有發明者，聊復綴之首，玉屑盈車，兼潤全璧耳。"說明是從楊慎著作中抽出對應於選篇的，並根據需要對楊慎原文進行了一些改編。

凌森美是吳興凌氏家族刻書史上的重要人物，鳳笙閣之號從其曾祖父凌約言即開始使用。本書經凌森美詳加校訂，有保存郭正域評語、收集楊慎評語之功，極便於讀者誦讀。

（楊之峰）

明刻本《新刊迂齋先生標註崇古文訣》

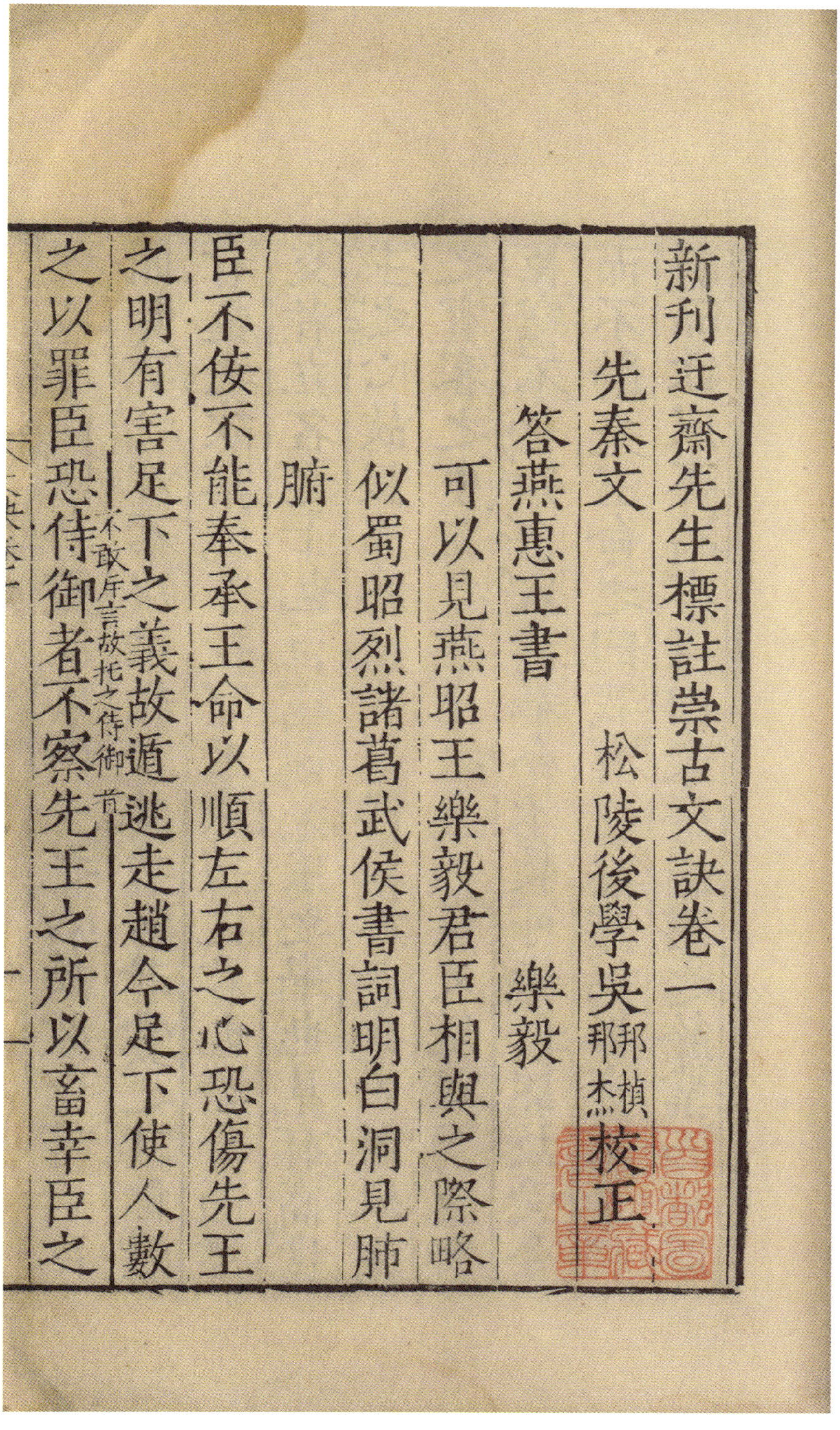

新刊迂齋先生標註崇古文訣卷一

先秦文　　　松陵後學吳郡楨

答燕惠王書　　　　樂毅　　吳郡杰校正

可以見燕昭王樂毅君臣相與之際略
似蜀昭烈諸葛武侯書詞明白洞見肺
腑

臣不佞不能奉承王命以順左右之心恐傷先王
之明有害足下之義故遁逃走趙今足下使人數
之以罪臣恐侍御者不察先王之所以畜幸臣之

不敢斥言故托之侍御者

新刊迂齋先生標註崇古文訣三十五卷 （宋）樓昉輯　明刻本　二函十冊　第二批

《國家珍貴古籍名錄》06347號

半葉九行十九字，白口，左右雙邊，單白魚尾，框高20.4釐米，寬14.1釐米。

樓昉，字暘叔，號迂齋，鄞縣（今浙江寧波）人。宋紹熙四年（1193）進士，授從事郎，遷宗正簿，後以朝奉郎守興化軍卒，追贈直龍圖閣。昉少從呂祖謙學，與弟樓晌俱以文名。其為文浩博，從學者數百人。著有《中興小傳》《宋十朝綱目》《東漢詔令》《崇古文訣》等。《延祐四明志》卷五、《萬姓統譜》卷六十二有傳。

是書首有宋寶慶三年（1227）延平姚珘序，稱昉積其平時苦學之力，紬繹古作，抽其關鍵，以惠後學。昉受業於呂祖謙，故因其師說，推闡加密，所選自秦漢迄宋諸家，先秦三家、兩漢十家、三國一家、六朝二家、唐四家、宋二十八家，凡一百九十二篇，以韓、柳、歐文為多。每篇題後列總評，少則四五字，多則百餘字，文間作圈、點、小字評註，故題曰"迂齋先生標註"。陳振孫《直齋書錄解題》稱其大略如呂氏《古文關鍵》，而所錄"篇目增多，發明尤精，學者便之"。四庫館臣亦認為本書篇目較備，繁簡得中，尤有裨於學者。

樓昉所輯《崇古文訣》，現有五卷本、二十卷本、三十五卷本。五卷、二十卷本皆宋刻，國家圖書館有藏，然卷帙不全。三十五卷本所收篇目最多，如楊惲《報友人孫會宗書》、王嘉《擇賢疏》、江淹《詣建平王上書》、孔稚珪《北山移文》、韓愈《燕喜亭記》《送石洪處士序》《答李翊書》等，皆宋二十卷本所無也（參考陸心源《儀顧堂集》卷二十）；流傳最廣，元、明、清、朝鮮皆有翻刻或傳抄。本館所藏明刻本為松陵吳邦楨、吳邦杰校正，紙本開闊，白口大字，刻印精美，點畫俱精。

鈐有"君詠三十後所收古刻善本"等印。

（楊曉煒）

明正德十五年馬卿刻本《西山先生真文忠公文章正宗》

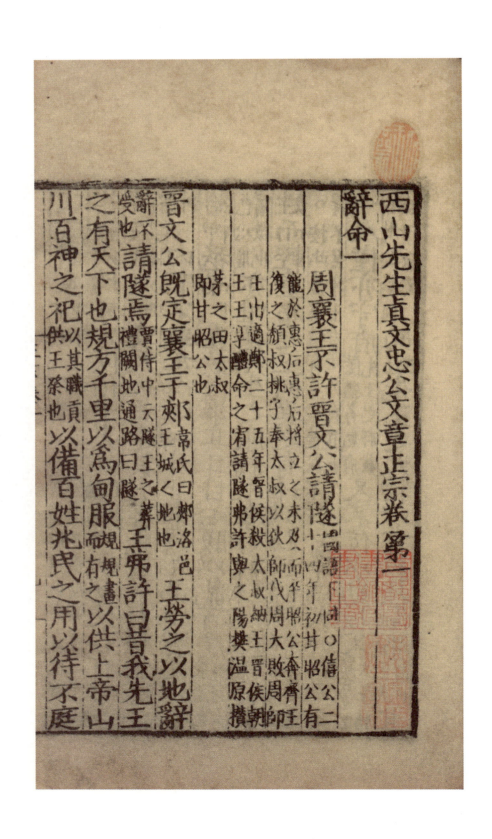

西山先生真文忠公文章正宗二十四卷 （宋）真德秀輯 明正德十五年（1520）馬卿刻本 三函十五冊 第二批《國家珍貴古籍名録》06353號

半葉十行二十一字，小字雙行字同，白口，四周單邊，框高19.1釐米，寬13.1釐米。

真德秀，為朱熹再傳弟子，程朱理學的正宗傳人。清代學者全祖望贊曰："乾淳諸老之後，百口交推，以為正學大宗者，莫如西山。"（《鮚埼亭集外編》卷三十一）其一生肆力著述，力推朱學。代表作之一《文章正宗》即以文選的形式蘊載其"德本文末"和"君子之文"的理學文學觀。

《文章正宗》為一部通代的詩文彙編。何謂"正宗"？西山自論："正宗云者，以後世文辭之多變，欲學者識其源流之正也。自昔集録文章者衆矣，若杜預、摯虞諸家，往往湮沒弗傳，今行於世者，惟梁《昭明文選》、姚鉉《文粹》而已。繇今昵之，二書所録果皆得源流之正乎？……今所輯以明義理、切世用為主，其體本乎古，其指近乎經者，然後取焉，否則辭雖工亦不録。"（《文章正宗綱目》）可見，真氏認為行世廣泛的《文選》《文粹》未得文章正流，遂作《正宗》一書，助士人學文以明理致用。書中選録自《左傳》《國語》以下，至唐末文章，析

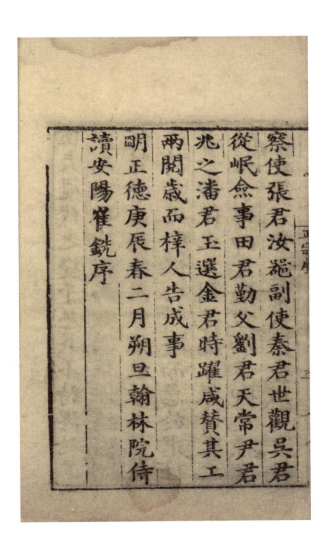

為辭命、議論、敍事、詩歌四類，凡二十四卷。真德秀藉此集，廣收鳴道之文，旨在說文以載道。如四庫館臣所評："其持論甚嚴，大意主於論理，而不論文。"正因如此，書中所蘊含的豐富理學思想和文學思想，對後世產生了深遠的影響，文獻價值突出。歷代官私書志多有著録，如《直齋書録解題》《文獻通考‧經籍考》《文淵閣書目》《天禄琳琅書目》《鐵琴銅劍樓藏書目録》等。

伴隨朱子理學逐漸受到統治階層的重視，《文章正宗》得以世代傳承，各個朝代均有翻刻。僅明本存世者約八九種之多。是刻為正德十五年刊本，主持者馬卿，字敬臣，號柳泉，林縣（今屬河南安陽）人，弘治十八年（1505）進士，累官至漕運都御史。據卷前崔銑序所載，馬卿督學山西時，為"振時文之陋"而命人重刻此稿，以供學子研讀之用。此書有刻工濟、澤等。

書中有佚名圈點。鈐有"宋啓新印"、"寶山居士"等印章。

（李晶瑩）

明嘉靖四十三年蔣氏家塾刻本
《西山先生真文忠公文章正宗》《續文章正宗》

西山先生真文忠公文章正宗卷第一

辭命一

周襄王不許晉文公請隧　國語下同○僖公二
十四年初甘昭公有
寵於惠后惠后將立之未及而卒昭公奔齊王
復之穨叔桃子奉太叔以狄師伐周大敗周師
王出適鄭二十五年晉侯發太叔納王晉侯朝
王王享醴命之宥請隧弗許曰王章也未有代
茅之田太叔即甘昭公也

晉文公既定襄王于郟　韋氏曰郟洛邑
王城之地也
辭不請隧焉　賈侍中云隧王之
蓁王弗許許曰昔我先王
受之有天下也規方千里以為甸服規規畫以供上帝山
川百神之祀也　以其職貢以備百姓兆民之用以待不庭

西山先生真文忠公文章正宗二十四卷續二十卷 （宋）真德秀輯 明嘉靖四十三年（1564）蔣氏家塾刻本 六函三十八冊 第二批《國家珍貴古籍名錄》06366號

半葉十行二十一字，小字雙行字同，白口，左右雙邊，單黑魚尾，框高20.2釐米，寬12.9釐米。

此本較前書在内容上增加了《續文章正宗》二十卷，卷前有宋代鄭圭序，末附倪澄跋。續編為西山先生晚歲所輯，專取北宋一代名儒之作，自歐陽修以下凡十四家，有目無文者置於末卷，以存其缺。體承《正宗》，依類而載，刪去辭命、詩歌二門，設

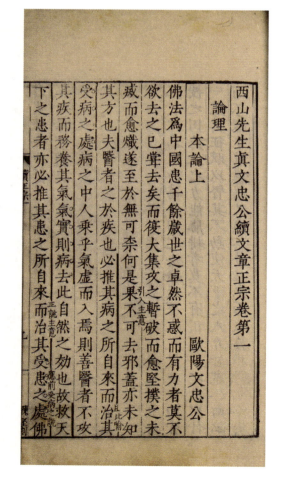

論理、敘事、論事三類。"論理為先，敘事繼之，論事又繼之，夫敘事、論事而不先於理，則舍本根而事枝葉，非我"（鄭圭《西山先生真文忠公續文章正宗序》）。足見真氏所錄《續文章正宗》更加注重因文闡理之精要。依據此書的序、跋文字可概見續編成書過程：先生未及脫稿而先卒，宗簿梁公得其草，如獲拱璧，與友人鄭氏、倪氏，稍加整理，凡二十卷，公之海內，以承西山之志。

此書為明嘉靖四十三年杜陵蔣氏家塾刻本，卷前牌記刻："嘉靖甲子杜陵蔣氏梓於家塾仲賢校正。"所謂家塾刻本是指舊時私宅家塾出資、主持刻印的書籍。其性質與坊肆刻書不盡相同，並不以盈利為目的，多出於對聖賢、良師的崇拜，旨在推廣某種學說和思想，或傳播自己的喜愛之作。由於主持刻書者尊賢重學，為流傳版本，家塾本的特點往往是底本優秀、校勘審慎、良工鐫刻、印製精良（參李致忠《古書版本鑒定》）。通觀此書即是如此，正、續集版式統一，刻字工整，一氣呵成；版面清朗，紙墨上乘，書品考究，極具珍藏價值。此書有刻工陳垚、信等。

本書有佚名圈點。

（李晶瑩）

明安正書堂刻本《西山先生真文忠公文章正宗》

西山先生真文忠公文章正宗卷第一

義門何氏批評

辭命一

○○○

周襄王不許晉文公請隧 國語下同 僖公二十四年初地昭公有
寵於惠后惠后將廢之立王子帶未及而卒昭公奔齊王
復之頹叔桃子奉太叔以狄師伐周大敗周師周公忌
毛伯富辰之師敗焉王出適鄭 二十五年晉侯朝
王王享醴命之宥請隧弗許與之陽樊溫原攢
茅之田太叔即坊公也 左傳

晉文公既定襄王于郟 席氏曰郟洛邑王城之地也
辭不請隧焉 賈侍中云隧王之葬禮闕地通路曰隧
受也 王勞之以地辭 王弗許曰晉我先王
之有天下也 規方千里以為甸服
川百神之祀 以其職貢以備百姓兆民之用以待不庭

西山先生真文忠公文章正宗二十四卷　　（宋）真德秀輯　明安正書堂刻本　四函二十六冊　第四批《國家珍貴古籍名録》10913號

　　半葉十行二十一字，小字雙行字同，白口，四周單邊間四周雙邊，框高19.4釐米，寬13.1釐米。

　　安正書堂所刻西山先生《文章正宗》為明代有代表性的刻本之一。卷末牌記題："皇明丙戌仲夏安正書堂重刊。"安正書堂為明代福建建陽地區著名的刻書坊之一，堂主姓劉。此坊早在弘治年間即已在書林中略有名，正德、嘉靖年間刻印圖書較多，名氣

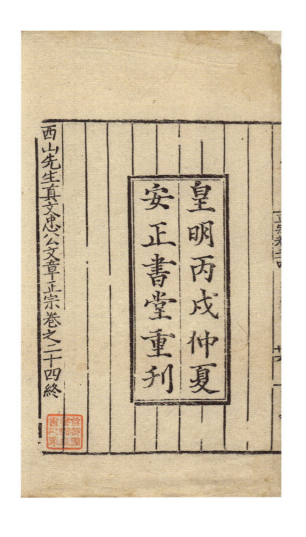

較大。此外，從該書刻印風格看，帶有明中期的刻書特點：紙白、墨黑，行格疏朗，採用白口、方字的樣式，顯有仿宋遺風。版心下有刻工名氏：余道宗、余元善、丘景春、葉順、鄭記保等。

本館藏本内有諸多朱筆眉批和圈點，卷端墨筆有題"義門何氏批評"字樣，似為佚名過録。何義門即清初名士何焯（1661—1722），字屺瞻，號義門。何家在蘇州是世代出名的義門，曾多次受到朝廷的表彰。何氏藏書數萬卷，兼考證辨偽，疏清源流，各作題識。此集在歷史上又曾經浙江著名藏書家莊祖基所藏，卷中的鑒藏印章宛然可證。莊祖基（1843—1890），秀水（今浙江嘉興）人，富擁書籍，置於蘭味軒。

此書鈐蓋"觀卿氏"、"毘陵莊祖基守齋氏藏書印"、"秀水莊氏蘭味軒收藏印"、"蘭谿世系"、"觀善堂陸氏章"、"北平孔德學校之章"等印章。

（李晶瑩）

明蕭氏古翰樓刻本《妙絕古今》

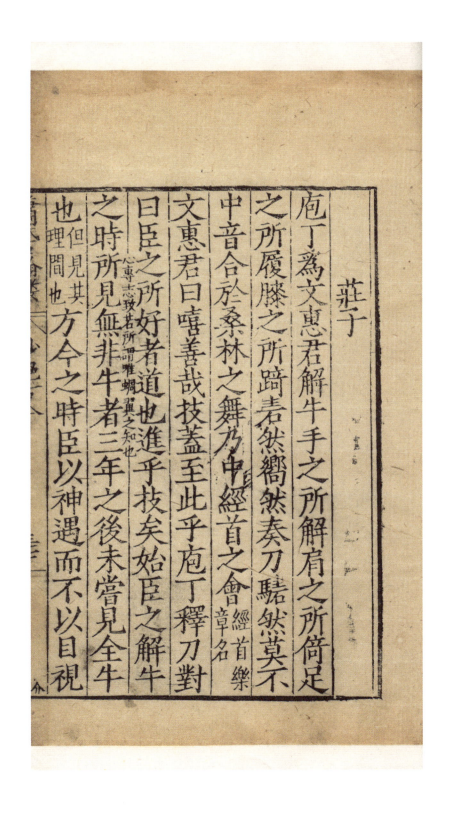

妙絕古今不分卷 （宋）湯漢輯 明蕭氏古翰樓刻本（有抄配） 一函四冊 第三批《國家珍貴古籍名録》09430號

半葉八行十七字，小字雙行字同，白口，左右雙邊，單白魚尾，框高21.0釐米，寬14.2釐米。

該書卷端不著撰者名氏。《四庫全書總目》據元趙汸《東山存稿》，定為湯漢所編。書前附有序文，亦言明該書為湯漢所輯。湯漢，字伯紀，號東澗，宋饒州安仁（今江西餘江）人。理宗淳祐四年（1244）進士。初為真德秀賓客，曾掌象山書院。歷上饒簿、國史實録院校勘、太學博士、秘書郎。上言盡用天下之財力以治兵，盡用天下之人才以強本。累官知隆興府。度宗時，以端明殿學士致仕。卒年七十一，謚文清。有《東澗集》《陶靖節先生詩註》等。《宋史》卷四百三十八有傳。

該書所採為《春秋左氏傳》《國語》《孫子》《列子》《莊子》《荀子》《淮南子》《國策》《史記》、揚雄、劉歆、諸葛亮、韓愈、柳宗元、杜牧、范仲淹、歐陽修、王安石、曾鞏、蘇洵、蘇軾等二十一家之文，拔其優者彙輯成書，凡七十九篇。文中間有評註，或釋字詞文句，或發微言大義。考其甄輯之初衷，趙汸認為，漢處南宋衰微之際，"以為南渡忍恥事讎，理宗容奸亂政，故取《左氏》《國策》所載之事，以昭諷勸；而並及於漢、唐二代興亡之由；又取屈原、樂毅、韓愈《孟東野序》、歐陽修《蘇子美》諸篇，有感於士之不遇"（《四庫全書總目》卷一百八十七），其去取之間，篇篇皆有深義，故作題後以發明之，凡一千四百餘言。

　　此本為明蕭氏古翰樓刻本，版心上刻"蕭氏古翰樓"，下有刻工姓名。序文、目錄、正文前三葉及書末半葉均係抄配。書前附湯漢自序及趙汝騰題識。蕭氏古翰樓，即贛郡蕭斯馨古翰樓，明代坊刻的一支。明代坊刻，雖多因逐利而品質不高，然亦不乏上乘之作。蕭氏即是如此，繆荃孫曾稱其所刻之書"字大悅目，宋本猶存，佳刻也"（繆

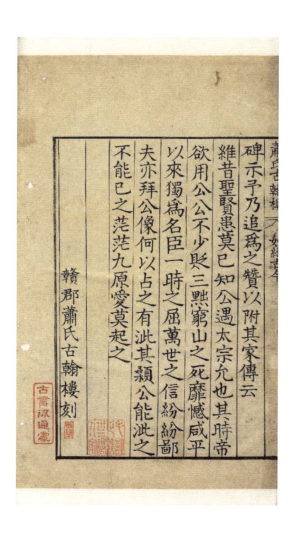

荃孫《藝風藏書續記》卷六）。此本雖有抄配，卻無缺卷，紙墨刻工亦屬考究，具有較高的版本和藝術價值。

　　該書鈐有"藝風堂藏書"、"荃孫"、"毛詩正義卅三卷人家"、"友虛所見"、"求古居"、"北平孔德學校之章"、"北京孔德學校藏"等印記。

（郭芳）

明成化十一年刻本《古文精粹》

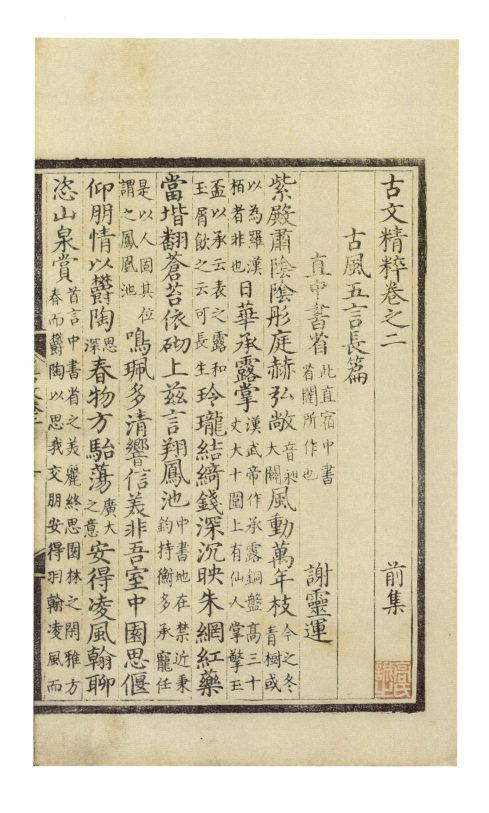

古文精粹十卷　明成化十一年（1475）刻本　一函四冊　第三批《國家珍貴古籍名録》09436號

半葉十行二十字，小字雙行字同，粗黑口，四周雙邊，雙對黑魚尾，框高21.9釐米，寬14.9釐米。

該書為輯録歷代名賢之作而成，又經校刻後重刊。作者與刊印者皆無考。刊者撰序述："《古文》一書，乃精選歷代名賢所作也。其間雄辭奧旨足範後學。然集刊者

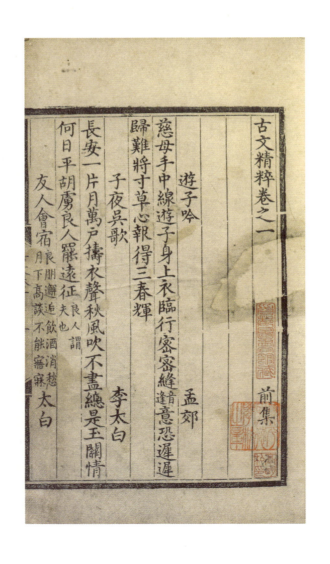

不一，或此收而彼不錄，彼載而此未備"，因此於奉親之暇，兼取而合錄，彙為一帙（《重刊古文精粹序》）。書凡十卷，分為前集和後集，前集為卷一至卷五，分古詩、古風、長短句、歌、行、吟、引、曲等八類，輯詩約二百首，後集為卷六至卷十，分辭、賦、說、解、序、記、箴、銘、文、頌、傳、碑、辯、表、原、論、書、贊等十八類，輯文近百篇。重刊之時，刊者"去其訓詁之繁，正其字畫之訛"（《重刊古文精粹序》），旨在廣其傳而俾覽者。

此本為明成化十一年（1475）刻本。書前有《重刊古文精粹序》，序末署"成化乙未花朝後一日"。卷十末下半葉係抄配。此本刻於明成化年間，刊刻承襲元風，書口為粗黑口，雙對黑魚尾，字為趙體，流利活潑，柔軟圓潤，具有典型明初刻書的風格，版本及藝術價值頗高。

該書鈐有"誠之"、"高氏誠之"、"高明私印"、"誠之甫印"、"北平孔德學校之章"等印記。

（郭芳）

明嘉靖十五年王潼谷刻本《絕句博選》

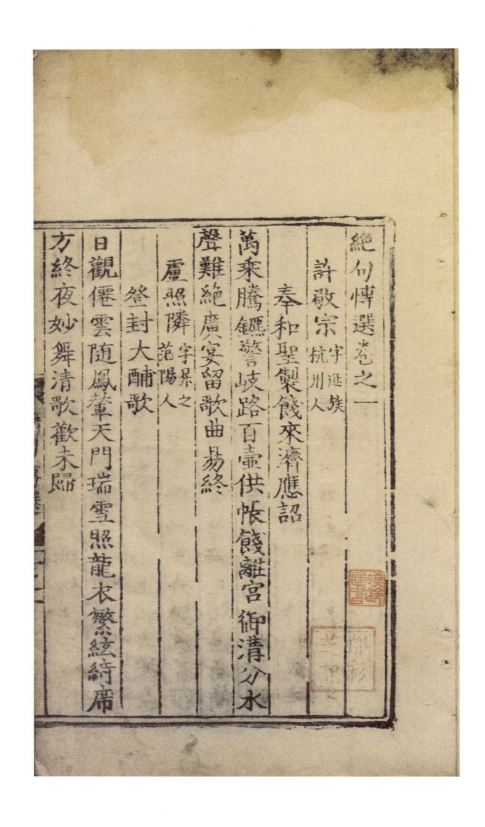

絕句博選五卷 （明）王朝雍輯　明嘉靖十五年（1536）王潼谷刻本　一函五冊
第三批《國家珍貴古籍名録》09465號

半葉九行十八字，小字雙行字同，白口，四周雙邊，雙對黑魚尾，框高20.1釐米，寬13.9釐米。

王朝雍（1480—1537），字仲和，號友山，朝邑（今屬陝西大荔）人。明正德二年（1507）舉人，授嚴州推官，決獄公允。嘉靖中，知澤州，政理訟平，人蒙其惠。官至山西按察僉事。著有《絕句博選》五卷、《燕石稿》二卷、《友山浪談》一卷、《閒懶

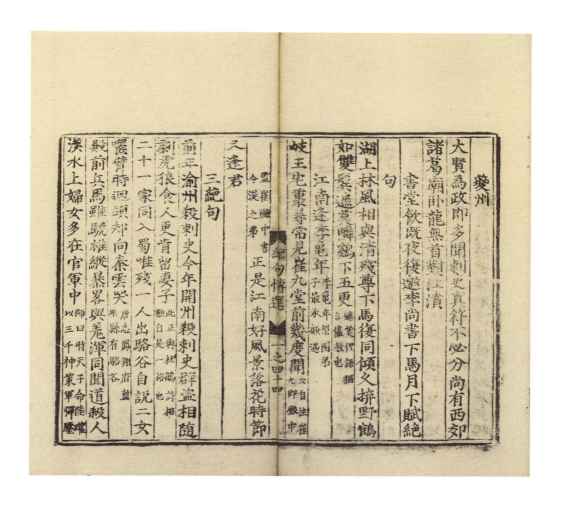

子》一卷等。《［雍正］陝西通志》卷五十七等有傳。

王朝雍"少負詩名，篇出輒為人傳誦"（劉垓《燕石稿》序）。後來為政之餘，亦不廢詩文之好。其自言，"自蚤歲，竊於舉業之暇，撫景即事，敘詠成言，而學之者垂三十餘年。憲章取材，考求於三百篇，以及漢魏六朝與夫唐宋諸名家者，不啻數百卷"（王朝雍《絕句博選》跋）。《絕句博選》一書正是王朝雍在多年詩歌研習基礎上所輯的一部七言絕句選本。

王氏精選唐宋人七言絕句，裒為五卷，欲"自博反約，將以求雅頌之遺"（王朝雍《絕句博選》跋）。該書卷一至卷四為唐人絕句，卷五為宋人絕句。卷前有嘉靖乙未（1535）崔銑序，末有嘉靖丙申（1536）王朝雍跋。嘉靖十五年，王朝雍之子王潼谷於鄴郡（今河南安陽）刊成此書。此書卷端、版心之書名原題作"愽"字。按，"愽"，古同"博"。

此本鈐"郁彩芝記"、"曉鈴藏書"印。

（王玥琳）

明嘉靖三十八年包檉芳刻本《苑詩類選》

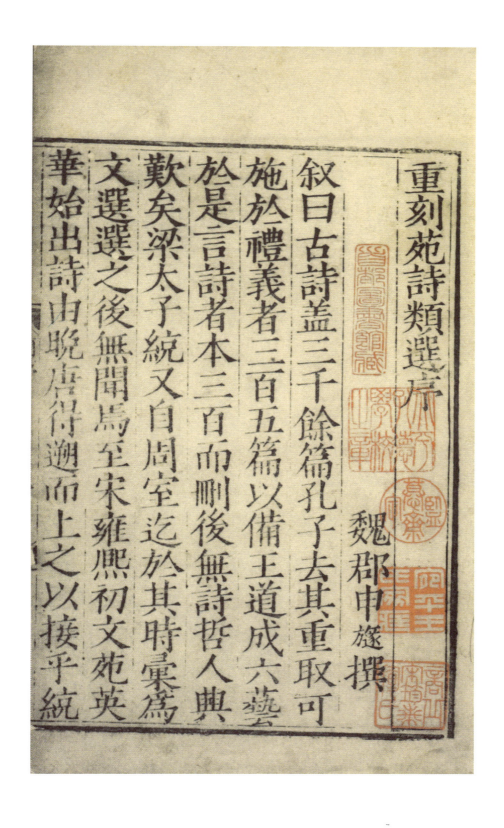

重刻苑詩類選序

魏郡申蕋撰

叙曰古詩蓋三千餘篇孔子去其重取可
施於禮義者三百五篇以備王道成六藝
於是言詩者本三百而刪後無詩哲人興
歎矣梁太子統又自周室迄於其時彙為
文選選之後無聞焉至宋雍熙初文苑英
華始出詩由晚唐泝遡而上之以接乎統

苑詩類選三十卷　（明）包節輯　明嘉靖三十八年（1559）包檉芳刻本　二函十四冊　第三批《國家珍貴古籍名録》09391號

半葉十行二十一字，白口，四周雙邊，雙對黑魚尾，框高19.2釐米，寬13.9釐米。

包節（1506—1556），字元達，號蒙泉，原籍浙江嘉興，後徙居南直隸松江府華亭（今上海松江）。明嘉靖十一年（1532）進士，授東昌推官，入為監察御史，出按湖廣。為官剛正，為中官所陷，下獄榜掠，謫戍西寧莊浪衛。聞母、弟先後去世，日飲泣而亡。著有《包侍御集》，編有《陝西行都司志》《苑詩類選》等。《明史》卷二百零七有傳。

該書為包節所輯詩集，節任御史間讀《文苑英華》，乃知其"續《昭明》而成"，但因其卷帙浩穰，使人望而却步，遂取《文苑英華》所輯之詩，剪刈繁蕪，稍加校定，別成一集。其序云："大率梁陳周隋間南北人之靡麗甚者，晚唐人之纖弱者，盡去之什可八九。"（包節《苑詩類選後序》）其類目編次亦效《文苑英華》，分為：天部、地部、帝德、應制、應令、應教、朝省、樂府、音樂、人事、釋部、寺院、道部、隱逸、酬和、寄贈、送行、附物送行、留別、行邁、軍旅、悲悼、居處、郊祀、婚姻、花木、鳥獸、蟲魚等二十八類。書凡三十卷，三載乃成。

此本為嘉靖三十八年（1559）包檉芳刻本。該書成於嘉靖二十四年（1545），次年初刻於四川何氏，後由包檉芳重刻。卷

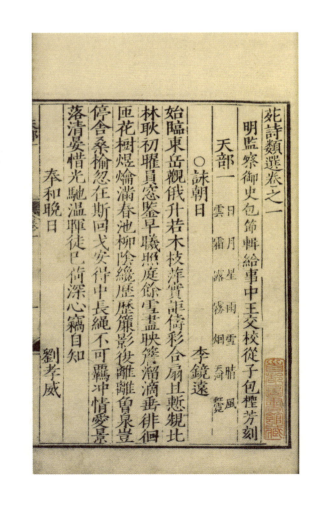

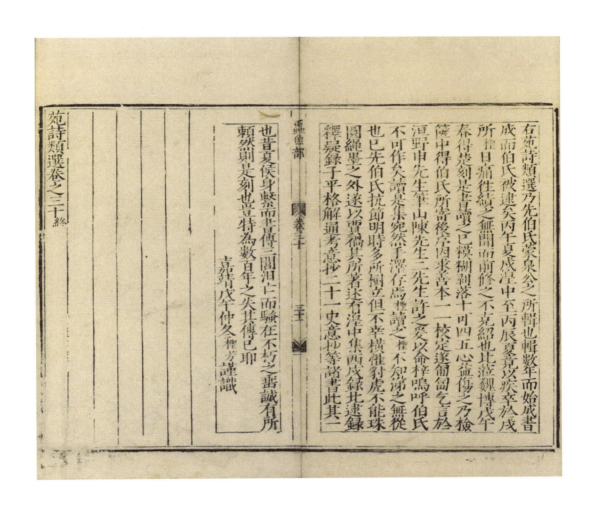

端題"明監察御史包節輯給事中王交校從子包檉芳刻"。書前有申旟撰《重刻苑詩類選序》，後有陳耀文撰《重刻苑詩類選跋》。包檉芳，包節從子，字子柳，號端溪，好藏書，喜刻書。此本為包氏家刻，刻印精美，版面疏朗，是該書最為重要的傳世刻本，版本價值頗高。

該書鈐有"商丘宋筠蘭揮氏"、"宛平王氏家藏"、"慕齋監定"、"北平孔德學校之章"等印記。

（郭芳）

明嘉靖十六年姚芹泉刻本《唐詩品彙》

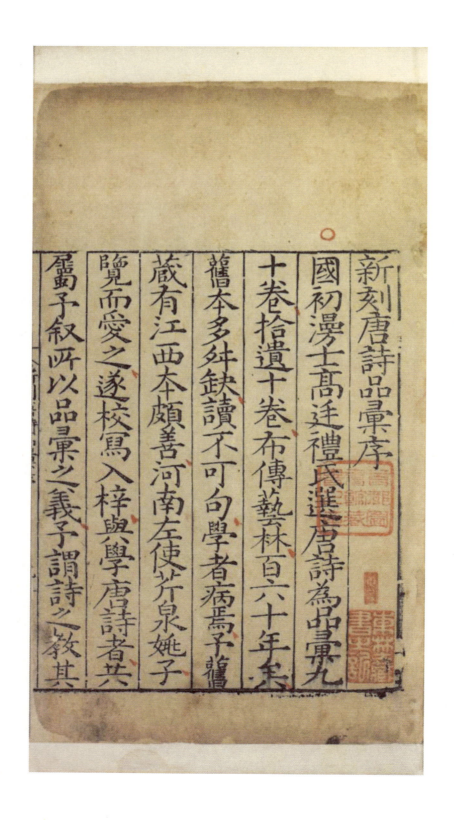

唐詩品彙九十卷拾遺十卷詩人爵里詳節一卷　　（明）高棅輯　明嘉靖十六年（1537）姚芹泉刻本　六函三十六冊　第三批《國家珍貴古籍名録》09472號

半葉十一行二十字，小字雙行字同，白口，四周單邊，單白魚尾，框高17.3釐米，寬13.8釐米。

高棅（1350—1423），字彦恢，號漫士，更名廷禮，福建長樂（今屬福建福州）人。明永樂初，以布衣召入翰林為待詔，升典籍。棅博學能文，尤長於詩，為"閩中十才子"之一。又工書畫，與其詩並稱三絕。所著有詩集《嘯臺集》《高漫士木天清氣集》，詩選《唐詩品彙》《唐詩正聲》等。《明史》卷二百八十六、《東越文苑》卷六、《本朝分省人物考》卷又七十等有傳。

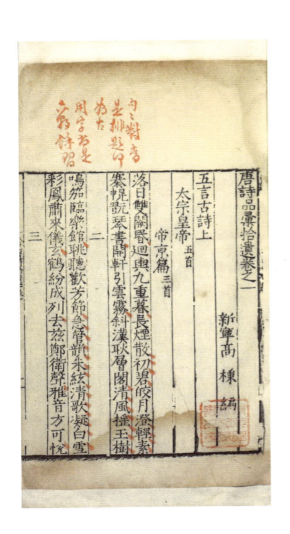

《唐詩品彙》正集九十卷，所録凡六百零二家，詩五千七百六十九首。諸詩分體編次，先古後律，共計五言古詩二十四卷、七言古詩十三卷附長短句、五言絕句八卷附六言絕句、七言絕句十卷、五言律詩十五卷、五言排律十一卷、七言律詩九卷附排律。諸體之中，又各分正始、正宗、大家、名家、羽翼、接武、正變、餘響、旁流九格。其凡例云："大略以初唐為正始，盛唐為正宗、大家、名家、羽翼，中唐為接武，晚唐為正變、餘響，方外、異人等詩為旁流。間有一二成家特立與時異者，不以世次拘之。"可見，棅延伸嚴羽之說，將有唐一代分為初、盛、中、晚四時期，如其在《唐詩品彙》總序中所言，以此可"觀詩以求其人，

因人以知其時，因時以辨其文章之高下，詞氣之盛衰"。此分法改變了宋元以來論詩祇重盛唐之局面，影響深遠，"終明之世，館閣宗之"（《明史‧文苑傳》）。雖後有爭議，但皆屬門戶之見，非公論也（參考《四庫全書總目》）。選詩之外，撰敍目於各詩體之前，為該體總敍，論其源流。又撰作者、作品、所選詩或某句之評論，穿插於詩之前後。可謂卷帙浩繁，井然有序，得一覽唐詩全貌。其於卷前所列引用諸書、歷代名公敍論、凡例、詩人爵里詳節等，對當今學者亦大有裨益。後棟又輯《拾遺》十卷，補六十一家，詩九百五十四首。其中五言古詩二卷、七言古詩一卷、五絕七絕一卷、五律三卷、五言排律二卷、七律一卷。較正集為簡，僅分體列詩耳。

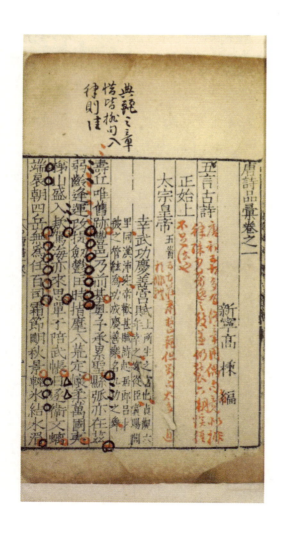

《唐詩品彙》流傳頗廣，影響甚大，明清皆有刻本。清代多刪本、再選本，此不贅言。明有成化陳煒刻本、弘治六年（1493）張瓏刻本、嘉靖十七年（1538）康河重修張瓏刻本、嘉靖十八年（1539）牛斗刻本、屠隆刻本、萬曆三十三年（1605）陸允中刻本、崇禎張恂刻本以及富春堂刻本、汪宗尼刻本等。本館所藏為明嘉靖十六年姚芹泉刻本，是現知較早的版本。卷前有嘉靖十六年陳講序云"舊本多舛缺，讀不可句，學者病焉"，故取其所藏，由姚芹泉校寫入梓。此本軟體寫刻，字體舒展圓秀，點畫清晰，卷帙完整無缺，可資讀賞。

本書有佚名圈點批校。鈐有"東垕藏書之記"等印。

（楊曉煒）

明隆慶四年刻本《十二家唐詩類選》

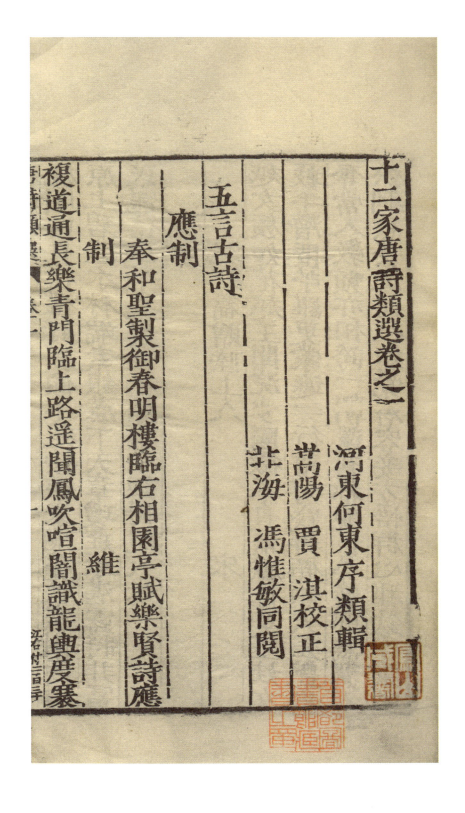

十二家唐詩類選卷之一

河東何東序類輯

荊楊　賈　淇校正

北海　馮惟敏同閱

五言古詩

應制

奉和聖製御春明樓臨右相園亭賦樂賢詩應

制　　　　　　　維

複道通長樂青門臨上路逶迤聞鳳吹喧闐識龍輿芳樹

十二家唐詩類選十二卷　（明）何東序輯　明隆慶四年（1570）刻本　一函四冊
第三批《國家珍貴古籍名録》09482號

半葉九行二十一字，白口，四周單邊，單黑魚尾，框高20.5釐米，寬14.2釐米。

何東序（1531—1617），字崇教，號肖山，山西猗氏（今山西臨猗）人。明嘉靖三十二年（1553）進士，初授戶曹，榷臨清關，以廉潔稱。改任郎中，後因參劾未准被革職，不久復被啓用，初授功曹，提升爲榆林巡撫，又因功擢副都御史。萬曆六年（1578）丁母憂，徒步千里，廬墓三年。從此再未出仕，鄉居凡四十年。卒後，門人私諡文欽。著《益智兵書》《九愚山房詩集》，輯録《十二家唐詩類選》，纂修《徽州府志》。《［康熙］猗氏縣志》有傳。

明代刻“唐十二家詩”頗爲盛行。胡應麟《詩藪》外編卷四云：“嘉、隆類刻《十二家唐詩》，盛行當世。”所輯之“十二家”，是指活躍於初盛唐之際的沈佺期、宋之問、杜審言、王勃、楊炯、盧照鄰、駱賓王、陳子昂、王維、高適、岑參、孟浩然，凡十二位詩人。彙刻十二家唐詩，最早可見的版本是明正德間佚名所編《唐十二家詩》四十九卷，除保留原集的序言外還録有部分文章。後嘉靖間張遜業、萬曆間張居仁皆於此基礎上，刪去原序和文集部分，將賦、詩重新按體例編排，並將各集皆整理爲上下兩卷。該書成後屢經校訂重刊，所輯之唐十二家則被固定且一直遵循。

本書輯詩一千四百餘首，體裁囊括五、

七言古詩，五、七言律詩，五言排律和五、六、七言絕句。其刊刻意圖，據何氏序文言："建安以還，逐文彌盛，重以齊梁之朝，君臣相化，揚波扇颸，競為浮豔淫麗之什，率多飾其詞而遺其意……迄今數千百載，鴻才哲匠，代弗乏人，而絕唱高縱，惟唐為盛，未有能嗣其芳者"；且認為唐詩"上追風雅之盛"。故何氏輯刻此書，乃借以體現其崇尚初盛唐的詩學觀。首都圖書館所藏為明隆慶四年刻本，時何東序巡撫延綏。《江浙訪書記》稱贊該書"請江右刻工而刻於鄜州延安者。書口刻有江右李、江右張、江右洪、江右黃良等刻工姓名，故雕刻甚精，亦書刻版本史上一佳話也"、"寫刻極精，頗為悅目"。

鈐"鳳山藏書"印。

（喬雅俊）

明萬曆二十八年凌毓枏刻朱墨套印本《楚辭》

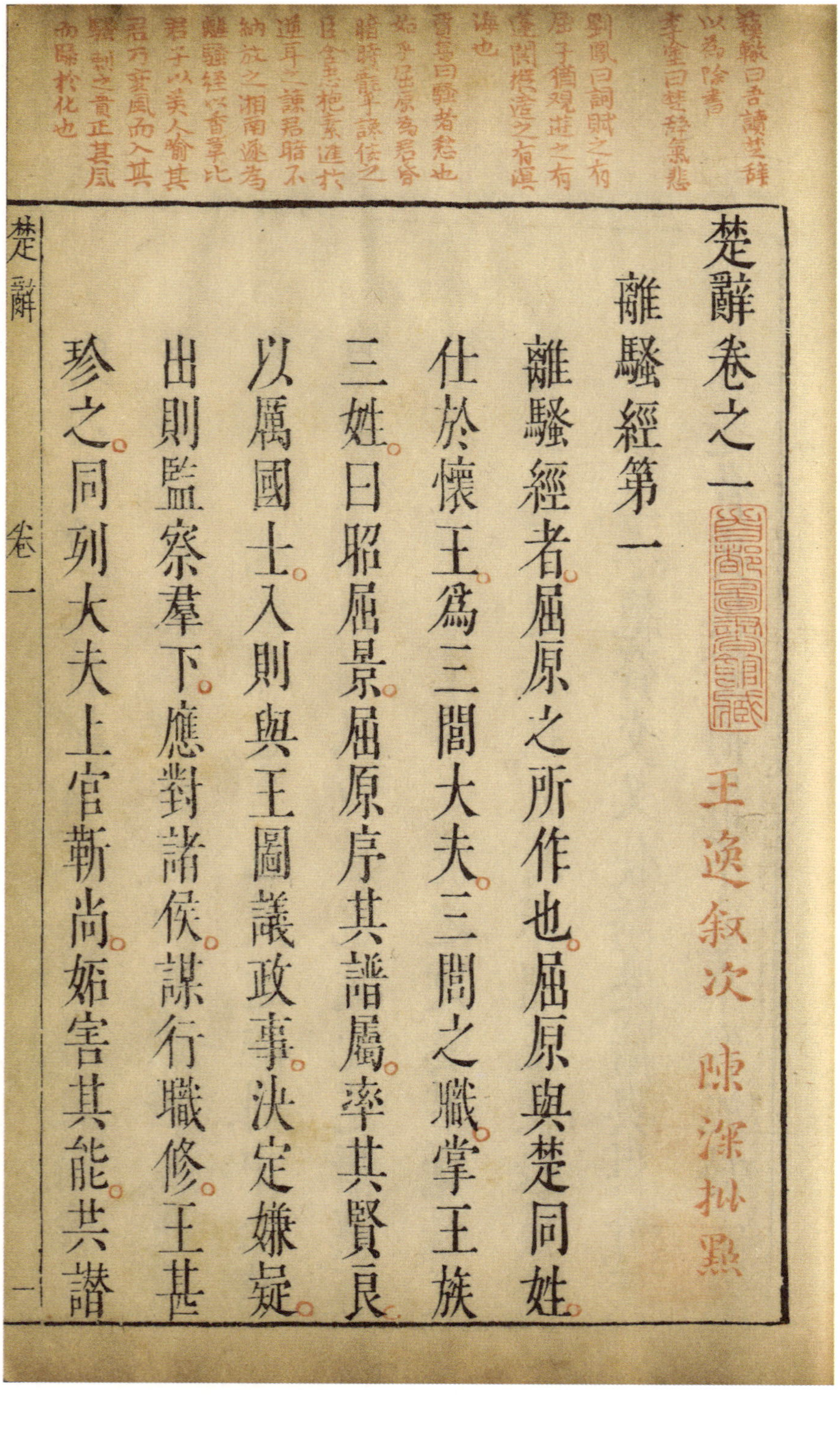

楚辭卷之一

王逸叙次　陳深批點

離騷經第一

離騷經者屈原之所作也屈原與楚同姓仕於懷王為三閭大夫三閭之職掌王族三姓曰昭屈景屈原序其譜屬率其賢良以厲國士入則與王圖議政事決定嫌疑出則監察羣下應對諸侯謀行職修王甚珍之同列大夫上官靳尚妬害其能共譖

楚辭　卷一　一

　　楚辭十七卷　（宋）洪興祖　（明）劉鳳等註　（明）陳深批點　**附錄一卷**　明萬曆二十八年（1600）凌毓枏刻朱墨套印本　一函四冊　第二批《國家珍貴古籍名錄》05051號

　　半葉八行十八字，書眉刻評，行六、七字不等，白口，四周單邊，無界行，框高21.8釐米，寬14.7釐米。

　　《楚辭》是西漢劉向在前人基礎上輯錄的一部"楚辭"體詩歌總集，收入戰國楚人屈原、宋玉、景差作品分別為七篇、二篇、一篇，以及漢代賈誼、淮南小山、莊忌、東

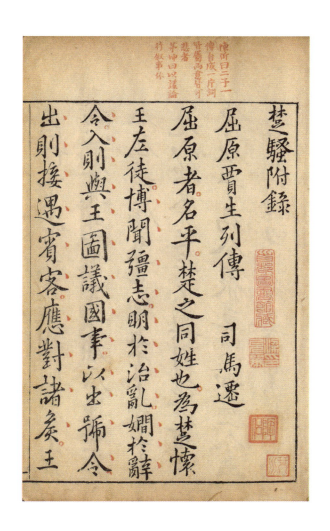

方朔、王褒、劉向諸人仿騷作品各一篇。東漢安帝時校書郎王逸籍貫屬於故楚，長於訓詁名物，作《楚辭章句》十七卷，最後一卷為自作的《九思》，且在每篇前加小序。南宋初年，洪興祖作《楚辭補註》十七卷，先列王逸註，再標"補曰"申述己說，徵引詳贍。朱熹認為以上二書詳於訓詁，未得意旨，作《楚辭集註》八卷。明代評點者眾多，如長洲（今江蘇吳縣）劉鳳，字子威，嘉靖二十三年（1544）進士，官至河南按察使僉事，著有《劉子威集》五十二卷；陳深，字子淵，浙江長興人，嘉靖四年（1525）舉人，官至雷州府推官，著有《諸子品節》五十卷、《諸史品節》三十九卷等。

　　此本是明萬曆二十八年（1600）凌毓枏刻朱墨套印本。正文收錄《楚辭》

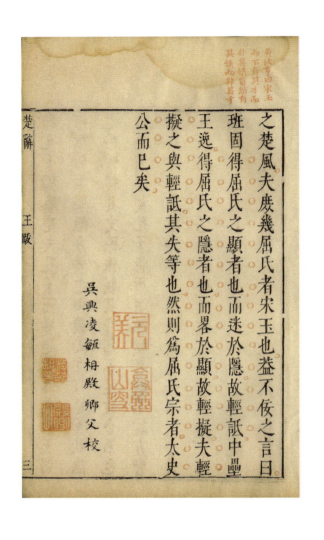

原文和王逸小序，用仿宋體墨色印刷，框內圈點、旁批、校記和書眉評語用手寫體朱色印刷，依次為蘇轍、李塗、劉鳳、賈島、洪興祖、宋祁、馮覲、蘇軾、朱熹、王世貞、劉知幾、鍾嶸、張之象、郭正域、唐順之、楊慎、陳深、王慎中、劉次莊、汪道昆、何景明、李夢陽、嚴滄浪、吳國倫、楊起元、呂延濟、張銳、姚寬、沈括、洪邁、祝堯、張鳳翼、樓昉、王逸、王應麟、葛立方、王維禎、呂向、何孟春、高似孫等四十家。卷一卷端題“王逸敘次陳深批點”。卷首附錄《史記·屈原賈生列傳》，末題“萬曆庚子九月既望王穉登書”，後接劉勰《辨騷》，南宋晁公武《郡齋讀書志》“王逸《楚辭》十七卷”解題。書後附王世貞跋，末有“吳興凌毓枏殿卿父校”一行。此書是在萬曆十四年（1586）馮紹祖刊本基礎上略加刪削、補充而成，如陳深評語從八條增至二十條，既保存各家評註，又便於讀者使用。

鈐有“梁允襄印”、“陶侶”、“琴川”、“梁離之印”、“常山世家”等印。

（楊之峰）

明凌毓枏刻朱墨套印本《唐駱先生集》

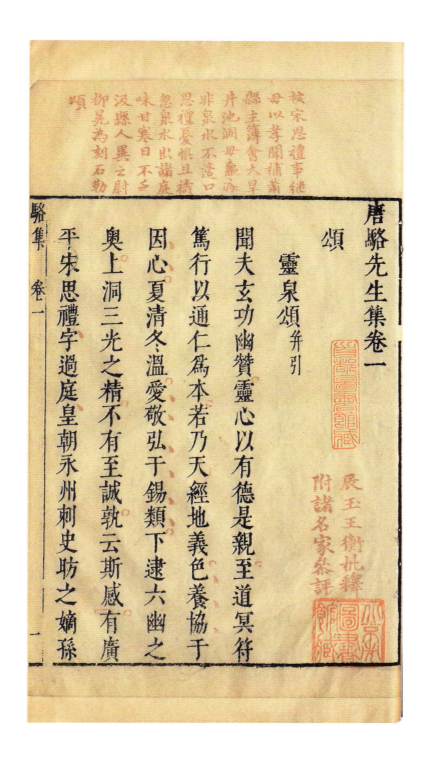

辰玉王衡批釋　附諸名家參評

唐駱先生集卷一

頌

靈泉頌并引

聞夫玄功幽贊靈心以有德是親至道冥符

篤行以通仁為本若乃天經地義色養協于

因心夏清冬溫愛敬弘于錫類下逮六幽之

奧上洞三光之精不有至誠孰云斯感有廣

平宋思禮字過庭皇朝永州刺史旉之嫡孫

頌

被宋思禮事継

毋以孝聞補蕭

縣主簿會大旱

丼池洞毋瘀庭

非泉水不落口

思禮憂懼且禱

忽泉水出諸庭

味甘寒日不乏

汲縣人異之尉

柳晃為刻石勒

駱集　卷一　　一

唐駱先生集八卷 　（唐）駱賓王撰　（明）王衡等評釋　**附録一卷**　明凌毓柟刻朱墨套印本　一函四冊　第二批《國家珍貴古籍名録》05129號、05130號

半葉八行十八字，書眉刻評，行六字，白口，四周單邊，無界行，框高19.4釐米，寬14.7釐米。

　　駱賓王（約619—約687），字觀光，唐婺州義烏（今浙江義烏）人，"初唐四傑"之一。七歲作《詠鵝》，世人稱"神童"。早年喪父，家境清寒。唐高宗永徽中為道王李元慶府屬，後拜奉禮郎，為東臺詳正學士。因事被謫，從軍西域，久戍邊疆。後調任長安主簿。儀鳳三年（678），入朝為侍御史，因事下獄，次年遇赦。調露二年（680）出任臨海縣丞，世稱"駱臨海"。武則天光宅元年（684），駱賓王為起兵揚州反武則天的徐敬業作《代李敬業傳檄天下文》。敬業敗北，駱亡命不知所之，或云被殺，或云為僧。唐中宗復位後，詔求駱文，得數百篇。駱賓王在初唐四傑中詩作最多，尤擅七言歌行，名作《帝京篇》為初唐罕有的長篇，時人以為絕唱。因曾久戍邊城，亦多有邊塞詩。

　　後人輯錄駱賓王詩文有多種版本，宋至明、清刊本均有傳世。《四庫全書》收錄《駱丞集》四卷，《四庫全書總目》言："其集新、舊《唐書》皆作十卷。宋《藝文志》載有《百道判》三卷，今並散佚。此本四卷，蓋後人所裒輯。其注則明給事中顏文選所作。援引疏舛，殆無可取。以文選之外別無註本，而其中亦尚有一二可採者，故姑並錄之，以備參考焉。"

　　此《唐駱先生集》八卷，附錄一卷，為明王衡等評釋，萬曆十九年吳興凌氏刻書世家凌毓枏刻朱墨套印本。此集內收駱賓王所撰頌、賦、序、檄文、古詩、絕句、雜言等九十六篇，眉間錄焦竑、李贄、陳仁錫、鍾惺、皇甫汸、顧璘等諸名家參評和王衡批釋。品評精審，批語精絕。附錄為郭子章撰《駱賓王李敬業論》。王衡（1561—1609）字辰玉，號緱山，別署薝蕪室主人，江蘇太倉（今屬江蘇蘇州）人，萬曆間宰輔王錫爵之子，畫家王時敏之父。王衡於萬曆十六年（1588）順天鄉試中會元，因是宰輔之子，有言官彈劾主試官，疑為作弊，故在其父任內未參加進士會考。萬曆二十九年（1601），王錫爵退隱後，王衡纔重進科場，以榜眼及第，授翰林院編修。後辭官歸隱，中年而卒。著有《緱山集》及《鬱輪袍》雜劇等。《唐駱先生集》批釋應是其萬曆十九年（1591）之前所作。卷首有湯賓尹、汪道昆書序，卷末王衡書跋。

　　此書首都圖書館藏有兩部，書品皆完好，刻印亦精良。一部05129號鈐有"天津高澤畬氏小榘庵珍藏"、"初齋秘笈"、"高淩霨澤畬甫收藏印"等印記。另一部05130號鈐有"孫華卿章"印記。

（劉乃英）

明嘉靖十五年玉几山人刻本《集千家註杜工部詩集》

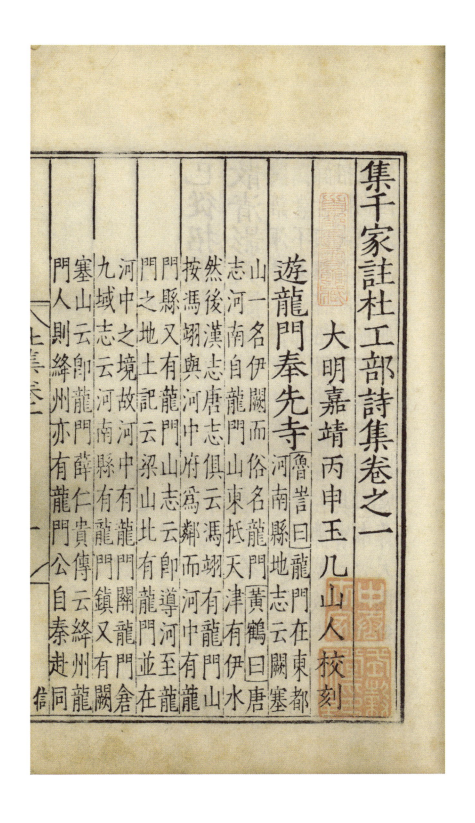

集千家註杜工部詩集二十卷文集二卷　（唐）杜甫撰　（宋）黃鶴補註　**附録一卷**　明嘉靖十五年（1536）玉几山人刻本　一函十二冊　第二批《國家珍貴古籍名録》05232號

半葉八行十七字，小字雙行同，白口，四周雙邊，雙對白魚尾，框高22.3釐米，寬14.1釐米。

杜甫（712—770），字子美，祖籍襄陽，曾祖時遷居河南鞏縣（今河南鞏義）。初舉進士不第，天寶年間以獻《三大禮賦》待制集賢院。肅宗至德二年（757）任左拾遺，代宗廣德二年（764）節度使嚴武舉薦為檢校工部員外郎，故又稱"杜拾遺"、"杜工部"。杜甫工於詩歌，與李白齊名，並稱"李杜"，世人譽為"詩聖"。"凡出處去就、動息勞佚、悲懽憂樂、忠憤感激、好賢惡惡一見於詩，讀之可以知其世"（胡宗愈《成都草堂詩碑序》），故其詩被稱為"詩史"。杜甫一生創作不輟，為世傳頌的名篇甚多。《舊唐書》卷一百九十、《新唐書》卷二百零一有傳。

《新唐書·藝文志》載："杜甫集六十卷，小集六卷。"然此六十卷本，經唐末五代之亂，至北宋已不復可見。時雖有杜集數種，然皆散佚或藏於私人，世人極為難見。宋王洙曾廣為搜集整理，"除其重複，定取千四百有五篇……分十八卷，又別録賦、筆、雜著二十九篇為二卷，合二十卷。"（王洙《杜工部詩史舊集序》）。

王安石曾增補"世所不傳者二百餘篇，自《洗兵馬》下序而次之"，成《杜工部詩後集》。後黃鶴又在其父黃希輯註的基礎上對杜集予以補註。黃鶴，字叔似，臨川（今江西臨川）人。其父黃希"以杜詩舊註，每多遺舛，嘗為隨文補輯，未竟而歿。鶴因取槧本輯註，即遺稿為之正定，又益以所見，積三十餘年之力，至嘉定丙子，始克成編"。南宋劉辰翁始對杜詩進行鑒賞、評點。元大德間，劉辰翁門人高宗蘭（字楚芳）以蔡夢弼《草堂詩箋》、黃氏《補千家集註》為底本，加入劉辰翁批點，"復刪舊註無稽者、氾濫者，特存精確必不可無者"（劉將孫《集千家註批點杜工部詩集序》），最終形成《集千家註批點杜工部詩集》。全書收杜詩一千四百餘首，文二十八篇，詩文編年排序。註者"題曰千家"，所採實不滿百

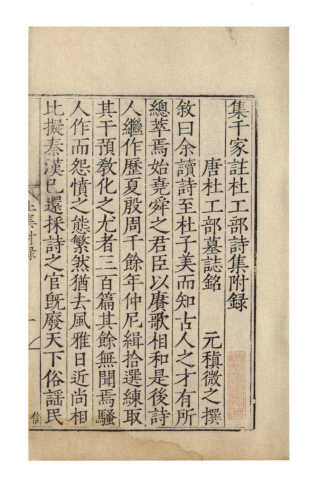

家，"蓋務誇撫拾之富"。《四庫全書總目》云："宋以來註杜諸家，鮮有專本傳世，遺文緒論，頗賴此書以存，其篳路藍縷之功，亦未可盡廢也。"（卷一百四十九）

首都圖書館所藏為明嘉靖十五年玉几山人刻本，首有王洙、王安石、胡宗愈、蔡夢弼四序。卷端題名後刻"大明嘉靖丙申玉几山人校刻"字樣。附錄為元稹撰《唐杜工部墓誌銘》、宋祁撰《新唐書·文藝傳·杜甫傳》及杜甫文集二卷。玉几山人，即曹道，休寧（今屬安徽）人。版心下刻寫工、刻工名。

鈐"式穀堂印章"、"中丞世家"印。

（喬雅俊）

311

明凌濛初刻朱墨套印本《孟東野詩集》

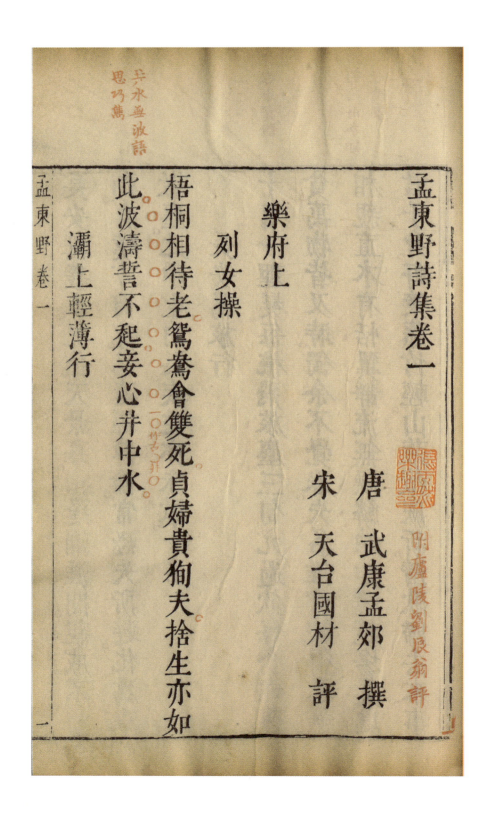

孟東野詩集十卷　（唐）孟郊撰　（宋）國材　劉辰翁評　明凌濛初刻朱墨套印本

一函四冊　第二批《國家珍貴古籍名録》05417號

半葉八行十九字，書眉鐫評，行五字，白口，左右雙邊，框高20.6釐米，寬14.7釐米。

孟郊（751—814），字東野，湖州武康（今浙江德清）人。早年生活貧困，周遊湖北、湖南、廣西等地，無所遇合。年五十始登進士第。貞元十七年（801），任江南溧陽尉，徘徊賦詩，曹務多廢，被罰半俸。不久棄官。元和初，河南尹鄭餘慶奏為河南水陸轉運從事，試協律郎。六十歲時，因母喪去官。鄭餘慶鎮守興元（今陝西漢中），又奏為參謀、試大理評事。元和九年（814），孟郊應邀赴任，行至閿鄉（今河南靈寶），暴病而逝。現存詩歌五百餘首，後人輯為《孟東野詩集》，以五言古詩為多，精思苦煉，雕刻奇險。與賈島同屬苦吟詩人，人稱"郊寒島瘦"。《舊唐書》卷一百六十一、《新唐書》卷一百七十六有傳。

國材，字成德，天台（今浙江天台）人。宋理宗景定三年（1262）任武康縣令，懷賢訪古，與本邑之士共評孟郊之詩，以宋敏求本為底本，復鋟諸梓。並在當地"孟井"旁立碑，得進士舒岳祥祖傳孟郊遺像，重建孟郊祠。

吳興凌濛初是明末著名文學家和刻書家，曾用朱墨套印技術刻宋末劉辰翁評點諸家詩集。偶從武康故家得宋刻本《孟東野詩集》，以為劉辰翁所評，卻原來是國材評本，字櫛句比，認為得詩中三昧，"宋人不能詩而能言詩，亦其偏有所至"（凌濛初識語）。凌氏遂重刻此書，從諸唐詩選本摘録劉辰翁評語附其中。書首録國材序、舒岳祥贈詩、宋敏求序、韓愈撰墓誌銘。分樂府、感興、詠懷、遊適、居處、行役、紀贈、懷寄、酬答、送別、詠物、雜題、哀傷、聯句十四類，收詩511首，結尾附贊一篇、書二篇。正文墨印，圈點、校記、眉批朱印，版式規整，朱墨分明，在孟郊詩集眾多刻本中，是罕見的批點本。

此書存世無多，首都圖書館藏本鈐"舊雨艸堂"、"十羽齋"、"水流花開"、"得天然樂趣齋之印"、"得天然樂趣齋"、"彭氏福德"、"和廷藏書畫印"、"龢廷過目"等印。

（楊之峰）

明正統十三年善敬堂刻遞修本
《增廣註釋音辯唐柳先生集》

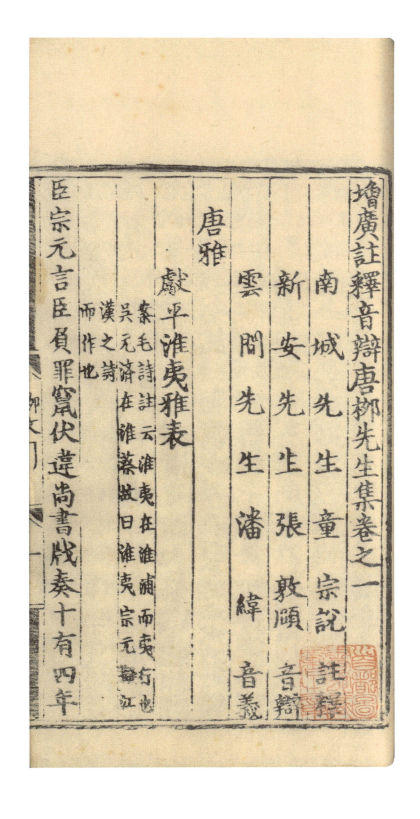

增廣註釋音辯唐柳先生集卷之一

南城先生童宗說　音辯

新安先生張敦頤　音辯

雲間先生潘緯　音義

唐雅

戲平淮夷雅表

案毛詩註云淮夷在淮浦而夷行也吳元濟在淮蔡故曰淮夷宗元謫江

漢之詩而作也

臣宗元言臣負罪竄伏違尚書戩奏十有四年

增廣註釋音辯唐柳先生集四十三卷別集二卷外集二卷 （唐）柳宗元撰 （宋）童宗說註釋 （宋）張敦頤音辯 （宋）潘緯音義 **附録一卷** 明正統十三年（1448）善敬堂刻遞修本 四函二十四册 第二批《國家珍貴古籍名録》05388號

半葉九行十八字，小字雙行字同，粗黑口，四周雙邊，雙順黑魚尾，框高22.4釐米，寬14.0釐米。

柳宗元（773—819），字子厚，河東郡（今山西永濟）人，世稱"柳河東"。唐德宗貞元九年（793）進士及第，十四年（798）登博學鴻詞科，授集賢殿正字。參與永貞革新，失敗後被貶永州司馬。憲宗元和十年（815）徙柳州刺史，故又稱"柳柳州"，卒於任上。柳宗元在詩、賦、文諸方面皆有很高成就，與韓愈同為唐古文運動的倡導者，並稱"韓柳"；是唐代著名文學家、思想家，"唐宋八大家"之一。《舊唐書》卷一百六十、《新唐書》卷一百六十八有傳。

柳宗元文集在唐時有劉禹錫輯三十卷本，北宋時三十卷本流傳已少。宋初穆修重加校訂編次，成四十五卷。宋人沈晦又輯遺文為《外集》二卷。南宋始有人為柳集作註，如張敦頤《柳文音釋》、童宗說《柳文音註》、潘緯《柳文音義》等。童宗說，字夢弼，南城（今屬江西）人，紹興二十一年（1151）進士，著有《旴江志》。張敦頤（1097—1183），字養正，婺源（今屬江西）人，宋高宗紹興八年（1138）進士，著有《六朝事蹟編類》等。潘

緯，字仲寶，雲間（今上海松江）人。此三家
註產生於南宋，反映此一時期對柳集的整理偏
重於音釋註解。

　　綜合各家註釋之集註本流傳後，單註本
漸廢。《增廣註釋音辯唐柳先生集》即為集註
本之一。此集合童宗說註釋、張敦頤音辯、潘
緯音義而成，凡正集四十三卷、別集二卷、外
集二卷、附錄一卷。其中正集是將《非國語》
分出作為別集二卷，因此在內容上實與四十五
卷本無異。該書首為宋乾道三年（1167）十月
陸之淵《柳文音義序》、劉禹錫《唐柳先生
文集序》。卷前有“諸賢姓氏”，載中山劉禹
錫編、河南穆修敘、眉山蘇軾評論等凡九家。
《四庫全書總目》評價該輯註本“書中所註，
各以童云、張云、潘云別之，亦不似緯自撰之
體例。蓋宗說之註釋、敦頤之音辯，本各自為
書，坊賈合緯之音義，進為一編，故書首不以
《柳文音義》標目，而別題曰《增廣註釋音辯
唐柳先生集》”（卷一百五十）。童氏音註、
張氏音辯與潘氏音義三家註占此書註文的絕大多數。

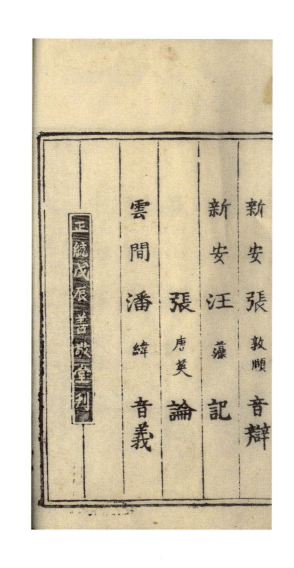

　　首都圖書館所藏為明正統十三年善敬堂刻遞修本。是書“諸賢姓氏”後刻有刊記
“正統戊辰善敬堂刊”。善敬堂，明正統間王宗玉的書坊名，王氏一族世代刻書。

　　本書鈐有“洪靜淵”印。

（喬雅俊）

明嘉靖十一年太原府刻本《重刊嘉祐集》

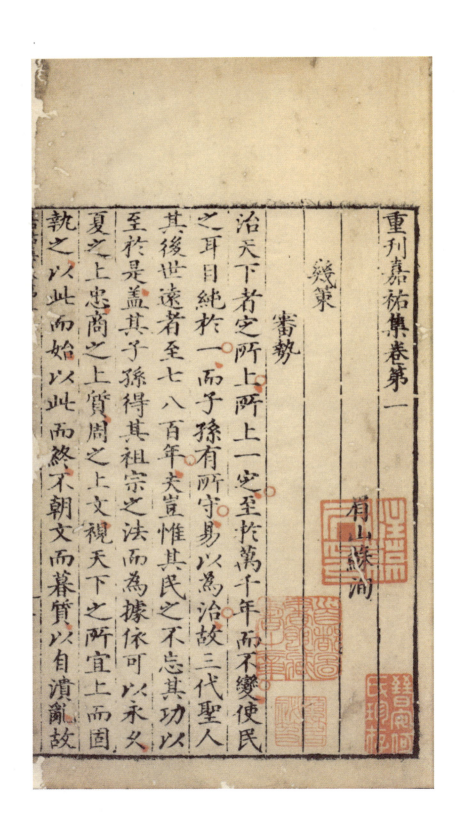

重刊嘉祐集卷第一

眉山蘇洵

幾策

審勢

治天下者定所上所上一必至於萬千年而不變使民之耳目純於一而子孫有所守易以為治故三代聖人其後世遠者至七八百年夫豈惟其民之不忘其功以至於是蓋其子孫得其祖宗之法而為據依可以永久夏之上忠商之上質周之上文視天下之所宜上而固執之以此而始以此而終不朝文而暮質以自潰亂故

重刊嘉祐集十五卷　　（宋）蘇洵撰　明嘉靖十一年（1532）太原府刻本　一函六冊

第四批《國家珍貴古籍名錄》10631號

　　半葉十行二十一字，小字雙行字同，白口，四周單邊，框高19.6釐米，寬13.4釐米。

　　蘇洵（1009—1066），字明允，號老泉，眉州眉山（今屬四川）人。史載蘇洵年二十七始發憤為學，至和、嘉祐間，與其二子軾、轍皆至京師，翰林學士歐陽修上其

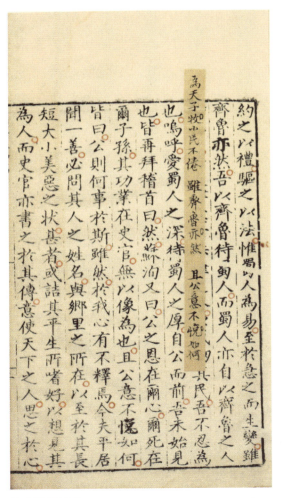

佚名浮簽校改

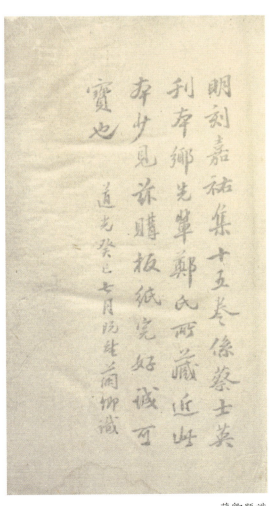

蘭卿題識

所著《權書》《衡論》等二十二篇，士大夫爭相傳之，洵遂以文章名。後官秘書省校書郎，以霸州文安縣主簿修《太常因革禮》，書成而卒，追贈光禄寺丞。著有《嘉祐集》十五卷、《謚法》三卷。《宋史》卷四百四十三有傳。

據宋代諸家著録，蘇洵集有十五卷、二十卷、三十卷本。今存宋刻三部，一部十五卷，題《嘉祐集》；一部爲殘本，卷數不詳，題《類編增廣老蘇先生大全文集》；一部爲二十卷，題《東萊標註老泉先生文集》。元刻本未見著録。首都圖書館此本爲明嘉靖太原府刻本。嘉靖十一年，王獻任山西道監察御史，出家藏本令太原知府張鏜翻刻，發給闔省士子。書凡十五卷，卷一爲幾策，卷二、三爲權書，卷四至八爲論，卷九至十二爲書，卷十三爲譜牒，卷十四爲記、贊、志銘、祭文等，卷十五爲雜詩。蘇洵之文兼得詩人之優柔，騷人之清深，孟、韓之溫淳，遷、固之雄剛，孫、吳之簡切，曾鞏稱其文"持事析理、引物託諭，侈能盡之約，遠能見之近，大能使之微，小能使之著。煩能不亂，肆能不流。其雄壯俊偉，若江河而下也；其輝光明白，若星辰而上也"（《蘇明允哀辭》）。

目録四葉係抄配。卷前有清道光十三年（1833）蘭卿題識，文中有佚名朱筆圈點、墨筆浮簽。鈐"晉安何氏珍存"、"注韓居印"、"慈竹居秘笈"、"蔭亭"、"黃曾樾印"等印章。

（史麗君）

明嘉靖二十八年安如石刻本《南豐曾先生文粹》

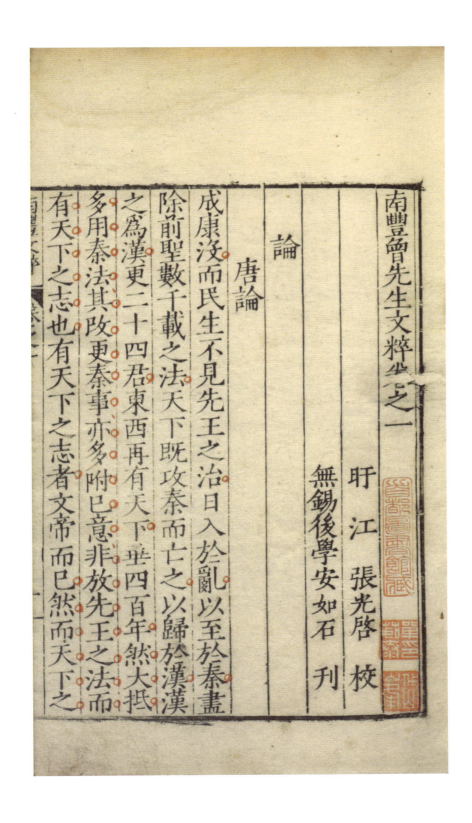

南豐曾先生文粹卷之一

盱江　張光啓　校

無錫後學安如石　刊

論

唐論

成康沒而民生不見先王之治日入於亂以至於秦盡
除前聖數千載之法天下既攻秦而亡之以歸於漢漢
之為漢更二十四君東西再有天下垂四百年然大抵
多用秦法其改更秦事亦多附已意非放先王之法而
有天下之志也有天下之志者文帝而已然而天下之

南豐曾先生文粹十卷　（宋）曾鞏撰　明嘉靖二十八年（1549）安如石刻本　一函四冊　第三批《國家珍貴古籍名錄》08838號

半葉十行二十一字，白口，左右雙邊，單黑魚尾，框高20.1釐米，寬14.4釐米。

曾鞏（1019—1083），字子固，建昌軍南豐（今江西南豐）人，世稱南豐先生。北宋仁宗嘉祐二年（1057）進士。少有文名，為歐陽修所賞識，又曾與王安石交遊。歷官太平州司法參軍、館閣校勘、集賢校理、英宗實錄院檢討官。通判越州，歷任齊、襄、洪、福、明、亳諸州知州，所至多有政績。神宗元豐四年（1081），加史館修撰，典修五朝國史，旋擢中書舍人。曾校理《戰國策》《說苑》《新序》《列女傳》等典籍，元豐六年（1083）卒於江寧府。曾鞏一生作品衆多，尤擅散文，長於史傳與策論，名列

"唐宋八大家"之一，他與歐陽修等人一起，為當時的詩文革新運動作出了傑出的貢獻。著作有《元豐類稿》《隆平集》。《宋史》卷三百一十九有傳。

曾鞏創作主要成就在文。《宋史·曾鞏傳》論其文曰："立言於歐陽修、王安石間，紆徐而不煩，簡奧而不晦，卓然自成一家，可謂難矣。"曾鞏之文對後世影響頗大，明代唐宋派古文家王慎中、唐順之等將他的文章奉為圭臬。王慎中尤其推崇曾鞏，其在序言中稱"曾氏之文至矣"、"宜與《詩》《書》之作者並立天地無窮而與之俱久"，評價可謂高矣。又言其文"折衷諸子之同異，會通於聖人之旨……信乎能道其中之所欲言，而不醇不該之蔽亦已少矣"（《曾南豐文粹序》）。王慎中作为明代文

壇"唐宋派"代表人物之一，希望借助唐宋文尤其曾鞏文之特色，引導文壇改變復古主義艱深僻澀之文風，使文學語言歸於自然之本色。

曾鞏文集《曾南豐先生文粹》有宋刻本十卷傳世。首都圖書館藏《南豐曾先生文粹》十卷本為明嘉靖二十八年無錫安如石刻。前有明嘉靖四年（1525）王慎中序。每卷首題"盱江張光啓校"、"無錫後學安如石刊"。卷末有"許文會寫"四字。全書收文凡一百二十篇，有論一、議四、序三十三、書十九、記三十、詔三、策問二、疏一、劄子七、狀五、哀辭一、墓誌銘九，補遺五篇，所收篇目多於宋刻本。曾鞏一生整理古籍，編校史書，頗有成就，每校一書，必撰序文，該書所收校書序錄十一篇，對歷代圖書聚散以及學術源流多所論述。安如石，字子介，明嘉靖間直隸無錫（今江蘇無錫）人，為著名出版家安國第三子，因居膠山之南，故又有"膠陽"之號。除本書外，還刻有《重刊校正唐荊川先生文集》等書。

有佚名朱筆圈點。鈐"岱峰"、"單茹泰印"、"無竟先生獨志堂物"、"北平孔德學校之章"等印。

（喬雅俊）

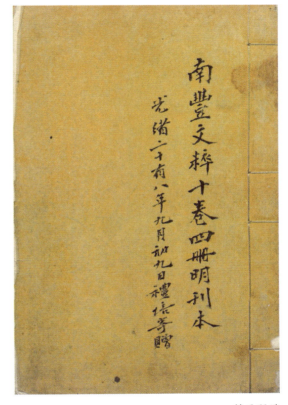

封面題識

明天啓元年淩濛初刻朱墨套印本《東坡禪喜集》

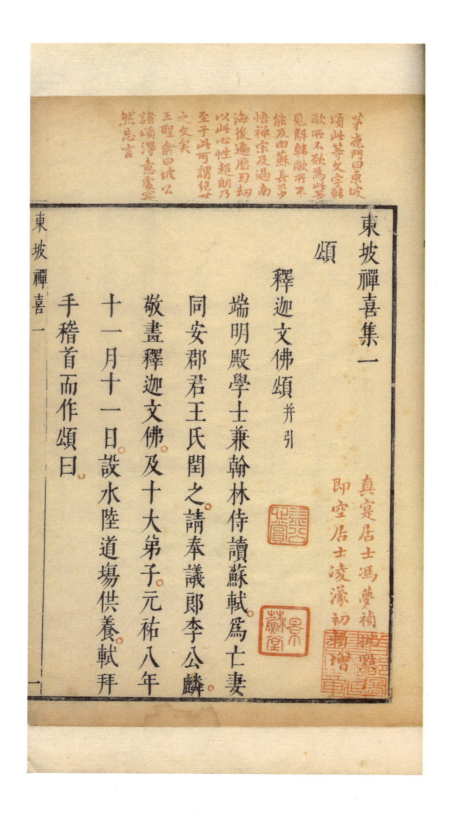

東坡禪喜集十四卷 　（宋）蘇軾撰　（明）馮夢禎批點　（明）凌濛初輯　明天啓元年（1621）凌濛初刻朱墨套印本　一函四冊　第二批《國家珍貴古籍名録》05575號

半葉八行十八字，書眉鑴評，行六字，白口，四周單邊，無界行，框高20.7釐米，寬14.7釐米。

蘇軾（1037—1101），字子瞻，又字和仲，號東坡居士，眉州眉山（今屬四川）人。宋仁宗嘉祐二年（1057）進士，官至翰林學士、禮部尚書，除龍圖閣學士，謚號文

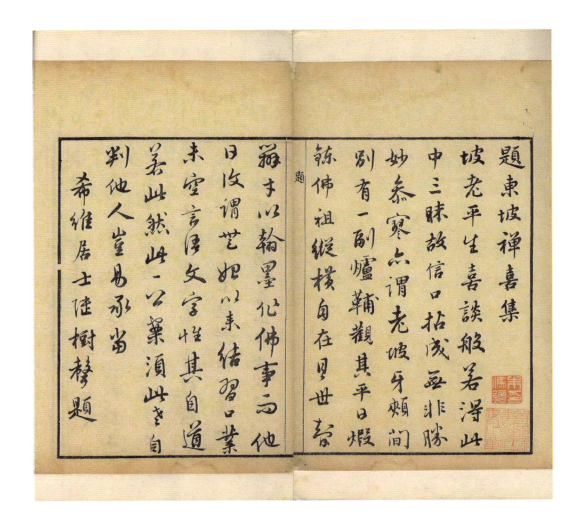

忠。蘇軾一生深受黨爭之苦，以致仕途多舛，屢遭貶謫。然學識淵博，天資極高，在詩、詞、文、書法、繪畫等文學藝術方面都取得了突出的成就。《宋史》卷三百三十八有傳。

　　蘇軾思想通達，出入三教，禪宗在其精神世界與文學創作中都可謂影響深遠。正如陸樹聲所說，"坡老平生喜談般若，得此中三昧，故信口拈成，無非勝妙"（《題東坡禪喜集》）。先是明人徐長孺，彙蘇文中闡發禪理者為《東坡禪喜集》一書九卷，萬曆十八年（1590）陳繼儒、陸樹聲為之作序，唐文獻跋而刊行於世。天啓元年，凌濛初又在前者基礎上，輯刻而成《東坡禪喜集》十四卷本。

　　《四庫全書總目》卷一百七十四載，"濛初以其（編者按：指萬曆十八年刻本）未備，更為增訂。萬曆癸卯，濛初與馮夢禎遊吳閶，攜是書舟中，各加評語於上方。至天啟辛酉，與《山谷禪喜集》並付之梓。"馮夢禎（1546—1605），字開之，號具區，又號真寔居士，秀水（今浙江嘉興）人。明萬曆五年（1577）進士，官至南京國子監祭酒，晚年隱居杭州孤山，於東南一帶聲名甚著，有《快雪堂集》六十四卷等。

凌刻本較萬曆十八年刻本在內容上有所增加，同時訂正了前者次序凌亂處，重新編為十四卷，分頌、贊、偈、銘、書後、記、序、傳、文、疏、雜文、書、雜誌和禪喜紀事。凌刻本除馮夢禎親加朱批，還移錄了茅坤、李贄、陳繼儒、王聖俞、錢士薦、陶望齡等名家的評語，對於後人解讀此書，不無益助。

本書函套上有唐益公題簽，書前有孔廣陶題寫的書名葉。鈐有"心漢室"、"景蘇堂"、"唐曳"、"益公心賞"、"成山唐益公藏典籍書畫之記"、"長宜子孫"、"朱馮鏡印"等收藏印。

（王玥琳）

明天啓元年刻朱墨套印本《蘇長公密語》

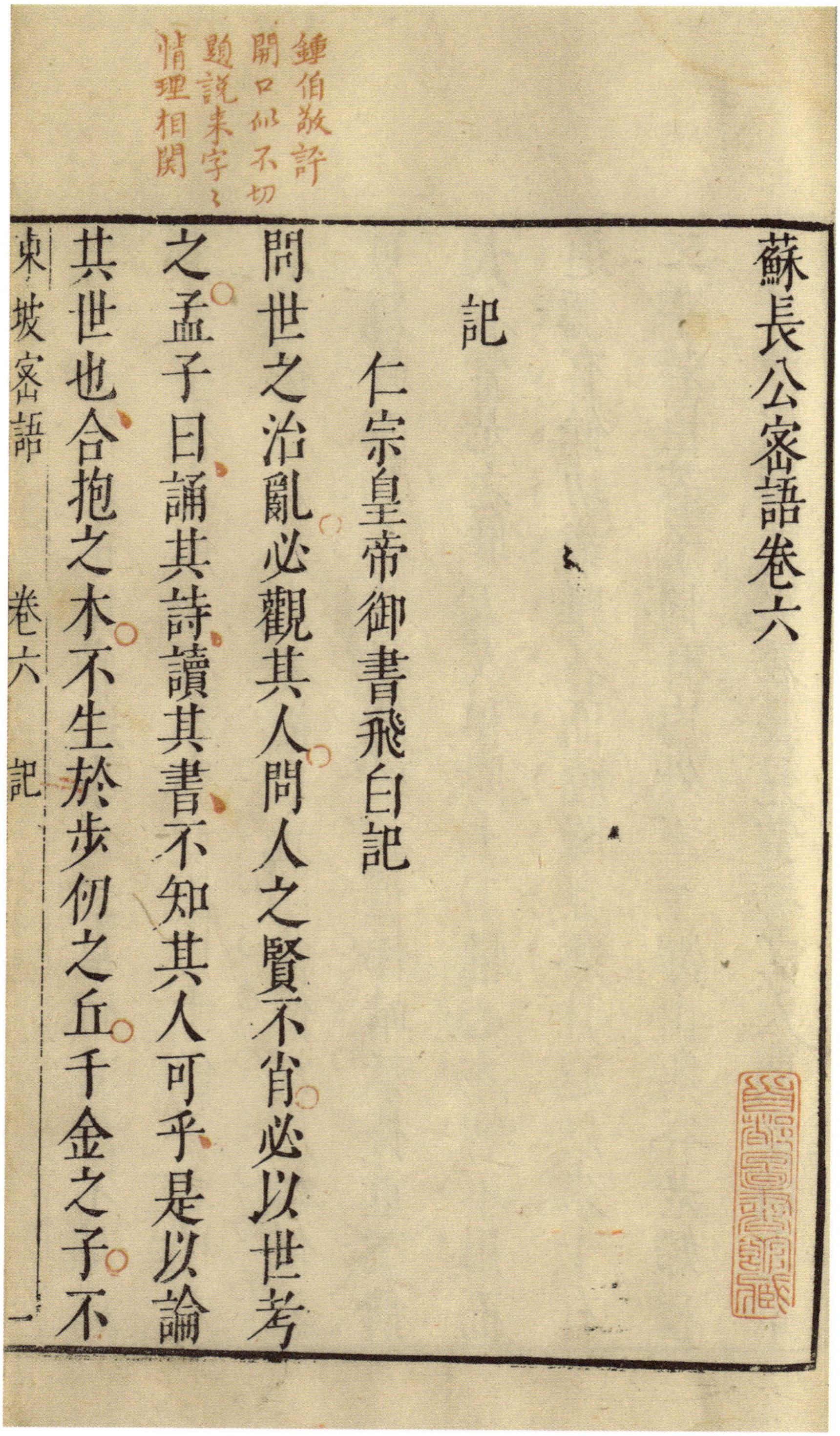

蘇長公密語卷六

記

仁宗皇帝御書飛白記

問世之治亂必觀其人問人之賢不肖必以世考

之孟子曰誦其詩讀其書不知其人可乎是以論

其世也合抱之木不生於步仞之丘千金之子不

鍾伯敬許
開口似不切
題說未字之
情理相閒

東坡密語　　卷六　記

蘇長公密語十六卷 （宋）蘇軾撰 （明）李一公輯 **首一卷** 明天啓元年（1621）刻朱墨套印本 一函八冊 第二批《國家珍貴古籍名録》05620號

半葉八行十九字，小字雙行字同，書眉鐫評，行五字，白口，四周單邊，無界行，框高20.9釐米，寬14.3釐米。

李一公，字闇生，南直隸繁昌（今安徽蕪湖）人。明萬曆三十八年（1610）進士，知成都府，晉西川副使，擢山東參政，致仕。《〔光緒〕重修安徽通志》卷一百九十三有傳。

據卷首李一公《東坡密語引》可知，此書於東坡文"略其論、策、奏疏諸文之顯易窺者，而獨取頌、偈、銘、贊、記、傳諸文之最沈密者，時密密佩服不置。既乃遍輯諸名公評選附録參證"。是書編成之後，李一公視爲家藏"密諦"，"從未輕以示人"，後取以課子，纔流傳於世。書名稱"密語"，蓋兼以上諸意。

是書卷一詩二篇、賦七篇，卷二銘二十八篇，卷三頌七篇、偈九篇，卷四贊二十七篇，卷五序七篇，卷六記二十篇，卷七傳二篇，卷八評史十一篇，卷九雜著二十四篇，卷十論說四篇，卷十一尺牘、啓三十八通，卷十二書後二十九篇，卷十三題跋、記事三十三篇，卷十四誌銘三篇、碑文一篇、詞二首，卷十五祭文五篇、祝文六篇，卷十六志林。大抵皆短文小品。全書密加圈點，有朱文旁批、眉批及篇末總評。評語輯自王聖俞、李贄、鍾惺、茅坤、鄭之惠、陳繼儒、陶望齡、姜寶等名家。首一卷有蘇東坡本傳、黃庭堅作《蘇子瞻像贊》一篇、《蘇子瞻自評文》一則。

《中國古籍善本書目》著録《蘇長公密語》有三種版本：一為李一公輯，天啓元年刻朱墨套印本，卷端署"姑孰古繁李一公閣生甫選三衢杜承仕邦用甫校"；二為吳京輯，天啓四年（1624）刻朱墨套印本，卷端署"新安後學吳京省之甫纂輯"；三為詹兆聖輯，明刻朱墨套印本，卷端署“浙東詹兆聖叡叔甫評選古泚錢中維四張甫參閱”。據吳格先生研究，“細審之，三者實同版”，然李一公序文與詹兆聖序文“均稱自出機杼，所言違異，必有一非”（《伯克萊加州大學東亞圖書館中文古籍善本書志》）。三種版本其中關係，還有待學者詳考。

首都圖書館此本為天啓元年刻朱墨套印本，鐫刻精緻，開卷悅目。鈐有“慎思明辨”小印一方。

（王玥琳）

明凌啓康刻朱墨套印本《蘇長公小品》

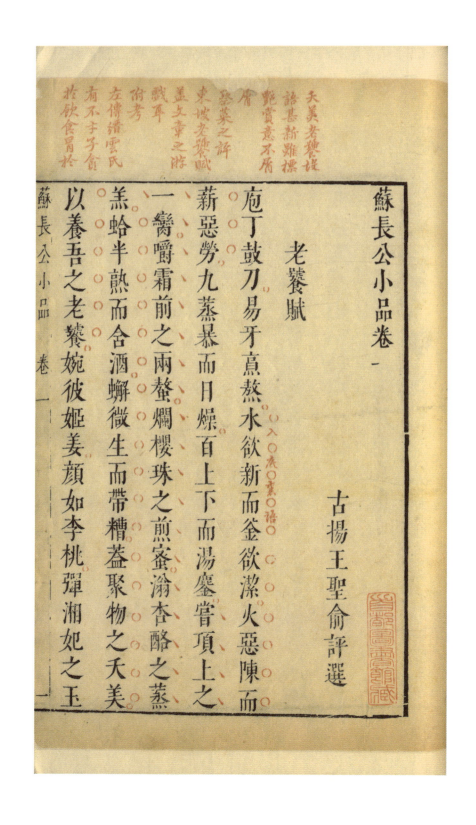

蘇長公小品四卷　　（宋）蘇軾撰　　（明）王納諫輯並評　　明凌啓康刻朱墨套印本

一函四冊　　第二批《國家珍貴古籍名録》05608號

　　半葉八行十九字，書眉鐫評，行五字，白口，四周單邊，無界行，框高21.0釐米，寬14.7釐米。

　　蘇文浩瀚如海。凌啓康《刻蘇長公小品序》云："夫宋室文章風流藻采，至蘇長公而極矣，語語入玄，字字飛仙，其大者，恣韻瀉墨，有雪浪噴天、層巒遍地之勢，人即取之；其小者，命機巧中，有盆山蘊秀、寸草函奇之致，人或忽之。自茲拈出，遂使片楮隻言，共為珍寶。"《蘇長公小品》一書正是如此。"小品"一詞，原是六朝時候

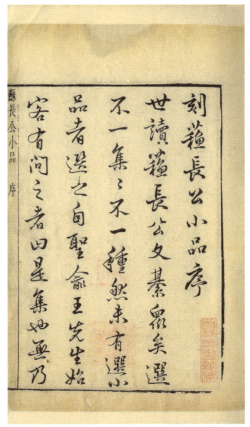

對於佛經節本的稱謂，後用以指稱中國古代散文中那些篇幅短小、精美雋秀的作品。作爲散文之名，則始見於明代王納諫所輯《蘇長公小品》一書。此後以"小品"名集者漸多。

王納諫，字聖俞，江都（今屬江蘇）人。明萬曆三十五年（1607）進士，著有《四書翼註》等。《［雍正］江都縣志》卷十四人物志有傳。聖俞專收東坡文中短而雋異者，賦、序、記、傳、啓、策問、尺牘、頌、偈、贊、銘、評史、雜著、題跋、詞、雜記諸體不限，而尤以題跋居多，次則尺牘、雜記等。"試取而披玩之，春風綠蔭，可以倦遊；夜雨青燈，可以卻寢；孔樽徐榻，則片語可驚四座；漂唐流漢，則單詞可足千秋"（施宬賓《蘇長公小品序》）。

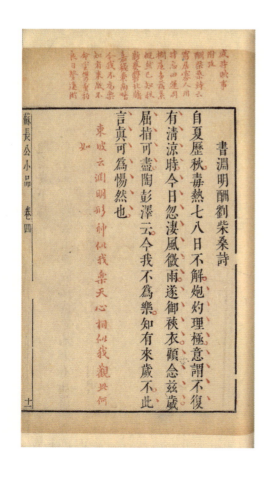

此書初成於明萬曆三十九年（1611），二卷，由王聖俞之友章萬椿作序付梓，是爲心遠軒刻本。又有萬曆四十一年（1613）盱江遊藝齋刻本，亦爲二卷。再後則爲凌啓康刻朱墨套印本。凌啓康，字安國，又字天放，號旦庵主人，萬曆年間烏程（今浙江吳興）人。凌啓康自謂"是乃聖俞之所以評，而古生章氏鐫之，予讀而好，好而再鐫，鐫而哀所評，而加之丹鉛也"（《刻蘇長公小品序》）。凌本將二卷重編爲四卷，採用朱墨二色套印。除王聖俞原有評語外，又增補了唐順之、茅坤、姜寶、錢穀、樓昉、李贄等十三家評語。卷前另有《蘇長公小品凡例》，書末附評名家姓氏。

（王玥琳）

明閔氏刻朱墨套印本《東坡文選》

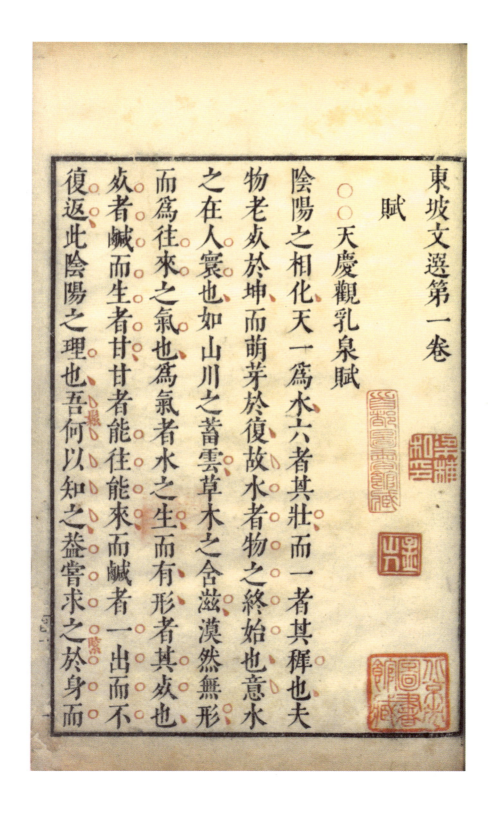

東坡文選第一卷

賦

○○ 天慶觀乳泉賦

陰陽之相化天一爲水六者其壯而一者其稚也夫
物老衆於坤而萌芽於復故水者物之終始也意水
之在人寰也如山川之蓄雲草木之含滋漠然無形
而爲往來之氣也爲氣者水之生而有形者其衆也
衆者鹹而生者甘甘者能往能來而鹹者一出而不
復返此陰陽之理也吾何以知之蓋嘗求之於身而

東坡文選二十卷　（宋）蘇軾撰　（明）鍾惺輯並評　明閔氏刻朱墨套印本　一函
八冊　第二批《國家珍貴古籍名録》05606號

　　半葉九行二十字，書眉鐫評，行四字間有五至七字，白口，四周單邊，無界行，框
高21.0釐米，寬15.4釐米。

　　鍾惺（1574—1624），字伯敬，號退谷，竟陵（今湖北天門）人。明萬曆三十八年
（1610）進士，授行人，遷工部主事，尋改南京禮部，進郎中，擢福建提學僉事，以父
憂歸，卒於家。明中葉之後，公安派矯"後七子"之弊，詩歌倡以清真，鍾惺復矯公安派之弊，變為幽深孤峭。曾與同里譚元春評選唐人之詩，作《唐詩歸》三十六卷；又評選隋以前詩，作《古詩歸》十五卷，名揚一時，世稱"竟陵派"。著有《隱秀軒集》五十四卷。《明史》卷二百八十八有傳。

　　是書為蘇文選本。蘇文受戰國文章滋養甚深，具有孟子和縱橫家文章雄放的氣勢，同時又有莊子散文自由恣肆的氣質，說理、抒情，無不揮灑隨意，自然暢達。其特質，正是鍾惺《東坡文選序》所盛贊的"雄博高逸之氣，紆回峭拔之情"。

　　是書二十卷，前有萬曆四十八年（1620）鍾惺《東坡文選序》。卷一賦一篇，卷二序四篇，卷三記、傳

十五篇，卷四至六論二十二篇，卷七至九策十六篇，卷十至十一奏議九篇，卷十二表、啓十四篇，卷十三至十五書五十三篇，卷十六碑三篇，卷十七墓誌六篇，卷十八祭文、說、跋、書事、贊二十一篇，卷十九銘、頌、祝文、偈、雜文二十四篇，又《志林》十條，卷二十外制、內制。鍾惺又加以總批、眉批、夾批及圈點。

　　此本《東坡文選》為明閔氏刻朱墨套印本，朱墨燦然，開卷悅目。目錄後有楷書墨筆題跋：“菩堂之書厲窠所題”。鈐“梁梅私印”、“孟山人”、“有寒齋印”、“三年乃得其味”等收藏印。

（王玥琳）

明嘉靖三十三年晁氏寶文堂刻本《具茨晁先生詩集》

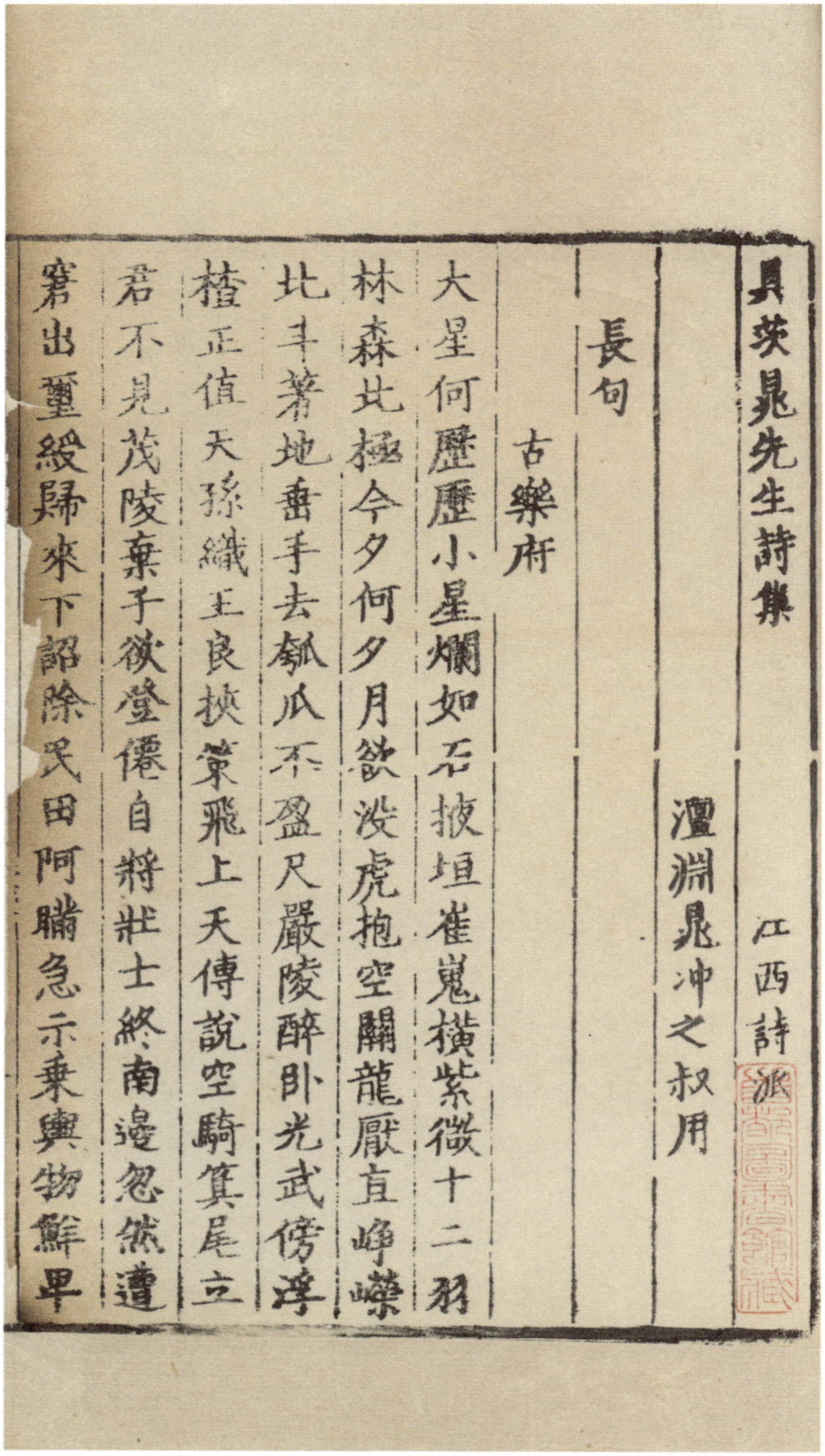

具茨晁先生詩集

江西詩派

潩淵晁冲之叔用

長句

古樂府

大星何歷歷小星爛如石披垣崔嵬橫紫微十二羽
林森比極今夕何夕月欲沒虎抱空關龍厭直峥嵘
比干著地車手去瓟瓜不盈尺嚴陵醉卧光武傍浮
㯝正值天孫織王良挾策飛上天傳說空騎箕尾立
君不見茂陵棄子欲登壇儒自將壯士終南邊忽然遭
窮出㙠綬歸來下詔除民田阿瞞急示乘輿物鮮早

具茨晁先生詩集一卷　（宋）晁冲之撰　明嘉靖三十三年（1554）晁氏寶文堂刻本
一函一冊　第二批《国家珍贵古籍名录》05637號

半葉十行二十字，白口，四周單邊，框高19.9釐米，寬14.7釐米。

晁冲之（1073—1126），字叔用，一字用道，濟州巨野（今山東巨野）人，晁補之從弟。北宋哲宗紹聖初年，黨爭激烈，晁氏兄弟輩多人遭謫貶放逐，冲之於陽翟（今河南禹州）具茨山隱居，屢拒薦舉，世稱"具茨先生"，以詩擅名於世。冲之早年曾受"蘇門六君子"之一的陳師道教導，同呂本中為知交，來往密切，呂本中稱贊他"少穎悟絕人，其為詩文，悉有法度"（呂本中《東萊呂紫微師友雜誌》），是《江西詩社宗派圖》所列的二十五人之一。

《具茨晁先生詩集》卷首有紹興十一年（1141）九月五日陵陽俞汝礪序，卷端標題下有"江西詩派"四字，卷末刻有"慶元己未校官黃汝嘉刊嘉靖甲寅裔孫瑮東吳重刊"字樣，共收錄晁冲之詩作一百六十七首，包括長句十五首、古詩十五首、七言律詩三十六首、五言律詩四十二首、七言絕句四十五首、五言絕句十四首。這些詩歌內容廣泛，意境幽遠，呂本中認為晁冲之的詩"獨專學老杜"，但實際上各體詩的風格不盡相同，宗法對象也有差別。

　　此本由晁冲之裔孫晁琛據宋慶元五年（1199）本重刊於東吳，原刊本現已不存，此本為現存晁冲之詩集之最早刻本，是系統瞭解和研究晁冲之及其作品的第一手資料，具有很高的史料價值和文學價值。晁氏寶文堂刊本又因其為家刻本，在底本的選擇和校勘及刊刻等方面都很考究，具有其他版本無法替代的優勢。此本傳世稀少，僅國家圖書館、首都圖書館等少數館有藏。《四庫全書存目叢書》即以首都圖書館藏本為底本影印出版。

（牛小燕）

明正統五年劉謙、何瀷刻天順六年重修本
《梅溪先生廷試策》《奏議》《文集》《後集》

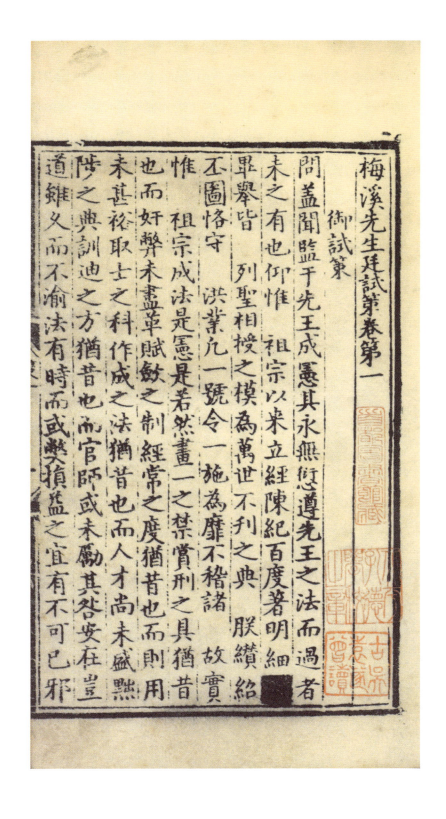

梅溪先生廷試策一卷奏議四卷文集二十卷後集二十九卷　　（宋）王十朋撰　附録一卷　明正統五年（1440）劉謙、何濂刻天順六年（1462）重修本　一匣二十四册　第三批《國家珍貴古籍名録》08927號

半葉十一行二十一字，粗黑口，四周雙邊，雙對黑魚尾，框高21.7釐米，寬13.5釐米。

王十朋（1112—1171），字龜齡，號梅溪，謚忠文，溫州樂清（今浙江樂清）人。南宋高宗紹興二十七年（1157）進士第一，官秘書郎。曾數次建議整頓朝廷，起用抗金

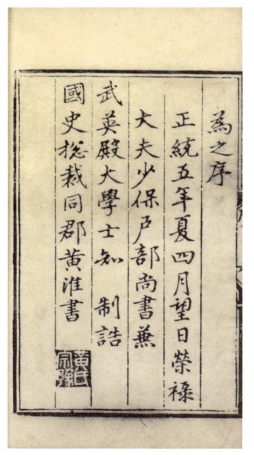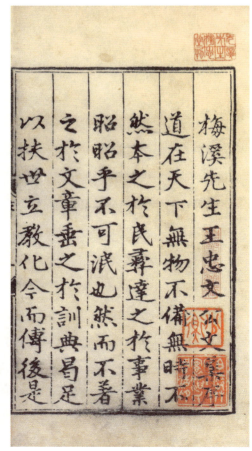

將領。孝宗立，累官侍御史，力陳抗金恢復之計。歷知饒、夔、湖、泉諸州，救災除弊，頗有治績。《四庫全書總目》評其"立朝剛直，為當代偉人"。著述甚豐，有《梅溪集》《杜陵詩史》《尚書解》《春秋解》《論語解》《周禮詳說》《唐書詳節》等。《宋史》卷三百八十七有傳。

此本目錄題書名為"梅溪先生文集"，註有廷試策並奏議五卷、詩文前集二十卷、詩文後集二十九卷、附錄一卷。廷試策實為一卷，卷端題"梅溪先生廷試策卷第一"；奏議為四卷，第一卷卷端題"梅溪先生奏議卷第二"，版心則標"卷一"。附錄實際在廷試策並奏議五卷之後。計有詩一千七百多首，賦七篇，奏議四十六篇，其他如記、序、書、啟、論文、策問、行狀、墓誌銘、祭文、銘、贊等散文、雜文一百四十多篇。此外還有《春秋》《論語》講義八篇等，內容廣泛。《四庫全書總目》入集部別集類，評價其集"淳淳穆穆，有元祐之遺風"。該書全面收錄了王十朋所作詩文、奏議等，對研究其政治、學術思想具有重要價值。

十朋文章頗受重視，多有刊刻。明朝時，"文集舊當鏤版，歲久寖廢"，前御史劉謙"繼守是郡，旁求博訪，乃得其刻本"，於是"命郡學教授何瀞重加訂正，鳩工刊刻，用廣其傳"，於正統五年刻成（黃淮《梅溪先生王忠文公文集序》）。

此本鈐有"少衡"、"無竟先生獨志堂物"、"古吳袁遂曾讀"、"北平孔德學校之章"等印記。

（范猛）

明嘉靖三十五年程元晒刻本《程端明公洺水集》

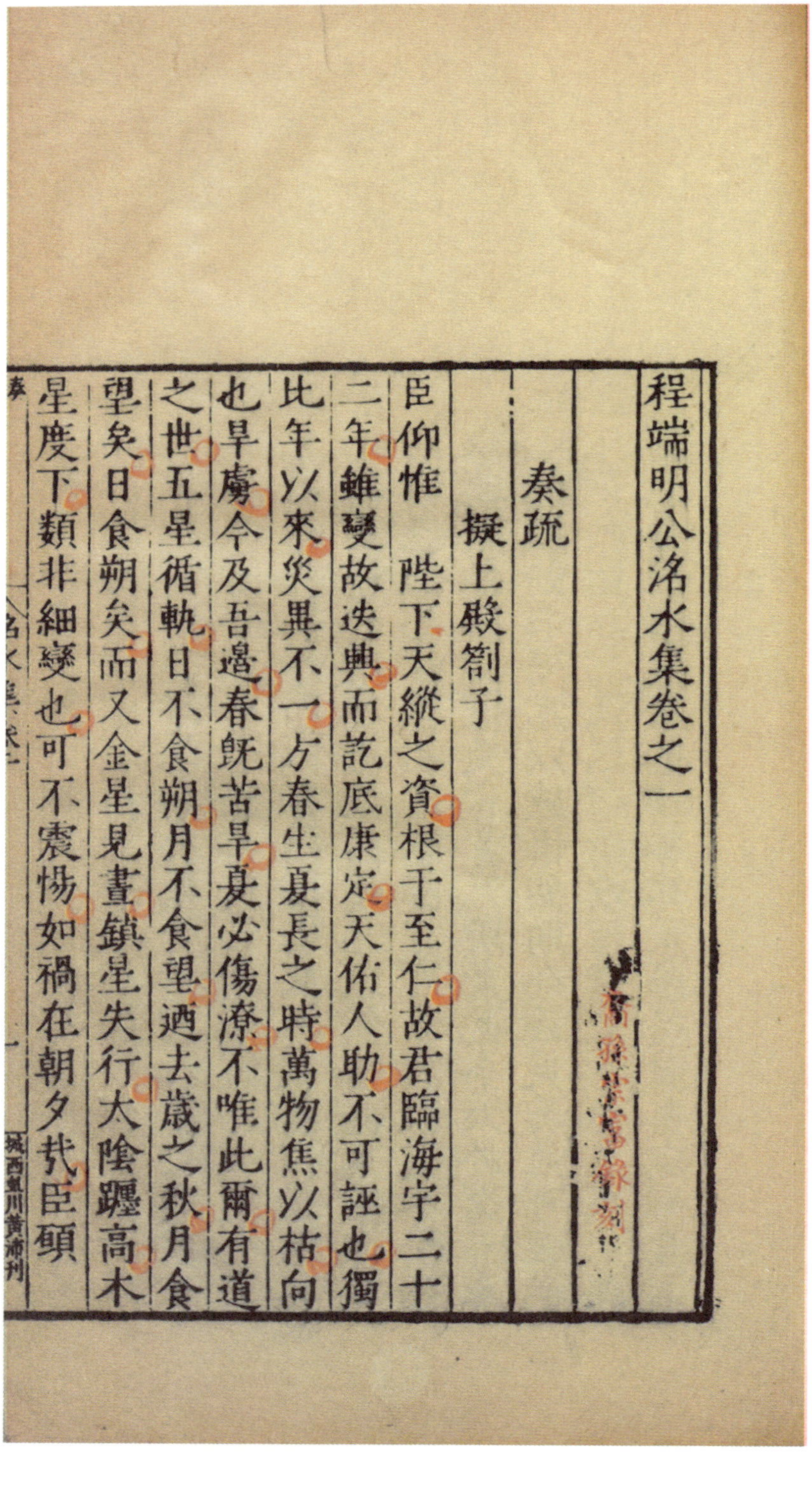

程端明公洺水集卷之一

奏疏

擬上殿劄子

臣仰惟 陛下天縱之資根于至仁故君臨海宇二十
二年雖變故迭興而訖底康定天佑人助不可誣也獨
比年以來災異不一方春生夏長之時萬物焦以枯向
也旱虜今及吾邊春既苦旱夏必傷潦不唯此兩有道
之世五星循軌日不食朔月不食望遒迺去歲之秋月食
望矣日食朔矣而又金星見晝鎮星失行太陰躔高木
星庶下類非細變也可不震惕如禍在朝夕我臣頓

城西童川黄沛刊

程端明公洺水集二十六卷　（宋）程珌撰　**附録二卷**　（明）程元晭等輯　明嘉靖三十五年（1556）程元晭刻本（有抄配）　一函十二冊　第四批《國家珍貴古籍名録》10658號

半葉十一行二十一字，白口，左右雙邊，單白魚尾，框高18.8釐米，寬13.2釐米。

程珌（1164—1242），字懷古，號洺水遺民，徽州休寧（今安徽休寧）人。南宋光宗紹熙四年（1193）進士，授昌化主簿。寧宗嘉定二年（1209）改知富陽縣，七年（1214）除主管官誥院，歷宗正寺主簿、樞密院編修官，兼權右司郎官、秘書丞，累遷禮部侍郎兼直學士院、同修國史。紹定元年（1228）出知建寧府，尋除福建路招捕使節制軍馬；三年（1230）提舉隆興府玉隆萬壽宮。淳祐二年（1242）以端明殿學士致仕，尋卒。有《洺水集》。《宋史》卷四百二十二有傳，《新安文獻志》卷九十四有宋呂午《程公行狀》。

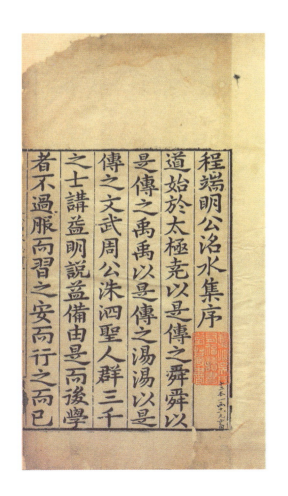

程珌祖上世居河北洺洲，傍居洺水，因以為號，並以此名集。是集以程珌歷官歲月次其表疏，餘文則各以類相從，編為二十六卷，共計四百餘篇，前有程珌自序，卷首為辭命七篇，卷一至二十四依次為：奏疏、議、策問、講義、記、序、題跋、墓誌、行狀、祭文、哀辭、書、尺牘、啓、致語、祝版、說、銘、贊、賦、詩，卷二十五、二十六為附録，卷末有程元晭跋。

程元晭乃程珌裔孫，據元晭《書重刻端明公洺水集後》，嘉靖三十四年（1555）春，

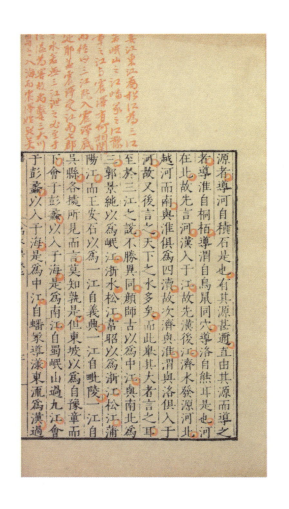
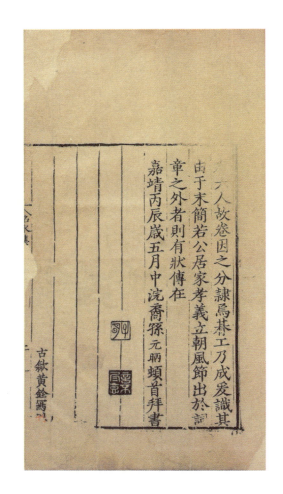

族裔程霄以程霖家藏録本出示，所存蓋六十卷，間有殘闕失次，次年（1556）元晡等輯
定為二十六卷刊刻而成。《洺水集》雖非程珌作品全貌，但也保留了相當一部分作品，
為後世的程珌研究提供了彌足珍貴的資料，具有較高的史料價值。該書目前已被收入
《宋集珍本叢刊》中。有刻工黃銓、黃沛等。

　　此本鈐有"真州吳氏有福讀書堂藏書"印記。

（牛小燕）

明正德三年何歆、羅緝刻本《雲峰胡先生文集》

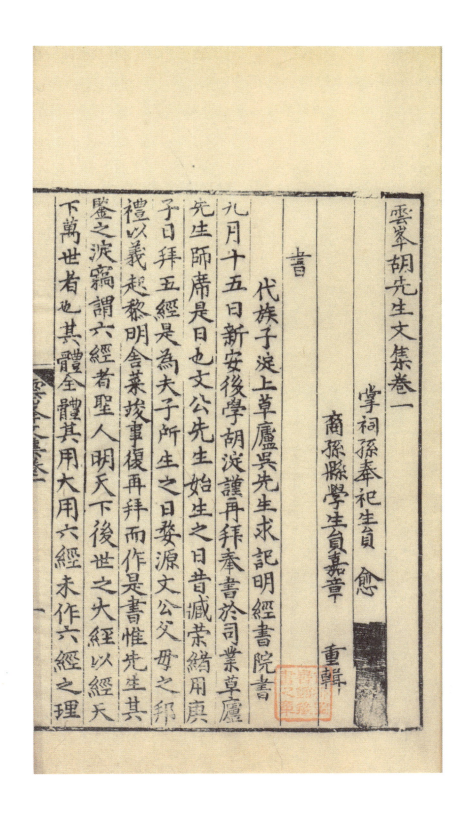

雲峯胡先生文集卷一

掌祠孫奉祀生員　愈

裔孫縣學生員嘉章　重輯

書

代族子淀上草廬吳先生求記明經書院書

九月十五日新安後學胡淀謹再拜奉書於司業草廬

先生師席是日也文公先生始生之日昔臧榮緒用庚

子日拜五經是為夫子所生之日婺源文公父母之郡

禮以義起黎明舍菜拔事復再拜而作是書惟先生其

鑒之淚竊謂六經者聖人明天下後世之大經以經天

下萬世者也其體全體其用大用六經未作六經之理

雲峰胡先生文集十卷 　（元）胡炳文撰　明正德三年（1508）何歆、羅綺刻本　一函二冊　第四批《國家珍貴古籍名録》10680號

半葉十一行二十一字，白口，四周單邊，單白魚尾，框高18.8釐米，寬13.1釐米。

胡炳文（1250—1333），字仲虎，號雲峰，婺源（今江西婺源）人。幼嗜學，既長，篤志朱子之學，於諸子百氏、陰陽醫卜、星曆術數亦多推究。元初為信州道一書院山長，調蘭溪州學正，不赴，卒謚文通。有《周易本義通釋》《四書通》《雲峰集》等。《元史》卷一百八十九、《新安文獻志》卷七十一有傳。

炳文以易名，於朱熹所註四書用力尤深。其於註疏經書之外，"復有論著應酬所謂文集二十卷，兵燹之餘所存無幾"（參考汪循序）。七世孫用光及八世孫潗集其遺文百餘篇，由江西按察僉事汪舜民校正，婺源縣令藍章梓行，未幾燬於市火。潗之子璉復加博訪各方，搜其遺文，以類入梓。全書十卷，卷前有序言四篇，依次為正德三年汪循《雲峰先生文集序》、弘治元年（1488）陳音《雲峰胡先生文集序》、儲巏《雲峰胡先生文集序》（未署時間）、弘治二年（1489）汪舜民《校正雲峰胡先生文集序》，末有跋二篇，為正德二年（1507）何歆《書胡雲峰先生文集後》、正德三年胡潗《重刊雲峰文

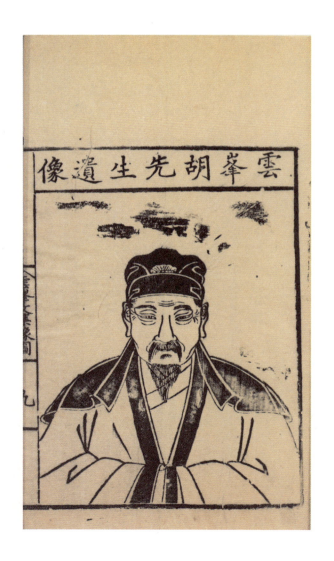

集後序》。其中卷一書七篇、論一篇，卷二記十七篇，卷三序十六篇，卷四題跋七篇、字說十二篇，卷五碑一篇、墓誌銘三篇、傳一篇，卷六上梁文一篇、啓八篇、箋四篇，卷七銘九篇、賦三篇、辭一篇，卷八詩二十八篇、詩餘三篇，卷九、卷十為附錄，彙《元史》列傳、炳文行實，及諸人為其所做序記碑贊之屬，卷九計十四篇，卷十計十二篇。《四庫全書總目》云其雜文"平正醇雅"，詩如《贈鶴菴相士四言》《北寺昏鐘》《廖塢晚煙》《拜鄂岳王墓》《濠觀亭》《贈二齊生》諸篇，皆"不失雅韻"，評價較高，亦稱公允。

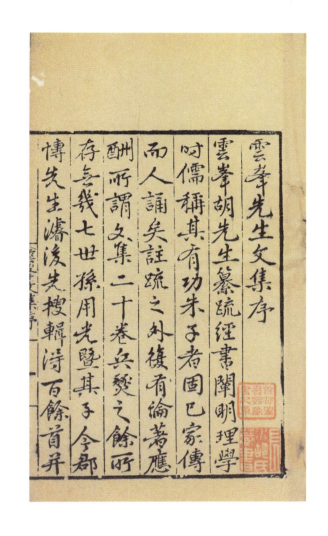

《雲峰集》現存明弘治二年藍章刻本，十四卷附錄一卷；正德三年何歆、羅綺刻本，十卷；清道光十一年（1831）胡積城刻本，十卷；《四庫全書》本，文津閣本十卷、文淵閣本八卷等。本館所藏為正德三年刻本，篇目最多。與弘治刻本相比，目次有所變化，篇目增多，內容亦有少量不同，可資互補。較之道光刻本，多記二篇、啓二篇。四庫本則無序跋、附錄。可見本書具有重要的版本價值。

鈐有"長水胡氏藏書"印。

（楊曉煒）

349

明隆慶六年謝廷傑、陳烈刻本
《太師誠意伯劉文成公集》

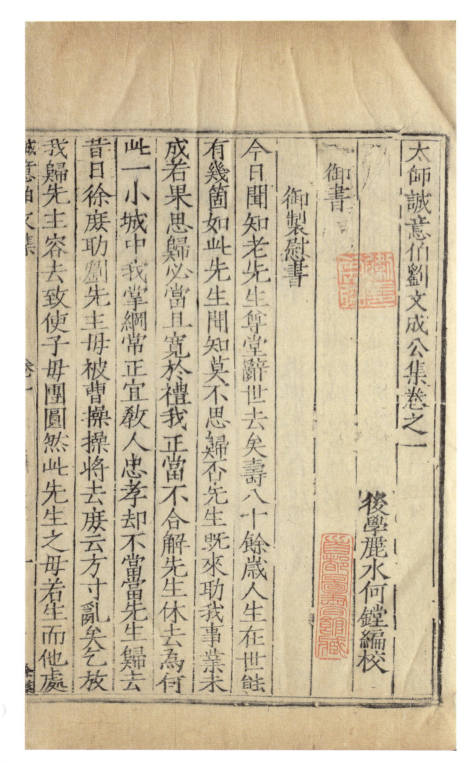

太師誠意伯劉文成公集二十卷　（明）劉基撰　明隆慶六年（1572）謝廷傑、陳烈刻本　二函二十冊　第二批《國家珍貴古籍名錄》05814號

半葉十行二十三字，白口，四周雙邊，框高20.1釐米，寬14.5釐米。

劉基著述甚富，其子仲景、孫薦先後編成《郁離子》《覆瓿集》《春秋明經》《犁眉公集》等。明成化六年（1470），戴用、張僖等始將諸書合為一秩，且冠以劉薦所輯

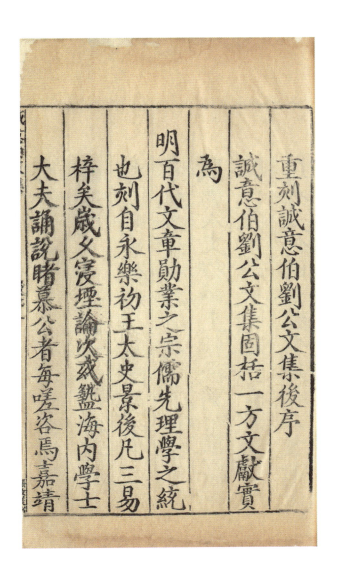

《翊運錄》，成《誠意伯劉先生文集》二十卷。《四庫全書》所採即此本，四庫館臣以"開卷乃他人之書，殊乖體例"，將《翊運錄》所收詔旨制敕等移置卷末。嘉靖三十五年（1556），樊獻科等編《太師誠意伯劉文成公集》，將《覆瓿集》《犁眉公集》之詩文按體裁類次，合《郁離子》等成十八卷。明隆慶六年（1572）謝廷傑"奉按行東浙，以瓣香謁公祠……屬太守陳君烈，萃諸文學，重加訂正"（謝廷傑《誠意伯劉文成公文集序》）。該本由何鏜以樊氏本為據對劉集重新校訂，沿用其詩文按體裁編次之法，而卷次則恢復成化本之二十卷。

首都圖書館所藏即為明隆慶六年謝廷傑、陳烈刻本。該書目錄編排與正文有違。目錄顯示為卷一至八、卷十九至二十，缺卷九至十八。驗之正

文，則正文卷一至十八的內容實爲目録中卷一至八的內容。卷首載隆慶六年謝廷傑序，洪武十三年（1380）葉蕃《寫情集序》，洪武十九年（1386）徐一夔、吳從善《郁離子序》，永樂二年（1404）《翊運録序》，宣德五年（1430）羅汝敬《覆瓿集序》，李時勉《犁眉公集序》，成化六年（1470）楊守陳《重鋟誠意伯文集序》，正德十四年（1519）林富《重鋟誠意伯劉公文集序》，嘉靖七年（1528）葉式《題誠意伯劉公集》，嘉靖三十五年（1556）李本《重編誠意伯文集序》，樊獻科《刻誠意伯文集引》，隆慶六年何鏜《重刻誠意伯劉文公集序》，末爲陳烈後序。卷一卷端題“後學麗水何鏜編校”。版心下鐫刻工名。

（喬雅俊）

明嘉靖四十年王可大刻本《遜志齋集》

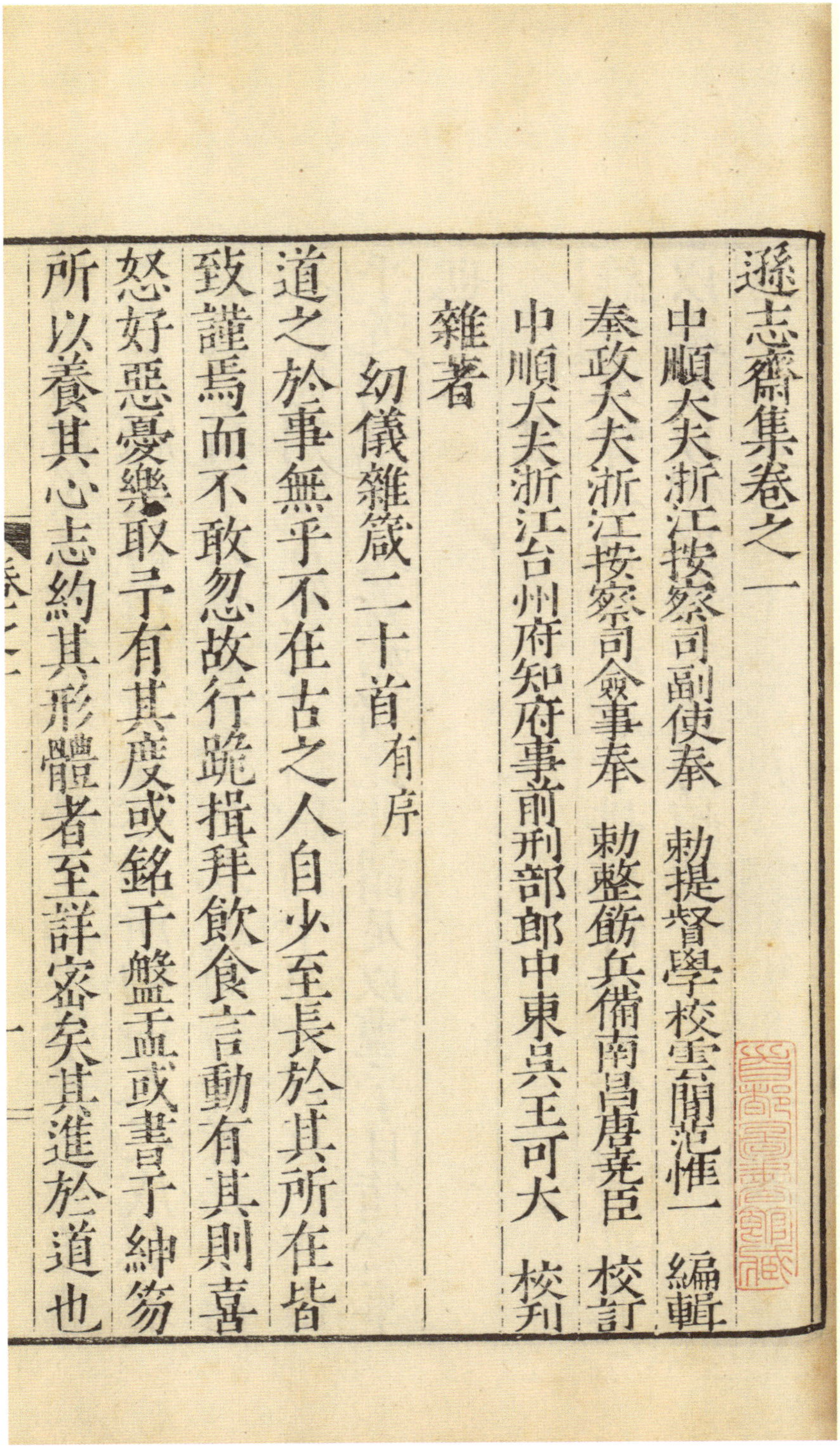

遜志齋集卷之一

中順大夫浙江按察司副使奉　勅提督學校雲間范惟一　編輯

奏政大夫浙江按察司僉事奉　勅整飭兵備南昌廖堯臣　校訂

中順大夫浙江台州府知府事前刑部郎中東吳王可大　校刊

雜著

幼儀雜箴二十首有序

道之於事無乎不在古之人自少至長於其所在皆
致謹焉而不敢忽故行跪揖拜飲食言動有其則喜
怒好惡憂樂取于有其度或銘于盤盂或書于紳笏
所以養其心志約其形體者至詳密矣其進於道也

遜志齋集二十四卷 （明）方孝孺撰 **附録一卷** 明嘉靖四十年（1561）王可大刻本（卷二十四、附録抄補） 二函十三冊 第二批《國家珍貴古籍名録》05852號

半葉十行二十字，小字雙行字同，白口，左右雙邊，單黑魚尾，框高19.0釐米，寬14.4釐米。

方孝孺（1357—1402），字希直，一字希古，寧海（今屬浙江寧波）人。宋濂弟子。洪武時，以薦召授漢中府學教授，蜀獻王聘為世子師。建文中，官至翰林侍講學士，改文學博士。燕王起兵篡位，命其草即位詔，抗節死。福王時追謚文正，清乾隆時賜謚忠文。《明史》卷一百八十三有傳。

《遜志齋集》為孝孺遺集。"遜志"，其書齋名，語出《尚書·說命下》："惟學遜志，務時敏，厥修乃來。"宋儒蔡沈釋曰："遜，謙抑也。務，專力也。時敏者，無時而不敏也。遜其志如有所不能；敏於學如有所不及，虛以受人，勤以勵己，則其所修，如泉始達，源源乎其來矣！"（《書集傳》）故以齋名定書名。其内容包括雜著八卷，表、箋、啓、書三卷，序三卷，記三卷，題跋一卷，贊一卷，祭文、誄、哀辭一卷，行狀、傳一卷，碑、表、誌一卷，古詩一卷，律詩、絕句一卷。附録集蜀獻王與同時名公贈遺諸作，以及傳狀、祠記、吊祭詩文等。卷前有"正學先生小像"

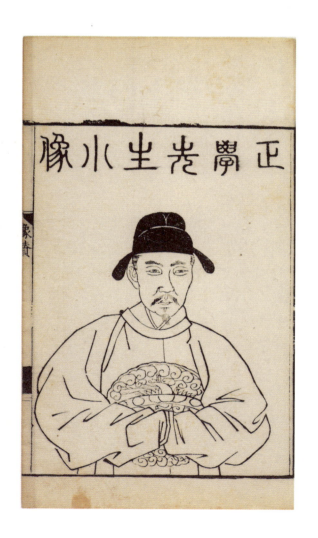

並贊。因孝孺被聘世子師時，名其書室為
"正學"，遂世稱"正學先生"。

據四庫館臣考："史稱孝孺殉節後，
文禁甚嚴。其門人王稌，藏其遺稿，宣德
後始稍傳播，故其中闕文脫簡頗多。原本
凡三十卷，拾遺十卷。"（《四庫全書總
目》卷一百七十）又《凡例》載："先生
歿後六十年，臨海趙學諭始得散落詩文
三百一十四篇，梓於蜀者，為蜀本。又
二十年，太平謝文肅公、黃巖黃文毅公編
輯四方所藏，得四十卷，郭令尹梓於寧海
者，為邑本。又四十年，郡守姑蘇顧公梓
於郡齋者，為郡本。"是刻即據上述三本
參酌改定而成。謀刻者王可大，字元簡，
南京人，嘉靖三十二年（1553）進士，曾
知台州府。在任上，因受浙江按察司副使
范惟一、僉事唐堯臣二公所託重刊此書。

書中鈐有"王璥"印。

（李晶瑩）

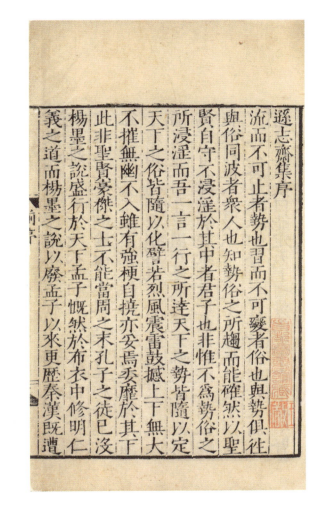

明正德三年吳奭刻本《匏翁家藏集》

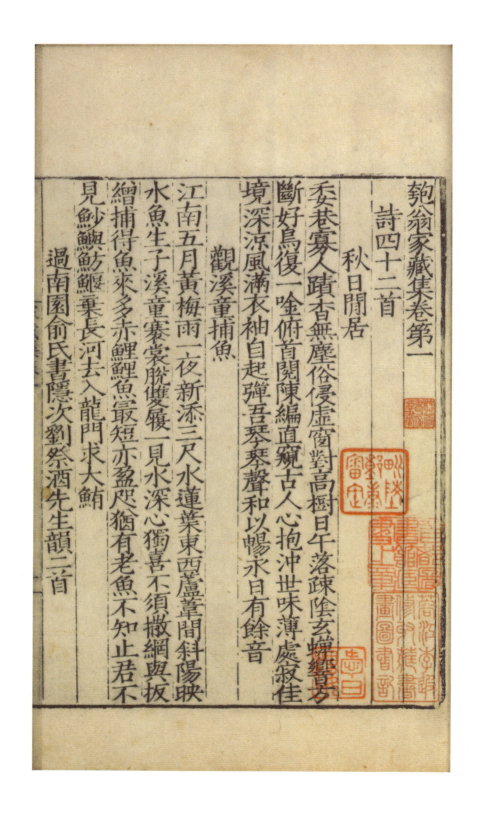

匏翁家藏集卷第一

詩四十二首

秋日閒居

委巷寥人蹟杳無塵俗侵虛窗對高樹日午落疎陰玄蟬經夏
斷好鳥復一唫俯首閱陳編直窺古人心抱冲世味薄處寂佳
境深涼風滿衣袖自起彈吾琴琴聲和以暢永日有餘音

觀溪童捕魚

江南五月黃梅雨一夜新添三尺水蓮葉東西蘆葦間斜陽映
水魚生子溪童褰裳脫雙履一見水深心獨喜不須撒網與扠
繒捕得魚來多赤鯉鯉魚最短亦盈呎猶有老魚不知止君不
見鈔鱸魴鱣棄長河去入龍門求大鮪

過南園俞氏書隱次劉祭酒先生韻二首

356

匏翁家藏集七十七卷補遺一卷　（明）吳寬撰　明正德三年（1508）吳奭刻本　一函十冊　第四批《國家珍貴古籍名録》10742號

半葉十二行二十四字，白口，左右雙邊，框高19.8釐米，寬15.0釐米。

吳寬（1435—1504），字原博，號匏庵，長洲（今江蘇蘇州）人。明成化八年（1472）會試、廷試皆第一，入翰林，授修撰。歷遷至禮部尚書，卒謚文定。寬博學工書，詩文有聲，著有《家藏集》。《明史》卷二百四十三、《獻徵録》卷十八有傳。

是書首有李東陽序，言"匏翁家藏集七十卷，吳文定所著而手自編輯者也"，其中詩三十卷，文四十卷。王鏊序亦言總為七十卷。而本書實為詩三十卷、文四十七卷，補

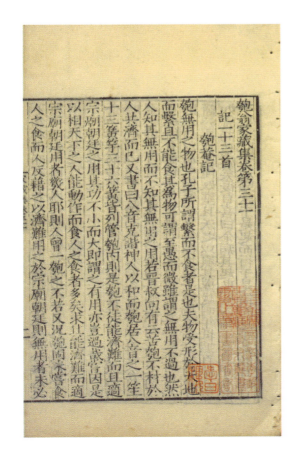

遺六篇是為一卷。觀卷末徐源後序云"其子中書舍人奭與其從兄奎齋奕搜閱篋稿，得公手筆存錄諸體詩凡三十卷，序記誌說之類凡卌十七卷，自題曰家藏集"，可知或前七十卷為吳寬自訂，末七卷及補遺為奭及從兄所增補。詩不分體制，以年月先後為序，共收諸體詩一千四百六十九首、詩餘三十二首。文則分體彙載，而先後亦隱然寓乎其間，其中記九十七篇、序九十篇、引七篇、說五篇、表六篇、頌二篇、致語七篇、箴二篇、銘二十三篇、贊二十五篇、題跋二百七十一篇、祭文二十六篇、雜文二十四篇、行狀述四篇、傳十一篇、墓誌銘一百零三篇、壙志三篇、壽藏銘三篇、埋銘一篇、墓記一篇、墓表六十九篇、墓碑銘九篇、墓碣銘二篇、神道碑七篇，補遺一卷收記二篇、碑文四篇，共收各體文章八百零四篇。

吳寬為詩風格渾厚，用事果切，無漫然嘲風弄月之語（參考朱承爵《存餘堂詩話》）。為文宗韓愈、蘇軾，典而不俗，多有自得。《四庫全書總目》評論其詩文"和平恬雅，有鳴鸞佩玉之風"，概括了其主要風格特色。

《匏翁家藏集》筆者僅見明正德三年刻本，足見珍貴。本館所藏刻印精美，卷帙完整，具有重要的文學與文獻價值。

鈐"蓉江李遐修所藏書畫圖書記"、"李維祺印"、"愛日樓"、"吳鶚"、"董康暨侍姬玉奴珍藏書籍記"、"毗陵董康審定"、"瀋陽師守玉勉之甫珍藏善本圖書印信"、"師氏守玉守章昆仲印"、"椿萱書屋藏書"、"慎遠堂師"等印。

（楊曉煒）

明正德二年何歆刻本《篁墩程先生文集》

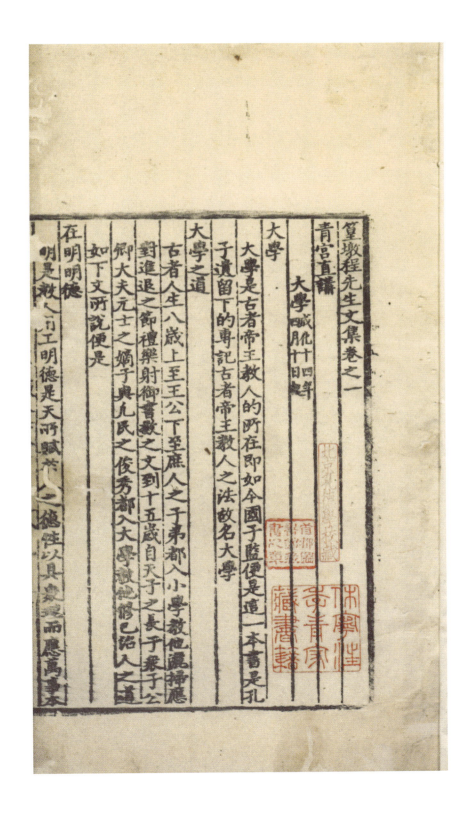

篁墩程先生文集九十三卷拾遺一卷　（明）程敏政撰　明正德二年（1507）何歆刻本（卷三十七至四十二、卷四十八至五十三抄配）　八函三十二冊　第三批《國家珍貴古籍名錄》09075號

半葉十三行二十七字，白口，左右雙邊間四周單邊，雙順白魚尾，框高19.0釐米，寬13.1釐米。

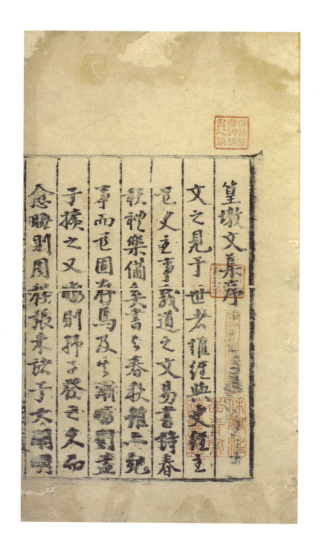

程敏政（1446—1499），字克勤，徽州休寧（今安徽休寧）人，後居歙縣篁墩（今屯溪篁墩），故號篁墩、篁墩居士，時人稱為程篁墩。明成化二年（1466）一甲第二名進士，授翰林院編修。歷任左諭德，直講東宮，學識淵博，為一時之冠，官至禮部右侍郎。弘治十二年（1499），主持會試，因試題外泄，被劾下獄，後經查釋放，革職歸鄉，旋因悲憤發病而卒，追贈禮部尚書。著有《明文衡》《篁墩文集》《新安文獻志》《休寧志》等。《明史》卷二百八十六有傳。

該書為敏政自訂之文集，收錄其平生所作講章、制策、奏議、考論、記、序、題跋、行狀、志表、專傳、祭文、書簡、雜著、詞賦、詩文等數千餘篇，凡九十三卷，附拾遺一卷。敏政學問淹博，著作具有根底，非遊談無根者可比。時人有贊曰："學問該博稱

程敏政，文章古雅稱李東陽。"（《明史·文苑傳》）其弟子李汛稱其"一代人豪也。文翰雖其餘事，而抱負之宏、造詣之邃，蓋將於是乎徵。如萬言應事一策，敷匡時之大略；宋紀受終一考，訂千古之大疑；續修宋、元鑑，謹嚴得《春秋》之大旨；附註《心經》，考合朱、陸之道，則又深探理學之大原……此皆先生學識之過人，足以濟時而淑世，不但華國而已。"（李汛《篁墩文集後序》）四庫館臣品評此書，雖言其文格頹唐，不出當時風氣，却又指出："明之中葉，士大夫侈談性命，其病日流於空疏，敏政獨以雄才博學，挺出一時……其考證精當者亦時有可取。要為一時之碩學，未可盡以蕪雜廢也。"（《四庫全書總目》卷一百七十一）

此本為明正德二年何歆刻本。書前有國史總裁長沙李東陽序，末有門人鏡山李汛後序、徽州知府何歆後序。版心下有刻工姓名。何歆，字子敬，別號榕溪先生。是書雖為敏政自訂，其生前却未刊行。正德二年，徽州知府何歆、休寧知縣張九達等，於敏政之子錦衣千戶程塤處得文集全稿，刊印付梓。李東陽因程塤之請撰序於卷首。此本是當時著名的官刻本，卷三十七至四十二、四十八至五十三雖係抄配，然並無缺卷，尚能保持該書內容的完整，使讀者可窺其全貌，具有較高的版本價值。

該書鈐有"休寧汪季青家藏書籍"、"汪氏柯庭校正圖書"、"摛藻堂"、"希樸齋校勘"、"北京孔德學校藏"等印記。

（郭芳）

明正德元年張九逵刻本《篁墩程先生文粹》

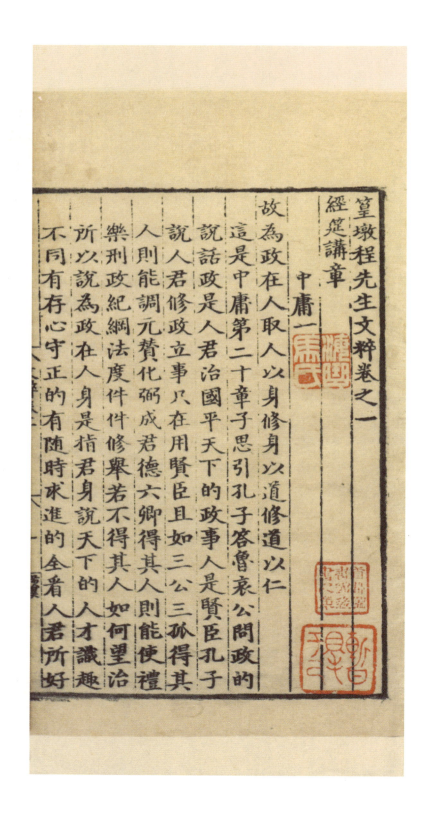

篁墩程先生文粹二十五卷 （明）程敏政撰　（明）程曾、戴銑輯　明正德元年（1506）張九逵刻本　二函十二冊　第三批《國家珍貴古籍名録》09077號

半葉十一行二十一字，白口，四周單邊，雙順白魚尾，框高19.0釐米，寬13.0釐米。

該書二十五卷，集程敏政平生所撰講章、奏議、考論、雜著、記、序、題跋、行狀、碑志、書簡、箴銘等，凡三百餘篇。敏政一生，學識淹博，勤於著述，才學文章皆為一時之冠。其生前曾親輯文稿百有餘卷，惜未能刊行。歿後七年，族子程曾、門人戴銑有感於"先生文集什藏於家，顧學者思欲閲之而不可得，且卷帙繁多，難於傳録"（戴銑後序），故摘其文稿篇章，重加詮次，刻於徽州。序稱，先生"得朱之深，故形諸論議，發為詞章，不惟理無所悖，而文亦似之，又濟之以雄渾之氣，敏瞻之才，博綜之學，此其著作所以超然獨詣，追古大家而軼之"（戴銑後序）。

此本為明正德元年（1506）張九逵刻本。書前有正德元年南京吏部尚書林瀚序，序後為《誥命》，程公畫像及戶部尚書周經撰《程公畫像記》。目録後附北海仇東之撰《篁墩程學士傳》與休寧知縣張九逵刻書序。書後有弘治十八年（1505）南京戶科給事中戴銑序。版心下有刻工姓名。王重民《中國善本書提要》謂，"此本為戴銑所編次，而張九逵所刻者，付

篁墩程先生小像

363

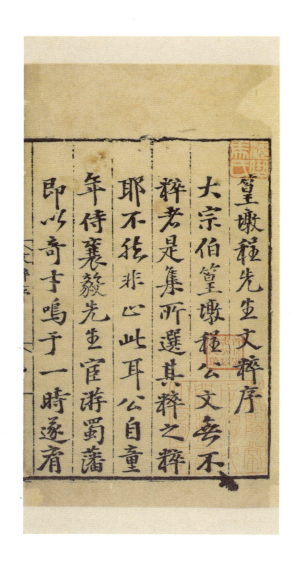

梓在全集前，恐全集不能即刻也。"刊後一年，即正德二年（1507），徽州知府何歆、休寧知縣張九逵等，於敏政子錦衣千戶程塤處得文集全稿，刊印付梓。

該書鈐有"衡陽常氏潭印閣藏書之圖記"、"暫得於己"、"海曲馬氏"、"北平孔德學校之章"等印記。

（郭芳）

明嘉靖十七年文三畏刻本《馬東田漫稿》

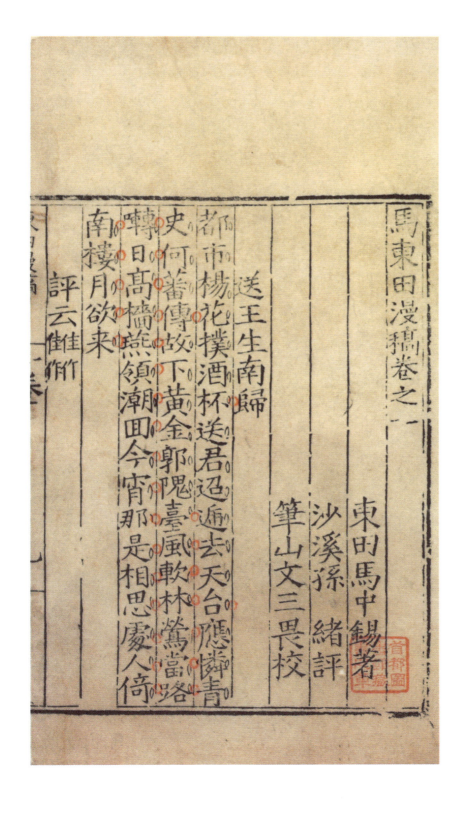

馬東田漫稿卷之一

東田馬中錫著

沙溪孫緒評

肇山文三畏校

送王生南歸

都市楊花撲酒杯　送君迢遞去天台應嶙青

史何蕃傳故　下黃金郭隗臺風軟林鶯當路

轉日高橋燕　領潮田今宵那是相思處人倚

南樓月欲來

評云佳作

365

馬東田漫稿六卷　（明）馬中錫撰　（明）孫緒評　明嘉靖十七年（1538）文三畏刻本　二函十二冊　第三批《國家珍貴古籍名錄》09094號

半葉十行十七字，小字雙行字同，白口，四周雙邊，框高17.6釐米，寬13.4釐米。

馬中錫（約1445—1512），字天祿，號東田，河間故城（今河北故城）人。明成化十一年（1475）進士，授刑科給事中。正德元年（1506）任兵部侍郎，因得罪劉瑾而下獄，削職為民。劉瑾伏誅後，起任大同巡撫。正德六年（1511）受命鎮壓農民起義，

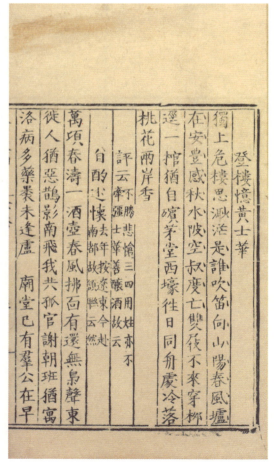

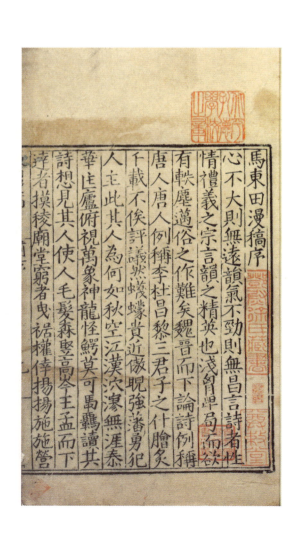

孫緒評語

無功下獄，在獄八月，感疾而卒。東田能詩文，其文縱橫闔辟，變幻百出，迄無一凡近語，片言隻語，往往膾炙人口。評者謂其詩文體格早類許渾，晚入劉長卿、陸龜蒙間。《明史》卷二百五十四有傳。

此書卷前孫緒《馬東田漫稿序》稱，東田先生身後"遺稿十喪七八，公子監生師言得詩賦、歌詞、樂府若干於蟲鼠之餘，屬緒為評論"，可見此書由馬東田之子馬師言編輯，又請孫緒作評而成。緒字誠甫，亦河間故城人。弘治己未（1499）進士，官至太僕寺卿。卷前又有明河間按察副使王崇慶嘉靖十七年序，云："公之子監生師言，是年秋七月自故城來乞言，且託郡大夫筆山文侯校而梓行，蓋筆山乃翁松齋司馬，實先生同年云。於是筆山命匠惟謹，而又謀及郡博四峰許子相與訂之，可謂不遺故舊矣。"由此可知，此本為嘉靖十七年開州文三畏（字筆山）刻本，當為東田詩文集之最早刊本。《明詩紀事》稱東田集"句律渾成，有明珠走盤、彈丸脫手之妙。是時茶陵執盟詩壇，東田別派孤行，可謂特立之士"。

此書有佚名圈點。鈐有"尊敕堂"、"過眼"、"鄧尉徐氏藏書"、"蘭蓀披閱"、"北平孔德學校之章"等印。

（史麗君）

明嘉靖二十五年翁萬達刻本《渼陂續集》

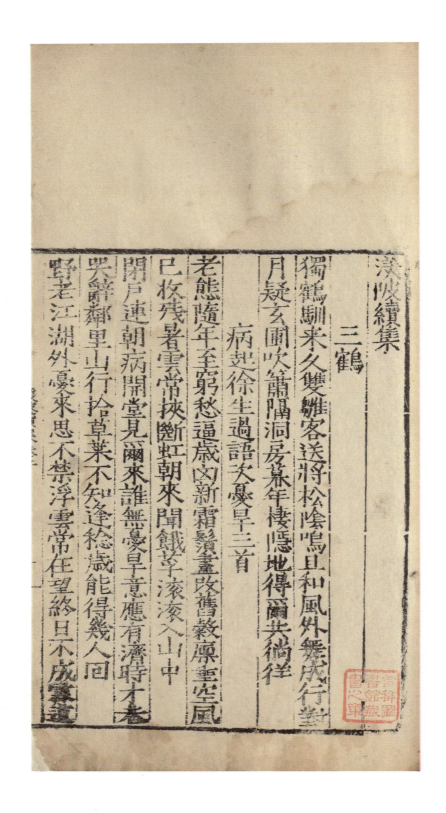

渼陂續集

三鶴

獨鶴馴來久雙雛客送將松陰鳴旦和風外舞成行辜
月疑玄圃吹簫隔洞房慕年棲隱地得爾共禍祥

病起徐生過語失憂旱三首

老態隨年至窮愁逼歲凶新霜鬢盡敗舊穀廩重空鼠
已收殘暑雲常挾斷虹朝來聞餓莩滾滾入山中
閉戶連朝病開堂見爾來誰無憂旱意應有濟時才老
哭辭鄰里山行拾草萊不知逢稔歲能得幾人回
野老江湖外憂來思不禁浮雲常在望終日不成事道

渼陂續集三卷　（明）王九思撰　明嘉靖二十五年（1546）翁萬達刻本　一函三冊
第二批《國家珍貴古籍名録》05963號

　　半葉十行二十一字，白口，四周單邊，框高17.5釐米，寬13.5釐米。

　　王九思（1468—1551），字敬夫，號渼陂，陝西鄠縣（今陝西戶縣）人。明弘治九年（1496）進士，由庶吉士授檢討。正德四年（1509）升任吏部員外郎、吏部郎中。次年宦官劉瑾敗，因王九思與其是陝西關中小同鄉，被名列瑾党，貶壽州（今安徽壽縣）同知，復勒令致仕。王九思仕途不達，卻稱名於明代文壇，弘治正德間，與李夢陽、何景明、康海等人共同反對"臺閣體"，倡導"文必秦漢、詩必盛唐"的復古運動，為明代"前七子"之一。著有《渼陂集》《渼陂續集》《碧山樂府》《杜子美沽酒遊春記》《中山狼院本》等。《明史·文苑傳》附見李夢陽傳中。

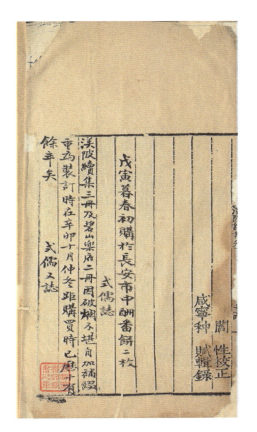

　　王九思先有《渼陂集》十六卷，嘉靖十二年（1533）其門人王獻刻之於山西；《續集》三卷乃九思晚年之作，嘉靖二十五年翁萬達刻之於鄠邑。《渼陂續集》共收賦二篇、古體八首、五言古十八首、七言古二十三首、五言律一百二十二首、七言律七十三首、五言絕句二十七首、七言絕句三十三首、雜著五篇、序十三篇、記八篇、碑四篇、誌銘二十三篇、表二篇、傳四篇。卷前有嘉靖二十四年（1545）張治道《渼陂先生續集序》、嘉靖二十五年翁萬達《渼陂續集序》。《渼陂集》十六卷與《渼陂續集》三卷共入《四庫全書》別集類存目。

　　此本書末有王璥（字式儒）題跋兩條。鈐"王璥"印。

　　　　　　　　　　　　　　　　（王玥琳）

明嘉靖杭洵刻本《杭雙溪先生詩集》

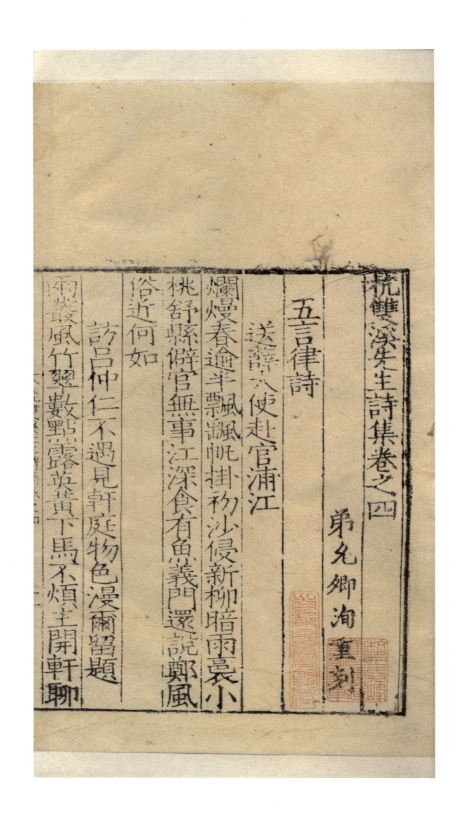

杭雙溪先生詩集八卷　（明）杭淮撰　明嘉靖杭淘刻本　一函四冊　第三批《國家珍貴古籍名録》09127號

半葉九行十八字，白口，左右雙邊，單白魚尾間單黑魚尾，框高17.1釐米，寬13.9釐米。

杭淮（1462－1538），字東卿，號雙溪，亦作復溪，江蘇宜興人。明代詩文家。弘治十二年（1499）進士，授刑部主事，遷員外郎。正德間任浙江按察司副使，改山東，再改雲南提學副使，升湖廣按察使。嘉靖時仕至右副都御史，致仕卒。杭淮廉明平恕，以志節著稱。喜藏書，與其兄濟均負有詩名，常與李夢陽、徐禎卿、王守仁、陸深諸人遞相唱和。著有《杭雙溪先生詩集》。

該書凡八卷，輯杭淮平生詩作近五百首，較為集中地反映了其在詩學方面的成就。其中卷一載五言古詩四十餘首，卷二載五言絕句十九首，卷三載五言排律六首，卷四載五言律詩約九十首，卷五載七言絕句近百首，卷六載歌行辭約八十首，卷七載七言排律三首，卷八載七言律詩百四十餘首。杭淮之詩，格清體健，嚴整而婉約。在弘治、正德之際，不高談古調，亦不沿襲陳言。王慎中評其詩："雖制裁錯出，律調不同，歸之嚴整雅健，體高而意正，音舒而節越，有前世作者之風。"（王慎中《雙溪先生詩集序》）朱彝尊亦稱其詩："極其遒鍊，如繭絲抽自梭腸，似澀而有條理。"（朱彝尊《靜志居詩話》卷九）

此本為明嘉靖杭淘刻本，前有嘉靖十四

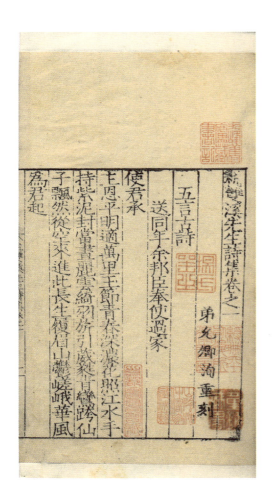

年（1535）晉江王慎中序，後有林東海跋。卷首下刻"弟允卿洵重刻"，是為杭洵重刻本。杭洵，字允卿，淮之胞弟，故此本為杭氏家刻。家刻之書，多非為逐利而為傳世，故校勘刻印多甚考究。東海跋曰："杭友洵示予雙溪公詩一帙，自進士而刑曹，而視學，而長藩憲，而卿，而巡撫，而近者山林之作多載焉。灑敘平鋪，宏雄雋雅，細詠之，真若周鼎商彝，篆紋剝古，其誰不敬重焉者，梓而傳之也固宜。"因此，該本雖係重刻，卻為家刻，其校刻刊印之精審，自有優於他刻之處，具有很高的版本價值。

該書鈐有"童二十八鈺"、"童鈺藏書"、"山陰沈仲濤珍藏秘笈"、"綏珊六十以後所得書畫"、"綏珊收藏善本"、"琅園秘笈"、"九峰舊廬藏書記"、"杭州王氏九峰舊廬藏書之章"、"遂祥經眼"等印記。

（郭芳）

明閔齊伋刻朱墨套印本《空同詩選》

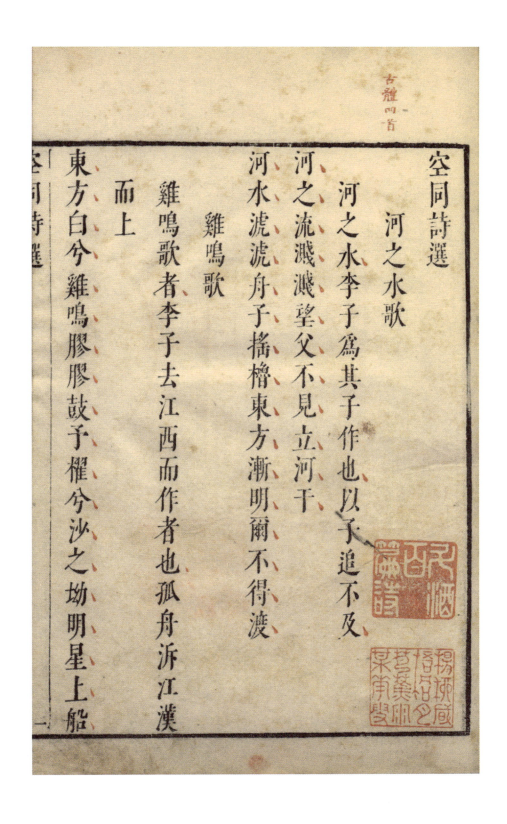

空同詩選

河之水歌

河之水李子爲其子作也以子追不及

河之流灑灑塞父不見立河干

河水滤滤舟子搖櫓東方漸明爾不得渡

雞鳴歌

雞鳴歌者李子去江西而作者也孤舟泝江漢
而上

東方白兮雞鳴膠膠鼓予櫂兮沙之坳明星上船

空同詩選一卷 （明）李夢陽撰　（明）楊慎評　明閔齊伋刻朱墨套印本　一函二冊　第三批《國家珍貴古籍名録》09114號

半葉九行十九字，小字雙行字同，書眉刻評，行五字，白口，四周單邊，無界行，框高21.4釐米，寬15.3釐米。

李夢陽（1472—1530），字獻吉，號空同，慶陽府安化縣（今甘肅慶城）人，遷居開封。明弘治七年（1494）進士，弘治十一年（1498）出任戶部主事，後遷郎中，官至江西按司提學副使。因彈劾貴戚張鶴齡、宦官劉瑾，兩次入獄。他不畏權貴，才敏氣豪，

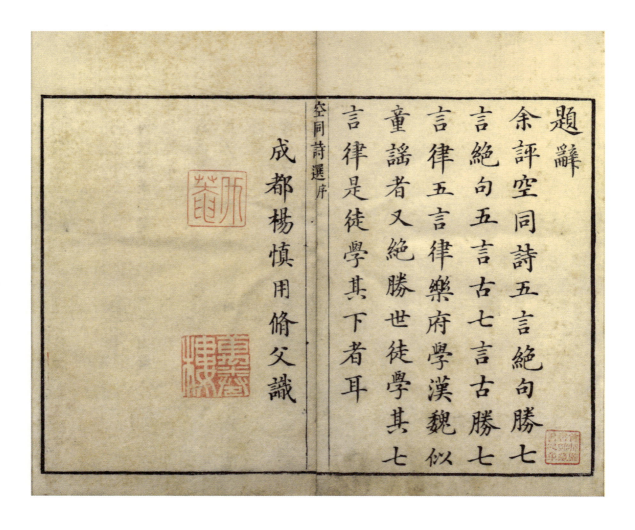

卓然以復古自命，倡言"文必秦漢，詩必盛唐"，以氣節文章雄視一代，與何景明等號
"七才子"，為古文詞一代宗師。一生著述甚豐，有《空同集》六十三卷。《明史》卷
二百八十六有傳。

楊慎（1488—1559），字用脩，號升庵，四川新都（今屬四川成都）人，明代文學
家。嘉靖三年（1524），因"大禮議"受廷杖，謫戍雲南永昌衛。擅文、詞、散曲、考
訂，著作達百餘種。

楊慎在雲南，從李夢陽二千餘首詩中，選出一百三十六首，略加品評，成《空同詩
選》。其中古體四首、樂府二十四首、五言古十一首、七言歌行二十一首、散篇七首、

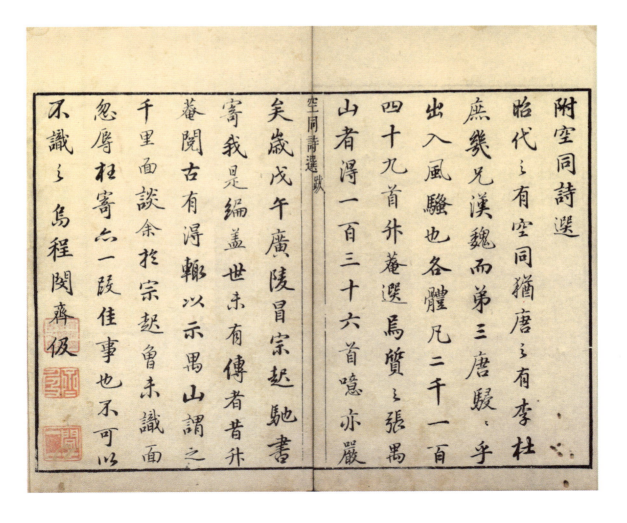

五言律十五首、五言排律二首、七言律十五首、七言絶句十三首、六言一首、五言絶句十五首。明嘉靖二十二年（1543），由張含（字禺山）百花書舍刊刻流傳。

閔齊伋，字寓五，烏程（今浙江湖州）人，是明代著名刻書家。明萬曆四十六年（1618）忽得廣陵冒起宗（字宗起）寄贈《空同詩集》。他以為"蓋世未有傳者"，於是用他擅長的朱墨套印技術進行刊印。此書正文墨印，書眉楊慎批語與行間圈點皆用朱印，詩美、評深、刻精，朱墨燦然，極為可觀。

此書現存世不多，首都圖書館藏一部，卷首鈐"斗酒百篇詩"、"楊柳風梧桐月芭蕉雨梅花雪"二印。

（楊之峰）

明嘉靖刻本《壽梅集》

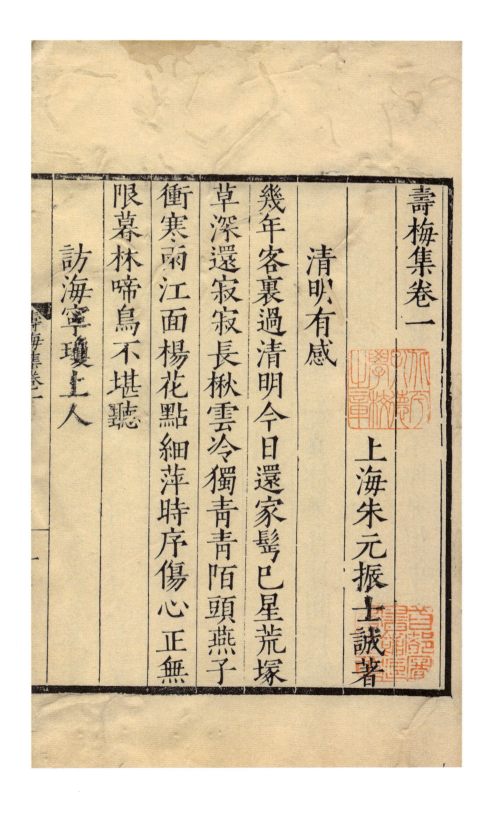

壽梅集卷一

上海朱元振士誠著

清明有感

幾年客裏過清明今日還家鬢巳星荒塚

草深還寂寂長楸雲冷獨青青陌頭燕子

衝寒雨江面楊花點細萍時序傷心正無

限幕林啼鳥不堪聽

訪海寧瓊上人

壽梅集二卷　（明）朱元振撰　明嘉靖刻本　一函一冊　第三批《國家珍貴古籍名錄》09063號

半葉八行十六字，白口，左右雙邊，單黑魚尾，框高17.9釐米，寬13.9釐米。

朱元振，字士誠，號壽梅，明宣德至天順間松江（今上海松江）人。據王兆雲《明詞林人物考》，朱姓為上海著姓，世傳經學。朱元振之父朱木，字楚材，號靜翁，以布衣召至公車，上《安邊十二策》，深見嘉納，著有《靜翁集》《靜軒行稿》。靜翁之子士誠，為清脩積學之士，生當承平極盛之際，隱居求志，外無兵戈之擾，而居有丘樊之樂，文酒燕遊，親戚情話，發為音詞，時以詩名。其後嗣搜羅訪求，於蛛絲煤尾之餘得

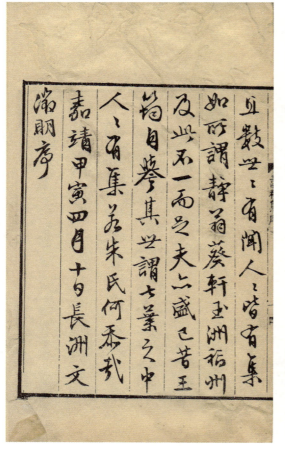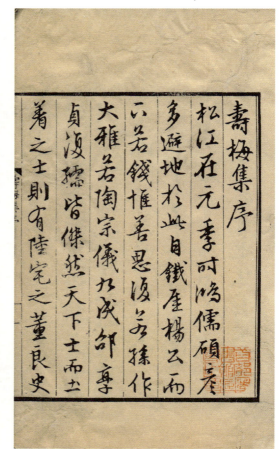

詩百篇，輯成《壽梅集》。

據卷前嘉靖甲寅（1554）長洲文徵明序，《壽梅集》為朱元振後人察卿與福州公子文再世搜訪而得。朱察卿，字邦憲，號象江，自稱醉石居士，布衣稱詩，有沈明臣所編訂之《朱邦憲集》傳世。《明詞林人物考》稱邦憲白晳飄髯，善談笑，而特好飲，任俠豪邁，隆慶、萬曆間以貴公子擅才華。明何三畏《雲間志略》卷十八有傳。邦憲父朱豹，字子文，官至福州知府，其《朱福州集》為嘉靖三十一年（1552）朱察卿所刻，《朱邦憲集》卷九有傳。《壽梅集》《朱福州集》皆賴察卿之功得以傳世，誠如文徵明所言："非察卿之賢，而有文安望其慎葺而有傳哉。"文徵明序中不僅盛贊察卿搜羅之功，亦對《壽梅集》評價甚高，認為朱元振之詩清新爾雅，緣情寫事，隨物賦形，命意鑄詞，無一長語，文辭紆回沖遠，無有籲咈，真鳴盛之作也。此本版面疏朗，紙墨俱佳，具有較高的版本價值。

鈐有"北平孔德學校之章"。

（史麗君）

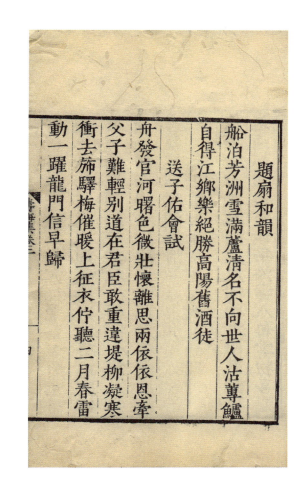

明嘉靖義陽書院刻本《何氏集》

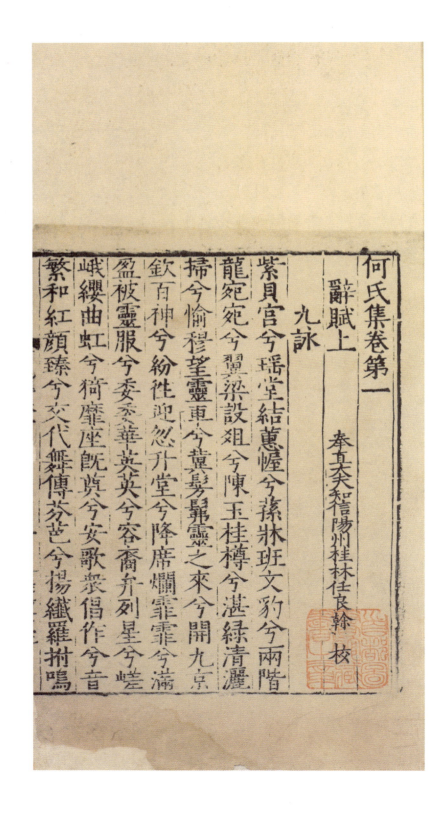

　　何氏集二十六卷　　（明）何景明撰　明嘉靖義陽書院刻本　一函八冊　第三批《國家珍貴古籍名錄》09141號

　　半葉十行二十字，白口，左右雙邊，單黑魚尾，框高16.6釐米，寬13.4釐米。

　　何景明（1483—1521），字仲默，號白坡，又號大復山人，河南信陽人。明弘治十五年（1502）進士，授中書舍人。正德初，劉瑾用事，景明謝病歸。瑾敗復職，官至陝西提學副使。景明志操耿介，尚節義、鄙榮利，與李夢陽並有國士風，為"前七子"之一。《明史》卷三百八十八有傳。

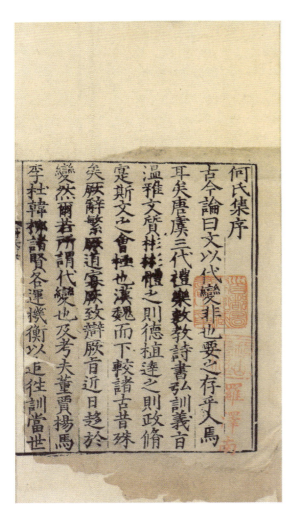

　　此書卷前有王廷相序，凡二十六卷，卷一至三為辭賦；卷四為四言古詩；卷五、六為樂府；卷七、八題"使集"，為弘治十八年（1505）奉明孝宗哀詔使滇南時作，卷九至十三為"家集"，為劉瑾柄國謝病還鄉時作，卷十四至二十為"京集"，為直內閣制敕時作，卷二十一為"秦集"，為督學關中時作，此四集皆因所官或所居地為名，所收皆為詩，分體編製；卷二十二為"內篇"，卷二十三至二十六為"外篇"，內外篇所收皆為文。四庫館臣對何景明之詩文評價頗高，稱景明於七言古體深崇四傑轉韻之格，正嘉之間，"與李夢陽俱倡為復古之學，天下翕然從之，文體一變"，"夢陽雄邁之氣與景明諧雅之音亦各有所長"。（《四庫全書總目》卷一百七十一）

　　何氏詩文集，明刻本大致有二十六卷

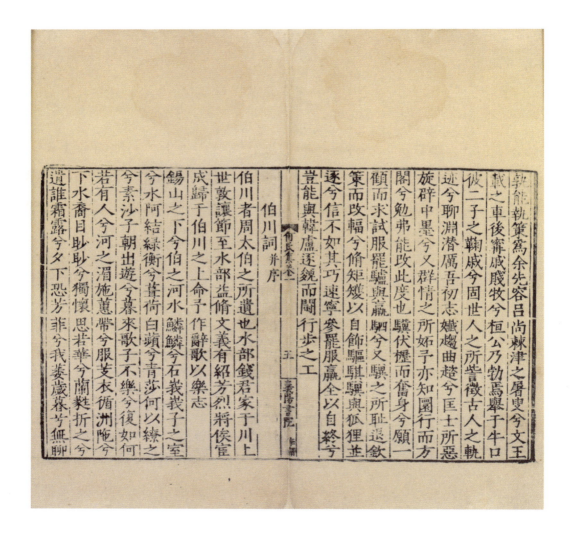

本和三十八卷本兩個系統。現存二十六卷本明代有兩刻，皆成於嘉靖年間，一為沈氏野竹齋刻本，一即此河南信陽義陽書院刊本。葉德輝《書林清話》以義陽書院刻本《何氏集》為明書院刻書之精品。此書版心下刻"義陽書院"，有刻工青、李朝、敖、先等。

鈐"羅澤南"、"鏡山書屋"等印章。

（史麗君）

明嘉靖四十四年王同道吳中刻明末補修本《夢澤集》

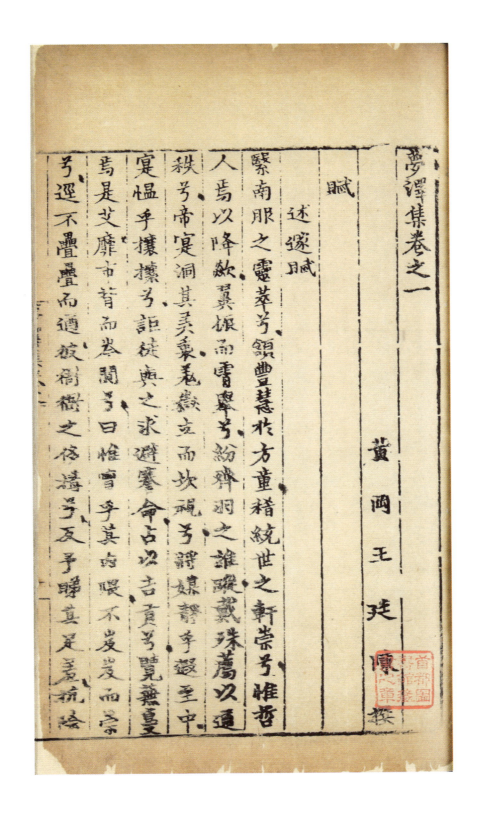

夢澤集十七卷 （明）王廷陳撰　明嘉靖四十四年（1565）王同道吳中刻明末補修本　一函六冊　第四批《國家珍貴古籍名録》10785號

半葉十行二十二字，白口，四周單邊，框高20.2釐米，寬13.1釐米。

王廷陳（1493—1550），字稚欽，黄岡（今屬湖北）人。明正德十二年（1517）進士，選庶吉士。賦《烏母謡》以刺武宗南巡，廷杖，出知裕州。恃才怨望，廢吏事，被劾歸家。屏居二十餘年，益自放縱。嘉靖十八年（1539）詔修《承天大志》，巡撫顧璘薦之。然書未稱旨，僅賜銀幣歸。《明史》卷二百八十六文苑有傳。

王廷陳少年高第，負才使性，放廢終身，然文名重於當時。四庫館臣言“其詩意警語圓，軒然出俗，則不得不稱為一時之秀”（《四庫全書總目》卷一百七十二）。朱彝尊亦謂其“逸藻波騰，雕文霞蔚，音高秋竹，色豔春蘭，樂府、古詩既多精詣，五言、近體亦是長城，固已邁後凌前，足稱才子”（《靜志居詩話》卷十一）。

此本《夢澤集》十七卷，含賦一卷、詩十卷、文六卷。卷首有嘉靖四十四年（1565）皇甫汸序，稱贊：“是集也，樂府、古詩，潘陸齊軌，下擬陰何；五七言律，沈杜以肩，備之盧駱；文傲《左氏》《國語》，而兼驂班馬；書類東京尺牘，而雄視崔蔡，足以不朽矣。"

　　據皇甫汸序文所言，《夢澤集》"舊刻於家塾，季弟雲澤君王廷瞻刻於淮陽，侄三湘君同道又刻於吳中，而吳板益精矣"。由是可知，《夢澤集》流行於世的版本，先有嘉靖四十一年（1562）王廷瞻刻本，後有嘉靖四十四年王同道吳中刻本，二者皆為十七卷本。此後又有二十三卷本，從內容上增補了拾遺一卷和附錄五卷，今存萬曆十八年（1590）王追伊刻三十年（1602）王追淳增修本。

　　首都圖書館所藏《夢澤集》為嘉靖四十四年王同道刻本，個別葉經明末補修，有刻工唐林、黃周賢等。佚名圈點、批校。鈐"北平孔德學校之章"。

（王玥琳）

明嘉靖二十四年刻三十一年張鐸續刻本
《胡蒙谿詩集》《文集》《胡蒙谿續集》

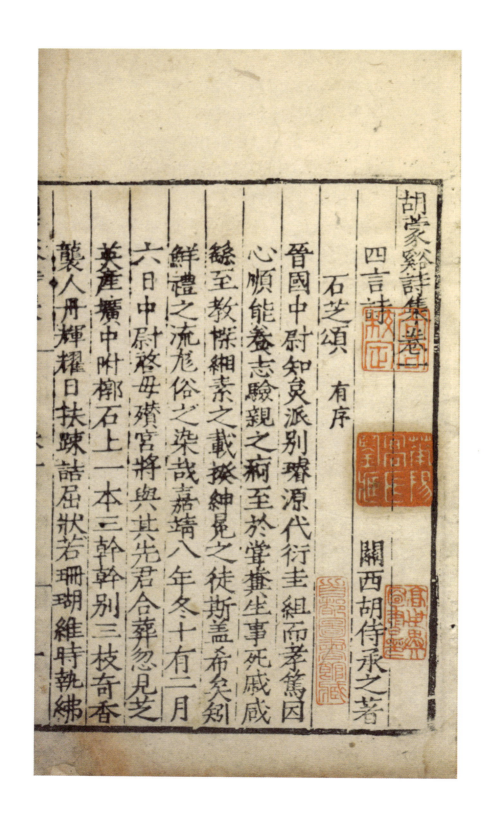

胡蒙谿詩集卷□

四言詩

石芝頌　有序

關西胡侍承之著

晉國中尉知炅派別璚源代衍圭組而孝篤因
心順能養志驗親之病至於堂葦坐事死戚咸
縊至教憀細素之載援紳晁之徒斯盖希矣刻
鮮禮之流尨俗之染哉嘉靖八年冬十有二月
六日中尉啓母殯宮將與其先君合葬忽見芝
英產擴中附槨石上一本三幹幹別三枝奇香
襲人丹輝耀日扶踈詰屈狀若珊瑚維時執紼

胡蒙谿詩集十一卷文集四卷胡蒙谿續集六卷　　（明）胡侍撰　明嘉靖二十四年（1545）刻三十一年（1552）張鐸續刻本　一函四冊　第三批《國家珍貴古籍名録》09186號

半葉十行二十字，白口，四周單邊，框高19.2釐米，寬13.6釐米。

胡侍（1492—1553），字承之，號蒙谿，陝西咸寧（今屬陝西西安）人。明正德十二年（1517）進士，官至鴻臚寺少卿。嘉靖初，以劾張璁、桂萼觸帝怒，謫潞州同知。後被斥爲民。侍"詩文簡潔清愨，自成家束"（《皇明詞林人物考》卷六），除本詩文集，尚有《墅談》《真珠船》等作品傳世，涉及詞曲、音韻、經史、時事等方面。

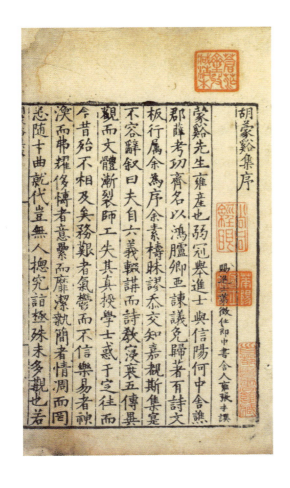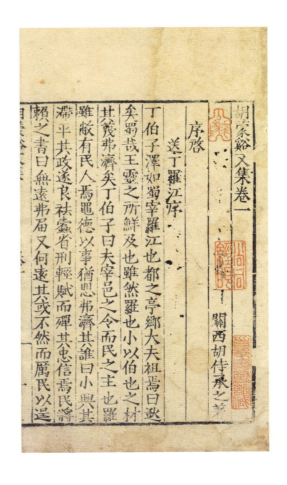

《明史》卷一百九十一有傳。

胡侍詩文受李夢陽等人的影響，崇尚復古。在刑部任上，與部僚張治道、薛蕙、劉儲秀約為詩會，並以詩名都下，都下稱「西翰林」（參考《本朝分省人物考》卷一百四）。張才《胡蒙谿集序》云其「學不泥往，力振古風；文不附時，盡削凡品」，「與信陽何中舍（編者按：何景明）、譙郡薛考功（編者按：薛蕙）齊名」。本書收錄胡侍平生所作詩文多篇，較為全面地反映了其詩文思想和成就。全書無目，詩文以體分卷，如詩分四言詩、六言絕句，文分序啓、墓誌等。

《四庫全書總目》載《真珠船》八卷、《墅談》六卷，未及此集，當由未見。《千頃堂書目》所載胡侍《蒙谿集》十一卷，又《續集》五卷，尚非最後定本。本書有文集四卷、續集六卷，顯在續集五卷本之後，《蒙谿集》當以此本為足本（參考王重民《中國善本書提要》）。本館所藏有嘉靖二十五年（1546）張才序，嘉靖三十一年（1552）孔天胤、張鐸序。對比王重民所錄，惜缺嘉靖二十四年（1545）序言（吳孟祺撰）一篇、附錄（許宗魯撰胡侍墓誌銘）一篇。

鈐有「華陽國士藏書」、「尚同經眼」、「蒼茫齋收藏精本」、「高世異圖書印」、「華陽高氏鑒藏」、「尚同校定」、「華陽國士」、「蒼茫齋高氏藏書記」、「品藻詩文」等印。

（楊曉煒）

明嘉靖八年刻本《林屋集》

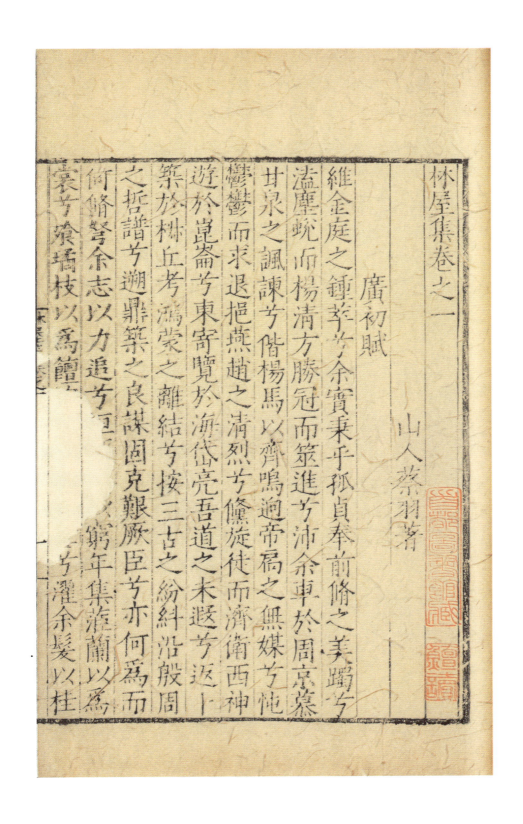

林屋集卷之一

山人蔡羽著

廣初賦

維金庭之鍾萃兮余實秉乎孤貞奉前脩之美躅兮
溢塵蜕而楊清方勝冠而簪進兮沛余車於周京慕
甘泉之諷諫兮偕楊馬以齊鳴遹帝鬲之無媒兮怅
鬱鬱而求退扡燕趙之清烈兮儵旋徒而濟衛西神
遊於崑崙兮東寄覽於海岱亮吾道之未遜兮返十
築於林丘考鴻蒙之離結兮按三古之紛紆沿殷周
之哲譜兮遡罪築之良謀固克艱厥臣兮亦何爲而
何脩弩余志以力追兮□□窮年集滋蘭以爲
裳兮殄嶠枝以爲韡□□□兮濯余髮以桂

林屋集二十卷　（明）蔡羽撰　明嘉靖八年（1529）刻本（卷十八至二十抄配）

一函八冊　第二批《國家珍貴古籍名録》06053號

半葉十二行二十字，白口，左右雙邊，單黑魚尾，框高18.1釐米，寬13.4釐米。

蔡羽（？—1541），字九逵，號林屋山人，又稱左虛子，蘇州府吳縣（今江蘇吳縣）人。世居洞庭西山。少孤，母授之書。年十二，操筆有奇氣。惜鄉試十四次皆落第，晚年由太學生授南京翰林孔目。事蹟附載《明史·文苑傳》文徵明傳中。錢謙益《列朝詩集小傳》丙集云，蔡羽"自視甚高，自信甚篤。爲文法先秦兩漢，《洞庭》諸記，欲與子厚爭長。其隱然自負之意，殆不肯以瓣香屬某氏"。又云："早歲詩，微尚纖縟，既而滌除靡曼，一歸雅馴，晚更沈著，時出奇麗，見者謂雖李長吉不過，則大悔恨，曰：'吾詩求出魏晉，今乃爲李賀耶？'其高自標表，不肯屈抑如此。"著有《林屋集》二十卷、《南館集》十三卷、《太藪外史》一卷。

《林屋集》包括詩、文各十卷，"有詩賦八百首，文幾二百首"（蔡羽《林屋山人自序》），可反映蔡羽創作概貌。傅增湘曰："平心論之，九逵爲文力求矯俗，而體薄氣屏，《洞庭》諸記，稱為傑構，然較之柳州，尚遠不逮。詩筆沖雅，體格秀整，王弇州評其詩為灌莽中薔薇，汀際小鳥，亦許其嫣然有致。陳松山前輩《明詩紀事》言'採掇菁華，亦是六朝人佳制'，其論似為得之。"（《藏園群書題記》卷十七）

　　此本《林屋集》為明嘉靖八年刻本。據蔡羽自序，可知"為友人所刻"；然傅增湘《藏園群書題記》引述嘉靖二十八年（1549）蔡氏門人陳宏策為《南館集》所作跋文，則云《林屋集》為門人所刻行。本書卷十八至二十係抄配。

　　本書鈐有"仲魚"、"鱣讀"、"北平孔德學校之章"等印。

（王玥琳）

明隆慶五年邵廉刻本《遵巖先生文集》

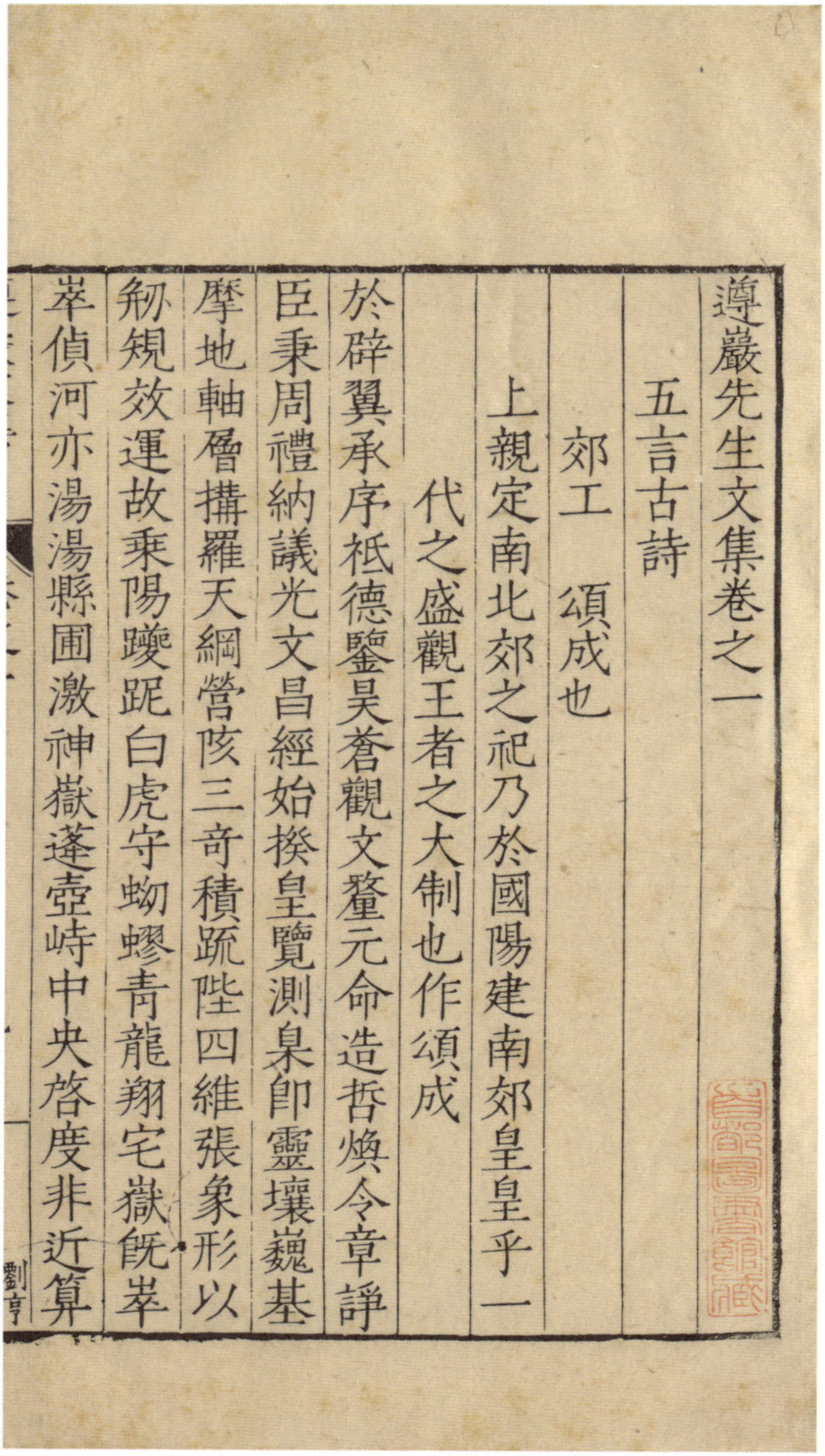

遵巖先生文集卷之一

五言古詩

郊工 頌成也

上親定南北郊之祀乃於國陽建南郊皇皇乎一

代之盛觀王者之大制也作頌成

於辟翼承序祗德鑒昊蒼觀文鼇元命造哲煥令章諍

臣秉周禮納議光文昌經始揆皇覽測臬卽靈壤巍基

摩地軸層摝羅天綱營侅三奇積踈陛四維張象形以

刱規效運故秉陽蹻跎白虎守蚴螭青龍翔宅嶽旣峯

岸偵河亦湯湯縣圍激神嶽蓬壺峙中央晷度非近算

遵巖先生文集四十一卷　　（明）王慎中撰　明隆慶五年（1571）邵廉刻本　四函二十四冊　第二批《國家珍貴古籍名録》06069號

半葉十行二十一字，白口，四周單邊，單黑魚尾，框高20.6釐米，寬14.5釐米。

王慎中，字道思，初號南江，更號遵巖，晉江（今屬福建）人。明嘉靖五年（1526）進士，授戶部主事。在職與四方名士講習，學大進。詔簡部郎為翰林，衆首擬慎中。大學士張璁欲見之，固辭不赴，乃稍移吏部郎中。後官至河南參政，因忤內閣首輔夏言落職歸。慎中盛年廢棄，後半生縱遊山水，專事文學創作。《明史》卷

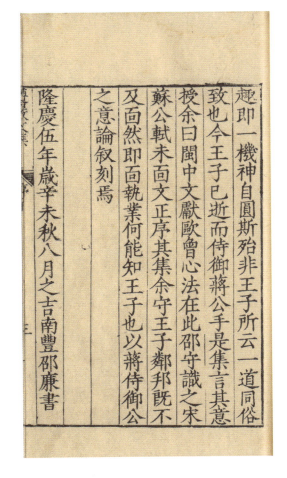

二百八十七有傳。

慎中為文，初亦高談秦漢，謂東京下無可取。已而悟歐、曾作文之法，盡焚舊作，一意師仿，尤得力於曾鞏。其古文卓然成家，與唐順之齊名，為"唐宋派"領袖人物。其詩則初尚藻艷，歸田之後，頹然自放。清代朱彝尊謂其"五古文理精密，足以嗣響顏、謝"（《靜志居詩話》卷十二）。

《遵巖先生文集》四十一卷，卷一至卷十三為各體詩歌、古樂府、詞，卷十四至卷四十一為各體文章。目録前有洪朝選撰《王遵巖文集序》、隆慶五年邵廉撰《王遵巖文集序》，書末則有嘉靖四十五年（1566）劉漆作《遵巖先生文集後序》。

慎中文集最早為嘉靖四十五年劉漆刻四十一卷本，乃其婿莊國禎、子同康所輯，由洪朝選付之劉漆刊刻行世；又有隆慶五年邵廉刻四十一卷本、同年嚴鎡刻二十五卷本。首都圖書館此本為邵廉刻本，鐫刻精良，版面疏朗悦目，版心下記刻工劉亨、王生等。

鈐有"北平孔德學校之章"。

（王玥琳）

明隆慶四年趙鴻賜玄對樓刻本《無聞堂稿》

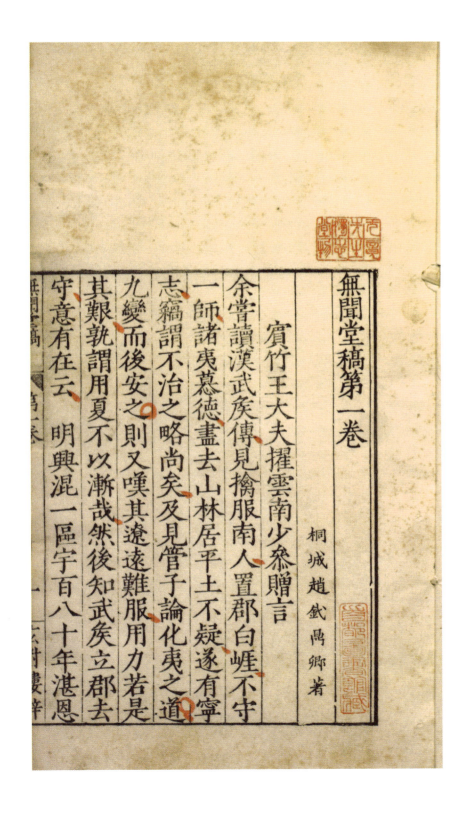

無聞堂稿十七卷　（明）趙釴撰　**附録一卷**　明隆慶四年（1570）趙鴻賜玄對樓刻本　紀昀批　二函十册　第三批《國家珍貴古籍名録》09226號

半葉九行十八字，白口，左右雙邊，單黑魚尾，框高18.6釐米，寬13.6釐米。

趙釴，字子舉，一字鼎卿，又字柱野，別號鸒林子，桐城（今安徽安慶）人。生卒年不詳。嘉靖二十三年（1544）進士，授刑部主事，擢禮科給事中，轉吏科，遷南太僕寺少卿，再晉右僉都御史，巡撫貴州。釴博覽群書，文詞典麗，與陸樹聲、余文獻、朱曰藩號稱"嘉靖四杰"。晚年歸里，徜徉於龍眠山水間，在龍眠寶山、鳳形等地留有多處石刻題字，筆畫飄逸，瀟灑自如。著有《古今原始》《無聞堂稿》《鸒林子》等書。

該書十七卷，集趙釴生平所作詩、文多篇。其中，卷一至二為贈言；卷三至四為賀言、壽言；卷五為記；卷六為題、引言、墓誌銘、碑、傳、語、說等；卷七為祭文；卷八至九為奏疏；卷十至十一為書信；卷十二為賦；卷十三至十七為詩。另有附録一卷，存盛汝謙作《明故中憲大夫都察院右僉都御史柱野趙公行狀》、趙鴻賜作《先考中丞公無聞堂稿首言》、林樹聲作《明故中憲大夫都察院右僉都御史柱野趙公墓誌銘》及史桂芳作《明故僉都御史趙公墓表》等。《四庫全書總目》稱："釴學出姚江，主良知之說。文頗磊落自喜，而亦微近七子之派。"（《四庫全書總目》卷一百七十七）

　　此本為明隆慶四年（1570）玄對樓刻本，前有隆慶六年（1572）羅汝芳撰《無聞堂稿序》。版心下刻"玄對樓梓"，卷末題"不肖孤鴻賜梓藏玄對樓中"。趙鴻賜，字承先，趙釴長子，好讀書，以學名，世稱枞江先生。該書即為其所編，此本係趙氏家刻。家刻之書，多為傳世而非逐利，故校刻刊印多甚精審，素為學界推崇。此本既為家刻，又係初刊，更爲難得。

　　此本有紀昀朱筆批點。紀昀（1724—1805），字曉嵐，一字春帆，晚號石雲，清代著名學者。於藏書、目錄、詩文等多個領域皆有成就。曾主持編修《四庫全書》，為有清一代知名才子。文中批點，或言編次有法，或曰文之深意，又或是有感而發，不一而足，雖寥寥數語，亦頗有益於後人閱讀，具有很高的文獻和版本價值。

　　該書鈐有"高苑張書船家藏圖書"、"無竟先生獨志堂物"等印記。

（郭芳）

明嘉靖三十九年林朝聘、黄中等刻本《宗子相集》

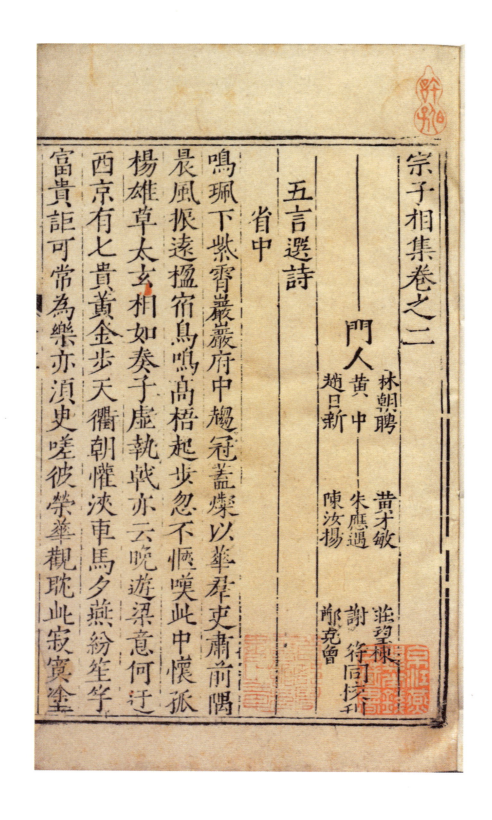

宗子相集八卷　　（明）宗臣撰　明嘉靖三十九年（1560）林朝聘、黄中等刻本　一函十册　第三批《國家珍貴古籍名録》09230號

半葉十行二十字，白口，四周雙邊，單黑魚尾，框高19.6釐米，寬13.9釐米。

宗臣（1525—1560），字子相，號方城，揚州興化（今屬江蘇）人。明嘉靖二十九年（1550）進士，授刑部主事，移吏部文選司，進稽勳司員外郎。忤權臣嚴嵩，出為福建參政。遷提學副使，曾率衆抗擊倭寇，卒於官。擅詩文，其詩跌宕俊逸，頗能取法青蓮，為“後七子”之一。《明史》卷三百八十八有傳。

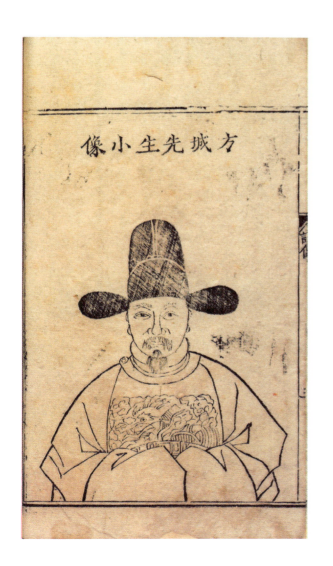

是書卷前有嘉靖三十九年樊獻科序。卷端題“門人林朝聘、黄中、趙日新、黄才敏、朱應遇、陳汝揚、莊望棟、謝符、鄭克曾同校刊”。正文凡八卷，卷一至四皆為詩，分體編排，卷五、六為序跋碑記等，卷七、八為書劄。據樊序云，子相歿後，“門人輩哀子相所遺詩文，類次成集，不惟子相之才名足稱千古，而慷慨特達之氣、忠義廉政之操又可概見”。又卷末小字刻有：“查得書部内數葉字句多訛，因在閩中倉卒謄刻，未經對校，且原稿門生收去，無從改正，恐訛以傳訛，因削之，謹告。”據此，可知此本當為子相歿時其門生在閩中所刻。書中多有墨釘，蓋削改之處。《四庫全書總目》對

宗臣詩文評價甚高，稱其“天才婉秀，吐屬風流”，“其《西門》《西征》諸記，指陳時弊，反覆詳明。蓋臣官閩中時，禦倭具有方略，故言之親切如是，是又不可以文字論矣”（《四庫全書總目》卷一百七十二）。

鈐“許世章”、“京江燕翼堂錢氏藏書”印。

（史麗君）

明萬曆三十五年葉長坤刻本《縫掖集》

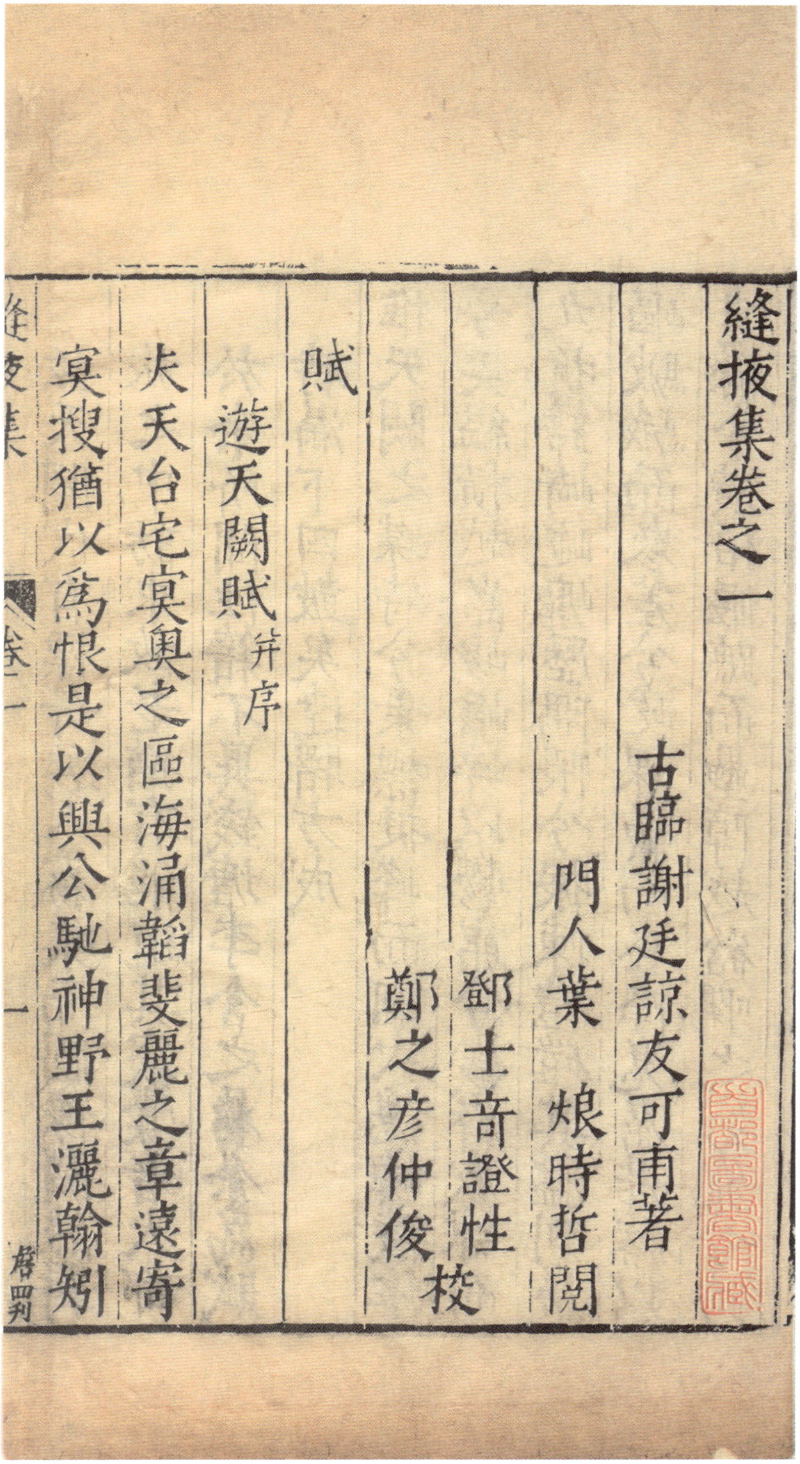

縫掖集卷之一

古臨　謝廷諒友可甫著

門人葉　烺時哲閱

鄧士奇證性

鄭之彥仲俊校

賦

遊天關賦 并序

夫天台宅寅奧之區海涌翰斐麗之章遠寄

冥搜猶以為恨是以與公馳神野王灑翰刻

縫掖集　卷一　一　磨四刊

縫掖集十八卷　　（明）謝廷諒撰　　明萬曆三十五年（1607）葉長坤刻本　　一函五冊

第三批《國家珍貴古籍名録》09251號

　　存十五卷（卷一、卷五至十八）。半葉九行十八字，白口，左右雙邊，單黑魚尾間單白魚尾，框高20.1釐米，寬14.6釐米。

　　謝廷諒，字友可，號九紫、九紫山人，江西金溪人。明萬曆二十三年（1595）進士，授南京刑部主事，舉劾李廷機、王錫爵等人奸佞弊政，出為順慶（治今四川南充）知府，因性疏放簡淡，不能迎合時流，棄官歸。工詩善文，詩文沉博蘊藉，有魏晉六朝之遺風，與弟廷贊名盛一時，人稱"江西二謝"。亦能戲曲，與湯顯祖並幟詞壇，時有"湯謝"之稱。著有《清暉館集》《薄遊草》《千金堤志》《起東草》《紈扇記》等。《明史》卷二百三十三有傳。

　　縫掖，亦稱逢掖，《禮記·儒行》載："（孔）丘少居魯，衣逢掖之衣，長居宋，冠章甫之冠。"後世遂以此為儒生代稱。卷前鄭懷魁萬曆三十五年《謝友可逢掖集序》曰："江湖左右，吳楚東南，足跡所經，藻翰殊廣，待赴攀鱗之會，都為逢掖之篇，豈非以其服也"，可見此集得名之由來。是集所收詩文多為謝廷諒萬曆二十三年出仕之前所作。鄭序以下依次還有萬曆十七年（1589）吳道南《謝友可蜷局編序》、萬曆十六年（1588）陳文燭《清暉館集序》、萬曆二十四年（1596）吳用先《驚雀編序》、萬曆十年（1582）

饒崙《刻九紫一斑序》、萬曆十九年（1591）李時英《謝友可芝英簡撰序》、萬曆八年（1580）湯顯祖《明馨協薦録序》、萬曆十五年（1587）梁山古《刻謝友可宣慈集序》、宗曾甫《九紫一斑序》、萬曆三十年（1602）佘翔《重儷編序》、萬曆十一年（1583）曾如海《刻謝友可雲斗編序》。序中所提《蜷局編》《驚雀編》《九紫一斑》等書今皆未見。

據鄭序載，"平昌高弟，葉子長坤，授彼梓材，攜兹鼓篋。因識其首簡，播之大都"，可知此書為葉長坤刻本，有典型的明末刻書風格。偶記刻工，如卷一首葉之"詹四刊"、卷十五第五葉之"傅"等。

鈐"北平孔德學校之章"。

（史麗君）

明嘉靖二十四年結綠囊刻本《名家詩法》

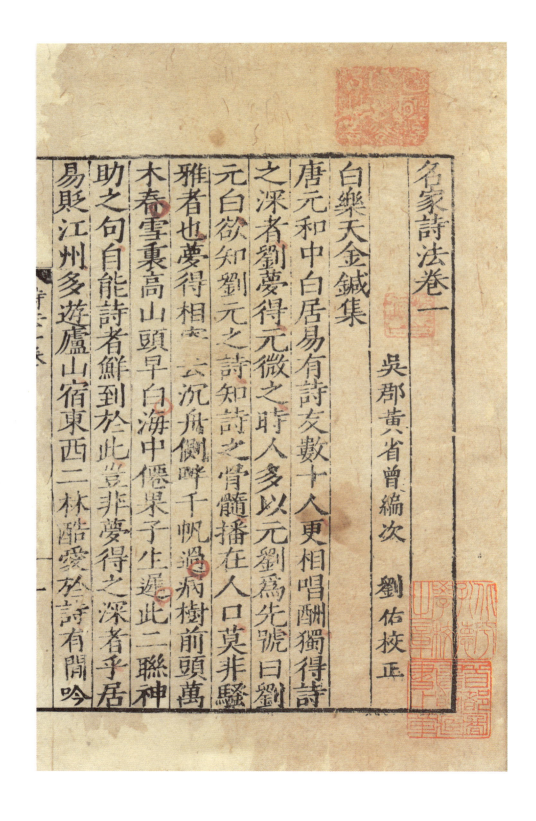

名家詩法卷一

吳郡黃八省曾編次　　劉佑校正

白樂天金鍼集

唐元和中白居易有詩友數十人更相唱酬獨得詩
之深者劉夢得元微之時人多以元劉為先號曰劉
元白欲知劉夢得元之詩知詩之骨髓播在人口莫非騷
雅者也夢得相云云沉舟側畔千帆過病樹前頭萬
木春雪裏高山頭早白海中僊果子生遲此二聯神
助之句自能詩者鮮到於此豈非夢得之深者乎居
易賦江州多遊廬山宿東西二林酷愛於詩有閒吟

名家詩法八卷　（明）黃省曾編　明嘉靖二十四年（1545）結綠囊刻本　一函二冊

第二批《國家珍貴古籍名録》06497號

半葉十行二十字，白口，四周單邊，單黑魚尾，框高19.5釐米，寬12.0釐米。

黃省曾（1490—1540），字勉之，號五嶽，明蘇州府吳縣（今江蘇吳縣）人。《明儒學案》卷二十五記其"少好古文，解通《爾雅》。為王濟之、楊君謙所知"。嘉靖十年（1531）舉人，會試累不第，從王守仁、湛若水遊，又學詩於李夢陽，以任達跅弛終其身。著有《西洋朝貢典録》三卷、《擬詩外傳》一卷、《五嶽山人集》三十八卷等。黃氏喜好藏書，藏書樓名"前山書屋"，還曾主持刊刻郭璞《山海經傳》十八卷、酈道元《水

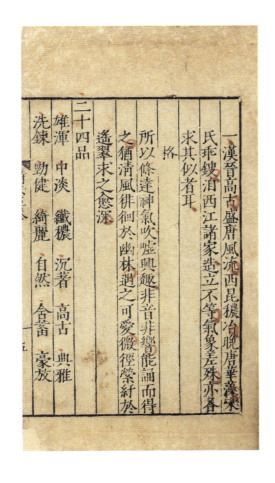
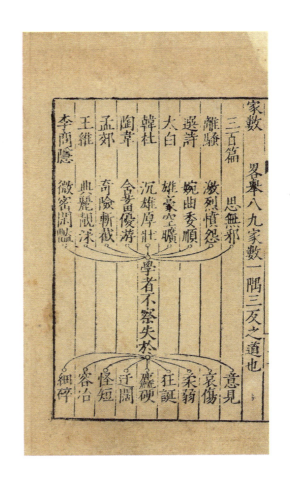

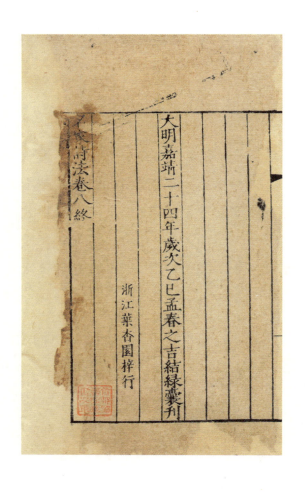

經注》四十卷、王逸《楚辭章句》十七卷等書。其生平事蹟見何喬遠《名山藏・高道記》、凌迪知《萬姓統譜》卷四十七等。

是書八卷，彙集了唐、宋、元詩學著作七種。卷一為《白樂天金鍼集》、卷二為《嚴滄浪詩體》、卷三為《范德機木天禁語》、卷四為《楊仲弘詩法》、卷五為《詩家一指》、卷六為《詩學禁臠》、卷七至八為《沙中金集》。詩法一類著作，古人有時並不編入詩文集，往往依靠彙編本流傳後世。因此在保存豐富前代詩學文獻方面，黃省曾《名家詩法》一書的價值顯得尤其珍貴。

本書前後無序跋，詳細成書經過不得而知。然明成化年間，知直隸揚州府事前監察御史楊成曾編輯校刊《詩法》一書，其中收《木天禁語》《古今詩法》《金鍼集》《詩學禁臠》《沙中金集》等，後依楊書翻刻或重編者不少，黃氏此書或源此而重新編訂成書。其後又有朱紱等人在黃省曾《名家詩法》基礎上編成《名家詩法彙編》一書，該書卷首朱紱序文曰“至我皇朝楊、王、黃氏，先後搜比諸集，勒成一家之言，題曰《名家詩法》”，此即指黃省曾《名家詩法》。

此本卷八末有刊記“大明嘉靖二十四年歲次乙巳孟春之吉結綠囊刊浙江葉杏園梓行”，故是書版本定為嘉靖二十四年結綠囊刻本。這也是該書的最早刊本，傳世較為稀見。

書中有佚名朱筆、墨筆圈點。鈐有“湯振方印”、“北平孔德學校之章”等印。

（王玥琳）

明嘉靖二十九年至三十年袁氏嘉趣堂刻本
《金聲玉振集》

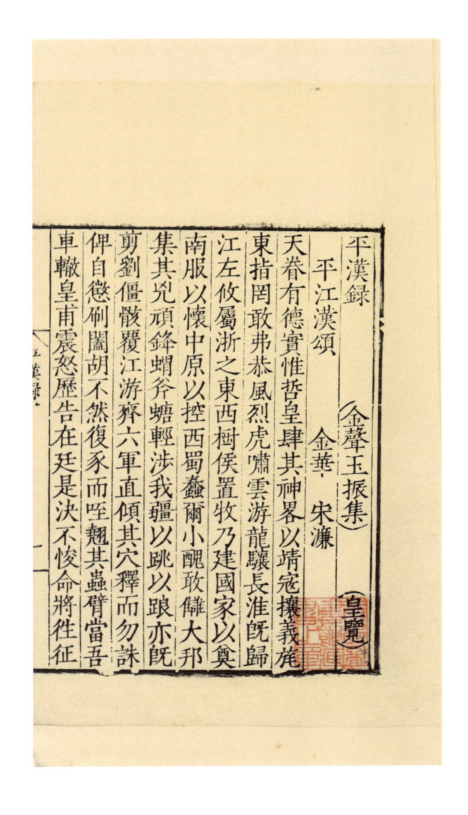

平漢錄

平江漢頌　　金華　宋濂

天眷有德實惟哲皇肆其神畧以靖寇攘義旄
東指罔敢弗恭風烈虎嘯雲游龍驤長淮既歸
江左攸屬浙之東西樹侯置牧乃建國家以奠
南服以懷中原以控西蜀蠢爾小醜敢犲大邦
集其兇頑鋒蝟斧螗輕涉我疆以跳以踉亦既
剪劉僵骸覆江游羿六軍直傾其穴釋而勿誅
俾自懲刷闔胡不然復豕而哇翹其蟲臂當吾
車轍皇甫震怒歷告在廷是決不悛命將徂征

〔金聲玉振集〕

〔皇覽〕

玉篇錄一

金聲玉振集六十三卷　（明）袁褧編　明嘉靖二十九至三十年（1550—1551）袁氏嘉趣堂刻本　六函三十二册　第二批《國家珍貴古籍名録》05014號

半葉十行二十字，小字雙行字同，白口，左右雙邊，單綫魚尾，框高17.6釐米，寬12.9釐米。

袁褧（1495—1573），字尚之，號謝湖，別號中皋子、謝湖居士，明蘇州府吳縣（今江蘇蘇州）人，諸生。工詩善畫，書法俊邁，宗法米芾，與文徵明齊名。好藏書，嘗以所藏宋刻善本摹刻行世。其藏書樓、刻書處名"嘉趣堂"、"石磐齋"、"兩庚草堂"、"昌安堂"、"玉韻齋"等，以藏書衆多、刻書精審著稱。著有《奉天刑賞録》《田舍集》《遊都三稿》《譜系八述》。

"金聲玉振"典出《孟子·萬章下》，原意指孔子德行兼備，集古聖先賢思想之大成。袁褧以"金聲玉振"為叢編之名，其意在比喻該書搜羅珍本佳作，彙為叢刊，集史料與學術之大成。《金聲玉振集》按皇覽、征討、紀亂、組繡、紀變、考文、叢聚、水衡、邊防、撰述等十類編就，共五十種六十三卷。所收各書之後間有作者撰寫的後記。如《呂梁洪志》後記曰："馮子所撰凡八篇，余採其六篇付刻之，取重要也。"《海道經》後記云："右《海道經》兩見刻本俱至此，因以則例、供祀二碑有關運事附刻末簡，庶有所考焉。"《國初事蹟》後有記"嘉靖乙巳春三月四日吳袁生裝偶記"等等。

首都圖書館藏《金聲玉振集》為明嘉靖二十九至三十年袁氏嘉趣堂刻本，於《奉天刑賞錄》書後有木記"嘉趣堂雕"。其書卷內書題，書名在上，《金聲玉振集》總名在下，猶有古意。有刻工李宗信、劉時美等。該書內容廣泛，是明代政治、經濟、軍事以及學術研究方面的資料輯錄，同時又有揀選和補缺，具有重要的史料和學術研究價值。

（牛小燕）

明末刻本《海隅集》

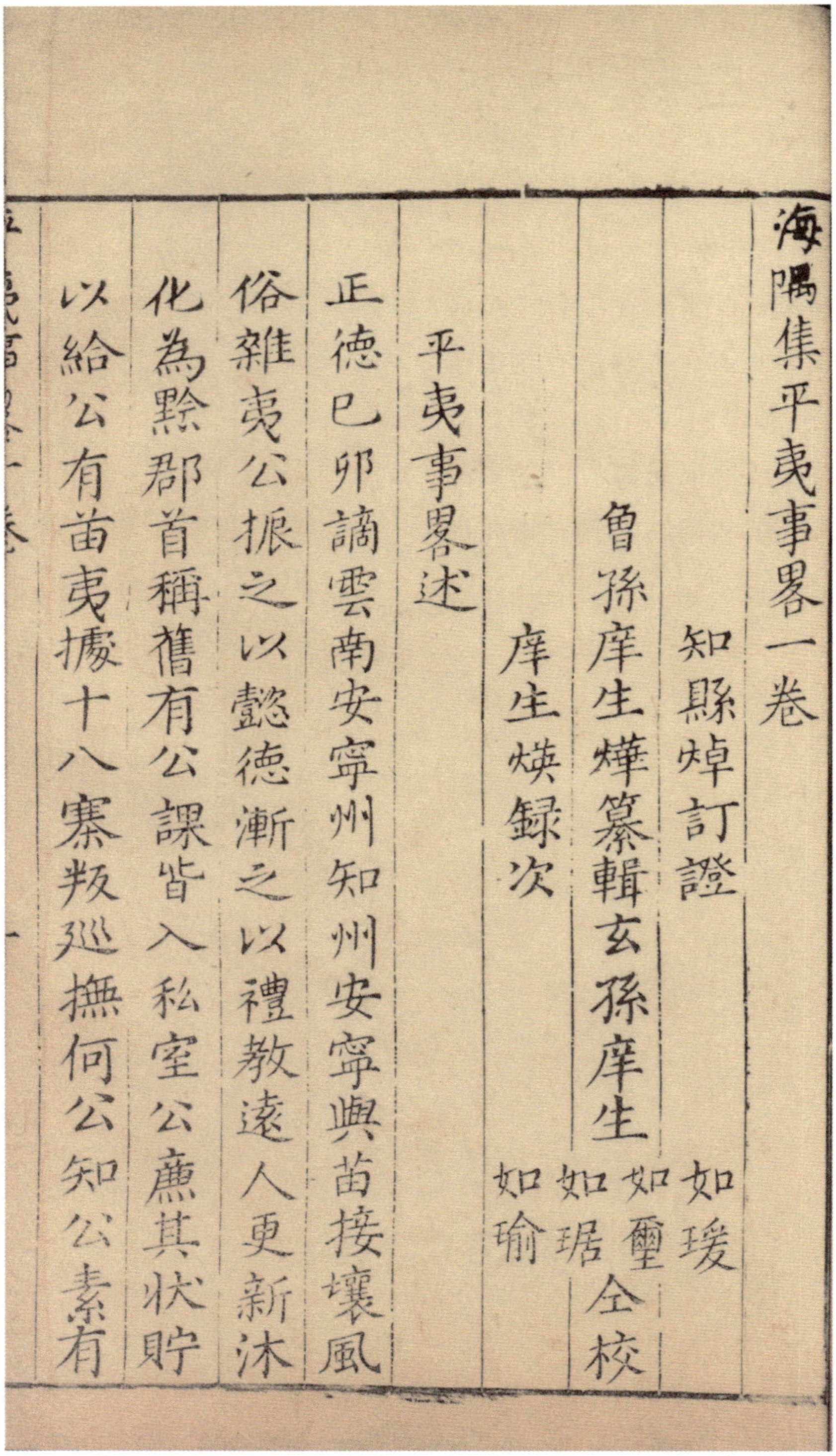

海隅集平夷事畧一卷

知縣焯訂證

魯孫庠生燁纂輯玄孫庠生

庠生煥錄次

如瑗
如璽全校
如琚
如瑜

平夷事畧述

正德巳卯謫雲南安寧州知州安寧與苗接壤風

俗雜夷公振之以懿德漸之以禮教遠人更新沐

化為黔郡首稱舊有公課皆入私室公廉其狀貯

以給公有苗夷據十八寨叛巡撫何公知公素有

海隅集四種九卷 （明）毛燨撰並編　明末刻本　一函三冊　第四批《國家珍貴古籍名録》10554號

半葉九行二十字，白口，四周單邊，框高21.9釐米，寬14.6釐米。

《海隅集》為毛燨曾祖毛思義所遺，乃未成之書，又經年未理，文稿殘闕，遺而弗備，燨廣搜諸公贈言補而續之，遂成是集。毛思義，字繼賢，號海隅，山東陽信（今屬山東濱州）人。弘治十五年（1505）進士。初授戶部主事，正德末年出知直隸永平府，以忤江彬，被讒下獄，謫雲南安寧知州。嘉靖中累遷至副都御史，巡撫應天諸府。卒年六十七。《明史》卷二百五十七有傳。

　　此書內分四目：《永平公案》二卷、《平夷事畧》一卷、《小藁》四卷、《贈章》二卷。前二者記毛思義居官時的主要事蹟。《永平公案》述其知永平府事。正德十三年（1518）駕幸昌平，宦者隨路刷選婦女以充進奉。思義下令：大喪未舉，車駕必不遠出，敢稱駕至擾民者，即治以法。此告示竟招致佞臣江彬之黨誣陷。帝怒而立逮之，繼而謫雲南安寧知州。書中除自述記事外，另附與事件相關的奏疏、詔旨等公文，及友人送行詩文等。《平夷事畧》述毛氏入安寧後，以其才略平息苗夷叛亂以及赴各地剿賊之事，並錄同僚間往來書信、賀功詩詞等。《小藁》為毛思義的詩文集，收其為友人所撰

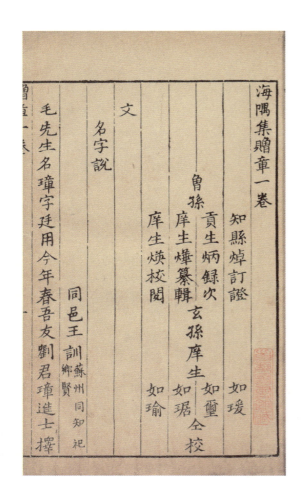

寫的贈序、墓誌、祭文、詩篇等。《贈章》乃錄同世諸名公贈言，包括詩、文、書等。玄孫毛燁續補此書，一為廣其祖傳，一為“以資考訂，要之野史紀事，或以補正史之闕”（毛燁《海隅集永平公案序》）。書中提供了更多的原始資料，不僅可與史載互證亦可補其不備，使得人們能從諸多角度去了解事情的原委，對研究歷史人物和史實有重要的參考價值。

　　明清以降，主要的公私書目中未見錄有《海隅集》一書，又經查《中國古籍善本書目》和國內各圖書館古籍目錄，均未覓及。由此觀之，是集存世稀少，目前僅見首都圖書館有藏，雖不敢斷言為海內孤本，然實屬稀見典籍，至珍至貴。

　　此書鈐有“北平孔德學校之章”。

（李晶瑩）

清抄本《祁氏家傳外科大羅》

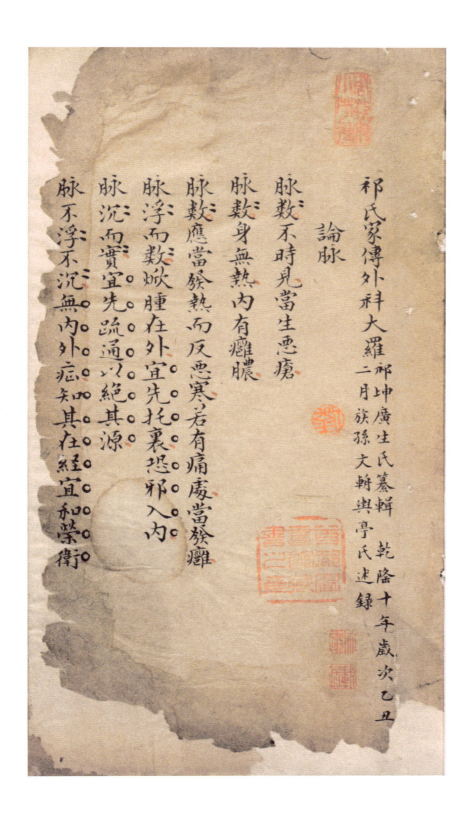

祁氏家傳外科大羅 祁坤廣生氏纂輯 乾隆十年歲次乙丑
二月族孫文輔與亭氏述錄

論脉

脉數不時見當生惡瘡

脉數身無熱內有癰膿

脉數應當發熱而反惡寒若有痛處當發癰

脉浮而數燉腫在外宜先托裏恐邪入內

脉沉而實宜先疏通以絕其源

脉不浮不沉無內外疝知其在經宜和榮衛

祁氏家傳外科大羅不分卷　（清）祁坤輯　（清）祁文翰述録　清抄本　一函二册
第三批《國家珍貴古籍名録》08406號

半葉八行二十四字，小字雙行字同，有眉批，行字數不等，開本高24.5釐米，寬14.8
釐米。

祁坤，字廣生，號愧庵、生陽子，山陰（今浙江紹興）人。明清間著名醫學家，康
熙初官太醫院院判。祁氏自幼業儒，然學業未竟而其父早歿，遂棄儒學醫，以"不為良
相，則為良醫，治生即治世"自勉，奮志攻苦，終成一代外科聖手。

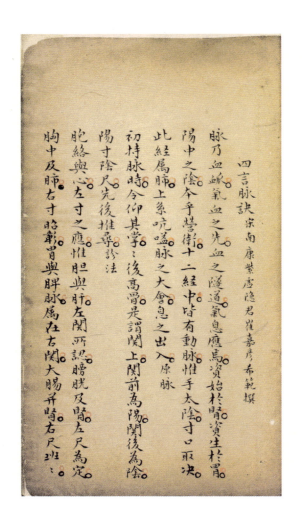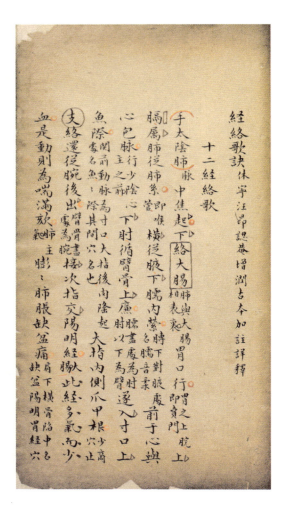

祁氏在研讀古代醫經時注意到，“大約內科一門，前賢之論述似詳且盡。而外科諸書，或博而寡要，或隱而未備，鶴長鳧短，豕腹龍頭”，於是在其入侍內廷期間，將“今所不經見之異症，古所不必有之奇方，驅一己匠心，變通於前輩之遺意，日積月累，僭為考訂，彙成一書”，著成《外科大成》四卷傳世（祁坤《外科大成自序》）。

《祁氏家傳外科大羅》一書內容雜駁，包含三個部分：其一，為《外科大成‧總論部》之癰疽之脈、癰疽之源、癰疽之別、內消內托法等章；其二，為南宋名醫崔嘉彥所撰《四言脈訣》一篇；其三，為明清間名醫汪昂所撰《經絡歌訣》《奇經八脈》兩篇。三部分論述大旨與原作皆同，惟篇名、字句、內容多寡則有所差異。

本書卷端首題“祁坤廣生氏纂輯　乾隆十年歲次乙丑二月族孫文韡興亭氏述錄”，又有“文韡”私印，可知為祁氏抄校。祁文韡，字興亭，乾隆間人，為祁坤族孫，行狀失考。此本與乾隆八年（1743）刊刻之《外科大成》時間相距不遠，而兩書內容又有不少差異，因此具有較高的史料及版本校勘價值。

本書書眉有朱墨兩色批文，行間亦有朱墨圈點。卷端鈐有“劉”、“周養庵小市得”等印記。

（張昊）

凱宴成功諸將士

凱宴成功諸
將士得詩八
章

室凌煙像移 窀諭敍先將 出芳嘉魚藏
車諭紙先將 我歌靈夏出 禮花昇平凱
沿溪烟像移 兄不期誰將 宜波池墙閣
　　　　　 塾香壽真今 疆掃迎誠資
　　　　　 銜垂蜻延喜 眾助順成功
　　　　　 偲楝偹時乘 統楨績林し
　　　　　 園幕高張荷 天策緒林し
　　　　　 西心勤乃心 恩子厚詢芳
　　　　　 兵情者郵憂 惟云不香生
　　　　　 禁吸廝昌技 一命未前宇
　　　　　 陳克樂任任 坐袛覽囘照
　　　　　 延排伯克也 惡風和春未
　　　　　 水湧命預結 越袛試看
　　　　　 詎數流鵠曲 省主甘程
　　　　　 偃伯書臺上 省獎庸備程
　　　　　 　　　　　 凉風和春看

417

清乾隆內府銅版印本《平定伊犁回部戰圖》

平定伊犁回部戰圖十六幅 （意大利）郎世寧等繪 （清）高宗弘曆題詩 清乾隆內府銅版印本 一冊 第三批《國家珍貴古籍名錄》08463號

每圖幅高55.4釐米，寬90.8釐米。

《平定伊犁回部戰圖》，又稱《平定準噶爾回部得勝圖》《平定西域戰圖》，是由乾隆皇帝敕令繪圖印製的一組戰圖。圖中描繪乾隆二十至二十四年（1755—1759）清軍平定厄魯特蒙古準噶爾部達瓦齊、阿睦爾撒納及天山南路回部維吾爾族大小和卓木叛亂的戰爭場景，再現了其中重要戰役及勞軍、凱宴等場面。

此圖十六幅畫稿由當時在清宮供職的歐洲傳教士繪製，繪者包括郎世寧（Giuseppe Castiglione，1688—1766，意大利人）、王致誠（Jean Denis Attiret，1702—1768，法國人），艾啓蒙（Jgnatius Sickeltart，1708—1780，波西米亞人）等人。圖稿經乾隆帝審定後，送往法國巴黎製版印刷。法國人波勒佛（B.L.Prevost）、羅巴（J.P.Le Bas）、阿里阿梅（J.Aliamet）等製版，法國繪畫和雕刻科學院的科欣主持，印刷專家博韋負責印製。這組戰圖共印二百部，至乾隆四十年（1775）完成。之後二百部銅版戰圖、圖稿及銅版全部分批運回中國。銅版初藏於中南海紫光閣，後被掠往歐洲，現藏於德國國立柏林民俗博物館。

總領繪事的郎世寧於康熙五十四年（1715）以傳教士身份來華，其畫技卓越，頗得康熙帝重用，曾受命參與圓明園西洋樓設計。遺憾的是，當這套銅版戰圖印製完畢從法國運回中國時，郎世寧和王致誠都已先後病故，二人均未能見到戰圖印竣。

銅版畫起源於15世紀的歐洲，也稱 "銅刻版畫"、"蝕刻版畫"，製版時在銅版上用腐蝕液腐蝕或直接用針或刀刻製而成凹版版面，再將油墨或顏料擦壓在凹陷部分，將專用紙張覆於版面壓印，墨色吸附於紙面上，形成版畫。銅版畫與中國傳統木刻版畫製作多有不同之處，更適於表現宏大的戰爭場面。

《平定伊犁回部戰圖》採用全景式構圖，場面遼闊，結構繁複，人物衆多，刻畫入微，極具立體感。畫家在運用西洋繪畫技法之外，還融入中國畫不受時空限制等手法，生動再現了平定伊犁受降、格登鄂拉斫營、鄂壘紮拉圍之戰、和落霍斯之捷、庫隴癸之

凱宴成功諸將士得詩八章

出芳嘉乗藏
宣波池墻開
禮枋昇平凱
疆掃進誠資
眾助順成功
天策績林心
思予厚論寧
下命朱前生
惟云不重日
坐祇覺迴日
越悚和春來
惡風和春末
涼奬府備程
省壬甘試看
証歎洪籌曲
水浮命預繡
筵排伯克也
陳亥兩昌技
禁吸者郷覺
妾情者郷覺
西必勃乃心
園幕高張橋
柳垂鳩延嘉
倍襖偹時樂
蟄舍壽克今
日覺武書常
先不翔誰出
我敢靈夏將
沿泙洲崖掛
軍話歌史將
室凌煙像秸
車話歌史將

417

清乾隆內府銅版印本《平定伊犁回部戰圖》

平定伊犁回部戰圖十六幅 （意大利）郎世寧等繪 （清）高宗弘曆題詩 清乾隆
內府銅版印本 一冊 第三批《國家珍貴古籍名錄》08463號

每圖幅高55.4釐米，寬90.8釐米。

《平定伊犁回部戰圖》，又稱《平定準噶爾回部得勝圖》《平定西域戰圖》，是由
乾隆皇帝敕令繪圖印製的一組戰圖。圖中描繪乾隆二十至二十四年（1755—1759）清軍平
定厄魯特蒙古準噶爾部達瓦齊、阿睦爾撒納及天山南路回部維吾爾族大小和卓木叛亂的
戰爭場景，再現了其中重要戰役及勞軍、凱宴等場面。

此圖十六幅畫稿由當時在清宮供職的歐洲傳教士繪製，繪者包括郎世寧（Giuseppe
Castiglione, 1688—1766，意大利人）、王致誠（Jean Denis Attiret， 1702—1768，法國
人），艾啓蒙（Jgnatius Sickeltart，1708—1780，波西米亞人）等人。圖稿經乾隆帝審定
後，送往法國巴黎製版印刷。法國人波勒佛（B.L.Prevost）、羅巴（J.P.Le Bas）、阿里阿
梅（J.Aliamet）等製版，法國繪畫和雕刻科學院的科欣主持，印刷專家博韋負責印製。這
組戰圖共印二百部，至乾隆四十年（1775）完成。之後二百部銅版戰圖、圖稿及銅版全
部分批運回中國。銅版初藏於中南海紫光閣，後被掠往歐洲，現藏於德國國立柏林民俗
博物館。

總領繪事的郎世寧於康熙五十四年（1715）以傳教士身份來華，其畫技卓越，頗得
康熙帝重用，曾受命參與圓明園西洋樓設計。遺憾的是，當這套銅版戰圖印製完畢從法
國運回中國時，郎世寧和王致誠都已先後病故，二人均未能見到戰圖印竣。

銅版畫起源於15世紀的歐洲，也稱 "銅刻版畫"、"蝕刻版畫"，製版時在銅版上
用腐蝕液腐蝕或直接用針或刀刻製而成凹版版面，再將油墨或顏料擦壓在凹陷部分，將
專用紙張覆於版面壓印，墨色吸附於紙面上，形成版畫。銅版畫與中國傳統木刻版畫製
作多有不同之處，更適於表現宏大的戰爭場面。

《平定伊犁回部戰圖》採用全景式構圖，場面遼闊，結構繁複，人物衆多，刻畫入
微，極具立體感。畫家在運用西洋繪畫技法之外，還融入中國畫不受時空限制等手法，
生動再現了平定伊犁受降、格登鄂拉斫營、鄂壘紮拉圖之戰、和落霍斯之捷、庫隴癸之

戰、烏什酋長獻城降、黑水圍解、呼爾滿大捷、通古思魯克之戰、霍斯庫魯克之戰、阿爾楚爾之戰、伊西洱庫爾淖爾之戰、拔達山汗納款、郊勞回部成功諸將士、平定回部獻俘、凱宴成功諸將士十六个盛大场景，前圖即为凱宴成功諸將士，圖中描繪了乾隆皇帝在中南海紫光閣為凱旋而歸的將士賜宴慶功。乾隆帝乘輿而來，衆將士跪地迎駕，畫面右後方隱約可見北海白塔。

戰圖前有乾隆三十一年（1766）御製序，後有大學士傅恒、尚書舒赫德、于敏中等人跋，圖版上方詩文為乾隆御題，並鈐朱文璽印。御題詩文和序跋均為另鑴同型木版刷印。

此戰圖歷經數百年，傳世稀見，僅存者大多收藏於海內外各博物館中。後世曾有法國、德國、日本仿刻、影印本流傳，但與原件相比都明顯遜色。

乾隆時期國力強盛，清軍多次征戰邊陲，開疆拓土，每次重要戰役得勝，都敕製戰圖，嘉慶、道光時期也依例繼之，先後共製作戰圖八組。《平定伊犁回部戰圖》是其中最早的一部，繪印最為精美，堪稱中西藝術交融的傑作，也體現了當時歐洲銅版畫印製的最高水平。這些銅版戰圖不僅是中國版畫印刷史上精美的藝術品，也是記錄中國戰爭歷史的形象史料，對研究清代軍事、繪畫、印刷等都具有重要的參考價值。

（劉乃英）

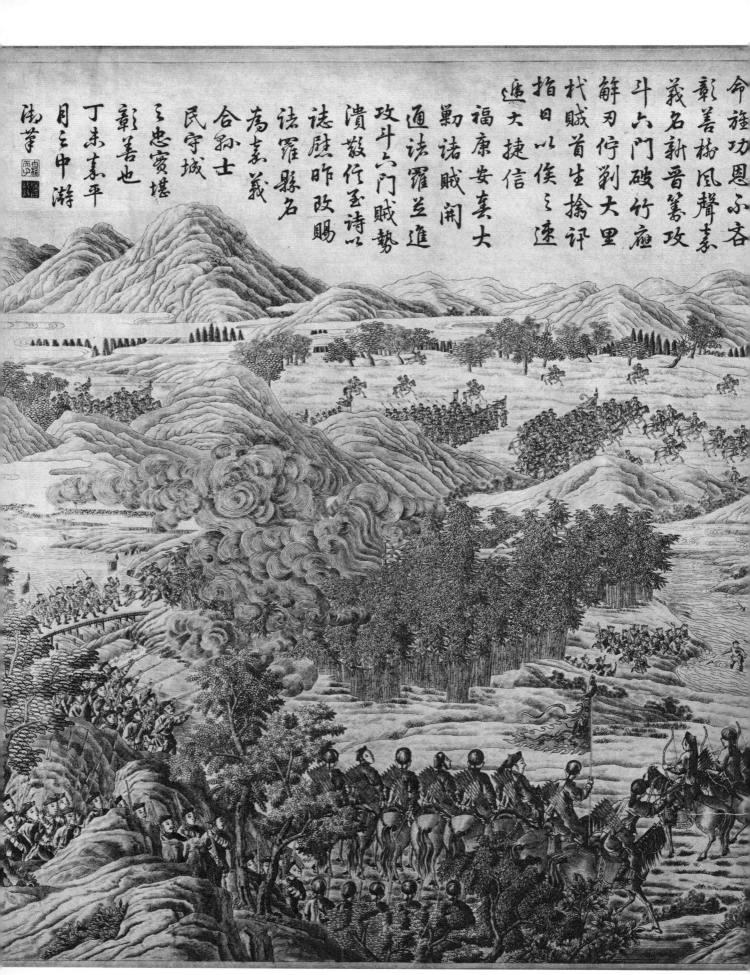

命旌功恩不吝
彰善櫛風聲素
義名新晉籌素攻
斗六門破竹應
解刃行剝大里
代賊首生擒訐
指日以俟之速
遂大捷信
福康安姜大
勒諸賊開
通達羅益進
攻斗六門賊勢
潰散行至詩以
誌勝昨政賜
諸羅縣名
為嘉義
合緜士
民守城
之忠賓堪
彰善也
丁未季平
月之中游
御筆

攻克斗六門

420

笨港雞攻取诸羅仍
郡進章早續發
威名震兵重臣
勇將選以百新
兵強鳳振
渡海以遲翻
雛遲日
成迅齋
力遠剪瀾
一日風資順
進由鹿仔港三
朝候咤陣大兇
崙仔頂一當百
以奮蔗田及草
寮碌蹁末秫盡
即解诸羅圍資
賊糧香運勞軍

清乾隆內府銅版印本《御題平定臺灣全圖》

御題平定臺灣全圖十二幅　　（清）高宗弘曆題詩　清乾隆內府銅版印本　一冊　第三批《國家珍貴古籍名錄》08464號

每圖幅高50.6釐米，寬87.6釐米。

《御題平定臺灣全圖》，又稱《平定臺灣得勝圖》，乾隆帝平定臺灣後命人繪製。乾隆時期，清代民間秘密結社組織天地會影響日廣，為遏制其在臺灣的發展，乾隆五十一年（1786），清兵搜捕天地會眾，引發天地會首領林爽文、莊大田等起義，率眾連克數城。乾隆五十二年（1787），欽差大臣福康安率兵渡臺進攻義軍，俘獲林爽文，解京殺害。平定之後，乾隆認為事件之大，可與平定伊犁、回部、金川相比，遂命宮廷畫師繪製畫稿，描繪平定經過，是為《御題平定臺灣全圖》。

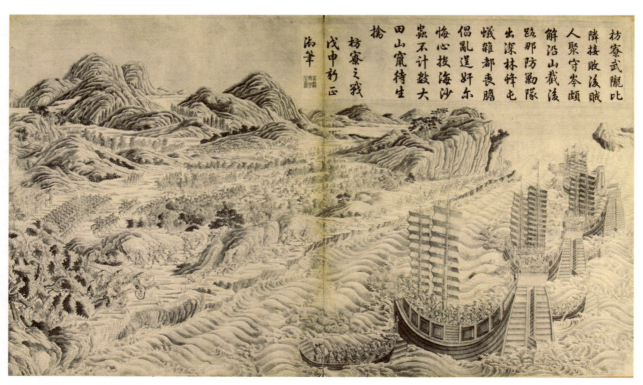

枋寮之戰

　　該本由姚文瀚、楊大章等繪稿，清高宗弘曆題詩。姚文瀚，號濯亭，清順天（今北京）人。乾隆時供奉內廷，工釋道、人物、山水、界畫，作品有《梧陰清暇圖》軸、《春朝嬰戲圖》軸等。楊大章，清代畫家，善畫山水、人物，有乾隆三十六年（1771）仿刁光胤寫生冊等。賈全、謝遂、莊豫德、黎明，均係清宮廷畫家，亦參與了戰圖的繪製工作。戰圖包括圖版十二幅，即大埔林之戰、進攻斗六門、攻克斗六門、攻克大里杙賊巢、攻剿小半天山、枋寮之戰、生擒逆首林爽文、集集埔之戰、大武壠之戰、生擒莊大田、渡海凱旋、凱旋賜宴。生動描繪了乾隆五十二至五十三年（1787—1788）清政府派兵平定臺灣的戰況及生擒林爽文、莊大田的情景。

　　乾隆帝為每幅畫題詩一首，冠於圖版上方。中國畫師學習西洋畫法，分別將各重要戰役及有關事件採用全景式構圖，在一個畫面上較好地表現出戰鬥進行的規模和全貌；同時吸取中國傳統畫的表現手法，描繪人物臉部、服飾、山石、海水、樹木、硝煙等，明晰完整，更具中國山水畫和木刻版畫的特點。它記錄了中國畫師、刻工學習銅版畫繪刻技藝的最初經歷，代表了中西文化藝術交融的成就，對研究清代政治、軍事、繪畫、印刷等都具有重要的參考價值。

　　首都圖書館藏本乃清乾隆內府銅版印本，冊葉裝。戰圖繪稿完成後，乾隆帝命內府銅版印刷，御製詩文則木版刷印。清代宮廷刷印的這批銅版畫印數不多，大多頒賞皇子及文武大臣，在宮內流傳，保存下來的更是稀少，具有重要的版本價值。

　　有裕穀堂祝氏題款。

（范猛）

稿本《冰雪携三選》

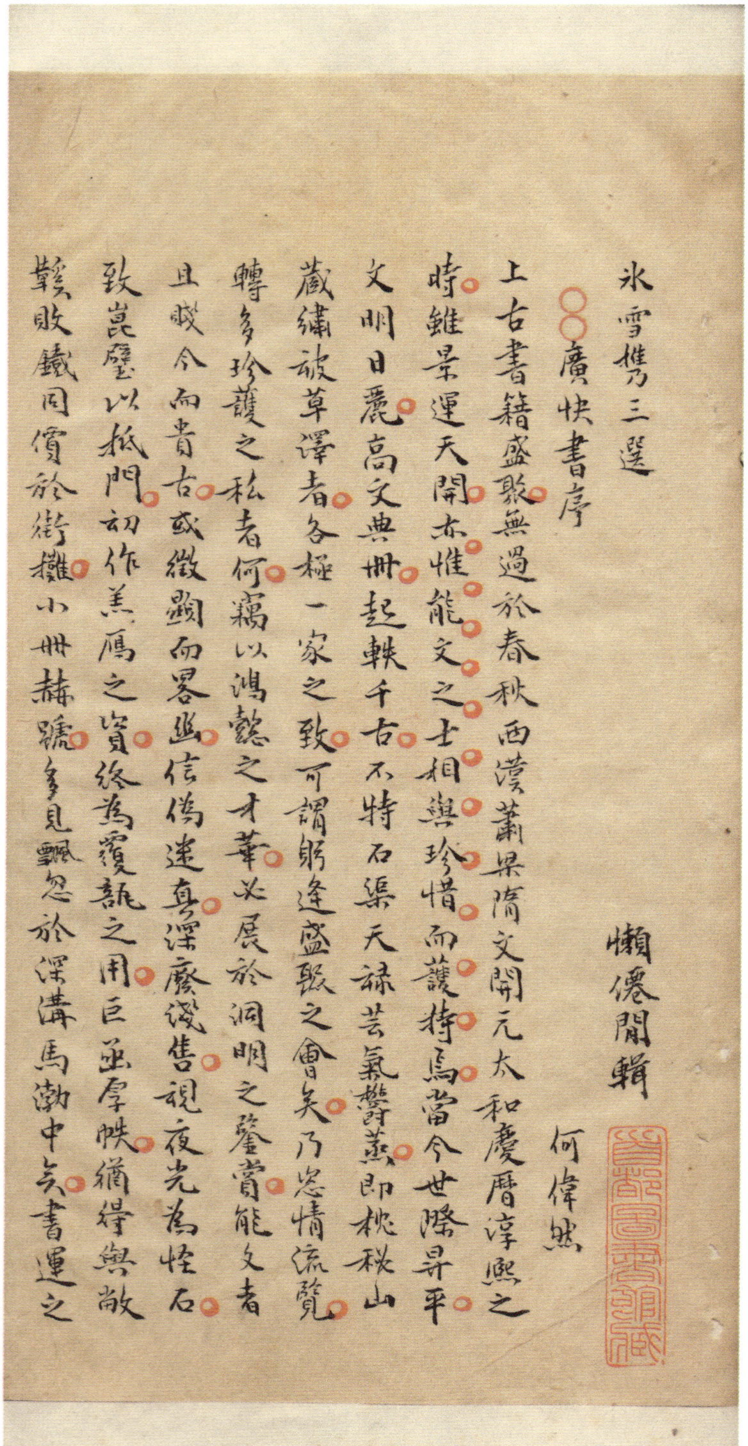

冰雪携三選

○○廣快書序　　　　懶傷閒輯　　何偉然

上古書籍盛聚無過於春秋西漢蕭何果隋文開元太和慶曆淳熙之

時雖景運天開本惟能文之士相與珍惜而護持焉當今世降昇平

文明日麗高文典冊起軼千古不特石渠天祿芸氣聲藻即桃秘山

藏繡敕草譯者各極一家之致可謂躬逢盛聚之會矣乃忽情流覽

轉多珍護之私者何竊以鴻懿之才華必展於洞明之鑒賞能文者

且嘅今而貴古盛覷蹰而暑幽信偽迷真澤廣愛售視夜光為怪石

致崑壓以抵門初作羔鷹之資終為覆瓿之用巨巫摩帙續瑋與敝

鞶敗鐵同價於街攤小冊赫蹏多見飄忽於深溝焉渤中矣書運之

冰雪携三選不分卷　（清）衛泳輯　稿本　一函四冊　第三批《國家珍貴古籍名録》09460號

半葉十行二十六字，開本高28.9釐米，寬18.9釐米。

衛泳，字永叔，號懶儂，明末清初吳縣（今江蘇吳縣）人。衛泳生平無考。據李清《冰雪携小品總序》言，"訪之於吳門，則見其居有宋理宗御筆賜衛文節公題楔尚存，始知永叔為世家名流"。《四庫全書總目》卷一百三十三引王晫《今世說》曰，"吳門

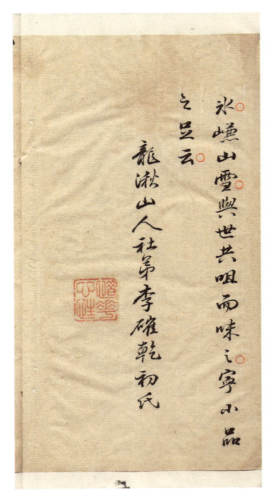
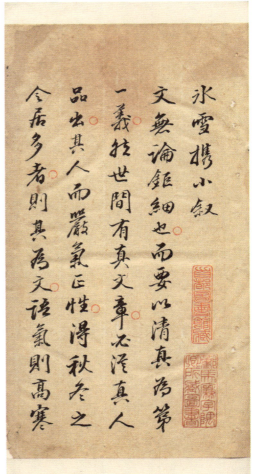

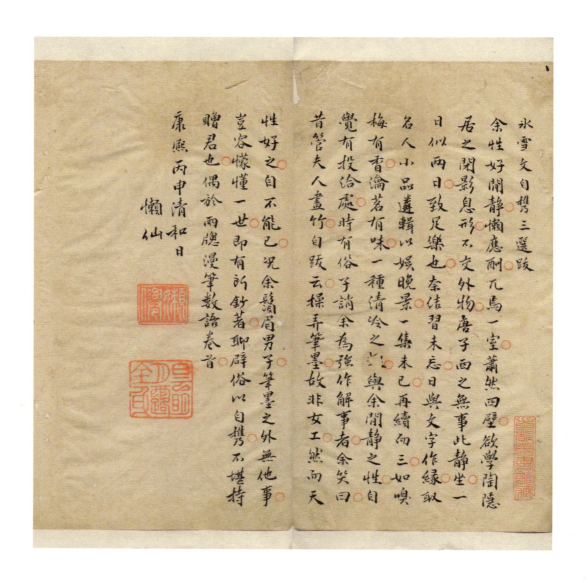

之有永叔兄弟，猶建安之有二丁、平原之有二陸，時人號稱'雙珠'。"衛泳為文雅馴，風格近乎歐陽修。著有《悅容編》一卷；仿馬總《意林》，採掇明人雜說為《枕中秘》一書；又選輯明人小品文為《冰雪携》三部。

衛泳自云，"取名人小品，遴輯以娛晚景。一集未已，再續而三"（《冰雪文自携三選跋》）。李確《冰雪携小敘》則云，"凡有得於高寒之氣、蒼涼之骨，與澄鮮皓潔之致者，彙成小品，蓋以自娛也。而有識者以為此清真之品，文之最上乘也"。書名

"冰雪携"，蓋源於孟郊詩"一卷冰雪文，避俗常自携"之句，取文章清新雋永且携於身邊之意。《冰雪携》第一部名《古文小品冰雪携》，又名《晚明百家小品》，六卷，輯選晚明各家之文數百篇，各依文體分類。第二部名《名文小品冰雪携二刻》，亦六卷。第三部名《冰雪携三選》，僅有此部為稿本傳世，未分卷。

《冰雪携三選》書首有《冰雪携小敘》一篇，署名"龍湫山人社弟李確乾初氏"，鈐"惜花心性"朱文方印一枚。考李確（1591—1672），本名天植，字因仲，人稱蜃園先生，嘉興平湖（今浙江平湖）人。明崇禎六年（1633）舉人，性疏散，無意仕進。甲申後遁跡龍湫山中，改名確，字潛初。以賣文織筐度日，卒羸餓死。著有《蜃園集》《九山遊草》《平寇志》等書。次衛泳自撰《冰雪文自携三選跋》一篇，署"康熙丙申清和日懶仙"，並鈐有作者印章"懶僊"、"白雲明月露全身"二枚。卷端題名"冰雪携三選"，下署"懶僊閒輯"。衛泳將所輯文章按文體分類，全書共計序六十四篇、引六篇、題辭五篇、題跋六篇、書後四篇、賦三十四篇、辭一篇、篇一篇、歌七篇。所選之文皆清新雋永，故是書同《蘇長公小品》《晚香堂小品》《皇明十六家小品》等小品文選本一樣，都是晚明時期文學注重抒發性靈、小品文蔚然興盛的時代產物。

值得特別重視的是，《冰雪携》的前兩部皆有刻本傳世，唯有第三部未見刻本流傳，此稿本的文獻價值不言而喻。從書

篇末曹湘南評語及鈐印

中存在的不少修改痕跡以及正文篇章與目録不完全相符的情況來看，這部稿本是一部編輯稿本。書中還存有大量的朱筆圈點、評語，其中評語又分篇末與眉批兩種。根據一些評語下鈐的“曹湘南印”可知，這些圈點評語出於曹湘南之手，或言人物文章，或評辭意筆法，簡潔明暢，頗有助益於後人閱讀。曹湘南之生平事蹟，尚待考。

稿本鈐“鄞馬廉字隅卿所藏圖書”印。

（王玥琳）

清康熙五十二年内府刻朱墨套印本《御選唐詩》

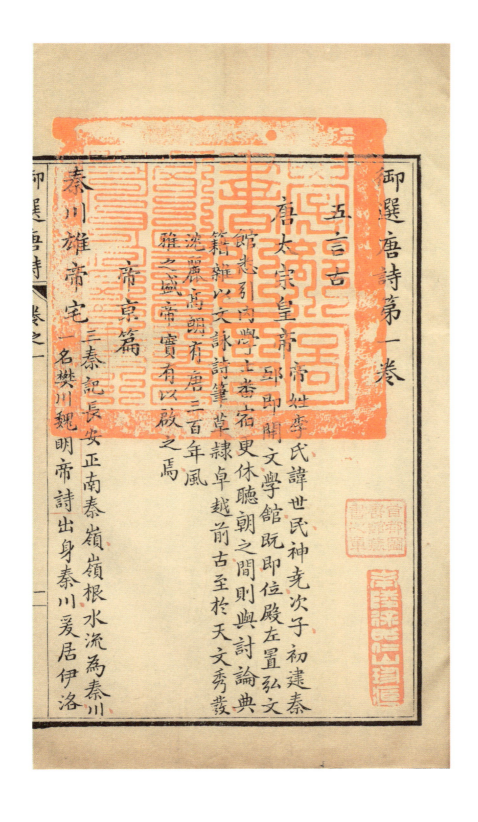

御選唐詩三十二卷目録三卷　（清）聖祖玄燁輯　（清）陳廷敬等註　清康熙五十二年（1713）內府刻朱墨套印本　四函四十冊　第三批《國家珍貴古籍名録》09493號

半葉七行十七字，小字雙行字數不等，白口，四周雙邊，無界行，單黑魚尾，框高19.0釐米，寬12.6釐米。

清聖祖玄燁（1654—1722），即康熙帝，順治帝第三子，清朝入關後第二位皇帝。在位六十一年，平定三藩，收復臺灣，親征準噶爾，奠定康乾盛世之根基。他精通數學、天文、曆法、農學、醫學及經、史、諸子、聲律、書畫等。著有《御製文集》一百七十六卷。

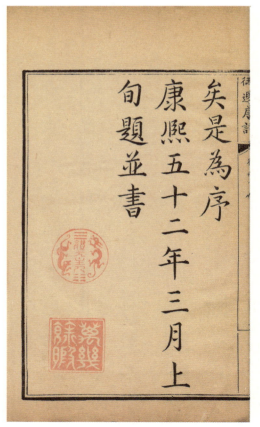
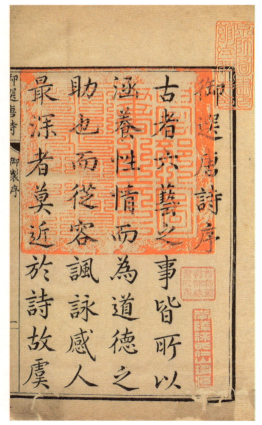

陳廷敬（1639—1712），字子端，號說巖，晚號午亭，澤州（今屬山西晉城）人。清順治十五年（1658）進士，改庶吉士。歷任經筵講官及工部、戶部、刑部、吏部尚書等職。工詩文，器識高遠，文詞淵雅，著有《午亭文編》五十卷等。

此書為康熙帝敕編的一部唐詩選集，收五言古詩189首、七言古詩74首、五言律詩384首、六言律詩3首、七言律詩393首、五言排律75首、七言排律1首、五言絕句326首、六言絕句4首、七言絕句439首，合計1888首。有康熙御製序，稱該書在彙刻《全唐詩》基礎上重加選編而成，"用以吟詠性情，則當挹其精華而漱其芳潤"；所選詩歌"雖風格不一，而皆以溫柔敦厚為宗，其憂思感憤、倩麗纖巧之作，雖工不錄，使覽者得宣志達情，以範於和平"。每位詩人下有小傳，詩句加箋註，但限於名物訓詁和徵引故實，不加釋意。文淵閣大學士兼吏部尚書陳廷敬任總閱，校勘官有勵廷儀、蔣廷錫、張廷玉、趙熊詔，纂註官有吳廷楨、周彝等，總共達五十人。因其宗旨所限，如杜甫"三吏"、"三別"等佳作因為"憂思感憤"，未被選錄。但此書所選仍多為名篇，註釋徵引豐富，對理解詩意很有幫助，為研究者提供了文獻資料。

此書由翰林院編修陳邦彥等軟體手書上板，正文墨印，書名、人名加方框，連同句讀皆用朱印，便於初學者閱讀。首都圖書館藏本鈐"南陵徐氏仁山珍藏"、"學部圖書之印"（滿漢合璧）、"京師圖書館收藏之印"等印。

（楊之峰）

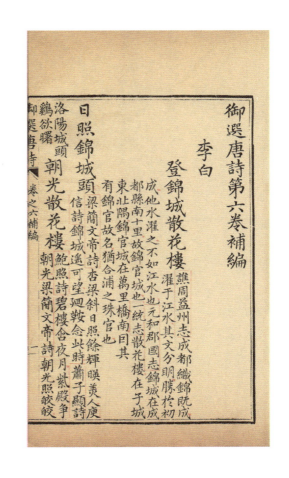

稿本《闕里孔氏詩鈔》

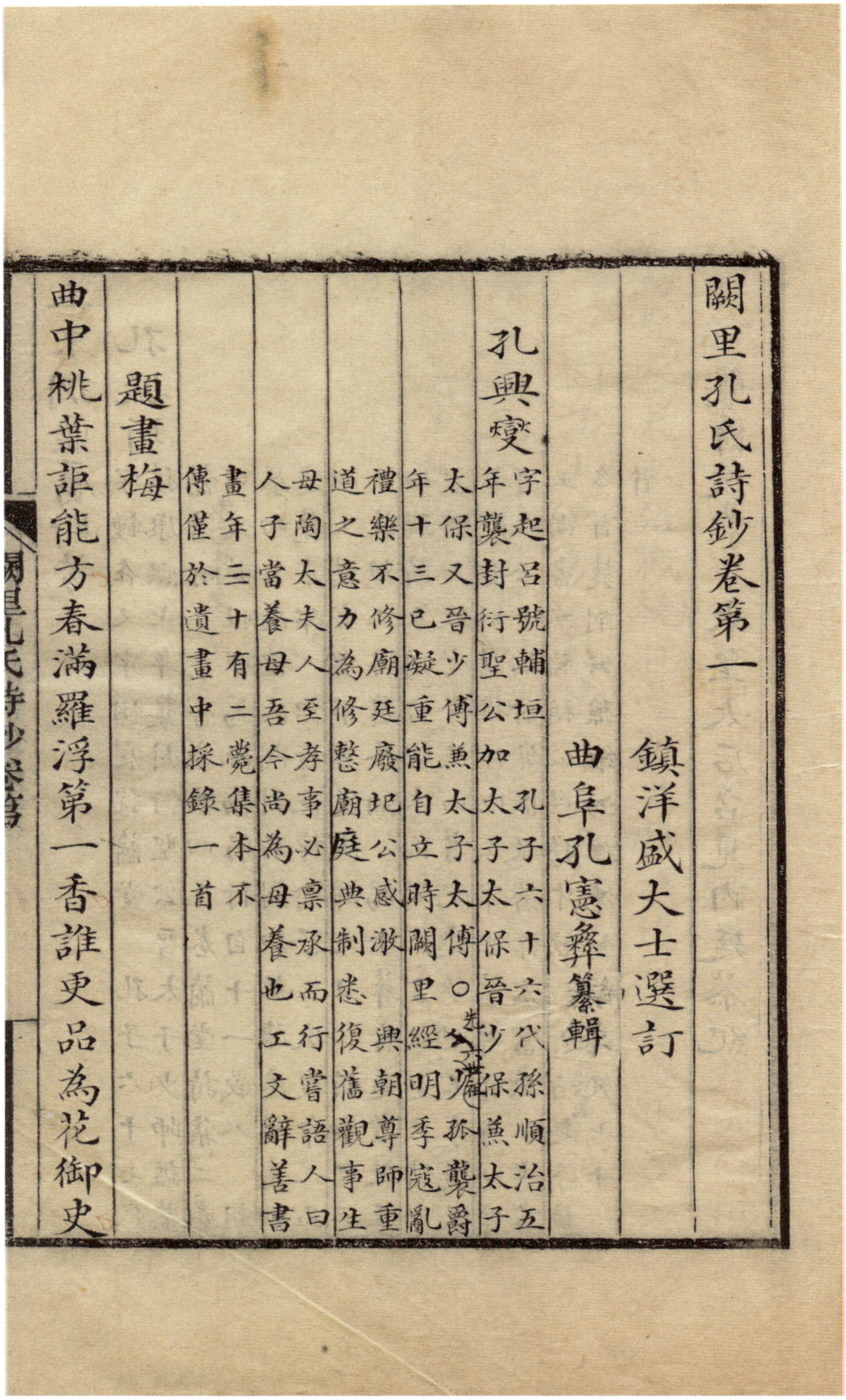

闕里孔氏詩鈔卷第一

鎮洋盛大士選訂

曲阜孔憲彝纂輯

孔興燮　字起呂號輔垣　孔子六十六代孫順治五
年襲封衍聖公加太子太保又晉少傅薰太子
太保又晉少保　先卒　孤裳爵
年十三已凝重能自立時闕里經明季寇亂
禮樂不修廟廷圯公感激興朝尊師重
道之意力為修整廟庭典制悉復舊觀事生
人子當養母吾今尚為母養也工文辭善書
母陶太夫人至孝事必稟承而行嘗語人曰
畫年三十有二覺集本不
傳僅於遺畫中採錄一首

題畫梅

曲中桃葉詎能方春滿羅浮第一香誰更品為花御史

闕里孔氏詩鈔十四卷　　（清）孔憲彝輯　稿本　一函四冊　第三批《國家珍貴古籍名録》09531號

半葉十行二十一字，小字雙行字同，框高26.3釐米，寬16.9釐米。

孔憲彝，字敘仲，號繡山，一號韓齋，山東曲阜人，孔氏第七十二代傳人。清道光五年（1825）舉人，官內閣中書。有《對嶽樓詩録》。孔憲彝品敦學淳，善詩文，有韓愈遺風，又喜繪畫篆刻，寫蘭最為精妙。遊寓京師，居衍聖公邸之東廂，顏其室曰"韓齋"，與魏源、曾國藩、何紹基等名士交往甚密，唱和往還，"文酒過從最盛"，時人稱為"韓齋雅集"（參見王拯《韓齋雅集圖記》）。

孔憲彝有感於"孔氏詩向無合鈔，其有專集行世者，卷帙浩繁，猝難遍覽；其有未經鋟板者，子孫珍藏手澤，又不輕以示人"，於是"彙録各集，乞鎮洋盛子履選訂填諱"，而憲彝"躬事編録"而成《闕里孔氏詩鈔》十四卷。該書"以徵求遺逸、表闡幽潛為初志"，收録了上起孔子六十六代孫孔興燮，下至孔門妻女能詩者，凡百餘人詩作。體例上按"宏聞貞尚衍興毓傳繼廣昭憲慶繁祥"十五字孔氏輩次編次，各人姓名下書"孔子幾十幾代孫，以備考核"。內容上"或以詩存人，或以人存詩，有全稿行世者，所録亦止數十首，而一二殘篇則不暇持擇，亟為登入"，輯詩之餘，兼附作者小傳，列其爵位事蹟（參見孔憲彝《闕里孔氏詩鈔·凡

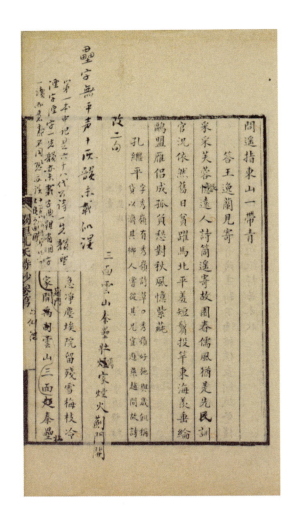

例》）。

　　此書在編纂過程中，經盛大士選訂。盛大士，字子履，號逸雲，又號蘭綹道人，又作蘭畦道人，鎮洋（今江蘇太倉）人。清嘉慶五年（1800）舉人，為山陽教諭。其人學問淹雅，詩畫俱佳。著有《蘊愫閣集》《琴竹山房樂府》《泉史》，畫作有《疏林遠岫圖》等傳世。

　　本書前有道光時期阮元、盛大士及孔氏第七十三代傳人孔慶鎔所作序言。正文部分以烏絲欄竹紙抄録，版心鎸有"闕里孔氏詩鈔卷第"字樣，粗黑口，左右雙邊，單黑魚尾。書中天頭、行間多有校改增刪之處，書末記刻板人"曲阜劉文炳鎸"字樣。是書字體工整，校改精詳，改後文字、版式等與現存道光刻本相同，當為稿本無疑，具有極高的版本價值。

　　鈐有"北平孔德學校之章"印記。

　　　　　　　　　　　　　　　　（張昊）

清活字印本《臨川吳文正公集》

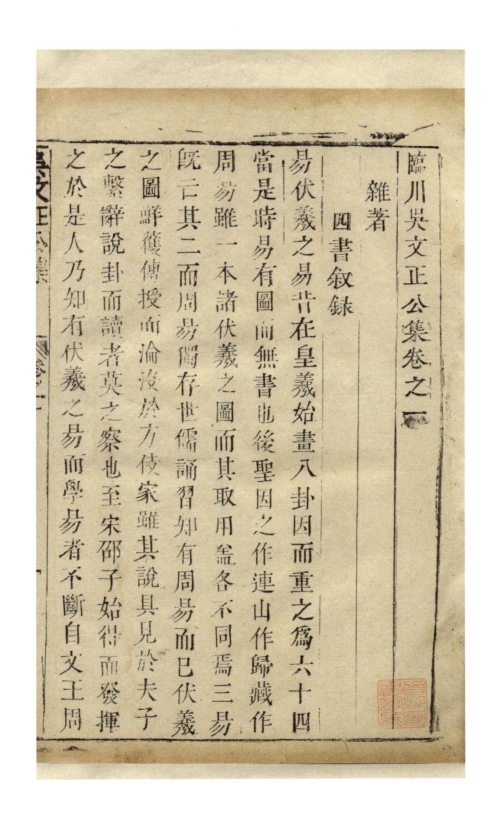

臨川吳文正公集卷之一

雜著

四書敘錄

易伏羲之易昔在皇羲始畫八卦因而重之爲六十四

當是時易有圖而無書也後聖因之作連山作歸藏作

周易雖一本諸伏羲之圖而其取用盖各不同焉三易

既亡其二而周易獨存世儒誦習知有周易而已伏羲

之圖雖舊傳授而淪沒於方伎家雖其說具見於夫子

之繫辭說卦而讀者莫之察也至宋邵子始得而發揮

之於是人乃知有伏羲之易而學易者不斷自文王周

臨川吳文正公集四十九卷道學基統一卷外集三卷　（元）吳澄撰　臨川吳文正公
年譜一卷　（明）危素撰　清活字印本　六函三十六冊　第三批《國家珍貴古籍名録》
08975號

半葉十行二十一字，白口，四周單邊，單黑魚尾，框高23.8釐米，寬15.5釐米。

吳澄（1249—1333），字幼清，晚字伯清，號一吾山人，因早年所居草屋有程矩夫
題"草廬"二字，又稱"草廬先生"。撫州崇仁（今江西崇仁）人。幼穎悟，既長，博
通經傳。入元，為國子司業，遷翰林學
士，為經筵講官，纂修《英宗實録》。卒
贈江西行省左丞、上護軍，追封臨川郡
公，謚文正。著有《老子註》及諸經《纂
言》等。《元史》卷一百七十一有傳。

危素（1303—1372），字太樸，一字
雲林，金谿（今屬江西）人。師從吳澄、
范梈，通五經，元至正間授經筵檢討，與
修宋、遼、金三史，累遷翰林學士承旨。
入明為翰林侍講學士，與宋濂同修《元
史》，晚年謫居和州。能詩文，亦善書
法。有《說學齋稿》《雲林集》等。《明
史》卷一百七十七有傳。

《臨川吳文正公集》凡四十九卷，
正文卷一為雜著，卷二、三為答問，卷四
為說，卷五為說、字說，卷六為字說，卷
七為字說、書，卷八為書，卷九為書、
序，卷十至十八為序，卷十九為序、記，
卷二十至二十五為記，卷二十六為記、

碑，卷二十七為銘、題跋，卷二十八至三十一為題跋，卷三十二為題跋、神道碑，卷三十三為墓碑，卷三十四至三十六為墓表，卷三十七至四十二為墓誌銘，卷四十三為墓誌銘、行狀，卷四十四為祭文、制誥、表箋、經筵講義，卷四十五為五七言絕句，卷四十六為五七言律詩，卷四十七為七言律詩，卷四十八為五言古詩、七言古詩，卷四十九為詞、楚歌、雜題。後附《道學基統》一卷、《外集》三卷。《文集》是研究元代理學的珍貴資料，而其中碑、銘、表、志部分，諸如《鄧文原神道碑》《述哥察兒墓碑》《董文用墓表》等，均可補正史之闕，有珍貴的史料價值。文集前《臨川吳文正公年譜》是研究吳澄生平學術的重要史料。

此本明顯具有版框邊角有縫隙、魚尾離開邊欄等活字本特徵，文中避"玄"，不避"丘"、"弘"，《首都圖書館古籍善本書目》著錄此本為清康熙木活字本，具有重要的版本價值。

鈐"北平孔德學校之章"等印。

（史麗君）

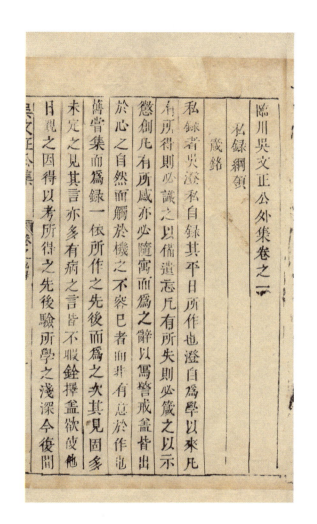

稿本《圓沙文集》

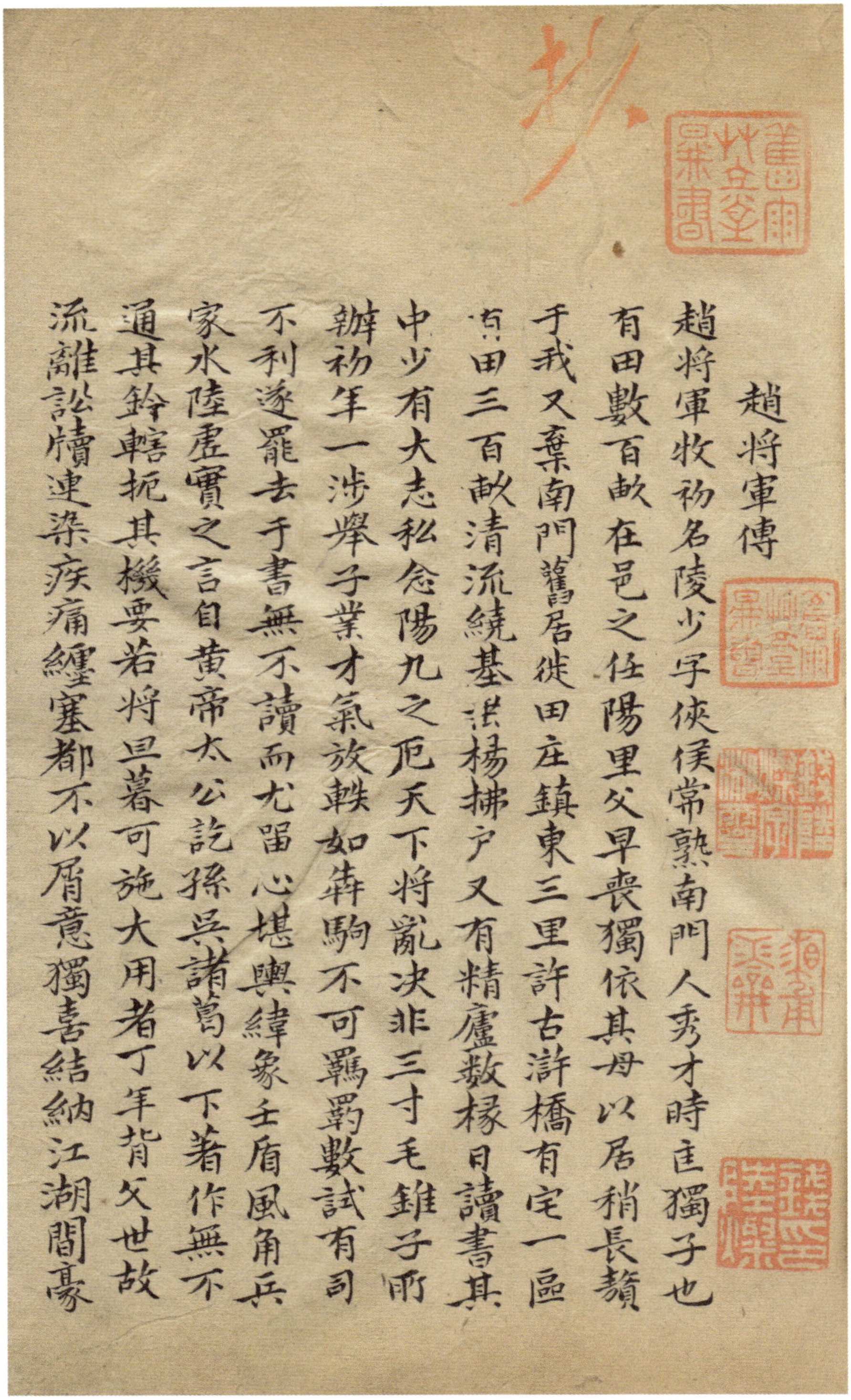

趙將軍傳

趙將軍牧初名陵少字俠侯常熟南門人秀才時庄獨子也

有田數百畝在邑之任陽里父早喪獨依其母以居稍長贅

于我又棄南門舊居徙田庄鎮東三里許古澔橋有宅一區

貲田三百畝清流繞基淇楊拂戶又有精廬數椽日讀書其

中少有大志私念陽九之厄天下將亂決非三寸毛錐子所

辦初年一涉舉子業才氣放軼如犇駒不可羈罵數試有司

不利遂罷去于書無不讀而尤留心堪輿緯象壬盾風角兵

家水陸虛實之言自黃帝太公訖孫吳諸葛以下著作無不

通其鈐轄抵其機要若將旦暮可施大用者丁年背父世故

流離訟牘連染疾痛纏塞都不以屑意獨喜結納江湖間豪

438

圓沙文集七卷 （清）錢陸燦撰 稿本 一函四冊 第四批《國家珍貴古籍名録》10847號

半葉十一行二十三字，開本高24.6釐米，寬15.3釐米。

錢陸燦（1612—1698），字湘靈，一字爾韜，號圓沙、鐵牛老人等，江蘇常熟（今屬江蘇蘇州）人。清順治十四年（1657）舉人，四年後以奏銷案除名，教授常州、揚州、金陵間，從遊甚衆，晚年居南山北麓，以教授、遊學爲樂。湘靈好藏書，《藏書紀事詩》載："上堂學參臨濟禪，登山喜拍洪崖肩。仙耶佛耶抑儒耶，抱書獨上南山巔。"他治經長於《易》，爲詩骨力雄厚，一掃浮靡，沈德潛《國朝詩別裁集》云："湘靈爲牧齋族子，然其詩不爲虞山派所縛，別調獨彈，戛戛自異，毗陵學詩者多宗之。"有《調運齋詩文隨刻》《調運齋詩集》《圓沙未刻稿》等傳世，另纂有《［康熙］常熟縣志》《鳳凰山永慶寺志》《列朝詩集小傳》等。

此書凡七卷，卷一經義，卷二傳，卷三序，卷四記，卷五誌銘，卷六行狀、墓表、祭文、哀詞，卷七雜編、尺牘，惟書中《淮上草序》《送汪舟次遊廬山序》《嚴慈明六十初度壽序》《庶母周孺人七十壽乞言文》四篇以刻本抽出之文爲底稿而略加釐正。卷內有朱、藍、墨三色圈點、校改、評語，如《淮上草序》文末朱筆曰："風韻何等，宗義六評"；《文學漢一弟像贊》末姜武孫評曰："如水仙操，伯牙延頸四望，但聞海水汩沒，山林窅寞，群鳥悲號時也，漢一其不死乎？"又有湘靈自評者，如《擊代集引上》

"甲寅自定本"題識

以刻本抽出之文校改

錢陸燦跋

曰："尋出破綻，南華老人無詞"；《十月朔日祭潁川君文》曰："變換出入，腕下有鬼"。卷末湘靈記曰："丁未大寒後二日，鐵頭陀自校閲完。是日初晴，履霜踏雪去南村，為之黯然。"湘靈晚歲逃禪，篤信宗門，"鐵頭陀"為其自稱，"丁未"為康熙六年（1667）。《山滿樓詩集序》等文上有湘靈朱筆手書"甲寅自定本"，當為康熙十三年（1674）又加改定之作。卷中鈐"圓沙閲過"、"錢陸燦字湘靈"、"南邨"、"湘靈甫"、"舊雨草堂暴書"等錢陸燦私印。

又鈐"北平孔德學校之章"。

（史麗君）

清乾隆五十四年舒元煒序抄本《紅樓夢》

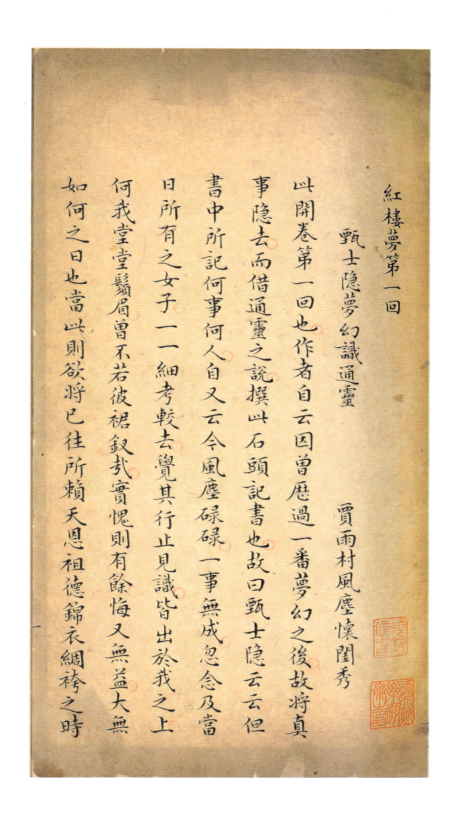

紅樓夢第一回

甄士隱夢幻識通靈

賈雨村風塵懷閨秀

此開卷第一回也作者自云因曾歷過一番夢幻之後故將真

事隱去而借通靈之說撰此石頭記書也故曰甄士隱云云但

書中所記何事何人自又云今風塵碌碌一事無成忽念及當

日所有之女子一一細考較去覺其行止見識皆出於我之上

何我堂堂鬚眉曾不若彼裙釵哉實愧則有餘悔又無益大無

如何之日也當此則欲將已往所賴天恩祖德錦衣紈袴之時

紅樓夢一百二十回　（清）曹霑撰　清乾隆五十四年（1789）舒元煒序抄本　四函十六冊　第二批《國家珍貴古籍名錄》06601號

存四十回（一至四十）。半葉八行二十四字，書高26.6釐米，寬16.9釐米。

曹霑（約1715—約1763），字夢阮，號雪芹、芹圃、芹溪，清滿洲正白旗人。曾祖曹璽、祖父曹寅、父曹頫，康熙間相繼任江寧織造，雍正間曹頫被革職抄家。雪芹隨家

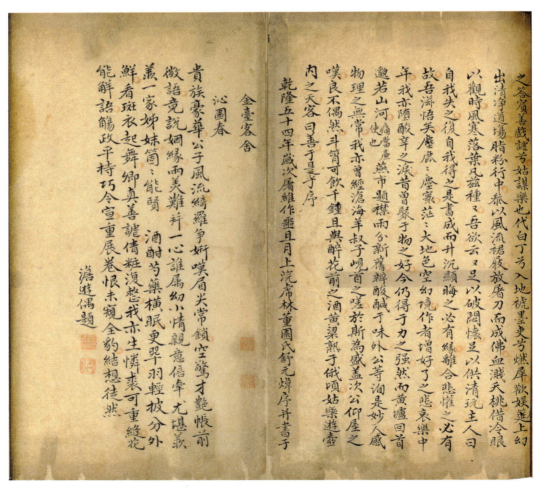

澹遊題詞　　　　　　　　　　　　　　　　　　　　　　　　　　舒元煒序

遷居北京，以十年之力著《紅樓夢》，增刪五次，終未完成。有關曹雪芹身世，紅學界尚存爭議，此遵一說。

　　《紅樓夢》大約成書於乾隆十九年（1754），在程偉元萃文書屋木活字印本（即"程甲本"）問世之前，曾出現衆多抄本，流傳至今的有十二部，首都圖書館所藏舒元煒序抄本即其中之一。此本卷首有舒元煒撰書於乾隆五十四年（1789）己酉的序文，故又稱舒序本、舒本、己酉本，是唯一有直接證據證明抄錄於乾隆年間的抄本。序云："筠圃主人瞿然謂客曰：'客亦知升沉顯晦之緣，離合悲歡之故，有如是書也夫？'……於是搖毫擲簡，口誦手批。就現在之五十三篇，特加讎校。借鄰家之二十七卷，合付抄胥。"舒序本以筠圃所藏的五十三回和從鄰家借得的二十七回為底本，經舒元煒與其弟舒元炳校定後抄錄，共八十回。此時距"程甲本"出現

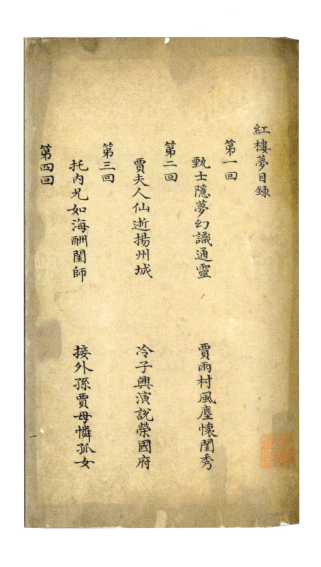

還有兩年，但舒元煒已知有一百二十回本，故其序開頭稱"惜乎《紅樓夢》之觀止於八十回也，全冊未窺"，後曰"核全函於斯部，數尚缺夫秦關"，"秦關"為"秦關百二"用典之略，即指一百二十回。該本文字與他本相比，多處回目及正文有異，對研究《紅樓夢》成書、流傳具有重要的文獻價值。

　　舒元煒，字董園，浙江杭州府仁和縣（今屬浙江杭州）人，乾隆四十二年（1777）舉人。乾隆五十四年（1789）前與其弟舒元炳入京應試落第，客居著名藏書家玉棟（筠

圃）宅中，協助主人校勘抄補《紅樓夢》，並作序。乾隆至嘉慶年間，舒元煒曾任山東
鉅野縣、新泰縣知事。

此書原為著名學者、藏書家吳曉鈴先生家藏珍本，後捐贈首都圖書館。據吳先生在
《危城訪書得失記》一文中說，他是1938年前後於廠甸附近的書店購得此書。

書中有佚名圈点。序文首葉鈐"和逸所藏書畫金石圖書之印"，目録葉鈐"敬慎堂
印"以及"曉鈴藏書"印記。

（劉乃英）

清康熙活字印本《東齋詞畧》

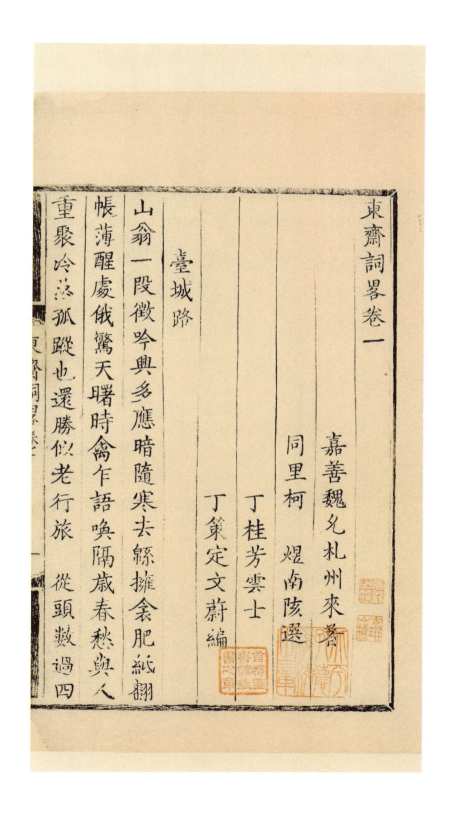

東齋詞畧卷一

嘉善魏允札州來蓍
同里柯煜南陔選
丁桂芳雲士
丁策定文蔚編

臺城路

山翁一段徵吟興多應暗隨寒去縣攏余肥紙翻
帳薄醒處俄驚天曙時禽乍語喚隔歲春愁與人
重聚冷蕊孤蹤也還勝似老行旅從頭數過四

東齋詞畧四卷　（清）魏允札撰　清康熙活字印本　一函二册　第三批《國家珍貴古籍名録》09549號

半葉九行十九字，小字雙行字數不等，粗黑口，左右雙邊，雙對黑魚尾，框高21.2釐米，寬14.5釐米。

魏允札，字州來，號東齋，清順康間浙江嘉善人。嘉善魏氏在清初柳洲文界佔有重要地位，東齋為柳洲詞派中堅人物魏學渠之侄，東齋父魏學濂、兄魏允枚等皆有詞名。

東齋亦才氣敏瞻，博覽典籍，弱冠補郡諸生，不樂仕進。所作詩詞蕭然自適，山人氣息甚濃，在清初柳洲詞派中獨樹一幟，為江浙名流所推。《［光緒］重修嘉善縣志》卷二十四有傳。此集為柯煜選，丁桂芳、丁策定編。三人皆魏氏同鄉，有詩名。柯煜（1666—1736），字南陔，號石庵。受業於朱彝尊，清雍正癸卯（1723）進士。南陔文筆勁健，工詩詞賦體，詩則淡雅高潔，賦則樸實無華，著有《石庵樵唱》。

柯煜序文敘述了《東齋詞畧》刊刻緣起："余前後得先生詞，悉藏弆以為帳中之秘，四方好事之家欲購之而無從也。今年夏，文翁舅氏命梓人模印成若干卷，於是名流韻士一慰其饑渴之懷焉。"序中柯煜論東齋詞風曰："東齋先生始學稼軒，縱橫排奡之氣如赤手捕蛟龍，不施鞚勒騎生馬，夭矯奇恣不可捉搦，既而焚香靜寄，灑然有得，剗除豪氣，一歸清雅，未嘗規規之焉。"此本《東齋詞畧》為康熙時木活字本，刷印精良，具有珍貴的版本價值。

此書有佚名題跋、圈點。鈐"吳興嚴啓豐印"、"元龍之符"、"古鉼山樵"、"北平孔德學校之章"等印。

（史麗君）

北京市屬藏書單位入選第一至四批
《國家珍貴古籍名録》名單

首都圖書館

第一批《國家珍貴古籍名録》入選三種

00515　晦菴先生朱文公行狀二卷　（宋）黃榦輯　元至正九年（1349）謝池刻本　存一卷（上）

00544　故唐律疏議三十卷　（唐）長孫無忌等撰　佚名釋文　**纂例十二卷**　（元）王元亮撰　元余志安勤有堂刻本

00622　刑統賦一卷　（宋）傅霖撰　（元）邵□韻釋　元刻本

第二批《國家珍貴古籍名録》入選六十二種

02785　資治通鑑二百九十四卷　（宋）司馬光撰　（元）胡三省音註　**通鑑釋文辯誤十二卷**　（元）胡三省撰　元刻明弘治正德嘉靖遞修本（有抄配）　羅振玉跋

03024　藥師瑠璃光如來本願功德經一卷　（唐）釋玄奘譯　元杭州大街衆安橋北沈七郎經鋪刻本

03250　書經章句訓解十卷　（明）尹洪撰　明成化十年（1474）晉府刻本

03262　詩緝三十六卷　（宋）嚴粲撰　明趙府味經堂刻本

03571　宋史新編二百卷　（明）柯維騏撰　明嘉靖刻本（卷五十二至五十三、一百五十四至一百六十、一百九十二至一百九十三抄配）

03632　資治通鑑綱目五十九卷　（宋）朱熹撰　明嘉靖三十五年（1556）趙府居敬堂刻本

03743　歷代通鑑纂要九十二卷　（明）李東陽　劉機等撰　明正德十四年（1519）

慎獨齋刻本

03744　歷代通鑑纂要九十二卷　（明）李東陽　劉機等撰　明正德十四年（1519）慎獨齋刻本

03831　貞觀政要十卷　（唐）吳兢撰　（元）戈直集論　明成化元年（1465）內府刻本

03936　伊洛淵源録十四卷　（宋）朱熹撰　**續録六卷**　（宋）謝鐸撰　明嘉靖八年（1529）高賁亨刻本

04020　十七史詳節二百七十四卷　（宋）呂祖謙輯　明正德十三年（1518）劉弘毅慎獨齋刻本（有抄配）

04030　歷代史纂左編一百四十二卷　（明）唐順之輯　明嘉靖四十年（1561）胡宗憲刻本

04055　史記纂二十四卷　（明）凌稚隆輯　明萬曆凌稚隆刻朱墨套印本

04063　兩漢博聞十二卷　（宋）楊侃輯　明嘉靖三十七年（1558）黃魯曾刻本

04089　歐陽文忠公五代史抄二十卷　（明）茅坤輯　明刻朱墨套印本

04103　大明清類天文分野之書二十四卷　題（明）劉基等撰　明初刻本

04113　大明一統志九十卷　（明）李賢　萬安等纂修　明天順五年（1461）內府刻本（有抄配）

04193　華嶽全集十一卷　（明）李時芳撰　明嘉靖四十一年（1562）自刻清補刻本

04195　廬山紀事十二卷　（明）桑喬撰　明嘉靖刻本

04214　三遷志六卷　（明）史鶚撰　明嘉靖刻本

04280　文獻通考三百四十八卷首一卷　（元）馬端臨撰　明嘉靖馮天馭刻本（有抄配）

04286　大明會典二百二十八卷　（明）申時行　趙用賢等纂修　明萬曆十五年（1587）內府刻本

04302　明倫大典二十四卷　（明）楊一清　熊浹等纂修　明嘉靖七年（1528）內府刻本（有抄配）

04309　鹽政志十卷　（明）朱廷立等撰　明嘉靖刻本

04455　性理大全書七十卷　（明）胡廣等撰　明嘉靖三十八年（1559）樊獻科刻本

04506　塞語不分卷　（明）尹畊撰　明嘉靖刻本

04527　補註釋文黃帝内經素問十二卷　（唐）王冰註　（宋）林億等校正　（宋）孫兆改誤　遺篇一卷　黃帝素問靈樞經十二卷　（宋）史崧音釋　明趙府居敬堂刻本

04621　原機啓微集二卷　（元）倪維德撰　（明）薛己校補　附録一卷　明嘉靖刻本

04714　酒史二卷　（明）馮時化撰　明隆慶四年（1570）獨醒居士刻本

04746　霏雪録不分卷　（明）鎦績撰　明弘治元年（1488）張文昭刻本

04749　濯舊一卷　（明）汪俊撰　明嘉靖三十年（1551）刻本

04793　何氏語林三十卷　（明）何良俊撰　明嘉靖二十九年（1550）何氏清森閣刻本

04808　大明仁孝皇后勸善書二十卷　（明）仁孝皇后徐氏撰　明永樂五年（1407）内府刻本

04809　大明仁孝皇后勸善書二十卷　（明）仁孝皇后徐氏撰　明永樂五年（1407）内府刻本

04865　初學記三十卷　（唐）徐堅等輯　明嘉靖二十三年（1544）瀋藩刻本

04894　錦繡萬花谷前集四十卷後集四十卷續集四十卷別集三十卷　明嘉靖十五年（1536）秦汴繡石書堂刻本

04938　楮記室十五卷　（明）潘塤輯　明嘉靖潘蔓刻本

04978　三子合刊十三卷　明閔齊伋刻套印本

05014　金聲玉振集五十二種六十三卷　（明）袁褧編　明嘉靖二十九至三十年（1550–1551）袁氏嘉趣堂刻本

05051　楚辭十七卷　（宋）洪興祖　（明）劉鳳等註　（明）陳深批點　附録一卷　明萬曆二十八年（1600）凌毓柟刻朱墨套印本

05129　唐駱先生集八卷　（唐）駱賓王撰　（明）王衡等評釋　附録一卷　明凌毓毓

栟刻朱墨套印本

05130　唐駱先生集八卷　（唐）駱賓王撰　（明）王衡等評釋　**附録一卷**　明凌毓栟刻朱墨套印本

05232　集千家註杜工部詩集二十卷文集二卷　（唐）杜甫撰　（宋）黄鶴補註　**附録一卷**　明嘉靖十五年（1536）玉几山人刻本

05388　增廣註釋音辯唐柳先生集四十三卷別集二卷外集二卷　（唐）柳宗元撰　（宋）童宗説註釋　（宋）張敦頤音辯　（宋）潘緯音義　**附録一卷**　明正統十三年（1448）善敬堂刻遞修本

05417　孟東野詩集十卷　（唐）孟郊撰　（宋）國材　劉辰翁評　明凌濛初刻朱墨套印本

05575　東坡禪喜集十四卷　（宋）蘇軾撰　（明）馮夢禎批點　（明）凌濛初輯　明天啓元年（1621）凌濛初刻朱墨套印本

05606　東坡文選二十卷　（宋）蘇軾撰　（明）鍾惺輯並評　明閔氏刻朱墨套印本

05608　蘇長公小品四卷　（宋）蘇軾撰　（明）王納諫輯並評　明凌啓康刻朱墨套印本

05620　蘇長公密語十六卷　（宋）蘇軾撰　（明）李一公輯　**首一卷**　明天啓元年（1621）刻朱墨套印本

05637　具茨晁先生詩集一卷　（宋）晁冲之撰　明嘉靖三十三年（1554）晁氏寶文堂刻本

05814　太師誠意伯劉文成公集二十卷　（明）劉基撰　明隆慶六年（1572）謝廷傑、陳烈刻本

05852　遜志齋集二十四卷　（明）方孝孺撰　**附録一卷**　明嘉靖四十年（1561）王可大刻本（卷二十四、附録抄補）

05963　渼陂續集三卷　（明）王九思撰　明嘉靖二十五年（1546）翁萬達刻本

06053　林屋集二十卷　（明）蔡羽撰　明嘉靖八年（1529）刻本（卷十八至二十抄配）

06069　遵巖先生文集四十一卷　（明）王慎中撰　明隆慶五年（1571）邵廉刻本

06259　選詩七卷　（梁）蕭統輯　（明）郭正域評點　（明）凌濛初輯評　**詩人世次爵里一卷**　明凌濛初刻朱墨套印本

06268　選賦六卷　（梁）蕭統輯　（明）郭正域評點　**名人世次爵里一卷**　明凌氏鳳笙閣刻朱墨套印本

06347　新刊迂齋先生標註崇古文訣三十五卷　（宋）樓昉輯　明刻本

06353　西山先生真文忠公文章正宗二十四卷　（宋）真德秀輯　明正德十五年（1520）馬卿刻本

06366　西山先生真文忠公文章正宗二十四卷續二十卷　（宋）真德秀輯　明嘉靖四十三年（1564）蔣氏家塾刻本

06497　名家詩法八卷　（明）黃省曾編　明嘉靖二十四年（1545）結綠囊刻本

06601　紅樓夢一百二十回　（清）曹霑撰　清乾隆五十四年（1789）舒元煒序抄本　存四十回（一至四十）

第三批《國家珍貴古籍名録》入選六十種

07046　晉書一百三十卷　（唐）房玄齡等撰　**音義三卷**　（唐）何超撰　元刻明修本　存四卷（一百十至一百十三）

07158　阿毗達摩順正理論八十卷　（唐）釋玄奘譯　宋紹興十八年（1148）福州開元寺刻毗盧藏本　存一卷（十八）

07187　藥師琉璃光王七佛本願功德經念誦儀軌二卷　（元）釋沙囉巴譯　元至大四年（1311）刻本　存一卷（下）

07188　大方廣佛華嚴經疏一百二十卷　（唐）釋澄觀述　（宋）釋淨源録疏註經　宋兩浙轉運司刻本　存一卷（一百十四）

07220　晦菴先生文集一百卷目録二卷　（宋）朱熹撰　宋刻本　存三卷（二十、四十四、六十八殘葉）

07398　大學章句一卷或問一卷中庸章句一卷或問一卷論語集註十卷孟子集註七卷
（宋）朱熹撰　明嘉靖吉澄刻本

07418　六經圖六卷　（宋）楊甲撰　（宋）毛邦翰補　明萬曆四十三年（1615）吳
繼仕熙春樓刻本

07555　唐餘紀傳十八卷　（明）陳霆撰　明嘉靖二十三年（1544）馮煥刻本

07605　司馬溫公稽古録二十卷　（宋）司馬光撰　明范氏天一閣刻本

07607　資治通鑑綱目前編十八卷舉要三卷　（宋）金履祥撰　外紀一卷　（明）陳
桱撰　明嘉靖三十六年（1557）吉澄刻本

07728　路史四十七卷　（宋）羅泌撰　明嘉靖洪楩刻本

07751　越絕書十五卷　（漢）袁康撰　明嘉靖三十三年（1554）張佳胤雙柏堂刻本

07805　盡言集十三卷　（宋）劉安世撰　明隆慶五年（1571）張佳胤、王叔杲刻本

07893　岩鎮汪氏重輯本宗譜四卷　（明）汪淵輯　明弘治十三年（1500）刻本

07904　新安黃氏會通譜十六卷文獻録二卷外集三卷　（明）黃禄　程天相纂修　明
弘治十四年（1501）刻本（有抄配）

07934　二史會編十六卷　（明）況叔祺輯　明嘉靖四十年（1561）刻本（卷十抄
配）

08278　大學衍義四十三卷　（宋）真德秀撰　明嘉靖六年（1527）司禮監刻本

08283　大學衍義補一百六十卷首一卷　（明）丘濬撰　明正德元年（1506）宗文堂
刻本

08288　大學衍義補一百六十卷首一卷　（明）丘濬撰　明嘉靖三十八年（1559）吉
澄、樊獻科等刻本

08293　大學衍義補纂要六卷　（明）徐栻輯　明隆慶六年（1572）廣信府刻本

08308　新刊憲基釐正性理大全七十卷　（明）胡廣等撰　明嘉靖三十一年（1552）
余氏自新齋刻本

08310　性理群書大全七十卷　題玉峰道人輯　明刻本

08311　讀書録十卷續録十二卷　（明）薛瑄撰　明嘉靖三十四年（1555）沈維藩刻

本

08312　讀書録十一卷續録十二卷　（明）薛瑄撰　明嘉靖四年（1525）刻本

08314　五倫書六十二卷　（明）宣宗朱瞻基撰　明正統十二年（1447）內府刻本

08354　緯弢二卷　（明）郭增光撰　明天啓七年（1627）自刻本

08372　重廣補註黃帝內經素問二十四卷　（唐）王冰註　（宋）林億等校正　（宋）孫兆改誤　明嘉靖二十九年（1550）顧從德影宋刻本

08398　攝生衆妙方十一卷急救良方二卷　（明）張時徹輯　明隆慶三年（1569）衡府刻本

08406　祁氏家傳外科大羅不分卷　（清）祁坤輯　（清）祁文翮述録　清抄本

08463　平定伊犁回部戰圖十六幅　（意大利）郎世寧等繪　清乾隆內府銅版印本

08464　御題平定臺灣全圖十二幅　（清）高宗弘曆題詩　清乾隆內府銅版印本

08507　認字測三卷　（明）周宇撰　明萬曆三十九年（1611）周傳誦刻本

08517　野客叢書三十卷附録野老記聞一卷　（宋）王楙撰　明嘉靖四十一年（1562）王穀祥刻本

08586　唐宋白孔六帖一百卷目録二卷　（唐）白居易　（宋）孔傳輯　明刻本

08608　新編事文類聚翰墨全書甲集十二卷乙集九卷丙集五卷丁集五卷戊集五卷己集七卷庚集二十四卷辛集十卷壬集十二卷癸集十一卷後甲集八卷後乙集聖朝混一方輿勝覽三卷後丙集六卷後丁集八卷後戊集九卷　（元）劉應李輯　明初刻本　存七十六卷（甲集全，乙集一至三、七至九，丙集全，丁集全，戊集全，己集全，庚集一至六，辛集全，壬集全，癸集一至八）

08626　目前集二卷　明刻本

08838　南豐曾先生文粹十卷　（宋）曾鞏撰　明嘉靖二十八年（1549）安如石刻本

08927　梅溪先生廷試策一卷奏議四卷文集二十卷後集二十九卷　（宋）王十朋撰附録一卷　明正統五年（1440）劉謙、何濙刻天順六年（1462）重修本

08975　臨川吳文正公集四十九卷道學基統一卷外集三卷　（元）吳澄撰　年譜一卷（明）危素撰　清活字印本

09063　壽梅集二卷　（明）朱元振撰　明嘉靖刻本

09075　篁墩程先生文集九十三卷拾遺一卷　（明）程敏政撰　明正德二年（1507）何歆刻本〔卷三十七至四十二、四十八至五十三抄配〕

09077　篁墩程先生文粹二十五卷　（明）程敏政撰　（明）程曾　戴銑輯　明正德元年（1506）張九逵刻本

09094　馬東田漫稿六卷　（明）馬中錫撰　（明）孫緒評　明嘉靖十七年（1538）文三畏刻本

09114　空同詩選一卷　（明）李夢陽撰　（明）楊慎評　明閔齊伋刻朱墨套印本

09127　杭雙溪先生詩集八卷　（明）杭淮撰　明嘉靖杭洵刻本

09141　何氏集二十六卷　（明）何景明撰　明嘉靖義陽書院刻本

09186　胡蒙谿詩集十一卷文集四卷胡蒙谿續集六卷　（明）胡侍撰　明嘉靖二十四年（1545）刻三十一年（1552）張鐸續刻本

09226　無聞堂稿十七卷　（明）趙釴撰　附録一卷　明隆慶四年（1570）趙鴻賜玄對樓刻本　紀昀批

09230　宗子相集八卷　（明）宗臣撰　明嘉靖三十九年（1560）林朝聘、黃中等刻本

09251　縫掖集十八卷　（明）謝廷諒撰　明萬曆三十五年（1607）葉長坤刻本　存十五卷（一、五至十八）

09391　苑詩類選三十卷　（明）包節輯　明嘉靖三十八年（1559）包檉芳刻本

09430　妙絶古今不分卷　（宋）湯漢輯　明蕭氏古翰樓刻本

09436　古文精粹十卷　明成化十一年（1475）刻本

09460　冰雪携三選不分卷　（清）衛泳輯　稿本

09465　絶句博選五卷　（明）王朝雍輯　明嘉靖十五年（1536）王潼谷刻本

09472　唐詩品彙九十卷拾遺十卷詩人爵里詳節一卷　（明）高棅輯　明嘉靖十六年（1537）姚芹泉刻本

09482　十二家唐詩類選十二卷　（明）何東序輯　明隆慶四年（1570）刻本

09493　御選唐詩三十二卷目録三卷　（清）聖祖玄燁輯　（清）陳廷敬等註　清康熙五十二年（1713）内府刻朱墨套印本

09531　闕里孔氏詩鈔十四卷　（清）孔憲彝輯　稿本

09549　東齋詞畧四卷　（清）魏允札撰　清康熙活字印本

第四批《國家珍貴古籍名録》入選二十種

09947　資治通鑑二百九十四卷　（宋）司馬光撰　（元）胡三省音註　**通鑑釋文辯誤十二卷**　（元）胡三省撰　元刻明弘治正德嘉靖遞修本

10038　周易旁註二卷前圖二卷卦傳十卷　（明）朱升撰　明嘉靖元年（1522）刻本

10099　春秋胡傳三十卷　（宋）胡安國撰　明正統十二年（1447）司禮監刻本

10220　鴻猷録十六卷　（明）高岱撰　明嘉靖四十四年（1565）高思誠刻本

10248　江西奏議二卷　（明）唐龍撰　**附録一卷**　（明）陳金等撰　明嘉靖刻張鯤重修本

10292　新集分類通鑑不分卷　明弘治十二年（1499）施槃刻本

10323　泉河紀畧七卷圖二卷　（明）張純撰　（明）徐淵校　明隆慶三年（1569）清風堂刻本

10373　六子書六十卷　（明）顧春編　明嘉靖十二年（1533）顧春世德堂刻本

10410　江南經畧八卷　（明）鄭若曾撰　明隆慶二年（1568）林潤刻本

10492　推篷寤語九卷餘録一卷　（明）李豫亨撰　明隆慶五年（1571）李氏思敬堂刻本（有抄配）

10526　事物紀原集類十卷　（宋）高承輯　明正統十二年（1447）閻敬刻本

10539　彌陁往生淨土懺儀不分卷　明永樂十八年（1420）朱高熾刻本

10554　海隅集四種九卷　（明）毛燁撰並編　明末刻本

10631　重刊嘉祐集十五卷　（宋）蘇洵撰　明嘉靖十一年（1532）太原府刻本

10658　程端明公洺水集二十六卷首一卷　（宋）程珌撰　明嘉靖三十五年（1556）

程元晭刻本

　　10680　雲峰胡先生文集十卷　　（元）胡炳文撰　明正德三年（1508）何歆、羅緝刻本

　　10742　匏翁家藏集七十七卷補遺一卷　　（明）吳寬撰　明正德三年（1508）吳奭刻本

　　10785　夢澤集十七卷　　（明）王廷陳撰　明嘉靖四十四年（1565）王同道吳中刻明末補修本

　　10847　圓沙文集七卷　　（清）錢陸燦撰　稿本

　　10913　西山先生真文忠公文章正宗二十四卷　　（宋）真德秀輯　明安正書堂刻本

中國書店

第一批《國家珍貴古籍名録》入選五種

　　00128　大般涅槃經卷七　　（北涼）釋曇無讖譯　隋寫本

　　00350　重刊許氏說文解字五音韻譜十二卷　　（宋）李燾撰　宋刻元明遞修本

　　00398　史記一百三十卷　　（漢）司馬遷撰　（南朝宋）裴駰集解　（唐）司馬貞索隱　（唐）張守節正義　宋元明清集配本

　　00807　新刊山堂先生章宮講考索甲集十卷　　（宋）章如愚編　宋金華曹氏中隱書院刻本

　　02285　大乘無量壽宗要經　　九至十世紀敦煌寫本　存一卷

第二批《國家珍貴古籍名録》入選八種

　　03338　春秋經傳集解三十卷　　（晉）杜預撰　（唐）陸德明釋文　明嘉靖刻本

　　03485　史記一百三十卷　　（漢）司馬遷撰　（南朝宋）裴駰集解　（唐）司馬貞索隱　（唐）張守節正義　明嘉靖四至六年（1525—1527）王延喆刻本

04834　**藝文類聚一百卷**　（唐）歐陽詢輯　明嘉靖六至七年（1527—1528）胡纘宗、陸采刻本

04847　**初學記三十卷**　（唐）徐堅等輯　明嘉靖十年（1531）錫山安國桂坡館刻本

05246　**集千家註杜工部詩集二十卷文集二卷**　（唐）杜甫撰　（宋）黃鶴補註　**附錄一卷**　明嘉靖十五年（1536）玉几山人刻明易山人印本

05362　**韓文公文抄十六卷**　（唐）韓愈撰　（明）茅坤評　明刻朱墨套印本

06202　**韓柳文一百卷**　（明）游居敬編　明嘉靖三十五年（1556）莫如士刻本

06306　**古文苑二十一卷**　（宋）章樵註　明成化十八年（1482）張世用刻本

第三批《國家珍貴古籍名録》入選三種

08048　**水經註四十卷**　（北魏）酈道元撰　明嘉靖十三年（1534）黃省曾刻本

08250　**二程全書六十五卷**　（宋）程顥　程頤撰　明弘治十一年（1498）陳宣刻本

09588　**新刻全像三寶太監西洋記通俗演義二十卷一百回**　（明）羅懋登撰　明三山道人刻本

第四批《國家珍貴古籍名録》入選四種

10190　**司馬溫公稽古録二十卷**　（宋）司馬光撰　明范氏天一閣刻本

10312　**荊溪外紀二十五卷**　（明）沈敕撰　明嘉靖二十四年（1545）刻本

10544　**南華經十六卷**　（晉）郭象註　（宋）林希逸口義　（宋）劉辰翁點校　（明）王世貞評點　（明）陳仁錫批註　明刻四色套印本

10781　**升庵文集十二卷**　（明）楊慎撰　明嘉靖三十六年（1557）刻本　徐時棟跋

北京市文物局圖書資料中心

第一批《國家珍貴古籍名録》入選一種

00189　十三經註疏三百五十三卷　元刻明修本

第二批《國家珍貴古籍名録》入選一種

04638　大明弘治十七年歲次甲子大統曆一卷　（明）韓昂等撰　明弘治十七年（1504）欽天監刻本

第三批《國家珍貴古籍名録》入選三種

06990　禮記二十卷　（漢）鄭玄註　宋刻本　存九卷（一至九）

07150　太學新增合璧聯珠聲律萬卷菁華前集六十卷　（宋）李昭玘輯　後集八十卷（宋）李似輯　宋刻本　存二卷（後集七十一至七十二）

07152　古今合璧事類備要前集六十九卷後集八十一卷續集五十六卷別集九十四卷外集六十六卷　（宋）謝維新輯　宋刻本　存九卷（後集二十四、二十八，續集二十二至二十四、四十五至四十八）

第四批《國家珍貴古籍名録》入選六種

10169　後漢書九十卷　（南朝宋）范曄撰　（唐）李賢註　志三十卷　（晉）司馬彪撰　（南朝梁）劉昭註　明嘉靖汪文盛等刻本（有抄配）

10178　南唐書三十卷　（宋）馬令撰　明嘉靖二十九年（1550）顧汝達刻本

11003　石門頌　（東漢）王升書　東漢建和二年（148）十一月刻石　清初拓本　張伯英　王瓘題簽　周肇祥題跋

11004　石門頌　（東漢）王升書　東漢建和二年（148）十一月刻石　清乾隆拓本

徐復仲題跋

11017　石門銘　（北魏）王遠撰並書　（北魏）武阿仁刻　北魏永平二年（509）刻石　清乾隆拓本　姚華題簽

11030　石台孝經碑　唐天寶四年（745）刻石　明拓本　周肇祥題簽

首都師範大學圖書館

第二批《國家珍貴古籍名録》入選四種

02814　通鑑紀事本末四十二卷　（宋）袁樞撰　宋淳熙二年（1175）嚴陵郡庠刻遞修本　存一卷（十八）

05435　白氏長慶集七十一卷目録二卷　（唐）白居易撰　明正德八年（1513）華堅蘭雪堂銅活字印本　存二十八卷（一至二十六、目録全）

05589　蘇文六卷　（宋）蘇軾撰　（明）茅坤等評　明閔爾容刻三色套印本

06333　苑詩類選三十卷　（明）包節輯　明嘉靖三十八年（1559）包檉芳刻本

第三批《國家珍貴古籍名録》入選七種

07131　西山讀書記乙集下二十二卷　（宋）真德秀撰　宋開慶元年（1259）福州官刻元明遞修本

07655　續資治通鑑綱目二十七卷　（明）商輅等撰　明成化十二年（1476）內府刻本

07796　皇明名臣經濟録十八卷　（明）陳九德輯　明嘉靖二十八年（1549）羅鴻刻本

08196　六子書六十卷　（明）顧春編　明嘉靖十二年（1533）顧春世德堂刻本

08604　韻府群玉二十卷　（元）陰時夫輯　（元）陰中夫註　明嘉靖三十一年（1552）荆聚刻本

09444　新刊批點古文類抄十二卷　（明）林希元輯　明嘉靖三十年（1551）陳堂刻本

09453　文則四卷　（明）張雲路輯　明嘉靖三十四年（1555）自刻本

中共北京市委圖書館

第三批《國家珍貴古籍名録》入選十二種

07023　通志二百卷　（宋）鄭樵撰　元大德三山郡庠刻元明遞修本（有抄配）　存一卷（一百四十九）

07059　北齊書五十卷　（唐）李百藥撰　宋刻宋元明遞修本（有抄配）

07094　通鑑紀事本末四十二卷　（宋）袁樞撰　宋淳熙二年（1175）嚴陵郡庠刻遞修本　存三卷（三十九、四十一至四十二）

07651　資治通鑑綱目集說五十九卷前編二卷　（明）扶安輯　（明）晏宏校補　明嘉靖晏宏刻本

07668　資治通鑑節要續編三十卷　（明）張光啓撰　明正德九年（1514）司禮監刻本

08197　六子書六十卷　（明）顧春編　明嘉靖十二年（1533）顧春世德堂刻本

08669　漢蔡中郎集六卷　（漢）蔡邕撰　明嘉靖二十七年（1548）楊賢刻本

08670　曹子建集十卷　（魏）曹植撰　**疑字音釋一卷**　明嘉靖二十一年（1542）郭雲鵬刻本

08742　唐陸宣公集二十二卷　（唐）陸贄撰　明刻本

08781　增廣註釋音辯唐柳先生集四十三卷別集二卷外集二卷　（唐）柳宗元撰（宋）童宗說註釋　（宋）張敦頤音辯　（宋）潘緯音義　**附録一卷**　明初刻本

09212　念菴羅先生集十三卷　（明）羅洪先撰　明嘉靖四十三年（1564）甄津刻本

09362　李杜詩選十一卷　（明）張含編　（明）楊慎等評　明刻朱墨套印本

第四批《國家珍貴古籍名録》入選二種

10620　直講李先生文集三十七卷　（宋）李覯撰　外集三卷年譜一卷門人録一卷
明正德十三年（1518）孫甫刻本

10959　增修詩話總龜四十八卷後集五十卷　（宋）阮閲輯　明嘉靖二十四年（1545）
月窗道人刻本